网络自媒体
的涉罪传播与规制研究

WANGLUO ZIMEITI
DE SHEZUI CHUANBO YU GUIZHI YANJIU

张东平◎著

中国政法大学出版社

2024·北京

图书在版编目（ＣＩＰ）数据

网络自媒体的涉罪传播与规制研究 / 张东平著. --北京 ： 中国政法大学出版社，2024.
7. -- ISBN 978-7-5764-1693-0

Ⅰ. D924.114

中国国家版本馆 CIP 数据核字第 2024CV2243 号

出 版 者	中国政法大学出版社
地 址	北京市海淀区西土城路 25 号
邮寄地址	北京 100088 信箱 8034 分箱　邮编 100088
网 址	http://www.cuplpress.com (网络实名：中国政法大学出版社)
电 话	010-58908285(总编室) 58908433（编辑部）58908334(邮购部)
承 印	固安华明印业有限公司
开 本	720mm×960mm　1/16
印 张	23
字 数	375 千字
版 次	2024 年 7 月第 1 版
印 次	2024 年 7 月第 1 次印刷
定 价	98.00 元

总 序 /FOREWORD

四秩芳华，似锦繁花。幸蒙改革开放的春风，上海政法学院与时代同进步，与法治同发展。如今，这所佘山北麓的高等政法学府正以稳健铿锵的步伐在新时代新征程上砥砺奋进。建校 40 年来，学校始终坚持"立足政法、服务上海、面向全国、放眼世界"的办学理念，秉承"刻苦求实、开拓创新"的校训精神，走"以需育特、以特促强"的创新发展之路，努力培养德法兼修、全面发展，具有宽厚基础、实践能力、创新思维和全球视野的高素质复合型应用型人才。四十载初心如磐，奋楫笃行，上海政法学院在中国特色社会主义法治建设的征程中书写了浓墨重彩的一笔。

上政之四十载，是蓬勃发展之四十载。全体上政人同心同德，上下协力，实现了办学规模、办学层次和办学水平的飞跃。步入新时代，实现新突破，上政始终以敢于争先的勇气奋力向前，学校不仅是全国为数不多获批教育部、司法部法律硕士（涉外律师）培养项目和法律硕士（国际仲裁）培养项目的高校之一；法学学科亦在"2022 软科中国最好学科排名"中跻身全国前列（前 9%）；监狱学、社区矫正专业更是在"2023 软科中国大学专业排名"中获评 A+，位居全国第一。

上政之四十载，是立德树人之四十载。四十年春风化雨、桃李芬芳。莘莘学子在上政校园勤学苦读，修身博识，尽显青春风采。走出上政校门，他们用出色的表现展示上政形象，和千千万万普通劳动者一起，绘就了社会主义现代化国家建设新征程上的绚丽风景。须臾之间，日积月累，学校的办学成效赢得了上政学子的认同。根据 2023 软科中国大学生满意度调查结果，在本科生关注前 20 的项目上，上政 9 次上榜，位居全国同类高校首位。

上政之四十载，是胸怀家国之四十载。学校始终坚持以服务国家和社会需要为己任，锐意进取，勇担使命。我们不会忘记，2013 年 9 月 13 日，习近平主席在上海合作组织比什凯克峰会上宣布，"中方将在上海政法学院设立中国-上海合作组织国际司法交流合作培训基地，愿意利用这一平台为其他成员国培训司法人才。"十余年间，学校依托中国-上合基地，推动上合组织国家司法、执法和人文交流，为服务国家安全和外交战略、维护地区和平稳定作出上政贡献，为推进国家治理体系和治理能力现代化提供上政智慧。

历经四十载开拓奋进，学校学科门类从单一性向多元化发展，形成了以法学为主干，多学科协调发展之学科体系，学科布局日益完善，学科交叉日趋合理。历史坚定信仰，岁月见证初心。建校四十周年系列丛书的出版，不仅是上政教师展现其学术风采、阐述其学术思想的集体亮相，更是彰显上政四十年发展历程的学术标识。

著名教育家梅贻琦先生曾言，"所谓大学者，有大师之谓也，非谓有大楼之谓也。"在过去的四十年里，一代代上政人勤学不辍、笃行不息，传递教书育人、著书立说的接力棒。讲台上，他们是传道授业解惑的师者；书桌前，他们是理论研究创新的学者。《礼记·大学》曰："古之欲明明德于天下者，先治其国"。本系列丛书充分体现了上政学人想国家之所想的高度责任心与使命感，体现了上政学人把自己植根于国家、把事业做到人民心中、把论文写在祖国大地上的学术品格。激扬文字间，不同的观点和理论如繁星、似皓月，各自独立，又相互辉映，形成了一幅波澜壮阔的学术画卷。

吾辈之源，无悠长之水；校园之草，亦仅绿数十载。然四十载青葱岁月光阴荏苒。其间，上政人品尝过成功的甘甜，也品味过挫折的苦涩。展望未来，如何把握历史机遇，实现新的跨越，将上海政法学院建成具有鲜明政法特色的一流应用型大学，为国家的法治建设和繁荣富强作出新的贡献，是所有上政人努力的目标和方向。

四十年，上政人竖起了一方里程碑。未来的事业，依然任重道远。今天，借建校四十周年之际，将著书立说作为上政一个阶段之学术结晶，是为了激励上政学人在学术追求上续写新的篇章，亦是为了激励全体上政人为学校的发展事业共创新的辉煌。

党委书记　葛卫华教授

校　　长　刘晓红教授

2024 年 1 月 16 日

目 录 CONTENTS

导　言

　　传媒与犯罪的关系纷争由来已久，两者的相关性机理微妙而复杂。传媒之于犯罪犹如一把双刃剑，呈现得当则有利于防控犯罪，呈现失当则可能助推犯罪。随着自媒体时代的来临，扁平化与碎片化的传播构造使媒介与犯罪的关联嵌合更为明显。在媒介市场化转型的背景下，传统的大众媒介尚且不能尽皆秉持新闻传播伦理，更遑论信息把关与媒介素养双重缺失的自媒体了。草创时期的自媒体一旦"任性"起来，则更容易沦为诱致犯罪的无形推手。在传统媒介与自媒体融合发展的趋势下，破除自媒体领域的各类乱象，阻断自媒体与违法犯罪的勾连耦合，显然不仅有助于构建良善理性的媒介传播生态，对于营造风清气正的网络空间、推进网络强国建设亦具有重要意义。

一、关系呈现："不解之缘"

　　媒介即信息，信息传播与受众教化属同一过程。一方面，新闻媒介将信息融汇在叙事格式中，或将特定的角度强加给受众——这些角度强调某些细节（如争执、危险或冲突等），从而使受众被赋予从认知上无法过滤掉的传媒信息所承载的歧视、偏见和倾向性；另一方面，受众以迥异的态度阐释同样的信息，新闻文本不再是具有自身意义和对所有读者产生相似影响的独立体，而是隐含多重潜在意义，且有很多方式能激活这些意义。[1]可以说，媒体对新闻事件的报道已成为不可或缺的文化工具，并以此界定社会可接受的行为

---

　　[1] 参见［美］戴安娜·克兰：《文化生产：媒体与都市艺术》，赵国新译，译林出版社 2001 年版，第 15 页。

准则。低俗、轻率或媚化、偏斜的媒介报道容易使受众思维在集体无意识中陷入混沌，而有限信息对现实生活的多棱折射甚至可能促成永久的错误观念。研究表明，偏好暴力节目的未成年人倾向于依托媒介素描来建构对社会生活的认知心理，其暴力赞赏程度高于不喜爱暴力节目的未成年人，而人际信任度却低于后者。[1]

究其本质，媒介传播支持文化学习与行为模仿规律，"报纸总是报道一些关于犯罪的新闻，有时候这些新闻特别容易刺激对犯罪人的模仿。"[2]美国学者班杜拉发现，电视的暴力镜头至少产生以下影响：直接教给攻击行为的方式；改变对攻击行为的遏制；使人们对暴力行为失去敏感性而变得习以为常；使受众认为现实生活充满了暴力。"有时候，正是那些虚构的大众传播媒体为攻击性行为方式的流传提供了鲜明的例子。"[3]罪行与惨剧向来是追求销量及轰动效应的传媒所钟爱的素材，但"血和性"的畅销却足以刺激与助长包括未成年人在内的一般国民的犯罪欲望。"报纸、电视、电影、低级庸俗杂志、小说等，通过对犯罪过程的低级趣味式的详细描述，传授犯罪手段，麻痹人的道德观，从而使一般人走上犯罪道路。并且，有关猥亵的记事及电影非常刺激青少年的性欲，从而使其沦为罪犯。"[4]换言之，无良传媒与犯罪可能相互为用，两者的串通共生往往对犯罪传播推波助澜。况且，传媒的生态失衡与责任缺失在很大程度上消解了受众的规则意识与道德底线。"当社会在道德上无所适从的时候，它所处在的不稳定的状态便引起对这些不道德行为的纵容；每当谈起这些行为来，这种纵容便会无意地流露出来，并且使得这些行为显得不那么明显地不道德。"[5]比如，过频地报道猎奇性的凶杀案或性犯罪，会给人以日常茶饭之感，从而麻痹受众的罪恶感受性；当对抢劫罪案的媒体调查走向迷宫时，还可能带来饶有兴致的犯罪印象。可见，传媒对受众的"涵化"效应绝非简单地映现为榜样示范，而是无时无刻不在对受众的文化观念与价值立场进行诱导与熏陶。

---

〔1〕 参见王玲宁：《社会学视野下的媒介暴力效果研究》，学林出版社 2009 年版，第 162 页。

〔2〕 ［意］切萨雷·龙勃罗梭：《犯罪人论》，黄风译，中国法制出版社 2005 年版，第 220 页。

〔3〕 ［美］B. R. 赫根汉、马修·H. 奥尔森：《学习理论导论》，郭本禹等译，上海教育出版社 2011 年版，第 294 页。

〔4〕 ［日］大谷实：《刑事政策学》，黎宏译，法律出版社 2000 年版，第 66 页。

〔5〕 ［法］埃米尔·迪尔凯姆：《自杀论》，冯韵文译，商务印书馆 1996 年版，第 132 页。

尽管传媒的不良示范与刺激仅是犯罪模仿的一个诱致因素，犯罪的个性状态才是导致模仿的根源；但是，犯罪个性的塑成归根结底仍来源于由个体亲密交往和媒介教化所构成的社会化机制的叠加影响。"一种道德感染现象几乎只能通过两种方式产生：或者是作为榜样的事实通过人们所说的公众舆论口头传播，或者是通过报纸杂志传播。人们通常指责后者；事实上，报纸杂志无疑是一种有力的传播手段。"[1]事实上，文化情境因素与自我价值认知的交互影响呈现为螺旋式上升的过程，其中大众传媒和个体周围人际互动的作用力既循环往复，又难以剥离。与首属群体的亲密交往一样，媒介力量的直接或间接性均存在可能——既可直接提示犯罪榜样、激发犯罪欲望，亦可呈现为助长犯罪个性的累积因素。所以，传媒对个体犯罪既可能是直接影响，也可能是间接影响，还可能是两者的交混形态。对于迥异的受众个体而言，媒介传播与犯罪之间既可能是弱相关，也可能是强相关，两者关系的本质在于不确定的曲线相关。面对纷繁复杂的环境事件，受众个体注意哪些因素并赋予何种意义，以及它们是否对个体产生持久影响和产生怎样的影响，均部分地取决于个体既有的认知构造，因为认知学习并非适合任何社会角色，媒介提供的信息世界往往造就了个性差异。

传媒与犯罪的相关关系属正常的社会现象，既不能否认传媒的不良示范，亦不能无限放大两者的关联性。尽管没有令人信服的数据揭示传媒与犯罪的必然相关性，但已有确凿证据表明，媒介信息的不良呈现方式对一些犯罪模式的传播及犯罪技能的提高责无旁贷，一些媒体甚至对某些受众的某类犯罪产生关键影响。不争的事实是，不良的信息传播对犯罪滋生具有重要的支点与工具作用。然而，如同不能赋予媒介无限的新闻自由一样，亦不能忽视传媒通过启发民智与唤醒理性而对犯罪预防产生的积极意义。一言以蔽之，传媒与犯罪之间既可是正相关，也可是负相关，两者之间实为非线性的不完全相关，而媒介传播的"涵化"风向以及受众认知图式的个性差异将最终决定传媒对犯罪的功能向度。

二、自媒体与犯罪

作为特定的信息传播载体，自媒体隶属社会传媒系统的一部分。网络媒

---

[1]　[法] 埃米尔·迪尔凯姆：《自杀论》，冯韵文译，商务印书馆 1996 年版，第 127 页。

介传播与即时通信技术的日趋发达，大大消融了人际交往与情境互动的时空隔阂，使媒介信息传播的受众影响力上升到史无前例的宽广程度。海量信息的高速流转、社会交往的极其便捷、言论渠道的多维复合已成为智能网络时代最鲜明的特征。自媒体的节点链式传播催生了美国作家克莱·舍基所说的"人人时代"，全民皆为信息传播者与接受者，社会交往与文化互动的通道彻底打开。中国互联网络信息中心（CNNIC）2024 年 3 月发布的《第 53 次中国互联网络发展状况统计报告》显示，截至 2023 年 12 月，我国网民规模达 10.92 亿人，互联网普及率达 77.5%；手机网民规模达 10.91 亿人，网民使用手机上网的比例为 99.9%；即时通信用户规模达 10.60 亿人，占网民整体的 97.0%。

然而，自媒体传播的草根化、去中心化以及蝴蝶效应等特性，在重塑媒介话语权的同时，亦蕴含着非理性传播的较大风险。借助自媒体的信息交互传播，个性化的圈层文化不断地得以生产与消费。然而，"圈群成员持先入为主的偏见和固化的思维方式，难以接纳他人，也难以获得他人的认同，这使得圈群文化的终极体会逐渐趋向闭塞，排他性愈加严重，不同圈群之间频繁地发生剧烈冲突将成为网络交往中的常态景观。"[1]大量基于地缘、业缘和趣缘聚集的网民圈群，陶醉于"群体极化"的自我满足，不仅"法不责众"的思维淡化了伦理意识，而且"集体围观"下的"广场效应"往往导致网民随心所欲与任性而为。在虚拟化的自媒体空间，泛主体化、去身份化以及"把关人"缺失进一步导致责任虚置，"无名群众"更易接受偏激煽惑的心理暗示，从而对社会生活中郁积的负面情绪尽情释放。实践中，很小的新闻事件一旦经由自媒体平台放大，往往迅速演变成引爆全网的热点舆情，并可能诱发现实世界超越地域的集体行动。

毋庸讳言，自媒体空间不仅成为民意表达和舆论监督的集散场，更成为引导受众价值观及行为方式的强大利器，特别是对未成年受众的道德观念与生活认知产生了深刻影响。共青团中央维护青少年权益部、中国互联网络信息中心 2023 年 12 月发布的《第 5 次全国未成年人互联网使用情况调查报告》显示，通过抖音、快手、B 站等视频类网站获取新闻事件、重大消息的未成年网民占 55.9%，而通过微信朋友圈和微博渠道获取上述讯息的未成年网民

---

〔1〕 匡文波：《自媒体时代圈群文化新特征》，载《人民论坛》2020 年第 Z2 期。

分别占 23.5% 和 14.0%。然而，在"流量为王"的营销理念下，自媒体难以独善其身。自媒体内容的过度娱乐化、媚俗化加剧了"娱乐至死"的生态失范，不仅对受众价值观产生严重误导，更成为滋生违法犯罪的培养皿。面对激烈的商业竞争，自媒体往往聚焦诡秘异趣，按需炮制迎合受众窥私口味的新闻大餐。过度的商业逻辑及有效监管的缺失，使一些自媒体不惜逾越道德底线，解构主流文化价值，甚至充当起违法犯罪的支点与工具；再加上自媒体平台门槛极低、用户素养参差不齐以及网民身份的匿名性、模糊性，更为谣言等有害信息的传播插上了"隐形的翅膀"。在微博、微信公众号、博客、论坛、贴吧等自媒体深刻改变受众价值认知的同时，造谣声势、侮辱攻讦、新闻敲诈、隐私泄露、淫秽直播、虚假广告等丛生乱象正将新兴自媒体推向风口浪尖。

自媒体并非法外之地，与传统的大众媒介一样，必须坚守诚信、良知与正义的底线。在很大程度上，自媒体平台的信息内容折射着整个媒介的生态脸谱；自媒体乱象及涉罪传播预示着网络媒介正沉陷失范怪圈。在自媒体规模与体量疯狂扩张的情势下，信息传播的道德失范与违法犯罪之间并不存在鸿沟；相反，自媒体的失范乱象恰恰是诱致违法犯罪的前奏。由于新闻议题的筛选及呈现样式对犯罪衍生与扩散的经纬度具有重要影响，不仅媒介的范例示解或精细素描会加剧犯罪传播，而且不恰当的传媒报道通常被喻为"恐怖分子最有效的弹药库"。所以，自媒体传播应避免信息内容异化为违法犯罪的支点与工具，恪守弘扬正义、警示风险与预防犯罪的伦理本位。

作为一种新兴的信息传播媒介，自媒体不仅足可被滥用为侮辱、诽谤、敲诈、诈骗等传统犯罪的工具，更为谣言散播、隐私示众、色情上线、涉恐教唆以及犯罪团伙成员之间的信息联络等不法活动提供有力支点。那么，自媒体特定的传播构造如何孕育犯罪增长点？自媒体乱象与违法犯罪之间究竟具有怎样的逻辑关联？自媒体传播网络如何被利用为犯罪工具？自媒体平台的信息内容如何为犯罪传播提供助力？又如何通过自媒体空间治理实现犯罪控制？对这些问题的研究关注不仅必要，而且正当时宜。可以说，自媒体空间的犯罪支点与传播研究是对传媒与犯罪相关性研究的延伸与深化。

三、学术研究回顾

自媒体对犯罪的支点与助推效应，是伴随社交媒体的广泛应用而逐渐进入学术视野的。对此，国内外传播学、法学、社会学等领域的学者分别基于各异的理论视角给予充分关注。

（一）国外研究动态

相比国内而言，西方学者并未普遍使用"自媒体（We Media）"的提法，而是大多采纳"新媒体（New Media）"或"社交媒体（Social Media）"的概念。

首先，传播与社会学者大多关注社交媒体与文化传播、新媒体与社会变迁、媒介传播效果以及社交媒体平台的监管责任等议题。如美国学者 Dan Gillmor 在 "*We the Media：Grassroots Journalism by the People，for the People*" 一书中理性审视了信任缺失、法律模糊以及集权力量的限制等自媒体发展弊端；美国学者 Stanley Baran 的论著 "*Introduction to Mass Communication：Media Literacy and Culture*" 阐述了网络文化对社会生活的多元影响；美国学者 Kenneth C. Creech 的 "*Electronic Media Law and Regulation*" 一书阐述了媒介立法管制的动态。值得一提的是，诸多学者对于"脸书""推特""优兔"等社交媒体平台的监管责任给予极大关注。比如，英国学者 Shintaro Okazaki 等人探讨了"推特"数字企业的信息责任；土耳其学者 Nilüfer Fatma Göksu 则以"脸书"为样本阐述了社交平台的社会责任。

其次，犯罪学者以社会学、法学的范式研究网络犯罪风险防控。如法国学者 Daniel Martin 和 Frederic-Paul Martin 指出，网络信息风险使社会变得脆弱，无所不用其极的"电子劫掠"必定刺激有组织犯罪。此外，新兴的"流行病学犯罪学"研究值得关注。比如，美国学者 Eve Waltermaurer 和 Timothy A. Akers 的著述 "*Epidemiological Criminology：Theory to Practice*"，以行为流行病学解析了犯罪的人际传播。在传媒与犯罪的相关性问题上，大部分学者支持传媒提供犯罪榜样的主张。比如，意大利学者 Enrico Ferri 将注意力投向流行文学、报纸新闻及关涉犯罪问题的插图杂志，认为传媒能提供榜样示范。再如，美国学者 George Gerbner 指出，暴力凶杀的画面对未成年人犯罪有明显的诱发效应。不过，一些调查研究对两者的相关性机理语焉不详。正如美国学者 Edwin. H. Sutherland 所言，大多数人都至少部分地将违法与犯罪归咎于传媒；这种归因是正当的，但它既没有说清媒体如何对个体犯罪产生影响，也没有说清媒体如何对高犯罪率发生作用；数以百计的针对电影产品效果的实验及其他研究证实：仅有一些媒体发布者在某类问题上对特定人群带来了一定的效应。

（二）国内研究现状

自 2003 年美国学者 Shein Bowman 和 Chris Willis 提出"We Media"的概念以来，有关自媒体的传播结构、社会功能、技术管控等研究成为新的学术增长点。近年来，国内学者的研究重点主要聚焦于以下领域：

一是传播学者关注新媒体的呈现方式以及自媒体的传播构造。比如，孟伟等所著《理解新媒体》试图全方位呈现新媒体的传播样态，并阐述了媒体交互技术及网络规制路径；申金霞所著《自媒体时代的公民新闻》探讨了公民记者的内涵以及公民新闻的主体、内容和渠道；朱海松所著《微博的碎片化传播——网络传播的蝴蝶效应与路径依赖》，解构了微博的传播结构与效应，并剖析了社会化媒体营销的"蝴蝶矩阵"。

二是传播学者针对某一自媒体类型的专门研究。比如，董向慧所著《微博如何改变社会：社交媒体与社会风习研究》解构了微博传播与公众舆论、社会风习的互动机制；郑峰所著《新媒体时代下网络微视频生态研究》则剖析了微视频的生态演变规律及用户交互模式；韩建民、李婷编著《朋友圈传播效应与点赞心理》，则解构了微信朋友圈的传播样式及其背后的交往心理。

三是传播学者关注自媒体传播乱象，并致力于优化媒介生态。比如，王命洪主编的《自媒体传播》阐明了自媒体行业生态、传播规律及媒介素养；代征等学者所著《自媒体价值观传播机制及其导向策略研究》，揭示了自媒体对青年网民价值观的形塑模式；王刚所著《自媒体伦理漫谈》剖析了自媒体失范的成因及对策；章彦所著《智者不役于媒：媒介化社会的理性传播与表达》，则探究了受众角色及理性传播范式，指出新媒体的传播乱象与伦理责任。值得一提的是，牛静编著的《全球媒体伦理规范译评》为借鉴国外媒介伦理的规范准则提供了详实资料。

四是法学、传播学等学者对网络媒体规制策略的研究，涉及互联网金融、谣言、色情、信息安全等问题。比如，吴伟光所著《网络新媒体的法律规制——自由与限制》，围绕言论自由论证了新媒体的法律规制；郭春镇所著《自媒体时代网络传言的法律治理研究》，重点关注了谣言治理问题；高斌所著《我的信息谁做主：自媒体侵犯隐私权的法律规制研究》，则主张构建以法律规制为主、行业自律为辅的隐私侵权救济体系。

五是传播学、社会学及法学学者对媒介传播与犯罪相关性的专门研究。比如，杜雄柏所著《传媒与犯罪》系统解析了两者的关联逻辑；朱颖所著《守望正义：法治视野下的犯罪新闻报道》关注到了犯罪新闻传播的价值平衡；金泽刚所著《网络游戏与青少年违法犯罪》剖析了未成年人犯罪的诱发动因，强调了不良媒介的负导效应。除此之外，其他研究者屈指可数，主要有刘守芬、高旭晨、王天德、孙静、王云才、刘朝阳、王朝晖等，尚未见有系统的研究著述问世，且代表性论文寥寥，如《现代传媒与犯罪的预防和控制》《加入 WTO 后媒体传播中的犯罪辐射》《新媒体环境中犯罪模仿研究的思考》《自媒体犯罪报道的呈现与伦理反思》等。浙江传媒学院早在十年前就曾开展题为"新媒体传播失范对犯罪行为的影响研究——兼论公众媒介素养功能对防范犯罪行为的社会意义"的课题研究，但未能引起足够重视。

总的来看，国内外学者的研究大多聚焦于社交媒体的传播样式与结构、新媒体与社会文化的互动关系、媒介失范的生态重建策略、信息传播的伦理进化与立法规制等问题。关于自媒体传播所诱致的犯罪支点与工具效应，部分针对传媒与犯罪相关性以及网络犯罪治理的研究虽有所提及，但均未专门而系统地展开论述。换言之，从犯罪支点的角度阐析自媒体空间犯罪生成与传播的内在机理及规制对策，尚未见有专门、系统的研究成果。本书偏重研究自媒体与违法犯罪之间的互动关系，立足于当前各类典型的自媒体乱象，剖析自媒体对犯罪发生如何提供支点，又如何被滥用为犯罪工具并进而引发犯罪溢散效应，以期为消弭媒介失范、净化网络空间、控制犯罪传播提供参考。

自媒体传播与犯罪

不争的事实是，自媒体开启了"人人都有发言权、人人都是记者"的全民传播时代。正如美国学者尼葛洛庞帝所言："在网络上，每个人都可以是一个没有执照的电视台。"[1]进一步说，大众传媒机构不再独享媒介专利，它成了包括企业、组织和个人在内的全民"兼职"。"一旦他们的想法发布在网上，就自动变成了公开的、呈碎片状的数字环境的一部分。"[2]可以断言，自媒体传播比以往任何时代都更加便捷与多元，任何人均可能因发布某条信息而掀起一场舆论风暴。

第一节　自媒体的传播构造

2002 年，美国硅谷著名的 IT 专栏作家丹·吉尔默（Dan Gillmor）最早提出了自媒体的概念。他提出了"新闻媒介 3.0"的构想，即"1.0"指传统媒体或旧媒体（Old Media），"2.0"指新媒体（New Media），"3.0"就是以博客为趋势的自媒体（We Media）。在《下一时代的新闻：自媒体来临》一文中，丹·吉尔默指出"新闻媒介 3.0"具有"可分享"和"超链接"两大特征，其点对点的传播方式将催生众多的"草根出版者"（Grassroots Publisher），受众不再仅是新闻的被动接受者，同时更是新闻的主动传播者。在他看来，

---

〔1〕　［美］尼古拉·尼葛洛庞帝：《数字化生存》，胡泳、范海燕译，海南出版社 1997 年版，第205 页。

〔2〕　胡泳：《信息渴望自由》，复旦大学出版社 2014 年版，第 115 页。

由少数媒介集团掌控的大众媒体正逐渐蜕变为"人人都可以当家作主"的共和媒体，自媒体将是未来的主流媒体。2003 年 7 月，美国新闻学会的媒体中心出版了由学者谢因·波曼和克里斯·威理斯合撰的《自媒体研究报告》。该报告指出，自媒体是普通大众经由数字科技强化而与全球知识体系相连之后，一种开始理解普通大众如何提供与分享他们本身的事实、他们本身的新闻的途径。[1]

一、自媒体的界定

在我国，中国互联网络信息中心（CNNIC）在《社会大事件与网络媒体影响力研究（2009 年 7 月）》中提出："私人化、平民化、自主化的传播者，以现代化、电子化的手段，比如邮件、手机、博客等，向不特定的大多数或特定个体传递信息的新媒体，称为自媒体。"实际上，所谓自媒体，又称"公民媒体"或"个人媒体"，是指以数字通信技术为主要传播手段，面向不特定或特定的多数受众传递各种信息的一种新型媒体。自媒体实为私人化、平民化、普泛化、自主化的传播媒介，为用户随时随地分享自己的所见所闻提供了便捷平台。2006 年，美国社交媒体"推特"的联合创始人埃文·威廉姆斯最先提出"微博"的概念。微博即微博客（Micro Blog）的简称，实为基于用户关系的信息获取、发布与分享平台，用户借助网络、手机及其他智能终端设备可实现文字、图片、音频、视频等信息的即时分享。作为一种博客形式的广播媒体，微博是集合了手机传感器、无线网络、信息处理及空间可视等要素的多媒体博客。

不过，相较于国内学者，西方学者并未普遍采纳自媒体即"We Media"的提法，而是大多选取"Social Media"这一概念，国内学者译之为社交媒体或社会媒体。鉴于西方学界对"社交媒体"概念的青睐，国内对自媒体概念的使用亦未高度统一，部分研究仍与"社交媒体""社会化媒体""新媒体"等概念混用。

二、自媒体的构成与规模

现阶段，常见的自媒体包括微博、微信公众号、论坛、贴吧、博客、BBS

---

〔1〕 参见邓新民：《自媒体：新媒体发展的最新阶段及其特点》，载《探索》2006 年第 2 期。

社区及 QQ 空间、个人主页等，诸如新浪微博、腾讯微信公众号、今日头条、天涯社区、百度贴吧以及各大视频直播平台等网络媒介已成为目前应用颇广的自媒体。从 2016 年开始，微信公众号、今日头条号、企鹅号、百家号、网易号、搜狐号、大鱼号、知乎、虎嗅等一大批自媒体平台兴起，吸引大量网民入驻，呈现各大自媒体平台"争相斗艳"的景象。值得一提的是，在西方国家流行的脸书（Facebook）、推特（Twitter）、优兔（YouTube）等社交媒体在中国大陆并无多大市场。

在一定意义上，自媒体即"个人或小团队运营的人格化的数字媒体"[1]。从信息流通技术看，微信朋友圈具有"一对多"的群体传播功能。"朋友圈提供了表演舞台，微信中的人际关系提供了切实存在的具体观众。……朋友圈上演的不是个体的独角戏，而是表演者与观众之间渗透着双方情绪与情感的互动式'晒'与'赞'的行为，完美实现了人生的戏剧表演，搭建起一个由亲密关系组成的小剧场环境。"[2]由此，微信朋友圈亦属于自媒体。从论坛、贴吧的网民发言，到微信朋友圈针对特定好友的信息分享，从依托自媒体平台的个性化门户，再到组织化运营的专业自媒体机构，均隶属自媒体范畴。从注册主体来看，新浪微博分为个人微博、企业微博和政务微博；同样地，腾讯公司微信公众号亦分为个人公众号、企业公众号和政务公众号。本书研究主要面向带有私人与平民性质的微博、微信公众号、短视频、直播、论坛、贴吧等典型自媒体。

若以 2002 年博客诞生作为起点的话，我国自媒体已走过二十余年的历程。有学者将自媒体的发展历程大致分成四个阶段：博客、微博、"双微"（微信和微信公众号）和众媒时代。[3]第一，2002~2008 年为博客时代。博客（Blog）是继早期个人网站之后的以流水记录为表现形式的典型自媒体。2002 年 11 月，中国博客网开通，并在获得后期风险投资后开始风靡。第二，2009~2011 年为微博时代。2009 年新浪网试水微博，它是继博客之后增速最快的又一典型自媒体应用。第三，2012~2015 年为"双微"时代。2011 年腾

---

〔1〕　张鸿飞、李宁：《自媒体的六种商业模式》，载《编辑之友》2015 年第 12 期。

〔2〕　隋岩：《群体传播时代：信息生产方式的变革与影响》，载《中国社会科学》2018 年第 11期。

〔3〕　参见刘文帅：《自媒体控制：研究与反思》，载四川省社会科学院新闻传播所课题组：《新媒体反思》，四川大学出版社 2017 年版，第 114~115 页。

讯公司推出微信，次年又推出微信公众号，随即吸引大量机构与个人用户入驻微信公众平台。2012 年 8 月，今日头条上线个性化推荐；2015 年，各大直播平台兴起，自媒体呈现多样化态势。第四，2016 年以后可谓众媒时代，自媒体如雨后春笋般大量涌现，相继出现了百度、搜狐、360、网易、凤凰等诸多平台；2017 年，自媒体进入"洗牌"期，并成为短视频爆发元年。此后，基于自媒体平台的野蛮增长与疯狂扩张，自媒体传播乱象频出，各大自媒体平台开始着力规制与转型。

目前，微博、微信公众号、小红书以及抖音等视频应用工具已发展成为卓有影响的自媒体平台，其活跃用户数高达数千万甚至以亿计，远远超过国内最大的报纸发行量。根据小红书与投资者分享的数据，小红书在 2023 年月度活跃用户达到 3.12 亿。[1]截至 2023 年底，微信及 WeChat（海外版）合并月活跃用户达到 13.43 亿，[2]而微博月活跃用户达到 5.98 亿，日活跃用户达到 2.57 亿。[3]2024 年 4 月，抖音的日活跃用户数据称已超过 8 亿，成为仅次于微信的全民级应用。[4]

三、自媒体的传播特性

在自媒体网络中，信息传播不再局限于文字信息，图片、音频、视频等立体化信息传播技术日趋成熟。"每个传播者都是一个重要节点，可以点对点、点对面地进行信息传播，由此节点延伸出无限传递的链接方式和四通八达的传播路径，将与传播者相关的初级群体、次级群体、陌生人群体全部统合起来。"[5]可以说，自媒体催生了超时空、泛传播的媒介环境，打通了信息社会化传播的屏障。每一自媒体用户均拥有传者与受者的双重身份，既可自

---

〔1〕 参见箫雨：《消息称小红书 2023 年首次盈利 IPO 前景不明》，载 https://i. ifeng. com/c/8 YEeqeLu 5aN，最后访问日期：2024 年 4 月 16 日。

〔2〕 参见韩煦：《中国"网事"三十年豹变 那些关键词》，载 http://news. enorth. com. cn/system/2024/04/20/055999672. shtml，最后访问日期：2024 年 4 月 28 日。

〔3〕 参见《微博发布 23 年 Q4 及全年财报 全年总营收 125.15 亿元》，载 https://finance. huan-qiu. com/article/4GyyBBB6xaw，最后访问日期：2024 年 3 月 25 日。

〔4〕 参见《抖音成为全球最大独角兽公司，价值 1.56 万亿》，载 https://www.dsb.cn/243132.html，最后访问日期：2024 年 4 月 26 日。

〔5〕 隋岩：《群体传播时代：信息生产方式的变革与影响》，载《中国社会科学》2018 年第 11 期。

主地表达与发布信息，亦可主动地获取与转发信息。由网民受众主导的自媒体传播呈现出主体交互性、内容多样性、分享实时性、效应叠加性等特点。

（一）即时性

由于报纸、广播、电视等传统媒介对新闻信息存在加工与审核机制，因而新闻传播呈现一定的时间滞后性。而自媒体开启了新闻"秒时代"，用户可通过新闻客户端随时随地发布信息和参与互动。与传统媒体相比，自媒体传播具有鲜明的即时性。在自媒体空间，信息传播的主体、时空、内容、载体、方式等要素均不受限制，使信息传播从生产到发布、从接收到转发的过程耗时极短。可以说，自媒体的信息传播时效极高，文字、图片、音频、视频等信息均可被即时发布与转载，新闻消息往往能在短时间内传播至全网，从而使新闻传播表现出极强的时效性。

（二）互动性

自媒体的诞生改变了大众传播的传统格局，其以自由、开放、匿名、便捷为基点，为网民广泛参与信息传播提供了契机，大量用户的媒介传播热情被激发出来。"网络空间是一种更为互动和参与的传播系统，在这里，处于优势地位者不能强行让讨论就此结束。"［1］用户在微博、微信朋友圈、社区论坛等网络空间实时分享观点，已成为自媒体传播的重要功能。与传统媒介相比，自媒体的传播速度往往呈几何倍数增长，信息传播的整合与叠加效应明显，表现出极强的多向性与互动性。传统媒介的传播模式是单向型的，受众仅能被动地接收信息，无法就新闻内容及时地交流与反馈，媒介与受众之间始终存在一条无法逾越的鸿沟。然而，自媒体打破了这种隔阂，使信息传播有了庞杂的多向性和充分的互动性。在自媒体网络上，用户不仅可自主发表看法，还可对他人观点予以点评或评论，或者就某一话题发起共同讨论。也就是说，借助自媒体平台，信息发布者与接收者足可全方位地交流与互动，从而大大拉近了传者与受者之间的距离，提升了信息传播的实效及影响力。

（三）去中心化

所谓自媒体时代，就是"人人都有麦克风，个个都是通信社"的全民媒

---

〔1〕［英］安德鲁·查德威克：《互联网政治学：国家、公民与新传播技术》，任孟山译，华夏出版社 2010 年版，第 8 页。

介时代。传统媒介的信息传播秉承"中心化"模式，信息生产、加工与传播均有特定源头，比如主流新闻媒介、新闻发言人及门户网站等。而自媒体通信技术打破了传统媒介机构对新闻传播权的垄断，每一网民用户均有机会编辑、制作、发布与转发信息。也即，自媒体传播的信息话语权不再偏向集中于传统媒体，而是向广大网民受众分散赋权，并借以实现了信息传播模式的"去中心化"革新。"不强大的群体可能借此提升反抗能力，他们的呼声曾在报纸与电视中缺席。普通公民和政治上被边缘化的人们，再也不用完全依赖传统上占主导地位的传播媒介来构建身份或表达政治不满。"[1]

四、自媒体的传播本质

"自媒体时代，论坛、微博、微信以及新兴的视频网站构成了自媒体现存的主要表达渠道，它为我们个体提供信息生产、积累、共享、传播内容兼具私密性和公开性的信息传播方式。"[2]自媒体深度诠释了言论自由的内涵，有学者用"全民 DIY（Do It Yourself）"形象地概括自媒体的传播模式，即网民用户均有机会生产信息"产品"来表达自我。也就是说，自媒体重新定义了信息传播机制，由传统媒体自上至下的"中心广播"模式，逐渐衍生出传者与受者一体化的"非中心"交互群播模式。

（一）个体大众传播

美国学者曼纽尔·卡斯特将网络时代日益泛化的传播格局称为"个体大众传播"，这意味着任何网民理论上均可实现全球传播。可以说，以互联网、手机、平板电脑为主要载体的自媒体传播打破了大众传媒与人际交流的界限，形成了博客、微博、社交网站等"自组织"式的"大众自我传播"。[3]它是大众传播，因为其有潜力接触到全球受众；同时，它又是自我传播，因为信息是用户自我生成的，潜在接受者的定义是自我导引的，信息的接受是自我

---

〔1〕［英］安德鲁·查德威克：《互联网政治学：国家、公民与新传播技术》，任孟山译，华夏出版社 2010 年版，第 7 页。

〔2〕余珊珊：《自媒体时代微信公众号的口碑传播模式解读——以微信公众号"新华社"为例》，载《东南传播》2019 年第 2 期。

〔3〕See Castells, M., "Communication, Power and Counter-power in the Network Society", *International Journal of Communication*, Vol. 1, No. 1., 2007, p. 29.

挑选。进一步说，自媒体造就了"电子媒介人"[1]的崛起，信息媒介正在步入任何人在任何时间、任何地点，通过任何方式对所有人进行传播的格局。网络通信技术与电子媒介人的互嵌融合，推动大众传播正向"全民传播"或"草根传播"转变。种种迹象表明，以脸书、推特、微博、微信公众号等为代表的自传播媒体，已成为影响媒介生态的重要力量。"电子媒介人淹没于这样的空间，同时也参与了这个空间的构建；其感知世界的方式，包括对空间、时间、地点等人类活动场景以及人与自然、人与社会关系的认知也发生了嬗变。"[2]

　　从本质上看，自媒体促成了人、媒介、信息等传播要素的一体化融合。与传统媒介的传受双方泾渭分明相比，自媒体用户不仅是信息的接受者与消费者，更是信息的生产者与传播者，也即传者与受者的身份不再固化，两者经常易位转换。自媒体颠覆了由传统媒介主导的传播模式，传受双方的关系构造正发生实质逆转，充分突显出信息传播中"人"的价值。由此，自媒体的传播内容并非纯粹的信息，在信息背后往往蕴含着作为传播主体的人的意旨，从而使人、媒介、信息等传播要素深度融合。可以说，自媒体是目前社会信息生产方式的最高形态，它弥补了传统信息传播的不足，个体的表达自由获得了全面解放与极大延伸。

（二）群体传播

　　"移动互联网使人类彻底处在了一个可以随时随地参与传播、建立关系、沟通情感的环境中，一个以群体传播为核心特征的互动连接网络中。"[3]自媒体缩短了人际交往与信息传送的时空距离，接入网络的每一自媒体用户均深植于群体传播的介质之中。"传播主体极端多元化无疑改变了人类社会的信息生产方式：过去，生产信息的是人民日报、中央电视台、CNN、BBC 等传统媒体；今天，这些媒体与他们的读者、听众、观众一起生产信息，或者说是生存在这个世界的每一个普通人与媒体共同生产传播着信息，因为每一个普通人都手握媒介。"[4]

---

〔1〕　参见夏德元：《数字时代电子媒介人的崛起与出版新视界》，载《学术月刊》2009 年第 9 期。

〔2〕　夏德元：《媒介化社会隐私权保护面临的新挑战》，载《新闻记者》2012 年第 1 期。

〔3〕　隋岩：《群体传播时代：信息生产方式的变革与影响》，载《中国社会科学》2018 年第 11 期。

〔4〕　隋岩：《群体传播时代：信息生产方式的变革与影响》，载《中国社会科学》2018 年第 11 期。

作为迄今为止最为复杂的媒介形态，自媒体是人类传播史上继大众传播之后的又一次传播革命。自媒体宣告了大众传播时代的消退以及公共传播时代的来临，媒介社会已进入非专业传播与专业传播、大众传播与个人传播共存互补的时代。换言之，自媒体首次把人际传播、群体传播、大众传播以及大众自我传播融合在一起。

（三）话语权的分流

美国学者波兹曼指出："一种重要的新媒介会改变话语的结构。"[1]现代网络通信技术打破了原有传播权的分布格局，传统媒体不再拥有压倒性的传播优势。"自媒体传播带来了一场全新的信息革命，思想与信息传播成本急剧下降，其信息传播内容个人化、体验个人化和服务个人化的特点使得传统信息传播的权力不断消解。"[2]在自媒体传播中，草根网民获得充分的话语权，均能通过便捷的信息加工、分享与再生产，在传者与受者之间建构"关注"和"被关注"的黏合关系。可见，自媒体意味着传播权的重新配置，媒介传播不再为报纸、电视等大众媒体所垄断，传播权开始由大众媒体向新媒体分流。

（四）二度空间的渗透互通

网络空间又称"赛博空间"（Cyber Space），"这一空间是基于真实的物理架构（即各种线路及各种计算机设备所连结构成的系统）的一个数字化的空间，人们虽然不能物理地进入这一空间，但通过各种数字化的界面，可以与真实空间相似地通过网络来完成各种活动。"[3]正在发生的媒介革命不仅拓展了受众的物理活动空间，更提供了能量无际的虚拟电子空间。在自由化、扁平化的自媒体空间，受众的言论表达、人际交往、娱乐购物等现实活动借助网络平台获得极大延伸。由此，"物理世界—数字世界、现实生活—虚拟生活、物理空间—电子空间的双重构架得以形成，二者相互影响、相互嵌入、相互塑造，形成了虚实同构的政治、经济、文化和日常生活。"[4]无疑，自媒

---

〔1〕 ［美］尼尔·波兹曼：《娱乐至死》，章艳译，广西师范大学出版社 2004 年版，第 33 页。
〔2〕 陈进华、张寿强：《论自媒体传播的公共性及其道德底线》，载《江海学刊》2012 年第 6 期。
〔3〕 孙铁成：《计算机网络法律问题》，载《法学前沿》编辑委员会编：《法学前沿》（第 3 辑），法律出版社 1999 年版，第 76 页。
〔4〕 马长山：《智能互联网时代的法律变革》，载《法学研究》2018 年第 4 期。

体网络的虚拟空间与受众生活的现实空间是相通的；"在这个虚拟空间里，人们倾向于将所接触的各类信息与现实环境相对照，从而将'网上'和'网下'两个空间进行事实连接。"〔1〕也就是说，"虚拟空间与现实世界不再有楚河汉界之分，反而彼此渗透、深度融合，网络互动成为人们真实社会生活中的重要组成部分。"〔2〕事实表明，网络自媒体传播无时无刻不在影响与改变着线下世界。

五、自媒体的传播模式

自媒体整合了传统媒体与新媒体的传播特性，用户可对文字、图像、声音等信息随时随地下载、上传、储存与分享。相比传统媒介，自媒体的传播模式可谓发生了质变，呈现出分散化、碎片化、多元化的样态。

（一）传者与受者的合一

在传统媒介时代，尽管受众并非纯粹被动的信息接收者，但由于信息传播主要是从大众传媒流向受众，受众对新闻信息的"商议"反馈毕竟有限。也就是说，大众传媒享有信息发布的绝对优势，决定着新闻议题的呈现方式以及受众可以获取哪些信息。然而，自媒体的出现使信息传播中的传者与受者处于对等地位，信息传播不再偏向与集中于"一极"，而是呈现出分散化、网络式、多层级的信息源。这种多向交互的微传播结构使每一用户均有机会获取各式各样的海量信息，完全颠覆了以往借由日常生活中的亲密人际交往以及大众传媒获取有限信息的传统格局，从而带来了信息流转的多维化、链条化与连带化。作为新闻消息的发射场，"微博就是这样一个中介者，在寻找有价值的新闻方面，微博能够为用户提供达到此目的的最短的接触路径，新闻的交换和摘取发布因此变得更加频繁和有效。"〔3〕在微博空间，涌动着多方向、多维度、多层级的信息流，每一用户均集传播者与受传者的角色于一身，能够按照自己的信息组织与处理方式，参与媒介内容的生产与发布过程。"微博信息的流动呈现典型的双向链状结构。……信息从一个微博主流向另一个

---

〔1〕　吴隆文、傅慧芳：《微传播时代多元主体信任关系的解构与重构》，载《学习与实践》2019年第1期。

〔2〕　隋岩：《群体传播时代：信息生产方式的变革与影响》，载《中国社会科学》2018年第11期。

〔3〕　涂晓娜：《微博在新闻报道中的应用及影响力分析》，重庆大学2012年硕士学位论文。

微博主，每个微博主既可以充当信息的传播者，又可以作为普通受众，彼此之间的交流互动十分便捷。这一改过去信息从大众传媒单向流往受众，受众彼此之间缺乏交流的不利状况。"[1]可见，自媒体"改变了以往传统媒体单向固定的传受方式，再没有恒定的传播者与接受者，任何人、任何组织可同时兼具主体与客体的双重身份"[2]。在这一传播构造中，传者与受者具有平等地位，二者之间的转换极其简易，每一用户既是信息接收者，同时也是信息传播者，两者之间再也没有清晰的界线。

（二）节点链式传播

"传统媒体是一对多、大广播的方式，而微博客则是多对多、自传播的方式，而且是以文字、图片、声音、视频，全方位同时高速、一天 24 小时随时更新。"[3]而微博属于典型的节点传播，其传播效果可谓"四两拨千斤"。在微博的网格状、碎片化传播中，每个节点都可能蕴含诱发链式连锁反应的巨大能量。"它是在非线性的系统条件下，影响新闻舆论走向的各项因素和环节不按比例、不成直线地进行不规则的运动和突变，从而造成颠覆式的现实效果的过程。"[4]

由于微博用户的活跃度不同，其在节点链接中的传播影响力亦不同，据此可将微博传播节点分为核心节点、桥节点和长尾节点。核心节点处于网络中心位置，这类用户通常是"意见领袖"，往往成为新闻信息的传播源头，在很大程度上吸引且深度影响着众多粉丝用户。所谓桥节点，即在微博传播中发挥"桥梁"作用；这些用户通常是核心节点的忠实粉丝，其在接收核心节点的新闻信息后，通过评论、转发等形式向其他用户推荐与分享。而长尾节点用户存在于整个微博网络，他们虽属于沉默的大多数，但聚合起来的能量却不容小觑。这三类节点并非一成不变，在微博网络中常常易位与转化，使微博传播的内部结构更趋复杂。特别是以微博为中心的自媒体矩阵，使微信公众号、论坛、贴吧等其他自媒体加入节点传播的行列，成为微博传播链式

---

〔1〕 靖鸣、臧诚：《微博对把关人理论的解构及其对大众传播的影响》，载《新闻与传播研究》2013 年第 2 期。

〔2〕 蒋晓丽等：《连接与互动——新媒体新论》，中国社会科学出版社 2016 年版，第 122 页。

〔3〕 薛冰华：《微博客传播新闻信息的优势和局限性》，载《新闻界》2010 年第 5 期。

〔4〕 胡雨晗：《自媒体时代公众参与新闻传播的"蝴蝶效应"》，载《新闻论坛》2019 年第 1 期。

反应的一部分。

（三）碎片化"蝴蝶效应"

作为开放性、草根性的公共虚拟平台，自媒体空间的舆论生成与传播机制契合"蝴蝶效应"。当传统媒介还在对新闻事件例行审核把关时，微博、微信朋友圈、贴吧、论坛等网民用户就已通过自我把关将信息发布至自媒体平台，而关注该新闻信息的其他众多用户同样通过自我把关，对该信息持续进行循环往复的评论与转发，从而骤然放大自媒体的传播影响。"与早已存在的网络社区的帖子转发不同，微博的转发是横向、浅显、轻快、碎片式的，而社区的帖子转发是纵深、垂直、完整、集中式的，微博的转发加评论更加明快和多点式，微博的碎片式转发能引起巨大的传播效应，其传播速度异常快速，是一种呈几何倍数增长的网络传播。"[1]

事实上，一则新奇报道往往在自媒体空间呈"爆炸式"散播，使之瞬间传遍网络。因为新奇信息一旦发布，即会引发用户跟帖与转发，催生以热点信息为中心的发散式连锁反应，并由此进一步衍生相关热点信息，迅速聚拢受众注意力，最终使原生信息通过点、线、面、网的方式播散开来；一旦舆论热点生成，还会持续发挥"虹吸效应"，吸引更多受众的注意力，在短时间内聚集起强大的舆论力量。

六、自媒体传播的双重功能

"自媒体越来越成为一种重要的公共权力资源，越来越具有诱惑性和渗透力，甚至直接主导着人们的社会观念和行为方式。"[2]越来越多的网民参与到自媒体传播中，使之成为日常信息交流的重要媒介。自媒体传播极易聚拢网民受众的注意力，"人们对一条有争议的微博可以广泛转发，并且加注自己的态度和观点，论点的争锋和意见的碰撞很容易就聚合起人们的注意力，形成围观效应。"[3]然而，基于言论表达的全民围观既可表现为积极的舆论监督，

---

〔1〕　朱海松：《微博的碎片化传播——网络传播的蝴蝶效应与路径依赖》，广东经济出版社 2013 年版，第 145~146 页。

〔2〕　陈进华、张寿强：《论自媒体传播的公共性及其道德底线》，载《江海学刊》2012 年第 6 期。

〔3〕　朱海松：《微博的碎片化传播——网络传播的蝴蝶效应与路径依赖》，广东经济出版社 2013 年版，第 146 页。

亦可沦为助长焦虑、滋生乱象的温床。必须承认,"自媒体在朝向底层的过程中面临着娱乐化、谣言化、暴力化、非主流意识形态化等异化风险。"[1]

(一) 自媒体的正面功能

作为"公民媒体"或"个人媒体",自媒体的日趋普及激发了空前的民主热潮,在公共管理、舆论监督、诉求表达等方面发挥独特功能。自媒体传播对于推进社会民主、完善公共治理、构建法治社会等均具有积极效用。事实上,内容优良、叙事严谨、导向积极的自媒体已成为弘扬"正能量"的舆论场。

1. 社交方式的革新

自媒体传播开创了分享自我的时代,它改变了人们生活交往的方式,并正以惊人的速度、方式和力量改变着受众的生活样态。比如,微信公众号为内容推送、粉丝互动、微商交易、在线支付等用户需求提供了接口功能,而与信息、商品、服务及人际关系的连接亦使自媒体深植于全网生态链中。

2. 传播结构的优化

自媒体赋予网民充分的机会对公共热点事件发表见解与评论,彰显了信息传播的开放性、多向性、互动性、对等性等特征,体现了媒介传播的个性化与人性化,弥补了传统媒介的传播弊端。可以说,自媒体掀起了一场媒介传播革命,受众参与信息传播的广度与深度均大幅提升,并对传统媒介的传播模式形成有效补充,为整个信息传播系统增添了活力。

3. 民意的表达渠道

"自媒体(微博)提供了一个很好的参与公共决策,倾听民声的渠道。这一点是不可否认的。"[2]依托个性化、平民化、交互化的实时共享机制,自媒体已成为公众表达权利诉求的新型媒介。"信息的传播面积、受众数量以及影响群体等以几何级累积,为身处其中的各个主体凝聚了庞大的影响能量,赢取了更大的权利表达空间。"[3]由此,自媒体网络为民意诉求的公开表达提供

---

〔1〕 张爱军、刘仕金:《折叠社会自媒体底层关怀的政治社会学分析》,载《学习与探索》2022年第12期。

〔2〕 应琛:《如何"管出"自媒体的百花齐放?》,载《新民周刊》2018年第41期。

〔3〕 吴隆文、傅慧芳:《微传播时代多元主体信任关系的解构与重构》,载《学习与实践》2019年第1期。

了便捷渠道。

4. 媒介赋权与监督

自媒体的"媒介赋权"重塑了新闻议题的传播方式，它将受众从大众媒介的科层化控制中解放出来，使之与政治精英、经济精英、文化精英共享表达权。网民用户的个性化表达非但不会被忽略，反而更为鲜明地凸显出来，成为传播权力构造的组成部分。一方面，自媒体对于公共利益的维护发挥着积极的舆论监督功能。比如，微信公众号《疫苗之王》一文揭露了某生物公司的"问题疫苗"，迅速引发舆论关注，并促成针对疫苗生产行业的整顿行动。另一方面，自媒体传播的低门槛、即时性与多线性等属性，往往使其成为有效的维权渠道。"作为一种社交媒体、自媒体，论坛、博客与微博之所以能成为强有力的维权工具，是因为它们有着传统媒体所不能匹敌的网状传播、实时搜索、使用便捷等强大功能。尤其是微博，它允许任何一个使用因特网的人利用全球范围内的潜在力量来发动一场社会变革运动，它赋予了普通民众以惊人的力量来质疑和追问。"[1]

（二）自媒体的负面功能

在网络微时代，自媒体用户随心所欲地通过写微博、发微信朋友圈、跟帖评论等方式分享生活。然而，"自媒体是一个鱼龙混杂、良莠不齐的世界，既有富有正义和责任的舆论领袖，也有鼓掌助威的吃瓜群众，还有心怀鬼胎、居心叵测的阴谋家和炒作者，自媒体的零门槛、包容性造就了公众网络参与目的及方式的多元性，而这种多元性酿就了自媒体新闻传播结果的不可预知性。"[2]尽管自由化的言论表达促进了媒介传播的民主与效率，但同时亦为谣言、侮辱、煽动情绪、贩卖焦虑、群体极化等非理性表达预留了空间，从而给网络治理带来前所未有的挑战。

1. 言论表达的随性与无序

不争的事实是，自媒体表达的道德越界与无序现象极为明显。一些网民为逞口舌之快肆意发表荒诞不经的奇谈谬言，也有网民罔顾事实任性发布中伤言论，还有网民为一己私利刻意造谣、蛊惑受众以误导舆论。在现实生活中，基于道德信念与法律规范的约束，个体的蛮性欲望被不同程度地抑制了，

---

〔1〕 蒋晓丽等：《连接与互动——新媒体新论》，中国社会科学出版社 2016 年版，第 197 页。

〔2〕 胡雨晗：《自媒体时代公众参与新闻传播的"蝴蝶效应"》，载《新闻论坛》2019 年第 1 期。

但在失范无序的自媒体空间，个体的感性情绪被恣意释放，甚至肆无忌惮地攻讦泄愤。与传统新闻媒介相比，诸多自媒体运营者与普通用户并不具备新闻采编与信息传播的专业素质，致使自媒体信息的真实性、可信度低，无序性、碎片化明显。诸多"草根记者"的采访写作通常受自身知识结构甚至个人喜好的左右，其言论发表难免出现道听途说、断章取义、道德预判、随性批驳等问题。近年来频现的上海宝山某小学生为教师撑伞、云南某女导游嫌购物少而"骂客"、安徽女大学生扶老人"被讹"等舆论反转事件即是明证。"自媒体带来话语权，无形中放大了一部分人的存在感和控制欲，一些不满的情绪很容易被点燃，不断发酵升级，导致私人问题最后变成了社会公共问题。"〔1〕

特别是在"流量为王"与"眼球经济"的驱使下，不少自媒体运营门户为吸引更多关注，"往往选取能激发受众情绪的片面细节进行标签化夸张叙事，忽略写作的客观平衡原则，将局部领域的现象误认为是整体态势的情况，将某些事件与社会公平的欠缺、社会制度的不足相关联，博取网民的同情。"〔2〕这种主观偏激与夸张渲染的言论加深了受众对社会政策的误解，继而催生"阶层固化"的焦虑情绪。由此，任性轻浮、随意妄言、误导舆论的自媒体不仅扭曲了文化价值观，加剧人际交往的不信任，更可能对公共秩序带来潜在风险。对此，国家网信办2023年"清朗·从严整治自媒体乱象"专项行动严打制造热点、博取流量的行为，包括在重大事件发生后以恶意揣测、散播阴谋论、关联集纳等方式挑动公众情绪、制造次生舆情；刻意选取民营经济、家庭矛盾、婚恋生育等高关注度话题，发布争议性、误导性言论煽动对立、撕裂社会共识；打造违背公序良俗的"励志网红"、低俗人设等，哗众取宠收割流量。

2."后真相"时代

所谓"后真相"，是指"一些人为了自身利益，无视客观事实，盲目迎合受众的情绪与心理，使用断言、猜测、感觉等表达方式，强化、极化某种特定观点，攻讦抹黑对手，或博取眼球效应和支持率"〔3〕。"后真相"表征着异化的舆论生态，也即带有主观判断的价值偏见对受众的影响超越了客观事

〔1〕 应琛：《如何"管出"自媒体的百花齐放?》，载《新民周刊》2018年第41期。
〔2〕 张聪：《微信自媒体舆论场域中"阶层固化"议题的传播研究》，载《东南传播》2019年第3期。
〔3〕 史安斌：《新闻事实让位于情感、观点与立场"后真相"冲击西方新闻舆论生态（思潮之思）》，载《人民日报》2017年11月3日，第7版。

实本身。在传统媒体与自媒体的"分治"格局中，伴随两者影响力的"此消彼长"，新闻传播的原生性、客观性、中立性日趋受到冲击，受众很难分辨信息真伪，反而容易接受自媒体嵌入的主观情感与价值偏见，导致对新闻事件的认知理解与客观事实相去甚远。"相较于高高在上的主流媒体，网民们更愿意依赖一个个'部落化小圈子'去获得资讯、分享观点。然而，由于圈内人拥有相似的价值观，致使他们每天得到的信息大多经过了'立场过滤'，与之观点相左的信息逐渐消弭。"〔1〕换言之，社交媒体所具有的"回声室""过滤气泡"等传播机能烙烫了信息内容的"后真相"印记。

"在互联网浅阅读时代，被信息洪流包裹的人们对社会的认知大多来自媒体提供的拟态环境，标题党肆意篡改原本新闻事实，甚至凭空捏造，使受众对于新闻事件产生错误的价值判断，成为偏离真相的伪环境的推手。"〔2〕尽管网民获取信息的途径越来越多，但传播内容的真实性却日渐湮没在海量信息中。"'后真相时代'的真相往往是经过加工、修饰和设计的，许多'热门''爆款'的在线信息的价值并非基于其真实性，相反在于相关信息对于公众价值诉求和情绪的把握、制造和预设的影响力。"〔3〕更何况，恶意篡改标题炒作或蓄意制造舆论热点已成为部分自媒体的常态。"在众声喧哗的社交媒体时代，事实经过无数次再阐释甚至是故意扭曲与篡改，其本身不再是新闻报道的核心，而是让位于情感、观点与立场。"〔4〕

根据相关法规，未取得新闻从业资质的机构和个人不得从事采编业务。由于大部分的自媒体从业者不具有新闻采编资格，他们往往依托"洗稿"或"夹叙夹议"等方式介入议题加工，将事实要素与主观评判甚至臆想猜测糅合起来。"自媒体平台对风险信息的传播，并不只是停留在客观事实或问题的传播上，而是会加入各类主体自身对该事件或问题的认识、评论甚至想象，从而成了一种糅合了观点的阐释性信息，而且正是因为这种独特的阐释，才更

---

〔1〕　史安斌：《新闻事实让位于情感、观点与立场"后真相"冲击西方新闻舆论生态（思潮之思）》，载《人民日报》2017 年 11 月 3 日，第 7 版。

〔2〕　孟伟等：《理解新媒体》，中国广播影视出版社 2018 年版，第 266 页。

〔3〕　吴隆文、傅慧芳：《微传播时代多元主体信任关系的解构与重构》，载《学习与实践》2019 年第 1 期。

〔4〕　史安斌：《新闻事实让位于情感、观点与立场"后真相"冲击西方新闻舆论生态（思潮之思）》，载《人民日报》2017 年 11 月 3 日，第 7 版。

容易获得公众的欢迎。"〔1〕所以,自媒体的新闻报道常常带有明显的主观性、片面性、差异性与不确定性,使受众很难借助个性化、碎片化、价值化的信息组合去了解真相。尤其是自媒体一旦受到点击量、博眼球的诱使,那么故意曲解事实、散布谣言以及情绪化、极端化的言论表达即可能大量涌现,这就更难保证自媒体信息内容的真实与客观。

然而,"自媒体欺骗行为所产生的负面影响是整体性和全局性的,构建出的是一个扭曲的拟态环境,信任崩塌、人格异化、生态紊乱进一步将受众推向认知的迷茫境地。"〔2〕2018 年 10 月,上海某学校"霉番茄"事件刷爆朋友圈。尽管学校部分食材确实存在变质和过期等问题,但诸多自媒体在不明真相的情况下,即借助番茄发霉照片、疑似人为修改保质期的肉食照片等素材对该事件夸大其词,绝大多数的自媒体推文都难言客观、中立,更不乏"标题党""震惊"体甚至公然造谣者,完全不能呈现事实原貌。在学校致歉且严肃追责后,各方声音逐渐回归理性,淹没在讨伐声浪中被误解的部分真相才重回公众视野。当时在第一时间检查学校后厨的某家长痛斥了一些自媒体的不实报道:"网上曝光的发霉的西红柿、洋葱,其实是整箱摆在退货区,这个退货区和其他区域有一定空间隔离。""网上曝光的沾着葱花和残渣的汤碗,是还未经过洗刷的用品。油、大米、调料等没有发现保质期问题。油是非转基因的品牌油,调料经抽查都是保质期内。学生餐盘消毒尚可。胡萝卜丁,杂菜丁等都是冷冻的,没有发现保质期问题。"〔3〕而这些没有问题的"问题",事发当时却被自媒体有意无意地片面放大,以达到追捧热点、煽动情绪、挑拨舆论之目的。

3. 非理性的网络传播

自媒体的即时性、虚拟性及碎片化等特性,往往导致信息传播中的感性多于理性、偏激多于公允、臆断多于客观。"很多自媒体用户并不具备与传播权力相适应的传播能力,不少自媒体用户混淆了个体与公共的边界,把发布

---

〔1〕 汤景泰、王楠:《议题博弈与话语竞争:自媒体传播中的风险放大机制》,载《陕西师范大学学报(哲学社会科学版)》2019 年第 1 期。

〔2〕 陈世华:《以假乱真与去伪存真:自媒体欺骗行为的表征及其治理》,载《学习与实践》2022 年第 6 期。

〔3〕《民办中芯学校致歉并承诺整改 家长痛批部分自媒体不实内容》,载 https://china.huanqiu.com/article/qCakrnkeo30,最后访问日期:2024 年 9 月 20 日。

信息等同于情感发泄，传播乱象由此产生。"〔1〕无疑，自媒体满足了民众自主传播的心理欲求，并被赋予绝对的价值认同与合理预设，从而极大激发了网民的传播活跃度。在此情势下，冲破传统媒介束缚的网民发帖与跟帖往往随心所欲、漫无边际、毫无顾忌，甚至突破道德与法律的底线。"无序的网络草根传播，在当下体现出民粹化倾向，主要表现为自由表达、自我放纵、无所顾忌、不拘形式、不守规则等。"〔2〕

在很大程度上，自媒体传播契合了受众负面情绪的宣泄需求。比如，"网络通常被看成一个减压阀。人们在网络中减轻压力的方式主要有：通过接触轻松的信息，改变自己的心情；通过聊天室、BBS 等发表自己在现实空间不敢发表的言论；通过与人辩论、争吵进行宣泄。有人把网络的这种功能称为'去抑制'功能。"〔3〕然而，非理性的意见表达与情绪宣泄在"碎片化"的传播语境中极易演变成轻浮、狭隘、偏激的言论。"在不信任心理和负面情绪的影响下，网民的情绪宣泄在社会化媒体信息传播过程中远比关注事件真相更重要。"〔4〕不少自媒体用户的论坛发帖盲目跟风，缺少针对是非曲直的理性思考，更多地表现出围观起哄之下的"罗宾汉情结"。也就是说，在网民不明真相之前，往往"一边倒"地站在弱势群体一方，而这种滋长官民与贫富对立的普遍心态，俨然使微博、微信朋友圈、社区论坛等自媒体成为"仇官""仇富"等草根情绪的宣泄场。

在社会转型期，不同利益群体的矛盾冲突与分配不公现象是客观存在的。面对各类矛盾与风险事件，部分网民的观念扭曲及心态失衡渐次郁结成为怨怼之气。"互联网的出现，为这些人的积怨提供了喷发的出口，加之网络空间去身份化的特性，使主导某些微博舆论的言论往往不是知识、现实影响力和理性思考，而是融进了偏见、感情冲动激越等非理性因素。"〔5〕只要是涉及官民、贫富等阶层矛盾的热点事件，自媒体发文总是刻意突出权势者与平民百

---

〔1〕 常燕民：《自媒体传播的乱象与规避》，载《新闻爱好者》2015 年第 8 期。

〔2〕 陈进华、张寿强：《论自媒体传播的公共性及其道德底线》，载《江海学刊》2012 年第 6 期。

〔3〕 彭兰：《网络传播概论》，中国人民大学出版社 2012 年版，第 261~262 页。

〔4〕 袁凫青：《"后真相"语境下的网络舆情事件——网民情绪化传播现象研究》，河南人民出版社 2022 年版，第 91 页。

〔5〕 邱馨：《班杜拉的交互决定论与微博的"暴力流感"》，载《新闻界》2015 年第 10 期。

姓的二元对立，无限放大强势一方的狂傲与骄横以及弱势一方的无助与悲悯，进而大肆炒作吸引眼球。"从网红大 V 咪蒙的爆文产出套路，到谣言组织者的炮制手段，犹如管中窥豹，无非以下几点：用户本位、挑战常识、制造二元对立。"[1]对此，国家网信办 2023 年"清朗·从严整治'自媒体'乱象"专项行动，重点指向那些搭蹭公共政策、宏观经济形势、重大灾难事故、社会热点事件等，断章取义歪曲解读、颠倒是非抹黑攻击、渲染悲情煽动对立，制造损害党和政府形象、干扰经济社会发展的有害信息。

4. "群体极化"效应

作为一种群体传播模式，自媒体用户的信息生产与其社会网络关系密不可分。"不但某一信息可以通过自媒体用户的节点传播模式得以迅速传递和扩散，发生'嵌套'与'勾连'的自媒体用户间的社会网络关系，也可能影响他们对某一信息的解读，甚至界定和塑造其对现实的理解，促成具有较高组织程度的群体行为。"[2]借助社交媒介，网民可在虚拟世界轻易找到志趣相投的交往伙伴，基于同一趣缘的用户群体由此迅速扩大，相同或类似的意见表达成倍增长，从而组成具有同一或相似性的个性化圈群。所谓网络圈群，即"因某种特定原因通过互联网组合而成的虚拟聚合空间，代表着一种新型社会关系"[3]。在高自由度且匿名化的自媒体空间，个性化的圈子成员意识封闭，信息汲取的局限性不断造就观念鸿沟与文化撕裂。由于用户总是希冀在交互场域寻找相同声音，"沉默的螺旋"在这里发挥了真正魔力，与同一声音备受推崇相对应的是，相异的声音被压制和淹没。"圈群中的用户不断'自我设限'，长期沉溺于'信息茧房'，逐渐丢弃对多元文化的包容理解，不再拥有对整个社会的观察与批判的能力，更加容易激化矛盾甚至出现群体'极化'现象。"[4]由此，自媒体在对网民用户"媒介赋权"的同时，亦使传播议题更容易趋向"群体极化"。"群体传播的非制度化、非中心化、缺乏管理主体性、自发性、平等性、交互性，尤其是信源不确定性及由此引发的集合行为中的群体盲从性、群体感染性，成为其区别于其他传播形态的凸显特

---

[1] 吴雪：《黑幕背后的"连锁反应"》，载《新民周刊》2018 年第 41 期。

[2] 代玉梅：《自媒体的传播学解读》，载《新闻与传播研究》2011 年第 5 期。

[3] 匡文波：《自媒体时代圈群文化新特征》，载《人民论坛》2020 年第 Z2 期。

[4] 匡文波：《自媒体时代圈群文化新特征》，载《人民论坛》2020 年第 Z2 期。

征。"〔1〕

在微博公共空间，各种不法企图所推波助澜的极端化舆论操纵与偏激性意见权威极易形成；"人们的表现会接近于勒庞所描述的'乌合之众'，他们一方面表现得特别不服从权威，另一方面又在操纵下特别容易对权威产生崇拜甚至盲从。"〔2〕随着微博的兴起，一批博主迅速走红，不仅坐拥数以百万计的粉丝，且其发布的每一条博文动辄有"10万+"的阅读量与转发量。这些博主被称为网络"大V"；加"V"最初仅是身份认证，但后来将粉丝量在50万以上的博主称为"大V"。作为意见领袖，这些"微博知名博主"对粉丝用户的影响力甚大，一旦发表偏激言论、煽动负面情绪、操纵舆论风向，则很容易诱导粉丝陷入"群体极化"。

5. 算法流量下的"信息茧房"

基于流量变现的商业动机，许多自媒体平台开始使用算法技术向受众精准化推送帖文。大数据支撑下智能算法的基本原理是收集与记录用户的状态更新，包括信息转发以及点赞、评论等内容，并将这些数据换算为相应分数，由这个分数决定某条信息能否向用户定向推送。然而，"互联网技术的平民化在将不同人群之间的数字鸿沟变窄甚至填平时，算法推送技术构筑起来的数字围墙又在无形中把我们困驻在信息茧房的漩涡中。"〔3〕也即，自媒体算法技术在"解放"话语权的同时，又成为束缚信息分配与受众认知的"偏狭"力量。对于由智能系统发起的所谓精准推送，受众对帖文信息的筛选与推荐标准往往并不知情，但受众的信息接触却在不经意间被明显限定在趋同的狭小视域。更何况，借由算法技术的自媒介议题"不仅加深了数字难民和数字原住民之间的信息壁垒，还造成了个体与个体之间的信息断层，模糊了交往对象的真实性"〔4〕，进而加剧受众的镜像认知及虚拟体验。由此，AI算法加持下的自媒体同样是美国学者李普曼笔下"拟态环境"的重要营造者，新闻事

---

〔1〕　隋岩：《群体传播时代：信息生产方式的变革与影响》，载《中国社会科学》2018年第11期。

〔2〕　赵鼎新：《微博与政治公共空间》，载《上海采风》2012年第7期。

〔3〕　张聪：《微信自媒体舆论场域中"阶层固化"议题的传播研究》，载《东南传播》2019年第3期。

〔4〕　李玉琦、马学红：《"被算计的人"：自媒体时代下算法技术对人的异化问题》，载《东南传播》2023年第11期。

件的自媒体再现可能成为虚设幻象及刻板成见的聚合体。

由此，算法推荐机制实为非均衡化与偏斜性的信息传播，这一技术应用的合理性遭到质疑。究其本质，以网民大数据偏好为风向标的自媒体算法无非是流量利益的代名词。可以说，"治理自媒体乱象的核心和抓手就在于对平台算法的监管干预。如果任由流量为王，没有社会责任承担的算法必将成为自媒体乱象的始作俑者。"[1]

第二节 网络自媒体的传播乱象

自媒体的蓬勃发展重塑了传播格局，催生了庞大的市场红利。自媒体以其低成本、即时性、交互式的传播优势为民意表达与人际互动提供了便捷通道。然而，自媒体在凸显话语权个性化与民主化的同时，亦衍生出谣言炒作、"人肉搜索""洗稿"侵权、隐私泄露、低俗色情、广告欺诈等诸多乱象。2018 年 11 月，央视《焦点访谈》"自媒体 要自律不要自戕"节目指出："一些自媒体从业者为了吸引流量，夺人眼球，追求 10 万+，用上了各种手段：有的编造内容，有的使用惊悚标题，有的抄袭别人的原创文章，有的甚至发布低俗、色情的内容，无所不用其极。"

一、自媒体的乱象频仍

在众声喧嚣的自媒体洪流中，一些丧失底线的运营门户趁势浑水摸鱼，为一己私利不惜炮制谣言、操纵舆论、抹黑对手。从颠倒黑白、混淆视听的"黑公关"，到低俗炒作、色情营销的直播账号，再到东拼西凑、粗制滥造的"洗稿"，无不昭示着愈演愈烈的自媒体乱象。2023 年 3 月，中国青年报社等机构针对 1333 名受访者开展的一项调查显示，蹭炒社会热点、歪曲夸大事实、"标题党"被认为是当前自媒体突出的三大乱象。[2]

---

[1] 朱巍：《互联网流量经济背景下的自媒体治理》，载《青年记者》2021 年第 7 期。

[2] 参见杜园春、杨万淑：《八成受访者对自媒体发布内容持怀疑态度 净化网络空间 74.5%受访者认为必须遏制自媒体乱象》，载《中国青年报》2023 年 7 月 28 日，第 3 版。

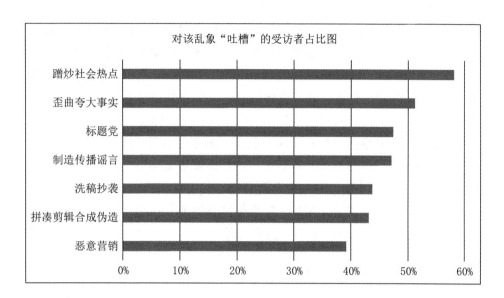

对该乱象"吐槽"的受访者占比图

事实上,造谣生事、营销炒作、洗稿吸粉、敲诈勒索等伎俩已成无良自媒体的标签;有的微博账号对低俗段子、流量造假执迷不悟,有的微信公众号化身"剪刀手""搬运工",内容创作沦为"流水线"。一些从业者擅长恶俗粗劣的文字表达,长期游走在违法边缘;还有账号为博眼球、抢流量,对所谓新闻热点不加核实即任意发布。更有甚者,部分门户对帖子评论明码标价,不仅大行新闻敲诈,而且雇用大量"水军"撰写"洗地文",要么为雇主屏蔽负面消息,要么散布谣言打压雇主的竞争对手。"口水太多,真相稀缺;情绪太多,调查太少;挑唆迎合的太多,直陈现实的太少。越是偏激,越是有人气。"[1]在"后真相"时代,自媒体夹杂着鱼目混杂的信息可谓泥沙俱下。

可以说,无良自媒体擅长在政治、经济、民生等各个领域妖言惑众、贩卖焦虑以趁乱渔利。比如,房地产领域已成为一些账号搬弄是非的"重灾区",几则有关政策调控的谣言足以在敏感的楼市里掀起惊涛骇浪。不仅如此,定期向房企收取"保护费"亦成为生财之道,其往往组团精准敲诈,甚至与传统媒体记者或公关公司里应外合,榨取所谓的"媒体投放费"。在金融领域,一些账号亦打着"揭秘"的幌子行炒作之实,或者利用比特币等虚拟

---

[1] 余承君:《"信息泡沫"不会持久》,载 https://www.thepaper.cn/newsDetail_forward_1659 078,最后访问日期:2024年4月10日。

货币"玩火"，或者在社交平台进行虚假理财营销甚至传销，还有的"大V"鼓动不知情的粉丝哄抬物价或操纵股价。同样地，在食品领域，一些帖文以偏概全、剑有所指，或者杜撰"饭菜里有虫""火锅里吃出卫生巾"等不良消息，大肆敲诈餐饮企业，或者直接以"专家"自居解读养生奥秘，伺机推销保健产品。对此，国家网信办2023年"清朗·从严整治'自媒体'乱象"专项行动，严打蹭炒热点吸粉引流的乱象，如通过不当评议、胡乱解读、片面曲解公共政策、热点事件获取热度，借机推销售卖商品、课程或服务，接受用户打赏，开通付费咨询，在直播间带货；或者打着探访、追踪、帮扶、救助等旗号，在灾难或事故现场、热点事件发生地、热点人物相关地等场地开设直播、拍摄视频，消费灾难、借势引流。

二、自媒体乱象的表征

伴随自媒体规模与体量的迅速膨大，信息传播的失范、责任缺位以及违法犯罪等负面业态持续显现。在诸多营销号中，意在追逐流量的肆意炒作大行其道；一些从业者并无新闻采编资质，为吸引流量却大肆生产"独家新闻"；假冒"官方"命名的自媒体一度蔚然成风，诸如"国际要闻""人民栏目网""环球要闻""上海百事通"等冠冕堂皇的微信公众号，实则是个人或公司账号。"自媒体命名的乱象根源在于博取眼球和获取私利，是私域与公域相互影响和渗透的表征，其带来的媒介风险，不仅危及公共领域的公信表达，也会累及私人领域的价值输出。"[1]

（一）自媒体的媚俗倾向

目前，通过整篇版面或特别醒目的标题、图片夺人眼球，对事件报道大肆夸张渲染以求耸人听闻，使用带有歧义或"擦边球"式的色情描绘，大量拼凑移接未经授权或毫不相干的图片，标榜同情弱势群体以煽动戏剧性的二元对抗，乃是无良自媒体的真实写照。

1. 自媒体的泛娱乐化

在美国学者尼尔·波兹曼看来，泛娱乐化即指"一切公众话语都日渐以

---

[1] 陈世华、汪旭：《自媒体命名：乱象与规范》，载《河南大学学报（社会科学版）》2021年第1期。

娱乐的方式出现，并成为一种文化精神。我们的政治、宗教、新闻、体育、教育和商业都心甘情愿地成为娱乐的附庸，毫无怨言，甚至无声无息，其结果是我们成了一个娱乐至死的物种。"[1]泛娱乐化表现为戏剧性元素对社会生活无孔不入地渗透，方方面面均成为受众消遣戏谑的对象，原本庄严肃穆的题材亦被打上轻浮滑稽的烙印。

近年来，自媒体传播呈现显见的泛娱乐主义，不少帖文的调侃与"恶搞"色彩浓重，议题文本的消遣性、戏耍性甚至蔓延至政治、经济、历史等领域。在微博、公众号、论坛等平台，有人发布"恶搞"《黄河大合唱》以及雷锋、邱少云等英雄人物的帖文，有人发布戏谑、侮辱董存瑞和叶挺烈士的短视频，还有的账号纯粹以娱乐嬉戏为宗旨，"他们的焦点不是在明星绯闻、婚外情或者分手等所谓重大消息上，就是在不伦恋、变性人等敏感话题上。"[2]在"搞怪"的生态圈中，"新闻节目是一种娱乐形式，而不是为了教育、反思或净化灵魂。"[3]娱乐化风向预示着自媒体信息被过度消费，而在众声喧哗的名利场，媒介报道的价值立场与本来面目被忘却了。在2013年"星二代"李某某犯罪报道中，一些自媒体调足受众的窥私胃口及仇富情绪，大肆渲染性犯罪细节，"完全没有对于未成年人和受害女性应有的人文关怀，没有对于有关事项人们是该知道还是不该知道的法律权衡的严肃回答，连编排地位都转到了娱乐版面、板块、频道上，就像播放一部电影或电视剧一样，成为大众消费的娱乐快餐。"[4]

2. 自媒体的低俗炒作

为迎合部分受众的低级趣味，低俗炒作成为一些自媒体的"标配"，不仅新闻、商业、娱乐混为一谈，而且夹杂着名人丑闻、血腥暴力、色情淫秽等标签的恶俗报道屡上头条。一些微博大号热衷炒作奇闻轶事、明星绯闻，不惜以"标题党"胡编乱造、刻意抹黑，甚至以露骨文字、夸张情节极力渲染暴力、色情画面。比如，《俄富二代炫富晒飞机晒车，普京怒了》帖文完全捕风捉影，内容低劣不堪；已封禁的微信公众号"二更食堂"曾发文《托你们

---

〔1〕［美］尼尔·波兹曼：《娱乐至死》，章艳译，广西师范大学出版社2004年版，第4页。

〔2〕章彦：《智者不役于媒：媒介化社会的理性传播与表达》，中国戏剧出版社2017年版，第166页。

〔3〕［美］尼尔·波兹曼：《娱乐至死》，章艳译，广西师范大学出版社2004年版，第115页。

〔4〕魏永征：《对一起轰动全国的强奸案信息传播的法律盘点》，载《新闻界》2013年第18期。

的福，那个杀害空姐的司机，正躺在家数钱》，其罔顾逝者尊严而以小说手法夸大空姐遇害细节，甚至出现低级下流的色情描绘，无异于拿悲剧做营销、以恶俗蹭热点。

为吸睛涨粉，一些自媒体在"标题党"路线上越走越远，为刺激受众感官极尽标新立异。"这种现象在缺乏原创能力的营销号中尤其常见，他们花尽心思投机取巧，极尽夸张、渲染、煽情、扭曲、恐吓之能事。"[1]2018 年 11 月，央视《焦点访谈》"自媒体 要自律不要自戕"节目指出："在自媒体上，除了低俗色情的内容，靠标题来夺人眼球更是司空见惯，为了让用户点击转发，往往采用最惊悚的题目，常见的有'吓尿了''惊人内幕'，在朋友圈里常常能看到这样的内容：'是中国人就给我转，不管是真的还是假的。'通过对人进行道德绑架的方式来获取高的转发和阅读量。还有一类自媒体往往打着生活小常识、小技巧、养生保健的旗号，再在标题中加入'一定要看''马上转给家人'，这类信息往往更容易被大量阅读和转发。"更有甚者，部分自媒体惯用所谓"震惊体"，即通过新闻标题或内容故弄玄虚，刻意使用足以使人震惊惶恐的言辞，试图打造"爆款"帖文。"震惊体"往往使用大量情绪化语言，甚至赤裸裸地植入暴力血腥与淫邪图片，让受众觉得"事态严重，必须转发"。在一些帖文中，诸如"快转发给你身边重要的人""你一定后悔没点开""人设崩塌跌下神坛""重磅消息"等表述司空见惯，而以这些带有诱导甚至威胁色彩的言辞点缀门面，无非是为了博取关注。

此外，自媒体低俗帖文还往往粗制滥造、虚应故事，不仅人文知识张冠李戴，引经据典谬误百出，诸如"刘邦与关羽张飞同时代"等低级错误频现；而且，发文报道不乏无中生有、夸大其词、细节失真者，文不对题、前后矛盾、图文不符以及语法标点错误、错别字与歧义盛行、专业概念妄加诠释等问题比比皆是。

（二）鼓吹与贩卖焦虑

在自媒体时代，话语权的分流表征着对传统权威表达的解构，由大众传媒达成的共识性叙事转向自媒体传播的冲突性叙事。然而，越是冲突性、对抗性的报道内容，就越是能够吸引受众注意。在自媒体话语空间，不同阶层

---

[1] 叶铁桥：《自媒体再自由也要有底线》，载《新闻界》2015 年第 22 期。

的利益角逐与诉求冲突往往成为舆论"制高点"。在全民围观中，传播话语权的争夺、社区圈层的利益对抗成为"吃瓜群众"的感官盛宴。诸多帖文刻意引领读者的共情体验，为将受众资源与流量紧锁在账号旗下，不惜通过造谣生事、耸人听闻、夸大其词等手段贩卖焦虑。在营销公众号上，经常可见"即将取消限购"的小道消息；这些在朋友圈刷屏的帖文往往以"房地产市场调控会议"为幌子，并冠以"权威专家""内部人士"之名解读政策，大肆渲染购房焦虑，诱使众多买家轻信入市。

在矛盾集中凸显的社会转型期，"相对的剥削使机会平等和容易获得财富与丰富的生活方式这样的神话破灭，它增强了处于社会边缘的群体的受挫感和失败的经历。"[1]而作为便捷的"泄压阀"，自媒体恰好为网民不良情绪的宣泄提供了利器。"自媒体新闻信息传播者对新闻事件的理性思考较少，情绪化表达占上风，自媒体新闻成为人们宣泄情绪的表达方式。"[2]换言之，部分自媒体充当了个体表达不满与发泄私愤的工具；"一旦焦虑个体组成焦虑群体，群体的去个性化和极化的特征，会使个体在群体情绪感染的机制下强化焦虑情绪。"[3]显然，焦虑情绪的网络蔓延非但无助于价值观的厘正，反而可能激化矛盾对立。这是因为，社会焦虑引发越轨行为，加重人们不切实际的高期望值心理与短期化行为，催生某些有害的群体行为。[4]所以，无良自媒体别有用心的舆论炒作与焦虑营销，很可能成为滋生违法犯罪的培养皿，对报复社会型等犯罪推波助澜。

实际上，"很多所谓的爆款文章，只是通过对公众焦虑的刺激而产生的，最典型的就是以功利的成败观来贩卖焦虑。"[5]一些"鸡血"公众号，对教育难题大肆渲染，助推恐慌心理，极大破坏了教育生态。据上海市教委通报，"一些教育自媒体主要存在以下问题：曲解政策、主观臆断、强化排名、助长焦虑、软文盛行等。它们或为了夺人眼球，或出于营销目的，或就是为了迎合受众的攀比和焦虑心态，对各类教育政策和现象进行所谓解读……偏离政

---

〔1〕 ［英］韦恩·莫里森：《理论犯罪学——从现代到后现代》，刘仁文等译，法律出版社 2004 年版，第 245 页。

〔2〕 于秀：《论自媒体新闻信息传播的负效应及对策》，载《传媒》2017 年第 10 期。

〔3〕 赵云泽等：《中国社会转型焦虑与互联网伦理》，中国人民大学出版社 2017 年版，第 29 页。

〔4〕 参见吴忠民：《社会焦虑的成因与缓解之策》，载《河北学刊》2012 年第 1 期。

〔5〕 陈江江：《自媒体时代传播思维的异化与净化》，载《传媒》2019 年第 8 期。

策初衷，也有违素质教育导向。"[1]比如，自媒体文章《鸡血妈妈成长史》向持有错误教育观的家长传递"鸡血式"焦虑；《绝对干货——某知名民办小学上岸经验分享》鼓吹错误的育儿观，助长恶意竞争；《好成绩全靠刷？沪热门"鸡血"民办小学 top10 深分析！》则对民办小学擅自"排名"，进一步助长焦虑危机。无独有偶，某公众号的发文《没有危机感的开学季，你相信吗？》流传甚广，字里行间充斥与夸大家长对"幼升小"的焦虑；然而，该公众号紧接着抛出"3 课时摆脱新学期手足无措"的帖文，原来前文实为培训机构的"软文"广告作铺垫。[2]

（三）　自媒体"洗稿"

在自媒体场域，"通过'洗稿'方式形成的新作品具有形式上的创造性，但实质上只是对他人作品观点和表达的变造。"[3]在微信朋友圈流行的某篇"爆款"文章，常常对其标题、文字、格式略作修改后，即以原创形式登上不同的公众号，此即自媒体帖文流行的"洗稿"现象。除涉嫌侵权外，作品内容的高度雷同还可能催生大量停止更新的"僵尸"粉丝，因为原创内容的匮乏势必导致关注粉丝的流失。据腾讯公司统计，"接近 80% 的智能手机用户高频关注或置顶的微信公众号不超过 5 个。而有超过 40% 的用户表示，'同质化信息太多'影响了获取资讯时的体验。"[4]由此，无论是门户网站的资讯 App，还是自媒体从业者的作品发布，实际上均对内容原创提出了更高要求。尽管微信公众号等平台开发了"原创功能"，但对"洗稿"现象仍缺乏有效的治理能力；"仅 2018 年及 2019 年上半年，微信一家核实并删除抄袭、未经授权发布的版权侵权文章就超过 15 万篇。"[5]

而在短视频平台上，标题、文案及拍摄题材的同质化现象同样明显。在

---

〔1〕　参见王蔚：《10 多个教育公众号被暂停更新　市网信办会同市教委责令其全面深入整改》，载《新民晚报》2018 年 11 月 2 日，第 14 版。

〔2〕　参见王蔚：《10 多个教育公众号被暂停更新　市网信办会同市教委责令其全面深入整改》，载《新民晚报》2018 年 11 月 2 日，第 14 版。

〔3〕　罗锦烨：《自媒体平台"洗稿"行为的判定与规制路径探析》，载《长春师范大学学报》2023 年第 3 期。

〔4〕　钱一彬、吴姗：《低俗吸睛 洗稿盛行 数据掺水 自媒体要挤"逐利泡沫"》，载《人民日报》2017 年 5 月 18 日，第 14 版。

〔5〕　张英：《严惩"洗稿"行为，勿让劣币驱逐良币》，载《三湘都市报》2021 年 1 月 14 日，第 A2 版。

短视频"洗稿"的产业链上,前端热销着"人设"的炮制生意,后端活跃着快速"搬运"及"量产"技术。某短视频公司的专业运营团队声称能对主播"量身"打造脚本和镜头,其推出的"12800元套餐"包括提供独特"人设"以及10万粉丝、150条视频策划剪辑、1000万次曝光量等服务;另有自媒体从业者表示,仅需399元即可学到所有的"量产"技术,也即不用写文案、拍视频,仅需到其他平台"搬运"热门视频,再通过"二次剪辑"的技术处理,三至五分钟就能达到原创效果,甚至可在平台"过审首发"。[1]低成本的"洗稿工艺"提高了短视频的出产效率,而在题材内容抄袭或"炒冷饭"的背后,则是劣质短视频的泛滥横行;其中,部分视频作品往往聚拢低俗受众而成为"爆款",反而为从业账号及平台带来充沛流量。

"在大众自传播时代,要想在众多同平台、跨平台的同质性竞争者中突围而出,不仅要时刻关注'焦点议题',还需要能够在共同关注中凸显个性特色,避免对议题的原样转发,从而在'全民围观'中凸显自身信息的传播价值。"[2]然而,自媒体的庞大体量与精品帖文的匮乏形成尖锐矛盾,一些自媒体账号的作品生产变得"流水化",醒目标题、雷同内容、夸张桥段连同固定版式几乎千篇一律。更重要的是,作品内容的严重同质化挤占了精品原创版块的生存空间,势必滋生自媒体市场的"劣币驱逐良币"效应。

(四) 媒介审判

所谓媒介审判,即"犯罪嫌疑人尚未经法院判决是否有罪,传媒已经在报道或评论中对其定罪,或传媒对嫌犯在法庭的辩护作倾向性的评论,作出定罪的判断。"[3]显而易见,媒介审判违背新闻职业伦理与执业规范。媒介审判偏离了传播本位,真实、中立、客观的新闻价值观遭到颠覆。涵盖自媒体在内的媒介审判不仅致使真相扑朔迷离、案情错综复杂,且易带偏舆论风向、聚集舆论声势,更重要的是对司法审判的独立权构成严重侵损。

对于传统媒介而言,涉及司法新闻的记者报道尚需审慎有度,力求秉持

---

〔1〕 参见《短视频数量暴增质量堪忧　谁在给劣质短视频加持流量?》,载《北京晚报》2023年7月25日,第9版。

〔2〕 汤景泰、王楠:《议题博弈与话语竞争:自媒体传播中的风险放大机制》,载《陕西师范大学学报(哲学社会科学版)》2019年第1期。

〔3〕 陈力丹:《不能再搞"媒介审判"》,载《新闻界》2013年第22期。

客观、中立的媒介态度。然而，与大众传媒的犯罪新闻报道相比，自媒体基于匿名性、多线性以及非理性、非专业化等特性，其对犯罪案件的关注报道很难做到完全客观与中立。有研究发现，"自媒体在犯罪报道中倾向选择易于发挥、可以表达自己观点的体裁，单纯的消息类文章极少。……带有反思性质的价值议题的文章数量远高于客观陈述性质的事实议题。"[1]这意味着自媒体的媒介审判所产生的不良干预后果丝毫不逊色于传统媒体。在自媒体时代，刑辩律师通过微博、短视频、论坛等渠道发声，以期争取舆论关注来向司法部门施压，这意味着"自媒体成为刑辩律师可以掌控自如的扩音器和传声筒"[2]。"自媒体辩护"之所以渐成惯用方式，是因为借助网络舆论场，律师的辩护意见可最大程度地获得呼应与支持，使案件审理及公权力运作纳入公众监督，进而增强对抗控方的张力，赢得有利的诉讼局面。究其实质，"自媒体辩护"属于舆论辩护，意在影响民众思维认知，进而对案件裁判形成舆论压力，并最终为民意干预司法预留空间。

可以说，自媒体对罪案的争相报道会将专业性的刑事司法文本转变为公共话题。无论是以往的"媒介审判"，还是新兴的"自媒体辩护"，从本质上说均属于面向网民的"借力"之举，这种意见造势与舆论施压恰恰影射了力图影响司法进程与审判结果的功利动机。依据司法独立原则，不论何种形式的媒介干预与舆论风向均不能干预司法权。所以，无论是传统媒介还是自媒体，罪案报道均应毫无例外地遵循真实、客观、中立的新闻立场，不得大肆渲染犯罪细节，不得重墨描绘血腥场景，更不得发动舆论力量代位裁判。

三、自媒体乱象的原因

"现实社会是微传播的事实基础和存在依据，信息场域里的话语、内容和氛围，是人们对现实社会的直接感受经由传播得以转嫁和放大所呈现出来的结果。"[3]所以，自媒体乱象固然有运营者自身的原因，但更应视其为现实社会浮躁、功利心态以及整体道德滑坡的缩影。换言之，自媒体失范可看成是

---

〔1〕 王啸洋：《自媒体犯罪报道的呈现与伦理反思》，载《新闻知识》2021 年第 1 期。

〔2〕 封安波：《论转型社会的媒体与刑事审判》，载《中国法学》2014 年第 1 期。

〔3〕 吴隆文、傅慧芳：《微传播时代多元主体信任关系的解构与重构》，载《学习与实践》2019 年第 1 期。

社会道德迷失的延伸与催化反应。从受众需求来看，自媒体的乱象空间充斥着消费主义，涉及血和性的信息散播满足了庸俗受众的感官刺激。这与缺少自律与把关的自媒体恰恰达成负性嵌合，极好诠释了美国传播学者 E·卡茨的"使用与满足"理论。从商业运营的角度看，网络自媒体的无序乃至违法犯罪在很大程度上系"流量拜物教"的产物。

（一）自媒体准入门槛低

"自媒体为每个人提供了表达平台和传播入口，但也恰恰是过低的门槛给一些违法违规行为以可乘之机。"〔1〕社交网络的准入门槛较低，平台入驻通常仅以同意责任条款为限。随着行业竞争的白热化，一些平台对用户注册的审核形同虚设，几乎每一网民均可入驻。无论是智能终端设备的使用，还是信息编辑发布的文字能力，对自媒体传播主体的要求均不高，从而使用户信息生产几乎未有任何限制。然而，"自媒体非线性、零门槛等传播特点，决定着用户发布的信息内容自由、随意、不受控制的肆意传播的可能。"〔2〕随着智能软件的推广，原本复杂的图文、视频制作变得简易化；各种美图、排版、视频剪辑软件的应用不断降低内容生产的专业要求，由于网民用户的媒介素养参差不齐，其生产或转发的作品内容同样迥然有别。由此，自媒体迅捷的传播时速与良莠不齐的从业素质使很多网民在无意中充当了不良信息的"二传手"。

（二）匿名空间的侥幸心理

"互联网的匿名性及网民结构的复杂性使网络言论民粹化、泛道德化、极端情绪化取向更为明显。反权威、反传统、反主流的对抗性言论的背后，表现为意识形态领域对峙，调解、翻转的背后是利益的博弈和话语权的争夺。"〔3〕在 2014 年广东茂名"PX"事件当日凌晨，百度百科上演了关于"PX（对二甲苯）"毒性的拉锯战；有人多次将"PX"毒性由低毒改为剧毒，此后清华大学化工系学生又一次次将之改为低毒，6 天内该词条被反复修改 36 次，最

---

〔1〕　顾维：《人民网评：让自媒体空间回归健康有序》，载 http://opinion.people.com.cn/n1/2018/1026/c1003-30365069.html，最后访问日期：2024 年 4 月 26 日。

〔2〕　代玉梅：《自媒体的传播学解读》，载《新闻与传播研究》2011 年第 5 期。

〔3〕　孟伟等：《理解新媒体》，中国广播影视出版社 2018 年版，第 256 页。

终百度百科将其锁定为"低毒化合物"。[1]该词条之所以反复修改,是因为"PX"毒性界定将直接影响到现实生活中民众对"PX"项目的态度。基于网民身份的虚拟性、匿名性,自媒体的意见表达往往只管参与和言说,而不顾是非与责任。

可以说,自媒体的传播构造解构了现实身份及人际关系,为网民营造了肆意表达、发泄情绪的媒介氛围,它使受众在随心所欲地发表言论时无所顾忌,表现出比在现实生活中更加趋向极化与非理性的状态。这种约束机制消退、安全感倍增的自我误解极易滋生"法不责众"的心态。因此,自媒体表达的多元化、自主性、匿名性以及违法言论的低门槛、低成本等因素,在一定程度上促成了传播乱象。"网络的草根化使得发布虚假信息的门槛降低,几乎为零的信息生产成本以及违法成本也是重要的帮凶。"[2]

(三) 自媒体的商业逐利

我国文化产品市场的有效供给不足为自媒体的勃兴提供了契机,部分网民以经营自媒体为职业,涉足财经、职场、健康、文学等多个领域。作为创业载体,自媒体从业者若欲从巨量的同类账号中脱颖而出,必须拥有足够专业的综合实力。在信息过剩的虚拟经济市场,信息消费者成为媒介机构争夺的重要资源。"生产媒介产品的重要性,已经让位于对媒介产品的推销和对受众资源的争夺。……整个产业环境和传播模式都以用户(消费者)的需求为主导,用户的访问量成为传播链条中至关重要的环节。"[3]可见,微传播时代的粉丝流量与媒介经济利益直接耦合。对于商业自媒体来说,粉丝就是流量,流量就是经济价值,这些自媒体属于典型的流量驱动行业。更何况,"当一家企业发现了增加利润的方式时,其他企业会对此进行关注并采用这种方式,如果企业之间是同一市场的竞争者的话,比起他们不是竞争者来,这一过程

---

〔1〕 参见孙震:《PX 词条拉锯战引社会关注 理性争论是我们该补的一课》,载《中国青年报》2014 年 4 月 10 日,第 7 版。

〔2〕 时斌:《编造、故意传播虚假恐怖信息罪的制裁思路——兼评刑法修正案(九)相关条款》,载《政法论坛》2016 年第 1 期。

〔3〕 隋岩:《群体传播时代:信息生产方式的变革与影响》,载《中国社会科学》2018 年第 11 期。

或许会更为迅速和普遍。"〔1〕这种逐利模仿机制在自媒体"黑公关"、媚俗营销、露骨直播、虚假广告、"洗稿"抄袭等领域普遍存在，甚至成为商业运营的流行"潜规则"。

1. 自媒体的受众献媚

一些娱乐"八卦"自媒体之所以人气很高，是因其恰恰迎合了部分受众的低级趣味。低俗献媚的文章受到追捧，虽然对于自媒体的运营者、广告商来说是"共赢"，但却败坏了网络空间的传播风气，形成"劣币驱逐良币"的局面。究其本质，媒体平台与用户数量的迅猛增长带来了激烈的竞争压力，在内容高度同质化的情势下，一篇帖文若要收获"10 万+"的阅读量实属不易；真正质优的原创作品毕竟稀少，而平台及账号规模可谓海量。在角逐利润的同行竞争中，一些自媒体门户开始铤而走险，企图以报道内容的猎奇与娱乐化吸引流量。"在'内容为王'的生态依旧未变的情况下，为吸引用户阅读、点赞、关注、分享，不少微信公众号剑走偏锋：采用夸张的编辑模式和公开的偷窃手段，制造和传播垃圾信息，导致'标题党'频出，谣言不断。"〔2〕

面对激烈的市场逐利，吸引粉丝与流量成为无良自媒体的头号目标。"一些自媒体不讲中立表达，去取悦、迎合粉丝，受众喜欢什么就投喂什么，利用人心理的阴暗面赚流量，各种阴谋论、夸张表达、'标题党'泛滥，换来的是节节攀升的转发和点击。"〔3〕在流量刺激下，自媒体谋求的是吸引与讨好读者；阅读量与转发量成为传播效果最好的"晴雨表"，它指引着自媒体运营者以何种方式传递消息。"10 万+数字的背后，多少人放弃了自己的初心——只要学会如何取一个足够爆炸的标题，内容的质量不重要；挑选一个足够激起民众情绪的选题，传播戾气聚集看客；更加不惜搬弄是非颠倒黑白，玩弄大众智商。"〔4〕某微信公众号发文《杭州锦鲤火了!》，声称要"寻找杭州最旺

〔1〕 ［美］E. H. 萨瑟兰：《白领犯罪》，赵宝成等译，中国大百科全书出版社 2008 年版，第 302 页。

〔2〕 刘峣：《抄袭造假败坏生态　低俗拜金透支信任 自媒体需撇去泡沫上正轨》，载《人民日报海外版》2017 年 8 月 4 日，第 8 版。

〔3〕 王化：《自媒体"不小了"，该立的规矩赶快立起来》，载《新华每日电讯》2018 年 10 月 26 日，第 15 版。

〔4〕 应琛：《如何"管出"自媒体的百花齐放?》，载《新民周刊》2018 年第 41 期。

锦鲤"，即"给你一个白吃白喝一整年的机会，杭州 100+ 商家的福利独宠你一人"。但事实上，这些商家对此并不知情；更何况，不同网友拿到的兑奖码还可能是一样的；有网友按要求参与活动，除提交个人信息外，还被强制要求关注各种账号。至此，虚假宣传与恶意营销的真实企图暴露出来，竟是一场为了吸粉、涨粉的闹剧。[1]

2. 自媒体的营销牟利

作为稀缺资源，受众注意力被追捧为自媒体运营的圭臬。所谓"网红"经济，背后争夺的即是注意力资源。"以几何倍数增长的传播者及其生产的庞杂信息所面对的，仍是数量已经基本固定的受众及其有限的注意力。"[2] 以信息产品参与经济竞争无可厚非，但若将流量套现作为创作的唯一目的，自媒体就会异化为纯粹的牟利工具。"有的文章行文与插图脱节，配图化身'广告位'待价而沽；有的在字里行间强行植入商品信息，影响粉丝正常阅读；尽管目前一些软文经过'修饰'不再生硬，但长远看依然是在'透支'粉丝。"[3]在流量利益的裹挟之下，一众营销号进军自媒体市场，并逐渐发展为集微博、短视频、直播等一体化的多媒体矩阵。在短、平、快的数字空间，某博主所发"段子"的短时转发与评论数，甚至比报纸杂志一年的发行量都多。在美妆、运动、母婴等细分垂直领域，营销号精准积聚了大量粉丝，为后期流量变现奠定基础。除常见的广告盈利模式外，自媒体门户还嗅到了其他商机。在"微博问答"中，"提问者可支付一定费用向微博大 V 提问，回答后，其他用户可支付 1 元'围观'答案，提问者也可从围观费中得到分成。"[4]该模式催生"职业提问者"，其与回答者勾连共享分成。

然而，自媒体的疯狂逐利与媒介传播的公共属性往往陷入失衡。在信息过剩但注意力稀缺的情势下，如何吸引受众注意力与博取点击率，成为从业者绞尽脑汁的难题。面对利益诱惑，缺乏约束机制的自媒体极易迷失自我，

---

〔1〕 参见高路：《转发点赞锦鲤，结果成待宰羔羊》，载《钱江晚报》2018 年 10 月 14 日，第 A16 版。

〔2〕 汤景泰、王楠：《议题博弈与话语竞争：自媒体传播中的风险放大机制》，载《陕西师范大学学报（哲学社会科学版）》2019 年第 1 期。

〔3〕 钱一彬、吴姗：《低俗吸睛 洗稿盛行 数据掺水 自媒体要挤"逐利泡沫"》，载《人民日报》2017 年 5 月 18 日，第 14 版。

〔4〕 刘峣：《抄袭造假败坏生态 低俗拜金透支信任 自媒体需撇去泡沫上正轨》，载《人民日报海外版》2017 年 8 月 4 日，第 8 版。

对注意力经济追逐到极致。"很多新媒体并不热心如何经营好内容，而是纯粹将之作为一个赚钱手段。很多新媒体运营人员，也丝毫没有传统媒体的必要训练。人们爱看什么就写什么，怎样写有流量就怎样写，无关真假，无关是非，独立、客观、公正，统统不重要。"[1]由此，自媒体为之雀跃的流量变现，却可能成为腐蚀传播伦理的"蛀虫"。

3. 基于盈利的账号交易

为寻求高点击率，一些自媒体还从事买卖账号的不法勾当。社交平台大多注册门槛低，网民用户只需通过身份认证即可获得发布资讯的账号。不仅如此，"网络上也已形成一条完整的'账号交易市场'，随手一搜'账号交易'就会弹出上万个结果；"在名为"A5交易"的网站上，各类自媒体账号均有出售，且提供多个已通过实名认证的账号及相关运营知识，而账号成立及注册时间、粉丝分布等均成为估价指标。[2]尽管平台注册协议明确禁止赠与、借用、租用、转让或售卖账号等行为，但基于自媒体账号的商业价值与利润估值，此类账号的买卖交易在网上并不少见。

不过，自媒体账号交易本身蕴含的风险极高。由于自媒体账号与卖家的身份信息相关联，一旦买家利用账号发布虚假信息等，卖家可能承担连带责任。特别是当卖家明知买家将账号用于犯罪活动时，若其仍出租或出借给买家，则其可能涉嫌共同犯罪，或触犯帮助信息网络犯罪活动罪。对于买家来说，当账号的粉丝持续增多、估价越来越高时，由于账号未完成实质转让，其所有权仍归属原持有人，那么卖家可随时收回账号。由此，自媒体账号变动理应通过主体迁移等合规方式完成。

第三节　自媒体的"把关人"

美国学者库尔特·卢因指出："信息总是沿着含有门区的某些渠道流动，在那里，或是根据公正无私的规定，或是根据'守门人'的个人意见，对信息或商品是否被允许进入渠道或继续在渠道里流动作出决定。"[3]根据这一

---

〔1〕　舒圣祥：《自媒体"黑公关"，企业不能既恨又养》，载 https://hlj. rednet. cn/c/2018/10/26/4760225. htm，最后访问日期：2024 年 9 月 30 日。

〔2〕　参见申鹏等：《网络营销号乱象调查》，载《南方都市报》2017 年 12 月 22 日，第 11 版。

〔3〕　参见马婕：《新媒介时代对传统把关人的重新审视》，载《编辑之友》2011 年第 4 期。

"把关人"理论,新闻信息是在一些含有"门区"的渠道里流动的,这些信息只有符合"把关人"的价值标准才能进入流转渠道。

一、大众传媒的把关

在传统媒介领域,新闻报道并非"有闻必录",而是存在对信息去粗取精、去伪存真的遴选过程。事实上,每时每刻都在发生成千上万的信息,但仅有一部分被媒介选择性地呈现出来,显然信息关卡起到重要的过滤作用。在传达到受众之前,信息要历经多重筛选,把关力量最终决定信息应否继续传播抑或终止。

简言之,大众传媒报道存在典型的"把关人"模式。在美国学者休梅克那里,大众传播中的把关被看作为"新闻媒介建构社会现实的整个过程,而不仅仅是一系列的'进'和'出'的决定"[1]。报纸、电视、电影、通信社等大众传媒的从业者与其所属新闻机构之间存在着互动关系,二者都掌握着把关决策权。"把关"人的职责是对海量信息进行筛选与审核,其本身属于信息生产与加工的一部分。在信息发布之前,"把关人"根据一定的价值标准遴选信息素材,只有符合媒介机构价值立场的信息内容才会被"放行"。也就是说,传媒组织决定了什么样的新闻信息能够进入大众传播,其依托"把关人"机制实际上对信息传播施加了源头控制,诸如内容偏向、语言措辞等要素均属稽核范围。

依据美国学者巴斯提出的"双重行动模式",传统媒体对新闻信息的把关分为前后相连的两个阶段:一是新闻记者对信息采集的信源进行自我把关,二是媒体编辑对新闻信息的加工与产出进行前置性"关口"审查,这一把关相对更有意义。这种把关模式以传媒自身为中心,把关过程主要呈现在媒介内部。这意味着信息产品经过内容过滤后,所产出的新闻信息大都符合"把关人"的价值预设。进一步说,大众传媒向受众推送的信息并非完全指向客观环境本身,而更多的是媒体经过筛查与加工所建构的"拟态环境"。尽管大众传播中的受众并非纯粹被动的信息接收者,但受众对信息内容有意识地抉择与反馈毕竟有限,其仍主要依靠大众传媒建构的"拟态环境"来理解客观事实。

---

〔1〕 See Shoemaker. P. J. , et al. , "Individual and Routine Forces in Gatekeeping", *Journalism and Mass Communication Quarterly*, Vol. 78, No. 2. , 2001, pp. 233-246.

二、自媒体的把关机制

在新旧媒介的融合时代，信息传播的把关机制不再是直线流程，而是由自媒体与大众传媒衔接渗透、信息分层流动、众媒交互嵌合所构成的复杂系统。

（一）自媒体用户把关

在自媒体传播中，网络平台、媒介运营者及个体用户等多方主体均参与到信息生产与传送环节，呈现出多元化的"把关人"角色。然而，除平台事后履行删禁职责外，自媒体的信息流转大多依靠运营者及网民用户的自我把关。"微博核聚变式的信息传播方式归根到底得益于把关权从大众媒体向受众的让渡。"[1]问题在于，自媒体用户大多缺少媒介专业能力，对信息传播的自我把关明显欠缺专业性。"自媒体从业者素质参差不齐，绝大多数人并没有受过严格的新闻或公共表达训练，使得自媒体内容良莠不齐，鱼目混珠。"[2]传统媒体的把关者因接受过专门训练，信息审核把关亦较为专业；而自媒体用户的信息发布大多是随性而为，因而内容生产历来带有极大的不确定性及人为随意性。一旦跳过或虚设"把关人"门槛，想当然地发布帖文势必带来以偏概全和断章取义。现如今，自媒体空间的舆论反转已是常态，2018年"快递小哥雨中暴哭"等事件即是例证。可以说，"反转新闻的自媒体议程设置是网民在兴趣和情绪上产生共鸣的结果。"[3]尽管舆论反转折射出受众感性与理性的博弈，但同样在一定程度上印证自媒体传播的任性随意。

（二）自媒体平台把关

休梅克认为，推特、脸书、优兔三大社交媒体扮演"超级把关"角色，他们掌握把关决策权，将有害内容甚至用户从媒介平台中移除；信息推荐的

---

〔1〕　靖鸣、臧诚：《微博对把关人理论的解构及其对大众传播的影响》，载《新闻与传播研究》2013年第2期。

〔2〕　叶铁桥：《自媒体再自由也要有底线》，载《新闻界》2015年第22期。

〔3〕　赖寄丹、李丹：《反转新闻的自媒体议程设置弊端及应对》，载《海南大学学报（人文社会科学报）》2020年第2期。

算法软件也成为把关系统的基本元素，承担促进信息流动、鼓励意见表达等功能。在我国，为保证信息发布的自主性，微博、微信公众号、博客、论坛、贴吧等平台事先对非新闻性质的帖文内容并不作实质审查。若发现不良信息散布，则予以事后的删禁与惩戒。显然，与事前智能系统的形式审查相比，平台对不良信息的后期处置属于典型的延迟把关，在实质上并不能防止有害信息流入网络。况且，面对纷繁复杂的海量信息，平台亦无充足资源支撑全方位的事前筛查，而一旦对用户信息发布钳制过紧，又容易背离自媒体的传播特性及即时分享技术的革新初衷。更何况，基于对流量利润及粉丝体量的考量，事实上平台也未必对用户信息严格审查。长期以来，平台对用户信息传播的监控秉持宽松态度。各大平台为招揽更多用户入驻自家系统，不惜竞相出资补贴扶持。在激烈竞争中，平台能否重拳整治旗下自媒体乱象，取决于其对社会责任的诠释。由此，自媒体平台的信息把关主要表现为一定的技术过滤和极为有限的人工审核。

三、把关模式的比较

究其实质，传统媒体的把关模式是前置性的拦截与过滤。这种把关机制具有专业性和严肃性，通常能够最大限度地避免有害信息的传播，但同时却也容易造成信息传播的滞后性。相比之下，自媒体的把关模式主要是账号运营者及网民用户的自我把关，同时辅以平台后置性的不良信息处置。严格来说，平台对有害信息的后期处置并非真正的把关，因为即使是全平台删除有害帖文，也难以改变不良信息已广泛播散的事实，更何况通常难以做到全网除净。事实上，传统媒体也存在后置性的错误信息更正或不良信息删除程式，相对于事前的"关口"审查而言，其更多意味着对传播失误的一种补救措施。据此，传统媒体的事前限制性把关导致控制偏多、自主偏少，新闻自由受限，体现了消极的新闻自由；自媒体的后置性信息处置把关致使自主偏多、控制偏少，更多地体现了积极的新闻自由。

在自媒体场域，"信息的真实性与意见的可靠性主要是由网民自己来把关的。信息的发布完全是按照个人的立场和认知对事件进行选择与解读，反映的是信息发布者个人的好恶。"[1]不同于传统媒介的层层把关，自媒体的信息

---

〔1〕 王刚：《自媒体伦理漫谈》，中国言实出版社 2017 年版，第 72 页。

传播缺乏有效的筛选与审查机制。况且，自媒体的即时性、多线性、交互性等传播特性决定了"爆炸式"反应链条中的新闻信息被疾速推送出去，更难保障针对信息内容的审查与斟酌，而往往仅能在消息发布后进行后置性延迟把关。由于自媒体的传者与受者角色合一，把关主体模糊化，特别是网民用户的媒介素养与自控能力参差不齐。由此，自媒体的自我把关往往掺杂过度的自主性与随意性，而非专业性把关很难确保实效；特别是当面对巨额利润的诱惑时，这种自我把关常常流于形式甚至荡然无存。可以说，诸多自媒体的"把关人"机制实质上无效或低效，这种自我把关不可能达到传统媒介的把关效果。大众传媒内部的自我纠错机制以及外部的行政监督机制，基本上能避免传播失范；而自律与监管缺失的自媒体处于"放养"状态，自我把关监督低效或无效，若外部监督同时乏力，那么自媒体失范便在情理之中了。

四、把关效果的级差

从新华社等权威媒介到商业性门户网站，从企业公众号到小规模运营团队，再到个性化的网民用户，各自对应的审查把关机制呈现出从严到宽、从高效到低效甚至无效的"金字塔"式层级差异。越是处于"金字塔"的顶层，审查机制越严，话语权越受控制，信息内容也越趋向主流价值观；越是处于"金字塔"的底端，话语权越自由，审查机制越趋于少数人决定或个人决定，信息内容越趋于陷入背离主流价值观的发散状态。相应地，信息报道的权威性及信息内容的可信度亦是渐次消减的。

经过层层把关与筛选，大众传播的新闻信息通常具有较高的公信力。"自媒体新闻虽然在时效性上更快、更新鲜，但是在报道的主题价值、真实性、准确性、报道深度、社会影响和舆论引导方面远远落后于传统媒体。传统媒体比自媒体拥有健全、专业的新闻采编与制作队伍，专业采编人员在长期的新闻业务实践过程中积累了专业的新闻职业素养，使得传统媒体提供的新闻信息更加准确、真实和可靠，在新闻专业能力和权威性方面都远胜于自媒体。"[1]换言之，媒介传播的迅捷性与信息内容的有效性、可信性之间存在矛盾；无论是传统媒介还是自媒体，均应在信息传播的便利与安全之间寻求

---

[1] 于秀：《论自媒体新闻信息传播的负效应及对策》，载《传媒》2017 年第 10 期。

平衡。

当前，传统的大众媒体积极转型"两微一端"，通过增开官方微博账号、微信公众号以及新闻移动客户端等方式寻求与自媒体的融合发展。尽管许多大众传媒已拥有网络自媒体的发声渠道，但基于成熟的信息把关机制，大多仍能坚守新闻伦理底线，对信息真实、客观与中立原则清醒自持，与媚俗消费及涉罪乱象保持安全距离；自媒体与之不同，其为吸引流量尽可能地一味满足受众需求，进而藐视规则、放任自流，很容易导致虚假信息大行其道。在"去中心化"的自媒体空间，非理性、群体极化等负面效应映射出把关缺失的真空地带。"把关人的缺失使得微博新闻的发布并不像传统媒体一样有诸多限制，这使得微博新闻中谣言的制造变得轻而易举。"[1]与此同时，自媒体传播的开放性、即时性与碎片性等特征，使作为外力的行政监管效果亦不及传统媒体。

由此，自媒体传播个性化、自主性的结果必然是信息自控机制的失灵与他控机制的弱化，而"把关人"的缺位或弱化又为传播乱象乃至违法犯罪提供温床。总之，"受参与主体平民化、传播媒介多元化、媒介信息推送的唯流量化、传播内容的弱把关特征以及信息茧房、意见领袖的多样化等因素的影响，自媒体传播变得难以控制，群体极化现象、侵权、谣言等不良现象此起彼伏，这一生态背景造成了自媒体传播的治理困境。"[2]

第四节　网络自媒体的犯罪支点

"互联网不仅为传播有用信息提供了理想的环境，而且为交换诸如恐怖主义宣传品、儿童色情物和仇恨言论等非法内容，以及为非法传播受版权保护的材料提供了绝佳的场所。因此，网络犯罪制造了高度的风险。"[3]在失范无序的自媒体空间，传统犯罪与新型犯罪往往缠绕交织在一起，难以厘定分野或截然剥离，所以无论是对传统犯罪的助推放大，还是对新型犯罪的孕育产

---

〔1〕　涂晓娜：《微博在新闻报道中的应用及影响力分析》，重庆大学 2012 年硕士学位论文。

〔2〕　宣刚、严海艳：《乱象与规制：自媒体传播名誉侵权的实证分析》，载《湖北社会科学》2022 年第 7 期。

〔3〕　〔德〕乌尔里希·齐白：《全球风险社会与信息社会中的刑法：二十一世纪刑法模式的转换》，周遵友等译，中国法制出版社 2012 年版，第 303 页。

出，无良自媒体都在扮演"犯罪摇篮"的角色。

一、犯罪的杠杆支点

所谓支点，即"杠杆上起支撑作用，绕着转动的固定点"。杠杆支点效应原本是物理学规律，意指利用杠杆原理举起同等质量的重物会非常省力。在生态失衡的自媒体空间，这一原理同样为某些违法犯罪的生成与传播提供了最好注解。"互联网在犯罪过程中发挥了独有的杠杆作用，表现为传统犯罪的倍增效果和对集群犯罪的组织能力、动员效果。"[1]很明显，无良自媒体既对犯罪滋长构筑了孵化温室，又为犯罪扩散提供了杠杆支撑；谣言散布、淫秽内容散播等传播型犯罪，以及犯罪方法教唆、恐怖极端思想的传习等不法传播，借由自媒体工具插上了"腾飞的翅膀"。也就是说，自媒体不良的信息呈现及有害内容的传播无疑成为犯罪衍生的催化剂，其对犯罪生成与仿效所产生的推波助澜作用，与"利用支点完成杠杆撬动"的物理效应极其相似。

所谓犯罪支点效应，意指自媒体信息传播的失范无序为违法犯罪的滋生与复制提供了动机强化、方法传授、工具支撑、效果提振等强劲推力，使犯罪生成更为便捷、犯罪目的更易得逞、犯罪影响更加广泛。基于支撑犯罪的"杠杆"效应，自媒体网络的不良传播暗含了示范犯罪榜样、提示犯罪工具、提拉犯罪效率、降解犯罪成本等犯罪有利条件，往往为犯罪效果的倍增提供了快捷场域。"由于网络传播速度极快，具有将时间、空间高度压缩于一体的优势，因而使犯罪行为有可能在成本低廉的情况下获取极大的利益。"[2]相比传统媒体对犯罪的助推影响，自媒体的无良传播对违法犯罪的助推作用更为典型；网络空间的违法犯罪不仅更容易发生，而且犯罪危害的波及范围与程度往往难以预估。更何况，"犯罪是无秩序状态的最后统一体。"[3]自媒体传播的无序状态，俨然是违法犯罪的培养皿和助推器。在意大利学者加罗法洛看来，"那些使生活变得更加容易或艰难的环境仅在某个时刻、以某种形式或

---

〔1〕　何明升：《中国网络治理的定位及现实路径》，载《中国社会科学》2016 年第 7 期。

〔2〕　何明升：《中国网络治理的定位及现实路径》，载《中国社会科学》2016 年第 7 期。

〔3〕　[英] 韦恩·莫里森：《理论犯罪学——从现代到后现代》，刘仁文等译，法律出版社 2004 年版，第 245 页。

以某种特殊的方式决定这种不道德的表现方式,而这种不道德迟早会以犯罪的某种形式表现出来。"[1]网络自媒体的伦理失范与违法犯罪之间并非泾渭分明,缺失道德自律的媒介传播会轻易触犯法纲,而情节严重的违法传播则往往已涉嫌犯罪。

不争的事实是,"互联网已经变成某些网络犯罪形式的滋生地,这不是什么秘密。"[2]2024年4月,广东新兴国家网络安全和信息化发展研究院等机构发布《2023年全国网民网络安全感满意度调查统计总报告》,指出网络诈骗活跃度仍处于高位,而且关涉危害国家安全和传播色情、暴力、赌博的不良信息较为泛滥,在网民中的渗透率超过四成。由此,充斥不良信息的自媒体场域加剧了网络传播的无序状态,无异于为违法犯罪供给绝佳的滋生摇篮。

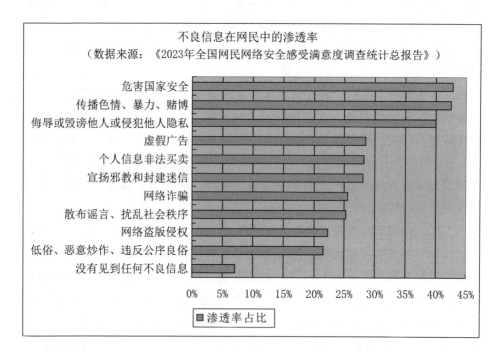

不良信息在网民中的渗透率
(数据来源:《2023年全国网民网络安全感受满意度调查统计总报告》)

---

〔1〕〔意〕加罗法洛:《犯罪学》,耿伟、王新译,中国大百科全书出版社1996年版,第151页。

〔2〕〔美〕理查德·斯皮内洛:《铁笼,还是乌托邦——网络空间的道德与法律》,李伦等译,北京大学出版社2007年版,第181页。

二、犯罪的集散场

基于网络媒介的信息传播功能，自媒体空间为以信息散布为行为内核的犯罪滋长提供了沃土。信息散布型犯罪主要指向借由信息网络散布违法犯罪信息或非法散布不应公开的信息。根据《中华人民共和国刑法》（以下简称《刑法》）规定，信息散布型犯罪主要包括下列罪名：煽动分裂国家罪，煽动颠覆国家政权罪，宣扬恐怖主义、极端主义、煽动实施恐怖活动罪，泄露内幕信息罪，编造并传播证券、期货交易虚假信息罪，侵犯商业秘密罪，损害商业信誉、商品声誉罪，诬告陷害罪，侮辱罪，诽谤罪，煽动民族仇恨、民族歧视罪，出版歧视、侮辱少数民族作品罪，侵犯公民个人信息罪，非法利用信息网络罪，编造、故意传播虚假恐怖信息罪，编造、故意传播虚假信息罪，传授犯罪方法罪，泄露不应公开的案件信息罪，披露、报道不应公开的案件信息罪，制作、复制、出版、贩卖、传播淫秽物品牟利罪，传播淫秽物品罪，组织淫秽表演罪，故意泄露国家秘密罪，故意泄露军事秘密罪等。特别是某一网络平台在整体上为多种不同犯罪类型提供犯罪工具和生存空间，比如同一视频直播间可同时暴露个人隐私、传播淫秽视频、教唆犯罪方法等，因而可能沦为多个犯罪的集散场。

一方面，传统犯罪的网络化转型大量涌现。"目前计算机和网络无处不在，因而为许多犯罪者创造了机会。"[1]在网络聊天室诱骗、约见被害人并实施性侵犯罪，青少年团伙借助社交媒体召集与策划群殴行动，在论坛社区使用污言秽语侮辱谩骂，将色情淫秽视频上传云盘供付费客户下载，以及利用微信群组大行"微商"诈骗、非法传销以及变相赌博等犯罪样式早已屡见不鲜。然而，这些罪行并非真正的计算机犯罪，而是传统犯罪套用了网络媒介的"外衣"，也即网络技术对于一些传统犯罪而言并非必要；但是，"计算机和网络技术能够使这些犯罪更加容易实施。"[2]在传统犯罪的网络化延伸中，"网络不过是行为人实施犯罪所借助的工具而已，如同行为人故意杀人时所使

---

〔1〕［美］斯蒂芬·E. 巴坎：《犯罪学：社会学的理解》，秦晨等译，上海人民出版社 2011 年版，第 412 页。

〔2〕［美］理查德·斯皮内洛：《铁笼，还是乌托邦——网络空间的道德与法律》，李伦等译，北京大学出版社 2007 年版，第 182 页。

用的枪支、木棍、菜刀等工具一样。"[1]2023 年下半年，广东深圳警方破获通过短视频平台售卖带货课程的犯罪团伙，诈骗分子先向受害人鼓吹购买"可轻松月入数万元"的带货培训课程，而后以虚假刷单方式给缴费学员造成流量提升、课程有效的假象，进一步诱引支付数万元学费购买"内部引流渠道"。[2]显然，借助短视频平台的施骗无非是传统诈骗犯罪的网络"换装"而已。

另一方面，自媒体空间的新型网络犯罪不断滋生。"网络时代下，不但几乎所有的传统犯罪皆可利用信息网络实施，并且那些仅能发生于网络上的犯罪也开始出现。"[3]除了传统犯罪的网络化"变形"外，由自媒体本身衍生的"黑公关"敲诈、"人肉搜索"、刷单炒信、刷量行骗等违法犯罪，则带有鲜明的自媒体特色。也就是说，自媒体技术不只被用来加持传统犯罪或简单地充当犯罪工具，其同样成为催生新型网络犯罪的支撑点与孵化器。2018 年初，今日头条公司通过反作弊技术发现，有人非法注册旗下产品"火山小视频"虚假账号 6 万余个，批量盗用并上传视频以骗取"火力值"，提现金额高达数十万元；经查，某诈骗团伙购买、制作相关软件，利用多种技术手段骗取返现补助，并通过 QQ 群等渠道传授该犯罪方法，成为国内首例骗取自媒体补助的"黑产"案。[4]显然，该案虽是诈骗犯罪，但却属于新型诈骗，其犯罪手法与传统诈骗大相径庭。

三、犯意联络的平台

近年来，通过社交网络相约自杀及共同犯罪者屡见不鲜。2016 年 3 月，江苏淮安警方破获一起网约绑架案，来自不同省市的嫌犯互不熟悉，有的认识仅几个月，甚至彼此只知道绰号，而其勾结聚集仅仅因为其中一名嫌犯所

---

〔1〕 刘宪权：《网络犯罪的刑法应对新理念》，载《政治与法律》2016 年第 9 期。

〔2〕 参见《一些"教你带货"课程藏骗术，小心"精准被套"》，载《新华每日电讯》2024 年 3 月 14 日，第 5 版。

〔3〕 刘宪权：《网络犯罪的刑法应对新理念》，载《政治与法律》2016 年第 9 期。

〔4〕 参见《批量盗用并上传视频以骗取奖励 系国内首例骗取自媒体补助案 恶意骗自媒体补助警方打掉诈骗团伙》，载《北京青年报》2018 年 3 月 27 日，第 A8 版。

发的一条"干大事、赚大钱"的帖子。[1]2017 年 8 月，河北邯郸警方侦破横跨五省流窜持刀系列抢劫案，不同地市的五名嫌犯在名为"完美犯罪"的网络论坛相识，并在论坛策划共同抢劫；在商定作案时间及目标后，会集现场实施抢劫，分赃后各自返程。[2]2018 年 6 月，广东广州某失业青年在手机贴吧无意中发现一篇题为"找兄弟，做大事"的帖子，遂与同样在广州未落脚的某"游民"发帖人结识；两人互加微信，一拍即合"捞快钱"，共乘火车赴江苏南京准备抢劫某超市老板。[3]2022 年 7 月，全国公安机关网安部门"百日行动"要求重拳打击网上勾连拐卖妇女儿童、涉未成年人网络淫秽色情、养老诈骗等侵害弱势群体，电信网络诈骗、网络赌博等侵财违法犯罪，以及网络传销、"裸聊敲诈"、网络贩毒、"套路贷"等黑恶违法犯罪，同时全力预警防范网上相约抢劫、绑架等行为。

四、违法犯罪的教习所

美国《纽约时报》曾头版报道《诱人的毒品文化网上猖獗》，指责网络充斥着推销毒品或针对毒品制造、种植与消费的详尽说明；许多网站把毒品描绘得刺激诱人，却从不提及毒瘾危害；"网络缺乏有效地分辨事实与渲染、真相与谎言的调控机制，有些讨论甚至可能最终鼓励所有年龄段的美国人去从事非法的行为。"[4]据国家网信办发文《2016 年全国网络举报受理情况》披露，新浪微博存在借微博视频传播恐怖分子处决人质、战争血腥场面等暴恐有害信息现象，百度贴吧存在较多传播教唆犯罪、描述杀人肢解过程的有害帖文，新浪博客、天涯社区传播的歪曲党史国史、攻击老一辈革命家等有害帖文亦受到举报；此外，人人网、豆瓣网、道客巴巴、360 个人图书馆等在线文档分享平台审查不严，曾存在较多宣扬邪教、教唆犯罪、血腥暴力的有

---

〔1〕　参见汪彦等：《网发"英雄帖"要"干大事、赚大钱"　6 男子淮安涉嫌绑架罪受审》，载《扬子晚报》2016 年 3 月 25 日，第 A8 版。

〔2〕　参见燕妮、曹宇阳：《跨省犯罪"完美落网"》，载《邯郸日报》2017 年 8 月 18 日，第 6 版。

〔3〕　参见《俩男子网聊策划了一件"大事"，准备到南京"动手"，还没下火车就……》，载 https://www.163.com/dy/article/EOSVJOA405345ARG.html，最后访问日期：2024 年 9 月 26 日。

〔4〕　［美］理查德·斯皮内洛：《铁笼，还是乌托邦——网络空间的道德与法律》，李伦等译，北京大学出版社 2007 年版，第 26 页。

害文档，而销售违禁品、管制品以及犯罪方法交流在百度贴吧等平台一度随处可见。

可见，网络自媒体俨然成违法犯罪的传教地。2013年10月，某网民在浙江温州某社区论坛发表题为"温州经济要挽救，先杀第一财经日报记者陈周锡"的帖子。该帖子随后被管理者删除，但次日再次发表，并发起"杀、不杀、弃权"的网民投票，理由仅是因为陈周锡近来连续报道温州经济，指出房价下跌加剧弃房风险，于是帖子写道："温州经济环境的变差，与这吃里扒外的财经记者有很大关系""温州的所有负面报道都跟这人有关，尽管经济变差跟这记者没有关系，但为了温州经济，有必要先让陈成为制度牺牲品，可以考虑追加为烈士。"[1]发帖不顾事实，公然呼吁"杀人"，已对记者人身造成威胁，当地警方遂立案调查。"这种在网络上公然煽动追杀公民的言论，会制造网络和社会的暴戾之气。"[2]无独有偶，2018年8月，某公众号的发文《遛狗要拴绳，异烟肼倒逼中国养狗文明进步》不断发酵。文中介绍了一种声称对人体无害但对犬类具有极强毒杀作用的药物"异烟肼"，并在该文和留言互动中教唆读者投毒，其微博账号也有类似鼓动。网友惊呼找到了对付流浪狗和不拴绳的宠物狗的妙招，甚至有人开始效仿。在北京某居民小区内，有人故意大面积撒播含有"异烟肼"的饵料，以期清除不拴绳的宠物犬。而医学专家表示，"异烟肼"并非对人体完全无害，若被人误食可能导致中毒。[3]在"异烟肼"毒狗引发热议后，曾上榜"十大影响力医疗大V"、拥有百万粉丝的微博"疫苗与科学"，在2018年10月发文呼吁网友使用"核武器"——用于牛羊杀灭寄生虫的药物"硝氯酚"来对付不文明养犬行为，并声称其效果优于"异烟肼"；同时，发文还提醒称，"硝氯酚"对人亦有毒性，故必须精确投放。而在该微博的留言中，已有网友实施投放但尚未成功，遂与博主继续讨论。[4]显然，不管是投放"异烟肼"还是"硝氯酚"，在居民小区对宠物犬的投毒行为已涉嫌故意破坏财物罪及投放危险物质罪。自媒体这种看

---

〔1〕 参见《记者报道温州弃房遭"网络追杀" 警方已介入调查》，载 https://www.guancha.cn/economy/2013_10_16_178858.shtml，最后访问日期：2024年9月22日。

〔2〕 杨涛：《网络煽动暴力会让暴戾蔓延》，载《中国青年报》2013年10月17日，第2版。

〔3〕 参见周洁、黄祺：《从8岁坑到80岁，不良自媒体如何侵蚀你的生活》，载《新民周刊》2018年第41期。

〔4〕 参见周洁、黄祺：《从8岁坑到80岁，不良自媒体如何侵蚀你的生活》，载《新民周刊》2018年第41期。

似科普知识，实则煽动情绪、鼓励投毒、教唆犯罪的行为，背后隐藏着危害公共安全的巨大危险。

此外，一些微信公众号亦沦为教唆违法犯罪的教习所。在 2019 年 10 月北大女生自杀事件后，"PUA"话题引起关注，而"浪迹情感"等"PUA"公众号却以"逆袭"方式走红，不仅微信朋友圈刷屏，甚至还登上微博热搜榜单。作为一种舶来品，所谓"PUA"（Pick-up Artist，译为"搭讪艺术家"），起初是指经过系统化学习和实践不断提升情商的男性，后来泛指通过训练交往技巧、实施情感"洗脑"或精神控制等手段来吸引异性、获得青睐的男女。基于单身群体与异性交往的市场需求，泡学网、爱约会、超级约会学、豆瓣搭讪学小组等"PUA"网络社区野蛮生成，就如何包装形象、与异性交往、保持或挽回婚恋关系等技巧充当导师角色。其中，"浪迹情感"公众号主打"实战派 PUA"，所开设的线上"PUA"课程以自杀鼓励、宠物养成、疯狂榨取为卖点，吸引大批学员趋之若鹜，不仅该公众号推送的几篇文章成为"10 万+爆款"，且冠名恋爱教育、情感咨询的在线"PUA"直播同样火爆出圈。凭借"PUA"技巧，有的学员借魔术之名行猥亵之实，有的学员同时交往 17 名女友，还有的学员偷拍女性照片，以作业形式分享到线上培训群。[1] 可以说，如此赤裸裸的"渣男加工厂"不仅违背公序良俗，更无异于违法犯罪的教科书。在"PUA"文化遭抵制与清查后，"浪迹情感"的公众号、哔哩哔哩（B站）、抖音等平台账号均遭受封杀。

五、作为违法工具的自媒体

在自媒体空间，网络通信技术极易被滥用为犯罪工具；传统犯罪借此大幅扩展了罪行场域，实现了线上与线下共生贯通，由以往单一的犯罪空间转换为现实与网络互动的二度空间。"在成本上，利用自媒体诈骗犯罪的成本投入很小。……在收益上，利用自媒体诈骗犯罪往往被害人数众多，只需发布一条诈骗信息就可推送至所有自媒体用户，由此极大地提高了犯罪收益。"[2]

---

〔1〕 参见王拓、胡挺：《北大女生自杀事件后"浪迹情感"PUA 大厦唰一下走红　轰一声倒塌　起底创始人和他的"产业"：曾融资 2000 万美元，豪言到纳斯达克敲钟》，载《成都商报》2019 年 12 月 16 日，第 4 版。

〔2〕 付晓楠、王宏玉：《利用自媒体的诈骗犯罪及其防控对策——基于 498 起案件的分析》，载《江苏警官学院学报》2022 年第 2 期。

（一）宣扬迷信的空间

近年来，封建迷信搭上网媒快车，一些自媒体算命平台横空出世，看面相、看风水、起名等服务吸引不少客户趋之若鹜。宣扬"风水时运"的微信公众号"S神棍局S"不仅拥有35万粉丝，还一度获得上千万元的融资。2018年11月，该号发文《北京望京SOHO风水大局，互联网"滑铁卢"》，大量使用互联网滑铁卢、惨淡经营、风水大忌等贬损词，并引用煞气、聚气等迷信邪说对"望京SOHO"的建筑格局、外形设计等进行解读。该文阅读量为"10万+"，被点赞3164余次。最终，该公众号被封，并被判定名誉侵权。[1]2019年9月，新华社播发《"算命是假，算钱是真"——揭秘"AI算命"背后的生意经》，揭露部分微信公众号、小程序等以科技算命为幌子的敛财生意；比如，一些命理类微信公众号专门开辟"开运商城"，在被曝光后便更换马甲，将"AI算命"伪装成心理、爱情或趣味测试继续吸金。[2]

（二）亵渎英烈的平台

2018年5月，《中华人民共和国英雄烈士保护法》（以下简称《英雄烈士保护法》）正式施行，明确规定以侮辱、诽谤或其他方式侵害英雄烈士的姓名、肖像、名誉、荣誉的行为承担民事责任，或由公安机关给予治安处罚，甚至追究刑事责任。然而，在该法实施仅一周时，自媒体账号"暴走漫画"就在"今日头条"等平台发布一段时长58秒、含有戏谑侮辱董存瑞烈士和叶挺烈士内容的短视频，网友斥之为"赤裸裸挑衅"。[3]随后，涉事视频下架，该账号不仅被封禁，还被判令公开道歉，并向烈士后人支付精神抚慰金。无独有偶，四川仁寿某网民为博取眼球，在农田中拍摄穿着鲜艳暴露、佩戴红领巾的捕鱼视频，通过"宜宾盈盈"账号在快手平台先后上传剪辑后的四段视频，播放量高达300余万次；因严重亵渎红领巾象征的爱国英烈且造成恶劣

---

〔1〕 参见张淳艺：《"神棍"自媒体被判赔的三重警示》，载《北京青年报》2019年4月11日，第A2版。

〔2〕 参见《山寨微信、高仿APP、"AI算命"、"赚钱"APP 这些互联网乱象整治得如何了?》，载《十堰晚报》2019年12月17日，第A18版。

〔3〕 参见《"暴走漫画"在"今日头条"侮辱董存瑞 网友：这是挑衅英烈保护法》，载 http:// news. youth. cn/bwyc/201805/t20180516_11622199. htm，最后访问日期：2024年3月16日。

影响，2019 年 3 月该网民被警方处罚。[1]2021 年 2 月，名为"辣笔小球"的博主在新浪微博发布言论，歪曲卫国戍边英雄烈士事迹，诋毁、贬损英雄烈士名誉、荣誉，成为全国首例侵害英雄烈士名誉、荣誉的罪案，并被纳入最高人民检察院第三十四批指导性案例。

（三）操纵股市的推手

近年来，股票推荐向新兴媒体大肆渗透。借助微博、微信公众号等自媒体的精准传播优势，一些"大 V"以节目嘉宾身份频频亮相，利用高人气直接荐股，或以投资培训为幌子变相谋利。2012 年 2 月至 2016 年 4 月，廖某在某电视台高人气节目《谈股论金》担任嘉宾主持，同时系某文化创意公司的大股东。该公司通过 App 及新浪微博、博客等平台发布"金钱风暴""股动钱潮"等解盘视频广为宣传，且举办多场投资培训讲座。2015 年 3 月至 11 月，廖某利用其知名影响力发布含有荐股内容的博客 60 篇，点击高达 11 万余次，在微博、博客"午间解盘"栏目视频中公开评价、推荐"佳士科技"等 39 只股票共 46 次。在推荐前，廖某使用其控制的含 13 个证券账户的账户组买入相关股票，并在公开荐股开盘后或次日集中卖出相关股票，违法所得共计 4310 多万元。对此，证监会定性为"以其他手段操纵证券市场"，其操纵市场行为由先行建仓、公开荐股、反向卖出等系列行为组成，最终廖某被刑事拘留。[2]目前，自媒体场域的"荐股骗局"或"理财套路"并未绝迹，不少"忽悠式荐股"公众号仍以"打地鼠"的方式隐匿于多个平台上。[3]

（四）非法交易的"集市"

由于电商网购平台对售假行为的管控趋严，一些非法企业或个人开始寻找制假、售假的新渠道。据 2018 年 3 月央视《新闻直播间：关注网络直播乱象》节目披露，在抖音、快手等直播平台上，大批涉嫌制假、售假的短视频

---

〔1〕 参见《四川一女子穿着暴露、戴红领巾捕鱼拍视频，被荣县警方行拘 12 日》，载 https://www.jfdaily.com.cn/staticsy/res/html/web/newsDetail.html? id：143656&v = 1.3&sid = 67，最后访问日期：2024 年 4 月 16 日。

〔2〕 参见《散户们长点心吧！证券节目主持人廖英强操纵股票被证监会罚没 1.29 亿》，载 https://www.shobserver.com/news/detail? id=88507，最后访问日期：2024 年 3 月 6 日。

〔3〕 参见《中央网信办"亮剑"　13 条硬核措施加强"自媒体"管理　压实网站平台信息内容管理主体责任》，载《上海证券报》2023 年 7 月 11 日，第 4 版。

被公然传播，自制"名牌"化妆品、假冒奢侈品等内容大行其道。为躲避监管，制假、售假视频的制作者一般不会在直播时直接向网友兜售产品，而是在自己的个人简介或视频说明中留下聊天软件的联系方式，从而以更隐蔽的方式传授制假方法。在被曝光后，尽管平台删除上述视频，违法账号亦被限制功能直至封禁，但通过变换查询关键词，仍能搜到涉嫌制假教唆的短视频链接。除制假教习外，涉嫌其他违法内容的短视频亦非鲜见。在火山小视频中，输入关键词"走私"，就能搜到大量显示售卖走私汽车的内容；输入关键词"证件"，即显示众多办理各类证件的内容，从毕业证、驾驶证到结婚证应有尽有；输入关键词"贷款"，则能找到"黑户"贷款等条陈。可见，由于直播平台的监管疏漏，自媒体俨然成为传授制假方法、散播违禁信息、撮合非法交易的网络集市。2022年1月至3月，某主播以非法采挖、收购等方式获取国家重点保护的兰科植物——虎头兰、球花石斛、鼓槌石斛，并通过某平台直播销售，再以快递方式将客户订购的野生兰科植物寄发出去，最终因危害国家重点保护植物罪获刑。[1]

（五）微信公众号的骗局

随着公众号的日趋普及，一些假冒账号竟成为行骗工具。有的以高仿名称冒充官方机构，有的冒用法人执照骗取公众号注册实施诈骗。在微信平台上，可搜到一批类似"扫码支付助手""支付平台助手""银行卡安全助手""动感地带10086"等貌似"官方"的公众号，详查其注册资料后，才发现竟是无相关营业资格的个人号。然而，网民普遍缺乏对公众号注册性质与认证状况的鉴别能力，也很少有人注意公众号的登记资料及其可信度，相当多的网民单从名称上根本无法辨别高仿的公众号。浙江某受害人在办理交通银行信用卡后，在微信中找到名为"交通银行中心办卡进度询问"的微信公众号，关注该虚假账号后，即按"李鬼"客服要求，提供信用卡账号和手机号码，并将信用卡交易的手机验证码透露给客服，导致信用卡被骗刷千余元；无独有偶，福建泉州某受害人根据"您小车的免年检期限即将到期，可在微信公众号线上年审"的一条短信提示，搜到名叫"福建车辆年检"的公众号，通过链接被诱导到某网址，在输入银行卡号、发动机号、卡密码及短信验证码

---

[1] 参见《直播间售卖野生兰花？从源头开始治理》，载《检察日报》2023年2月16日，第6版。

后被骗走 2000 元。[1]除仿冒金融公众号行骗外,亦出现假冒网络贷款、购物网站、中介机构等公众号的诈骗团伙。

实际上,微信公众号分为个人号和企业号。企业号可获得链接到外网等更多权限,经认证的公众号甚至可以开通支付通道,但申请官方认证需提交企业营业执照、法人信息等资料。但在电商平台上,不少商家可代办微信公众号的官方认证,声称可提供"公众号定制、名称自取,极速通过公众号、服务号、订阅号、小程序注册和认证"等服务。安徽某商家称,缴纳 680 元即可为客户注册经微信官方认证的企业号,而微信要求提交的营业执照、银行对公账户、法人信息等资料均可由该商家包办,公众号办好后则完全交由客户运营;据记者了解,公众号认证需每年向第三方专业审核机构支付 300元的审核服务费用,而四川成都某第三方审核机构客服声称:"首次认证完了,管理员平时如何操作,做些什么,公司都看不到,也不会管,只是每年年审时再次核实营业执照、经营范围等相关资料。"[2]为避免公众号沦为诈骗工具,微信公司必须担负稽查责任,不仅要在公众号注册审核、日常运营等方面堵塞漏洞,而且要加强公众号的经营监管,特别是对政务、金融、支付等行业公众号加强人工巡查,提升开设门槛。从技术角度看,通过假冒微信公众号"钓鱼",一般需注册第三方钓鱼网站域名并对应开发所需的诈骗功能,因此打击此类"钓鱼"链接尚需监管部门与平台协同规制,由平台对接国家层面的防钓鱼网站信息库。另外,网民消费者亦需提高防范意识,在使用公众号前,应仔细查阅公众号的登记信息。

对此,国家网信办 2023 年"清朗·从严整治'自媒体'乱象"专项行动将自媒体的假冒仿冒列为治理重点。首先,取缔利用账号名称信息假冒仿冒的自媒体,包括在名称、头像、简介等账号名称信息中,使用相同或相似名称、标识等,假冒仿冒党政军机关、事业单位、新闻媒体的自媒体;在账号名称信息中擅自使用县级以上行政区划地理名称、误导公众的自媒体;通过更改账号名称、修改个性签名、新设用户头像等方式,冒充官方机构、新闻媒体工作人员及其他特定人员的自媒体。其次,取缔利用信息内容假冒仿冒

---

〔1〕　参见《当心! 高仿微信公众号"钓鱼"诈骗!》,载 http://www.xinhuanet.com/politics/2019-08/12/c_1124865113.htm,最后访问日期:2024 年 3 月 12 日。

〔2〕　参见《当心! 高仿微信公众号"钓鱼"诈骗!》,载 http://www.xinhuanet.com/politics/2019-08/12/c_1124865113.htm,最后访问日期:2024 年 3 月 12 日。

的自媒体，涉及谎称所谓热点事件当事人、亲友或相关人员爆料案事件线索细节、求救信息等内容的自媒体，篡改、截取官方新闻发布会、通报等部分内容用以制作发布假通报等信息的自媒体，以及在直播间或短视频背景中假借与电视新闻节目相同或相似布景的自媒体。最后，取缔无专业资质假冒仿冒的自媒体，即无教育、司法、医疗卫生等领域资质，擅自使用"教师""教授""律师""医生""医师"等称谓假冒仿冒专业人士，发布育儿、教育心理学、法条解读、案件剖析、医学知识科普、疫情形势解读等专业领域信息的自媒体。

（六）"杀猪盘"电诈的"利器"

近年来，利用视频直播间实施"杀猪盘"等电信网络诈骗犯罪的案件不断涌现。所谓"杀猪盘"式诈骗，大致分为"找猪""养猪""杀猪"三个环节。其中，"找猪"即在婚恋网站、社交平台搜寻诈骗对象；"养猪"即在找到目标后，通过微信聊天、直播互动等方式培养感情；而"杀猪"是指以借款、投资、充值等为幌子骗取被害人钱财。当前，"杀猪盘"等电信诈骗往往采取公司化、团队化的运营模式，犯罪团伙内部分工明确，实施"流水作业"，其中供料组负责寻找诈骗目标，话术组负责微信聊天、培养感情并诱导受害人投资，技术组负责建立博彩、理财网站等诈骗平台，洗钱组则负责将骗取的赃款"洗白"。[1]

常见的情形是，一些诈骗团伙将直播间当作捞金池，不仅制备主播培训手册、"水军"操作手册等技术秘籍指导团伙成员提升"业务"能力，而且针对不同的诈骗对象量体裁衣，制定各种话术剧本及客户维护方案；还有诈骗团伙通过抖音等短视频平台对潜在客户进行引流，并借助微信私聊拉近心理距离、博取情感信任，继而寻找各种由头骗取受害人转账或打赏。2021 年 1 月，湖南长沙警方打掉利用直播平台实施电信诈骗的三个犯罪集团，抓获涉案人员百余人，冻结涉案资金数百万元；女主播在直播间许诺只要粉丝多刷礼物，使其在主播"PK 战"中获胜，就能与粉丝线下见面或约会恋爱，而"抠脚大汉"则充当"聊手"，依照剧本冒充女主播与受害人聊天，内容以色

---

〔1〕 参见《警惕多渠道传播的网络"杀猪盘"》，载《科普时报》2019 年 7 月 12 日，第 6 版。

情引诱为主。[1]2022年3月，江苏南京警方亦破获某网络直播诈骗团伙，该团伙实行公司化运营，旗下多位女主播统一由经纪人或主管进行管理，且每个艺人配有负责引流、运营的助理；这些助理不仅经常从网上合成一些性感照片或视频发给粉丝客户，一旦有粉丝在直播间与女主播互动或打赏，其还会伺机加为好友引流私聊，并以"奔现"等为诱饵骗取粉丝礼物。[2]同年7月，安徽天长警方同样破获一起利用"嗨兔直播"App实施电信网络诈骗案，涉案金额达3000余万元；据警方调查，取得该App贵州省总代理权的"众锐传媒"公司先发展众多的直播下线公司，再由这些公司通过网络平台在多地招聘主播、运营等人员，进而通过"美女直播""男运营"冒充女主播聊天、编造虚假"PK""打转正"等方式引诱粉丝刷礼物骗钱，最后由直播平台公司、网络直播公司、主播及运营人员按比例分赃。另据该团伙的"话术本"，诈骗流程可谓环环相扣：第一步是"养号"，通过社交账号编排诸如"创业失败却坚韧豁达""单身离异仍相信爱情"等各种"人设"；第二步是筛选客户，重点物色那些工作单调、未接触过"美女主播"而容易轻信的聊天对象；第三步是沟通"共情"，通过包装自己找到与客户的共同点；第四步是切入直播间，新客户首次进直播间要稍微拒绝以增加其好奇感，同时亦需"水军"配合，如对新客户引导充值、对充值客户热捧、带客户"PK"一起保护主播，顺势激发客户的保护欲。此外，直播公司还按照不同场景，分别打出各种感情牌，如在朋友圈发情话仅对客户可见等。[3]

此外，随着人工智能进入快速迭代期，在利用AI换脸与拟声技术的短视频生成平台以及虚拟数字人直播领域，网络诈骗的犯罪风险亦在积聚。一方面，AI技术加速向网络诈骗、虚假信息、色情直播等领域渗透，生成式AI衍生出的新骗局正刷新人们对犯罪风险的认知。通过少量图片、音频信息合成特定视频，利用人工智能模型批量设计诈骗脚本等成为可能，这在客观上降低了电信网络诈骗的实施难度。2023年5月，内蒙古包头警方破获一起诈骗

---

[1]　参见《你狂刷礼物给女主播，聊天的却是"抠脚汉"　警方破获一起特大"直播平台"类电诈案，184人被抓》，载《三湘都市报》2021年1月15日，第A6版。

[2]　参见《美女主播以"奔现"为由索要打赏　江苏南京建邺警方打掉一个网络直播诈骗团伙》，载《法治日报》2022年7月20日，第6版。

[3]　参见《团伙"流水线式诈骗"粉丝打赏冲榜　安徽天长警方侦破利用直播平台实施诈骗案件》，载《法治日报》2022年7月20日，第6版。

案，骗子利用 AI 换脸和拟声技术，佯装熟人通过微信视频聊天实施诈骗，在 10 分钟内骗走被害人 430 万元。[1]在"好友"的人脸和声音均与本人貌似"相符"的情况下，骗子的"身份有诈"的确很难被识破，这意味着"眼见未必为实"，利用 AI 的犯罪手段越发高明。2022 年 2 月，某骗子公司通过 AI 智能软件筛选有炒股意向的股民"资源"，将之出售给下游公司获利；其他同伙公司则利用微信小号进行角色扮演，打造炒股资深专家"人设"骗取被害人信任，进而诱导被害人在虚假的投资平台投资。[2]可见，犯罪分子已实现定制化的犯罪脚本，不仅利用 AI 技术进行换脸与声音合成，还能借助 AI 程序筛选受害人群体。特别是当前 AI 技术不再专属于高科技实验室，换脸、拟音技术作为较为成熟的开源软件，在网络空间不乏可供网民免费下载使用的渠道。可以预见，诸如假冒明星换脸直播、一键脱衣、造谣、制作色情视频等滥用 AI 合成技术的诈骗、敲诈勒索等违法犯罪可能逐步显现。显然，"数据是 AI 犯罪的源头，保护好公民的个人隐私数据安全，就能在最大程度上降低 AI 违法犯罪的能力。"[3]

另一方面，伴随虚拟数字人主播的逐渐兴起，电商直播领域的涉罪风险亦在增长。中国人工智能产业发展联盟总体组等机构曾在《2020 年虚拟数字人发展白皮书》中指出："虚拟数字人是指具有数字化外形的虚拟人物，需要具备三个主要特征：拥有人的外观、人的行为和人的思想。"[4]对于虚假数字人直播而言，大致分为两种类型：纯人工智能数字人主播和有真人驱动的数字人主播，直播带货中比较常用的是"真人+数字人"的组合模式。然而，个别数字人主播不走正途，不但在销售过程中欺诈，还涉嫌以色情求打赏。一些动漫形象的数字人主播着装性感暴露，其遵循后台指令通过搔首弄姿甚至打色情"擦边球"来博取关注，更不乏借助屏幕上的虚拟形象行诈骗之实或诱导打赏者。2022 年 6 月，国家广播电视总局、文化和旅游部印发《网络主播行为规范》，规定网络主播应坚持健康的格调品位，摈弃低俗、庸俗、媚俗

---

〔1〕 参见《眼见为实？当心 AI 诈骗》，载《每日新报》2023 年 5 月 25 日，第 A1 版。

〔2〕 参见《通州法院法官以案释法警示 AI 侵权犯罪行为　警惕 AI 换脸拟声技术诈骗》，载《新京报》2023 年 7 月 21 日，第 A8 版。

〔3〕 参见《有人 10 分钟被骗 430 万元　"AI 诈骗潮"需高度警惕》，载《京江晚报》2023 年 6 月 9 日，第 8 版。

〔4〕 参见《虚拟数字人火爆出圈　能否推动 AI 企业摆脱亏损局面》，载《中国经营报》2022 年 7 月 18 日，第 31 版。

等低级趣味，反对流量至上、畸形审美、"饭圈"乱象、拜金主义等不良现象；同时，明令利用人工智能技术合成的虚拟主播及内容参照上述行为规范。2023 年 5 月，抖音平台发布《抖音关于人工智能生成内容的平台规范暨行业倡议》，亦呼吁对虚拟直播适时加强监管。

（七）社交媒体的涉恐煽动

在言论失控的社交网络，最容易受到煽动与蛊惑的是心智尚未成熟的青少年。欧洲曾频频曝出"伊斯兰国"通过社交网络招募青少年成员的新闻。2015 年 2 月，三名不满 16 岁的英国少女，因在社交媒体上受到"伊斯兰国"极端主义教唆蛊惑，私自前往叙利亚。法国内政部数据显示，自 2014 年 1 月以来被招募到叙利亚的年轻人增长 116%；一些法国媒体指出，在脸书或激进分子论坛等社交网络上浏览数周甚至几日，就能成为极端主义学徒，他们随时可能采纳极端组织的思想。美国《纽约时报》将 2013 年波士顿马拉松赛恐袭案称为"社交媒体时代首例全方位互动式国家悲剧"，恐怖分子正是通过脸书网站接受极端思想，并按网上公布的《"圣战"战士个人行动手册》在自家厨房制作简易爆炸装置。[1]可以说，网络社交媒体为恐怖分子招募人员、募集资金、宣传极端主义思想提供了广阔平台与便捷工具。美国布鲁金斯学会发布报告称，2014 年某一段时期前后 3 个月内，极端组织"伊斯兰国"控制至少 4.6 万个"推特"账户。[2]美国国家安全部门与微软、苹果、谷歌、脸书等互联网企业高管举行会面，声称"不希望网络空间技术沦为恐怖分子的工具"。

诚然，在社交网络不发达或受到严格管控的地区，恐怖主义组织往往利用书籍、传单及录音、录像等 AV 技术的物理载体，散布蛊惑年轻人参加"圣战"的信息。但是，继网络通信技术发达之后，社交媒体成为恐怖主义组织招募新成员、宣传新主张的重要阵地。也就是说，利用脸书、推特等社交媒体广泛宣传极端思想、发布恐怖主义视频与音频，采取网络联络的方式招兵买马，使用电子交易平台筹集恐怖主义资金等网络手段已成为恐怖主义组

---

〔1〕　参见赵晨：《恐怖组织利用社交媒体"杀人诛心"　网络空间已成国际反恐新阵地》，载《光明日报》2017 年 6 月 14 日，第 14 版。

〔2〕　参见廖政军等：《防控恐怖主义及极端思想传播　欧美国家强化互联网监管措施》，载《人民日报》2016 年 1 月 11 日，第 21 版。

织的惯用伎俩，甚至有人认为，Web2.0 的技术在"伊斯兰国"的发展和壮大中起着重要的推动作用。[1]

实际上，"东突"恐怖主义势力之所以能连续多年在中亚地区实施针对中国及周边地区的恐怖袭击，在很大程度上即是充分利用网络媒体进行联络、宣传和鼓动的结果。新疆地区的年轻恐怖分子大都具有观看宣传恐怖主义的影像资料、听取恐怖主义讲经宣传的经历，还有一部分人"通过翻墙软件或者其他途径观看和获取境外'东突'恐怖势力的各种信息"[2]。2009 年 11 月至 2011 年 10 月，新疆阿克苏两名被告人在宗教极端思想的影响下，为实施"迁徙圣战"，多次纠集他人观看、复制在其个人手机多媒体卡、MP4 中存储的境外恐怖组织暴恐音视频，并进行非法"太比力克"活动，宣扬、散布宗教极端、暴力恐怖思想，组织暴恐体能训练，伺机进行暴恐活动；2010 年 11 月，其中一名被告人在网吧还将 MP4 中宣扬"圣战"、煽动民族仇恨内容的音视频文件上传到微博平台供他人观看，造成恶劣社会影响。[3]

六、自媒体的虚假广告

目前，广告"软文"已成为自媒体成熟的营销模式。"软文"是相对于正式广告而言的，其精妙之处就在于一个"软"字，即不强制用户接受硬性的广告宣传，但文章阐发的内容却能与广告推介完美结合，使消费者悄然走进广告商设定的"思维圈"。这种"软文"好似绵里藏针，等到读者有所觉察时，其实早已掉入被精心设计的广告陷阱。与此同时，部分自媒体还形成非法广告的黑色产业链，从接单、制作到发布的整个流程分工明确，甚至为躲避平台与行政稽查，采用技术手段破解平台反垃圾广告系统，并盗用、收购他人账号，批量上传股票投资等涉嫌虚假营销与诈骗的广告。

（一）朋友圈传销与欺诈

近年来，微信朋友圈广告发布渐成泛滥之势，更有恶意营销、微商欺诈

---

〔1〕 参见周意珉：《Web2.0 技术在"伊斯兰国"崛起中的作用及影响》，载《和平与发展》2015 年第 4 期。

〔2〕 参见古丽阿扎提·吐尔逊：《"东突"恐怖势力个体特征及其发展趋势评析》，载《现代国际关系》2014 年第 1 期。

〔3〕 参见潘从武：《新疆处理多起煽动民族仇恨传播宗教极端思想案 10 人获刑 4 人受到行政处罚》，载《法制日报》2013 年 6 月 21 日，第 2 版。

混迹其中。2015 年 5 月，央视《新闻 30 分》栏目曝光微商"杀熟"现象严重，微信朋友圈已成假货重灾区；据记者调查，传销"改头换面"已进入朋友圈，河北某微商店主严某以亲身经历揭露了"微传销"种种骗局。2015 年10 月，"粉丝帝国"等微信公众号通过在朋友圈传播二维码的方式发展会员、收取会费，按照上下线推荐关系组成层级，以直接或间接发展会员的数量计酬、返利，大肆实施网络无实物传销牟利的犯罪活动。针对微信传销与欺诈乱象，专项整治及平台监管均有所加强。2018 年 5 月，微信团队进行内部升级，若在朋友圈发送带有识别、标志功能的特殊识别码或口令类信息，以及传播未取得法定证照的视听内容等，因这些行为隐藏营销欺诈的风险，故而可能被封号。2019 年 7 月，湖北网信办等部门联合打击假借"微商"名义实施的传销活动和以虚拟货币、金融互助、爱心慈善、旅游互助、电子商务、网络直销等为幌子的传销活动，收到一定成效。

（二）非法广告的链接牟利

"在现代企业里，所有或者几乎所有的虚假广告是竞争性的虚假陈述。"[1]在自媒体场域，虚假广告链接可谓司空见惯。2016 年 1 月，百度贴吧被指引入商业合作模式，包括疾病吧、地区吧、行业吧、兴趣吧等在内的多个贴吧经营权被售卖；其中，多个疾病吧涉嫌发布虚假医疗广告，其以"基金"名义诱导患者相信并点击广告链接，而后该链接则跳转到医疗推广网站。[2]更有甚者，在贴吧外包后，有承包公司通过销售帖子再寻找分包商家，并胁迫商家购买广告位，否则便可能被发帖抹黑；[3]贴吧管理权的商业化使一些吧主承包商突破了百度协议，加剧了原本就存在的"权力寻租"乱象，流行的BBS 论坛一时间沦为灰色交易的集市。尽管百度公司随后声称全面停止病种类贴吧的商业合作，但部分贴吧打着"自由话题"的幌子操控和诱导用户点击虚假医疗广告却是事实。对此，国家网信办 2016 年 8 月施行《互联网信息搜索服务管理规定》，明令信息搜索服务提供者及其从业人员，不得通过断开

---

〔1〕　［美］E. H. 萨瑟兰：《白领犯罪》，赵宝成等译，中国大百科全书出版社 2008 年版，第 168 页。

〔2〕　参见林斐然、王丹：《36 公益组织联名举报百度发虚假广告　称百度诱导患者遭受医疗诈骗；百度称网络营销医疗机构都须具备〈医疗机构执业许可证〉》，载《新京报》2016 年 1 月 15 日，第 A20 版。

〔3〕　参见涂重航等：《贴吧管理权混战：删发帖背后钱作怪　删、发帖成贴吧灰色利益地带，商业化合作方为牟名利掏钱"买权""变吧主"》，载《新京报》2016 年 1 月 15 日，第 A21 版。

相关链接或提供含有虚假信息的搜索结果等手段，牟取不正当利益。

另据对依托自媒体实施诈骗犯罪进行研究的学者统计，利用自媒体发布虚假广告、销售信息的诈骗案发率竟达 72%。[1]2018 年 3 月，央视财经《经济半小时》栏目曝光"今日头条"发布违法虚假广告，而且专攻监管较松的三、四线城市；在广西南宁的"今日头条"客户端上，各种违规广告铺天盖地，不仅发布虚假广告，而且还使用"二跳"广告的方式逃避监管，而"广告二跳"即指首个广告页面内容合规，二次跳转后则存在违规推荐。[2]无独有偶，2018 年 3 月，安徽合肥微信公众号"痘大点事"发布虚假广告，为某中西医结合医院皮肤美容科做推广宣传，被工商部门处罚。[3]同年 4 月，浙江宁波"中国风创意摄影第一品牌""宁波最佳差旅管家"等微信公众号，因发布虚假广告被工商部门处罚。[4]

（三）非法金融的营销宣介

1. 虚拟货币发行的"站台"

近年来，国内首次代币发行（ICO）等虚拟货币发行融资大量涌现，自媒体平台则频发貌似权威与专业的文章，大肆鼓吹吸引投资者"入坑"。所谓 ICO 意指"数字货币首次公开募资"，概念拷贝自股票市场的 IPO；不同之处在于，IPO 是企业为了发展而向公众筹集资金，ICO 是企业为了发展而向公众筹集虚拟货币。然而，虚拟货币拥有庞氏骗局的核心元素，越来越多的信徒进入市场推升价格是建立在未来会有更多信徒投资的预期承诺之上。在金融监管部门看来，一些机构或个人以区块链、虚拟货币为噱头开展传销诈骗等违法犯罪的风险凸显。对此，虚拟货币交易场所和 ICO 行为，被定性为非法金融活动，国家互联网金融风险专项整治小组对此类活动坚持露头就打。

值得关注的是，这种虚拟货币还利用热点概念进行炒作，编造名目繁多

---

〔1〕 参见付晓楠、王宏玉：《利用自媒体的诈骗犯罪及其防控对策——基于 498 起案件的分析》，载《江苏警官学院学报》2022 年第 2 期。

〔2〕 参见《央视：今日头条无视监管，竟做起这种"黑勾当"！》，载 https://www.rmzxb.com.cn/c/2018-03-30/2011147.shtml，最后访问日期：2024 年 9 月 18 日。

〔3〕 参见陈国友等：《合肥首罚微信公众号发虚假广告　涉案公众号被没收广告费并罚款 4125 元》，载《安徽商报》2018 年 3 月 13 日，第 8 版。

〔4〕 参见《发布虚假违法广告　2 家微信公众号被罚 1 万多元》，载《宁波晚报》2018 年 4 月 4 日，第 A13 版。

的"高大上"理论，有的还利用名人"大V""站台"宣传，以空投"糖果"等为诱引大肆行骗。在以区块链为名的 ICO 项目路演峰会上，虚拟货币圈内的金色财经、币问、巴比特、深链财经等多家自媒体均在受邀之列；即便区块链项目的商业可持续场景名不符实，自媒体仍蜂拥而至，其原因即在于利益驱动。曾短暂投身币圈的某自媒体从业者坦言："自媒体入局最疯狂的时候，就是虚拟币价最高的时候。"〔1〕据其介绍，某头部币圈自媒体一篇专访收费一个比特币，公关一次也要几十万，发布一次 ICO 项目白皮书要付费 10万；不过，这些收入对于多数币圈自媒体来说仅是杯水车薪，币圈自媒体最主要的任务，便是为虚拟币或者区块链项目撰写推广文章，吸引投资人参与，获得项目方、交易所的代币分成。〔2〕这一参与"区块链"生态的分羹模式，使币圈自媒体被业界称为"卖水者"。

更重要的是，部分公众号从中推波助澜，使非法 ICO 活动的负面效应进一步放大。"在币圈自媒体的摇旗呐喊之下，利用炒币的火热效应，投资者、投机者，用养老金、学费、工资，砸下几万几十万试水币圈，却不知真正的玩家，早已用套现得来的现金大举购买房产、股份等实体经济。"〔3〕对此，应定期摸排境内 ICO 及虚拟货币交易场所网站、公众号，连同为上述活动"站台"的公众号及其他自媒体门户一同封禁。〔4〕2018 年 8 月，一批涉及区块链的币圈知名自媒体大号，如金色财经网、比特吴、火币资讯等，均被责令屏蔽所有内容并关停。在封号风波后，一些币圈"幸存"的公众号开始删除此前与"炒币"相关的文章；不过，亦有与被禁微信公众号相关联的自媒体"转世号"即微信公众小号出现。

2. 自媒体的保险营销

在保险自媒体圈内，自编虚假信息、诱导投保人"说谎"导致拒赔、泄露投保人隐私，每"忽悠"一人投保就能赚取上千元至数万元不等的高额佣金等现象亦屡见不鲜。调查发现，一些保险类自媒体通过微信公众号、朋友

---

〔1〕 参见王晓：《币圈大会爱披区块链外衣 监管部门持续高压打击虚拟币炒作》，载《21 世纪经济报道》2018 年 8 月 23 日，第 3 版。

〔2〕 参见王晓：《币圈大会爱披区块链外衣 监管部门持续高压打击虚拟币炒作》，载《21 世纪经济报道》2018 年 8 月 23 日，第 3 版。

〔3〕 吴雪：《黑幕背后的"连锁反应"》，载《新民周刊》2018 年第 41 期。

〔4〕 参见李丹丹、黄蕾：《潘功胜：坚决打击遏制虚拟货币交易、ICO 融资》，载《上海证券报》2018 年 8 月 23 日，第 1 版。

圈等卖保险，有的根本不具备经营资质，有的涉嫌违规营销，严重损害投保人利益。为赚取佣金收入，一些大号形成了从"种韭菜"到"割韭菜"的套路，即先在公众号写保险产品测评文章自卖自夸或抹黑别家，其后将粉丝迁移至"保险免费学习群"，频繁投放精心挑选的"洗脑文"，以咨询培训为名刻意诱导。[1]2018年6月，银保监会公布《关于加强自媒体保险营销宣传行为管理的通知》，规定对于涉及保险产品介绍、销售政策和营销宣传推介活动的，应以公司官方自媒体信息为准，严禁保险公司分支机构、保险中介机构分支机构及保险从业人员自行编发。随后，保险业内展开自查，某大型跨国人寿保险公司一次性清理了上百名保险代理人，原因是其在朋友圈违规卖保险。目前，对保险类自媒体账号的监管日趋严格，但仍有部分保险自媒体我行我素，以虚假宣传诱导消费者投保。

七、自媒体涉罪的立法应对

《中华人民共和国网络安全法》（以下简称《网络安全法》）等系列立法明确规定，任何个人和组织均应对其使用网络的行为负责，不得设立用于实施诈骗，传授犯罪方法，制作或者销售违禁物品、管制物品等违法犯罪活动的网站、通讯群组，不得利用网络发布涉及实施诈骗，制作或者销售违禁物品、管制物品以及其他违法犯罪活动的信息。

根据《刑法》第287条之一规定，利用信息网络设立用于实施诈骗、传授犯罪方法、制作或者销售违禁物品、管制物品等违法犯罪活动的网站、通讯群组，或者发布有关制作或者销售毒品、枪支、淫秽物品等违禁物品、管制物品或者其他违法犯罪信息，或者为实施诈骗等违法犯罪活动发布信息，均构成非法利用信息网络罪。这里的"违法犯罪信息"并不限于所列诸项，还包括在网络、通讯群组中发布招嫖、销售假证、假发票、赌博、传销的信息等其他违法犯罪信息。尽管"本条的实质是将部分犯罪的预备行为提升为实行行为，完成了预备行为的就视为犯罪既遂。所以，只有发布违法犯罪信息属于相应犯罪的预备行为，而且情节严重时，才能成立非法利用信息网络罪"[2]。也

---

〔1〕 参见杰文津等：《"忽悠"粉丝投保，"无量"保险自媒体"割韭菜"》，载《新华每日电讯》2018年10月25日，第3版。
〔2〕 张明楷：《言论自由与刑事犯罪》，载《清华法学》2016年第1期。

即行为人虽发布招嫖、聚赌以及如何制作吸毒工具等一般违法信息，但发布该信息并非为相应犯罪作准备的，或虽属为相应犯罪作准备但情节尚不严重的，均不能以犯罪论处。从实践来看，为销售淫秽视频、枪支及其配件迷幻水等管制物品、违禁物品信息以及为实施诈骗而在自媒体平台发布信息的犯罪已占有相当比例。根据 2019 年 9 月通过的《最高人民法院、最高人民检察院关于办理非法利用信息网络、帮助信息网络犯罪活动等刑事案件适用法律若干问题的解释》，以实施违法犯罪活动为目的而设立或者设立后主要用于实施违法犯罪活动的网站、通讯群组，应认定为"用于实施诈骗、传授犯罪方法、制作或者销售违禁物品、管制物品等违法犯罪活动的网站、通讯群组"；利用信息网络提供信息的链接、截屏、二维码、访问账号密码及其他指引访问服务的，应认定为"发布信息"。另据《刑法》第 287 条之二第 1 款规定，明知他人利用信息网络实施犯罪，为其犯罪提供互联网接入、服务器托管、网络存储、通讯传输等技术支持，或者提供广告推广、支付结算等帮助，情节严重的，则构成帮助信息网络犯罪活动罪。

第五节　自媒体的负面"涵化"

2016 年 4 月，习近平总书记在主持召开网络安全和信息化工作座谈会上指出："互联网是一个社会信息大平台，亿万网民在上面获得信息、交流信息，这会对他们的求知途径、思维方式、价值观念产生重要影响，特别是会对他们对国家、对社会、对工作、对人生的看法产生重要影响。"[1]英国学者里查德·道金斯创设"拟子"的概念，用以指称"文化传播单位"；"'拟子'的例子太多了，旋律、观念、宣传口号、服装的流行、制罐或建房子的方式等文化都是。……拟子库中的拟子，其繁衍的方式是经由所谓模仿的过程而发生的，它将自己从一个头脑传到另一个头脑。"[2]基于"把关人"信息过滤系统，传统的大众媒介借助对新闻事件的议题设置，大多将契合主流文化的价值观念传递给受众。然而，受流量利益诱使的无良自媒体很少能像大众

---

〔1〕《习近平在网信工作座谈会上的讲话全文发表》，载 http://www.xinhuanet.com/politics/2016-04/25/c_1118731175.htm，最后访问日期：2024 年 9 月 25 日。

〔2〕 [英] 里查德·道金斯：《自私的基因》，卢允中等译，吉林人民出版社 1998 年版，第 243 页。

传媒那样，对道德公义与公序良俗产生理性思考，导致拜金主义、享乐主义、私利主义等腐朽文化充斥其中。显然，自媒体提供了多元异质文化的滋长舞台，为各种不良价值"拟子"的复制与传播充分展现了仿效样本。

一、青少年"粉丝生力军"

美国洛杉矶"儿童数字媒体中心"调查发现，社交网络对青少年的价值观产生重大影响。在"数字时代"成长起来的青少年已成为 Facebook、Twitter、Instagram 等社交媒体的主要用户，并为吸毒、自杀等不良行为提供"灵感"。这些青少年在社交网站上发布照片、帖子，关注名人明星、会见好友及点赞商业品牌，其频繁访问社交网站旨在获得他人赞许、评论与关注。除诱使形成扭曲的审美标准外，一些社交媒体还大肆鼓吹借贷消费，给青少年灌输了错误的金钱观。[1]据美国皮尤研究中心 2015 年的一项调查，13～17 岁的美国青少年中 92% 每天上网，其中 24%"几乎时时刻刻"都在使用电子设备；71% 使用 Facebook，50% 使用 Instagram，41% 都是 Snapchat 用户，而且近四分之三的青少年同时拥有多个社交账号，一个"典型的青少年"大约有 145 个 Facebook 好友，150 个 Instagram 粉丝。[2]社交媒体对青少年社会化的影响，由此可见一斑。

《第 53 次中国互联网络发展状况统计报告》显示，截至 2023 年 12 月，我国网民规模达 10.92 亿人，其中 10 岁以下和 10～19 岁的网民占比分别为 3.8% 和 14.7%。《第 5 次全国未成年人互联网使用情况调查报告》，2022 年我国未成年网民（以 6～18 岁在校学生为调查对象）规模为 1.93 亿，未成年人互联网普及率为 97.2%，已基本达到饱和状态；其中，小学生互联网普及率达到 95.1%，其他各学龄段的互联网普及率均超过 99%。该调查报告指出，当代未成年人与网络相伴相生，"Z 世代"（1997～2010 年出生的人口群体）被称作是互联网时代的"原住民"，而随着人工智能的发展，"A 世代"（出生于 2010 年后的人口群体）则更早地接触互联网，生活的数字化程度更高；

---

[1] 参见何煜雪：《社会化媒体语境下青少年群体的身份认同发展困境》，载四川省社会科学院新闻传播所课题组：《新媒体反思》，四川大学出版社 2017 年版，第 178～179 页。

[2] 参见何煜雪：《社会化媒体语境下青少年群体的身份认同发展困境》，载四川省社会科学院新闻传播所课题组：《新媒体反思》，四川大学出版社 2017 年版，第 170 页。

从触网时间来看，呈现出明显的"低龄化"趋势，学龄前触网比例持续提升，大部分未成年人在上小学前就开始使用互联网，2022 年小学生网民在上小学前开始使用互联网的比例上升为 34.2%。目前，未成年用户已广泛参与到短视频、直播、微博、论坛等社交领域；《第 5 次全国未成年人互联网使用情况调查报告》显示，未成年网民在过去半年中使用社交网站的比例达 34.2%，逛微博和逛论坛的比例分别为 10.3% 和 9.8%。

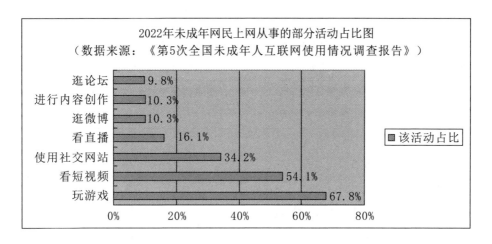

不难看出，我国未成年网民的数量已相当庞大，其作为网络媒体用户的"生力军"，同样受到自媒体传播的深刻影响。根据中国社会科学院新闻与传播研究所及社会科学文献出版社 2023 年 9 月共同发布的《青少年蓝皮书：中国未成年人互联网运用报告（2023）》，以"看视频"为上网目的的未成年人占 47.5%，其中短视频类 App 和其他视频网站最受未成年人欢迎。然而，"当传播个体享有极大的话语权和影响力时，他们通过自媒体平台分享的就已不再只是自己的人生，他们的每一句话，每一组照片都在彰显着他们的身份与地位，传递着他们的人生观和价值观。"[1] 随着青少年受众在自媒体平台耗费的时间与日俱增，一些视频主播、网红达人及意见领袖对年轻一代的价值观念所带来"涵化"影响，相比传统的家庭与学校教育而言恐怕有过之而无不及。"在即时性很强的短视频平台上，内容传播具有瞬间的爆发力。""这种传播几乎不受限，爆发力、示范效应惊人，对于尚不具备完全分辨是非能力

---

[1] 应琛:《被自媒体毒害的青少年》，载《新民周刊》2018 年第 41 期。

的未成年人而言，影响会更大。"〔1〕青少年时期正是价值观形成的关键时期，再加之心智不成熟，模仿与好奇性强，知识储备与生活经验匮乏，因而更容易受到不良网络文化的习染。"一些无良自媒体在资本逐利的驱动下，竭尽所能地利用人的猎奇、刺激和攀比心理，而受害人往往是未成年人。"〔2〕《第5次全国未成年人互联网使用情况调查报告》显示，在未成年网民遭遇的各类违法、不良或消极负面信息中，渲染激化家庭、师生矛盾以及炫耀个人财富或家庭背景、血腥暴力或教唆犯罪等内容占比较大。

未成年网民遭遇网络各类违法、不良或消极负面信息的对比表

（数据来源：《第5次全国未成年人互联网使用情况调查报告》）

违法、不良或消极负面信息	遭遇该信息的未成年网民占比（降序）
渲染激化家庭、师生矛盾的内容	27.0%
炫耀个人财富或家庭背景的内容	26.7%
血腥暴力或教唆犯罪的内容	24.2%
利用谐音词、表情符号传播的不良内容	23.1%
歪曲传统文化或历史人物的内容	22.2%
淫秽色情内容	19.5%
自杀、自残等消极思想的内容	18.4%
诱导吸烟、饮酒、文身等不良行为的内容	17.9%
宣传"霸凌风""家暴妆"的内容	17.9%
宣扬不劳而获、躺平等思想的内容	16.4%
宣扬、美化侵略者或殖民统治的内容	16.0%
宣扬邪教、封建迷信的内容	15.7%
含有吸毒和违禁药物的内容	12.6%

---

〔1〕《网络短视频行业蓬勃发展，应重视青少年不同程度的沉迷问题　别让孩子的时间这样流失》，载《人民日报》2019年5月17日，第19版。

〔2〕应琛：《被自媒体毒害的青少年》，载《新民周刊》2018年第41期。

二、自媒体的不良示范

2023 年 9 月，中国社会科学院新闻与传播研究所及社会科学文献出版社共同发布的《青少年蓝皮书：中国未成年人互联网运用报告（2023）》指出，网络流行语被未成年人广泛使用，网络模仿现象突出，流行文化消费呈现社交化、圈层化特点；未成年人用网的风险意识普遍不足，网络素养教育滞后于未成年人用网的现实需求；部分未成年人网络沉迷问题持续，影响其身心健康和正确价值观形成。在无良自媒体的推波助澜下，炫富拜金与浮夸庸俗的社会风气被持续放大，审丑、颜值控、丧文化、佛系青年、自我矮化等特定意识，俨然成为网络文化与受众心理的构成部分。国家网信办"清朗·2024 年暑期未成年人网络环境整治"专项行动，集中整治在首页首屏、弹窗、热搜等醒目位置呈现涉未成年人不良内容，以手办玩具、动漫二创等方式变相发布低俗色情内容，利用密聊软件、加密照片等方式实施网络欺凌、隔空猥亵等突出问题，同时防范未成年人沉迷网络。

（一）不良行为的教唆

源自俄罗斯社交网站"VK"的"蓝鲸"游戏，诱致俄罗斯境内的多起青少年自杀事件。该"电子邪教"旨在教唆自杀，"而'蓝鲸'游戏的受害者多为 10 多岁的青少年。"[1]这款国外的"死亡游戏"亦传入我国的社交媒体，在百度贴吧、腾讯 QQ 等平台还一度出现同名交流群。不少网络视频与直播平台还流传儿童"邪典"动画，其披着儿童卡通的外衣，但却着实"少儿不宜"。因为这些视频中的经典卡通形象或故事，均以剧情软色情、暴力擦边球、爆粗口等手段被"改编"颠覆了，如艾莎公主面目狰狞、小猪佩奇变身暴力狂徒。这些"邪典"不仅充斥着真人扮演的惊悚、恐怖画面，且有悖人伦常理的荒谬剧情层出迭见。在一些 App 软件上，"萌娃"照片被制作成"软色情"表情包，诸如此类的低俗之举，已然突破法律底线。无独有偶，某亲子互动频道亦制作发布了类似视频。比如，借颜色辨认教育之名，用不同颜色的胶布将儿童绑在树上；以"过家家"为噱头，让小男孩掀起小女孩的裙子打针，打完之后贴上创可贴；甚至由男童"医生"给女童接生，从内裤

---

[1]　徐玢：《"自杀游戏"真能控制人的心理吗?》，载《科技日报》2017 年 5 月 25 日，第 5 版。

中拿出小猪佩奇的玩偶。这些所谓的"教育"题材实则暗含暴力、色情隐喻，而视频片尾还有"欢迎小朋友们的收看"等推介语。显然，类似视频势必对未成年人的身心健康带来不良影响，不仅加深了未成年人的恐惧体验，更易造成价值观的极度扭曲。

显然，并非所有的信息均适合在自媒体平台呈现给受众，比如残暴血腥、淫秽色情的画面以及渲染犯罪效果、展示犯罪技巧的信息均应禁止传播。一些自媒体过分渲染暴力血腥场景或重墨描绘污秽色情细节，这种视觉影像带来的"涵化"效应对受众来说无异于"精神鸦片"；更有甚者，一些罪案的暴徒被刻画成抗争社会不公的"草根英雄"，似乎残杀生命的暴虐并不值得反思。然而，视像暴力的泛滥促成了受众感官的异化，使其对暴力的感知发生"脱敏"。"视像暴力最坏的影响就是麻痹人的感觉，经常重复地观看暴力或沉浸在类似的形象语言和故事情节中，感觉到暴力是可以接受的甚至是无所谓的，对暴力也就见怪不怪，并慢慢地变得麻木不仁。"[1]

(二) 作为榜样的网红

在实践中，一些主播为获得关注，大肆传播生吞活物、血腥暴力、淫秽色情、封建迷信等不良内容，特别是一夜暴富、不劳而获的不良风气四处蔓延，严重危及受众特别是未成年受众的价值取向。现如今，一些未成年人的生活理想就是做网红，他们将网红看作偶像，网红的思维观念及生活方式直接成为青少年效仿的榜样。在微博、抖音、小红书平台上晒名牌包、豪车、别墅等炫富举动刺激了一大批受众的金钱欲望；这样的标杆越多，错误的认知导向也就越明显，并导致"一夜成名""三天暴富"的想法在年轻群体中生根发芽。在一项关于"95 后"最向往的新兴职业调查中，54%的人毕业后不愿找工作，只愿当主播、网红。[2]

在自媒体空间，未成年人作为主播甚至小学生直播的现象一度司空见惯。一方面，在网红榜样的感召与示范下，部分未成年人争相效仿，在直播间争奇斗艳。某六年级学生在家直播，当有人问及"是否该写作业"时，竟回称"家长同意直播，长得好看不用写作业"；某 10 岁多小女孩在客厅沙发做直播

---

〔1〕 贺天忠、甘庆超：《论视像暴力对受众的异化性误导》，载《湖北社会科学》2010 年第 2 期。

〔2〕 参见吴雪：《黑幕背后的"连锁反应"》，载《新民周刊》2018 年第 41 期。

时，当有人问"有没有上课"，答称"上午刚去报到"，并用稚嫩的声音"求关注"。[1]另一方面，在家长的怂恿和教唆下，一些未成年人出镜直播，竭力打造"网红儿童"借机牟利。所谓"网红儿童"，更多地源于儿童前台表演、家长后台导演。在直播间的真人亲子秀场，一些家长竟将晒孩子、云养娃看成一种生财之道。2020年7月，名为"小佩琪的一天"的视频号走红；3岁女孩"佩琪"当"吃播"赚钱，体重增至70斤，引发舆论关注。[2]事实上，怀揣童星梦、童模梦、网红梦的"人设"包装及商业化运作并非个案，"网红儿童"曾经成为诸多短视频平台的"流量担当"。常见的情形是：咿呀学语的孩童模仿成人口吻，流利地讲述各种搞笑段子；女童熟练地拿起粉底和眼影画着"优雅妆"，对着镜头讲解如何化妆；还有的"萌娃"或表演喝酒取悦观众，或通过美妆穿搭、演绎剧情等博取关注。究其本质，"网红儿童"就是牵线木偶，"背后是成年人精心设计的台词、脚本、机位等一条龙策划。一定意义上，'网红儿童'不过是其父母用来博眼球、求关注、赚打赏、谋商业合作的工具。"[3]更重要的是，过早地将未成年人置于网络聚光灯下，通过挖掘商业价值来寻求流量变现，无疑属于"物化"及过度消费儿童的行为，不仅有损未成年人的身心健康，更对其价值观、消费观、职业观构成严重误导。"一些有关三俗（即庸俗、低俗、媚俗）、物质化的内容，传递出可以不劳而获的观念，非常影响孩子们价值观的形成，很多孩子会因此而认同'学习无用论'。"[4]可见，直播镜头前的"卖萌"式营销不仅透支未成年人的时间、体力及隐私，还可能在其成长过程中过早地注入浮躁心态与功利思维，导致价值观发生扭曲。

（三）生活观念的误导

2018年4月，央视《东方时空》"网络视频乱象"节目曝光视频直播平

---

〔1〕　参见《高三女生直播开学被约谈　自称尝鲜　从操场直播到教室，有不知情的同学"入镜"；学校劝导以学业为主；专家称直播平台需加强监管》，载《新京报》2016年9月4日，第A13版。

〔2〕　参见《3岁女童被喂到70斤当吃播赚钱？广州妇联介入调查》，载《株洲日报》2020年8月26日，第A3版。

〔3〕　蔡晓辉：《要"可爱的儿童"，不要借以牟利的"网红儿童"》，载《河北日报》2021年12月23日，第7版。

〔4〕　周韵曦：《当"儿童网红"成为现象级　父母如何当好"数字家长"？》，载《中国妇女报》2021年2月22日，第5版。

台的未成年孕子现象。该节目指出，这些平台隐藏着混乱的少年儿童交往圈，低龄生子非但不需要隐藏，反而成为炫耀资本，为主播博取更多关注。恋爱、怀孕、生子等现实生活中的未成年人禁忌被轻易打破，其参与者数量之庞大、年龄之低远超想象。在快手、火山小视频等平台上，记者找出了数以百计的未成年孕妇、未成年妈妈和未成年二胎妈妈。某 17 岁妈妈拥有两个孩子和五万粉丝，其作品经常登上平台热搜榜，她会在每条视频封面不厌其烦地强调"生娃多、当妈早"，而"14 岁早恋生下儿子""全网最小二胎妈妈"已有三四十万次的播放量。这些未成年妈妈大多在农村过早辍学，其社交面窄、生活单调；当发现靠"低龄妈妈"的噱头就能在视频平台获得瞩目时，即开始争当"全网最小妈妈""全村最小妈妈"。在不少短视频平台，未成年早孕以及"穿着校服秀恩爱"竟成为一种时尚；一次"晒孩子"的直播能收到 280 万次点赞，影响力非同小可；某农村"00 后"小情侣的"私奔"直播非但未受管制，两人的尽情亲昵反而成为平台推送的热门视频，每条都有几万到几十万不等的播放量。显然，诸如此类的视频推送诱导了错误的价值取向，对未成年人的婚恋观以及性观念产生恶劣影响。

更有甚者，在低俗诙媚的文化态势下，一些自媒体人热衷"粗口造词"，而病毒式传播的网络流行语预示着粗鄙戾气正大行其道。"在泡沫时代里，价值观的趋下更值得忧虑。世道浮躁，表达者只求过瘾，结果在迎合受众的过程中不断沦落。"[1] 被称为"2016 年中国第一网红"的微博"papi 酱"，凭借系列原创短视频迅速蹿红网络。通过扮演不同角色并用夸张、嘲讽甚至自贬的语气点评社会热点，吸引超过 1000 万粉丝，并在优酷等多个平台累计播放量过亿次。然而，2016 年 4 月"papi 酱"系列视频因主持人存在表述粗口、侮辱性语言等问题被勒令整改。有人统计了网红"papi 酱"33 集的自媒体视频，"时长从十多秒到近 5 分钟不等，其中 21 集含有脏词，占到近三分之二。总共统计到脏词 60 次，平均到每集约 1.8 次。33 集视频总时长 72 分钟，平均每分钟脏词出现 0.85 个。"[2] 事实上，"papi 酱"所凸显的"话语失范"远非孤例，网络低俗语言的大量涌现不仅聚集社会戾气，更对青少年的价值

---

〔1〕余承君：《"信息泡沫"不会持久》，载 https://www.thepaper.cn/newsDetail_forward_1659078，最后访问日期：2024 年 4 月 10 日。

〔2〕《系列视频因粗口等问题，被广电总局要求下线整改 papi 酱再更新，一句脏话都没了》，载《深圳都市报》2016 年 4 月 19 日，第 A14 版。

取向产生恶劣影响。

三、价值观念的误导

毋庸讳言，自媒体的媚俗传播内容对未成年人价值观的负面影响尤甚。自称第一代"网红"的微博博主"Aywawa"发文《情感教主 Ayawawa 和 300 万种择偶焦虑》，长期打着"情感培训"的幌子矮化女性，散布女性要顺从男性，以温柔嘴甜、善于崇拜来获得男性信任和投资。虽然漏洞百出、饱受诟病，但"Aywawa"依然吸引数百万粉丝，一些恋爱课程甚至被不少粉丝奉为经典。这套将"婚姻和性别物质化"的邪说教唆，反映了极度扭曲的价值观，被《中国妇女报》官微斥责为"有毒鸡汤"，最终被禁言处理。而另一"情感博主"大号"煮肘"自称身价百亿，但价值观却令人大跌眼镜，其反对女权，鼓吹一夫多妻，长期在微博发布"征美女生孩子"的广告。"煮肘"大肆鼓吹并四处叫嚣"女性最大价值是生孩子"的谬论，甚至自我炫耀其海外代孕或与多名女友未婚先孕生子经历，可谓与网络流行的"摔倒炫富"沆瀣一气。令人惊诧的是，竟有大批粉丝云集附议，点赞者居然包括"985""211"高校毕业的知识女性。[1]

无独有偶，微信公众号"咪蒙"经常发表《嫖娼简史》《三围是检验真爱的唯一标准》《我终于嫁给了钱》《你明明配得上更好的生活》等粗鄙帖文，大肆鼓吹享乐与拜金主义，最终被永久封停。"咪蒙的'三观'是高度社会化的，它迎合了疯长在体制外（弥漫在社会各个角落、大面积呈现于网络空间）的野生观念和社会情绪，并以其饱含磁性的非理性，将泥沙俱下的社会情绪和浅表化的社会理性吸附在一起，形成一种轮廓模糊、情理兼容且有强烈代入感的价值漂流物。"[2]同样地，今日头条旗下"内涵段子"应用程序及公众号因存在导向不正、格调低俗等突出问题，亦被永久关停。[3]

---

〔1〕 参见周洁、黄祺：《从 8 岁坑到 80 岁，不良自媒体如何侵蚀你的生活》，载《新民周刊》2018 年第 41 期。

〔2〕 陈小英：《"咪蒙"的红与黑——从咪蒙爆款文章看其价值观》，载《新闻战线》2018 年第 3 期。

〔3〕 参见《"内涵段子"被永久关停》，载《深圳都市报》2018 年 4 月 11 日，第 A8 版。

四、历史的曲解与戏谑

自媒体对传统媒介格局的裂变冲击，对受众的思维方式、道德信念与审美追求带来颠覆影响，且使社会主流文化面临解构与消融的风险。不少主播为吸引人气，喜好解构权威、挑战传统，而青少年正处于价值观、历史观的形成期，对新的观点与说辞充满好奇，容易接受一些特立独行的"逆反观点"。原本属于"亚文化"的意识形态、价值观念及行为模式，经由无良自媒体的曲解教唆，在未成年人那里反而成了指引行动的主流文化。特别是拥有数百万粉丝"大V"的邪理歪说更易诱导受众价值观发生扭曲。"互联网时代，很多烈士和英雄人物都被重新解构过，而一些青少年对中国革命史并不是很了解，又看了些西方的报道，在认知上很容易出现偏差。"[1]

2015年7月，百度贴吧"纳年纳兔纳些事"被封。"纳吧"存在大量辱华灭史的帖文，堪称名副其实的反动舆论平台。一些活跃分子长期宣扬反党言论，污蔑与丑化党和国家领导人，刻意歪曲、抹黑抗战、建国等中国历史，有组织、有预谋地对意见不合的爱国青少年实施欺压、恫吓、凌虐，人身攻击、恶语谩骂、"人肉搜索"等，其手段无所不用其极。"纳吧"充斥谎言、以丑为美、呲必中国，"聚集的网络黑恶势力，长期颠覆历史、诋毁我国的国体和政体、否定我国传统文化，利用互联网的社会动员能力，制造社会冲突，诱导心智尚不成熟的青少年，并且疯狂围剿不愿屈服者，甚至将暴力延伸到线下，早已突破了法律底线。"[2]"纳吧"事件暴露出网上存在若干股黑恶势力，教唆、利诱、胁迫、围剿和攻击卷入其中的青少年。究其实质，是要让青少年认同其反民族、反国家、反社会甚至反人类的观念立场，与其同流合污甚至成为西方势力颜色革命的马前卒。可以说，"纳吧"宣扬反动思想的模式跟"ISIS"劝诱青少年接受恐怖主义"洗脑"的路径颇为相似。[3]

无独有偶，2018年7月斗鱼知名主播"@陈一发儿"在直播中公然把南京大屠杀、东三省沦陷等惨痛记忆作为调侃笑料，还将游戏人物动作戏称为

---

〔1〕 应琛:《被自媒体毒害的青少年》，载《新民周刊》2018年第41期。

〔2〕 叙岚、王海:《"纳吧"的前世今生——警惕网上黑恶势力绑架青少年》，载 https://pinglun. youth. cn/ttst/201507/t20150728_6931616. htm，最后访问日期: 2024年9月26日。

〔3〕 参见刘胜岳:《清除网上黑恶势力事关国家安全》，载 https://pinglun. youth. cn/ttst/201508/ t20150803_6954666. htm，最后访问日期: 2024年6月2日。

"参拜靖国神社",随后斗鱼平台将其直播间封禁;同年 10 月,抖音女网红兼虎牙 TV 主播"莉哥 OvO"在直播中嬉笑调侃国歌,并以篡改后的国歌作为歌友会开幕曲,随即被人民日报等主流媒体严肃批评,最终付出全网封禁及拘留的代价;而斗鱼主播"B 总 001"在直播中叫嚣"如果我是日本人,我也选择侵略中国""从进化论角度来说,中国人没有日韩进化得好"等无耻言论,亦被人民日报、新华社等主流媒体点名批评,其直播间亦终遭关闭。[1]

五、色情文化的植入

微博知名时尚博主"colouration"坐拥粉丝 300 余万,喜好发布年轻群体热议的话题以增加粉丝粘合度。该博主曾发起"第一季男孩子女孩子美胸大赛",配文"人间美好",号召粉丝们在评论中上传自己的美胸图片,孰料美胸图展却成了打"擦边球"的软色情展。不久,该博主如法炮制,发布了一条夹杂商业推广的"美腿大赛"博文,除各种"PS"修剪后的长腿美图外,还有不少穿着情趣内衣的暴露图片。这些充满挑逗、诱惑和性暗示的图片势必对未成年粉丝产生负面影响。不过,该博主借此带动微博涨粉却屡试不爽。[2]某些教育类 App 运营商除利用教学的幌子推广游戏外,为逃避监管还将原本内植在 App 里的游戏通道转移到微信公众号。"互动作业"App 开通的微信公众号"作业小互"即包含大量性暗示、性诱惑、不良价值取向的网络游戏。该微信公众号自称"中小学生欢乐根据地",但却大量使用《洗澡时被偷看了,怎么办》《珍藏许久的教室女生走光图,冒死也要发出来》等低俗不堪的"标题党"文章,作为"作业小互"的推送手段。在这些文章的精选留言区内,还附有数条评论;有人对《99% 的男生都幻想把喜欢的女孩这样……》文章评论称:"我要把小互裸照做成桌面"。2017 年 6 月,"作业小互"运营方表示,该公众号拥有 115 万粉丝,大多数是中小学生,75% 的粉丝是小学五年级到初中二年级的学生,并声称"一般有点污的早恋、反抗学校、心理测试类的阅读数比考试、作业、老师和校园话题阅读数高,正儿八经知

---

〔1〕　参见应琛:《被自媒体毒害的青少年》,载《新民周刊》2018 年第 41 期。
〔2〕　参见周洁、黄祺:《从 8 岁坑到 80 岁,不良自媒体如何侵蚀你的生活》,载《新民周刊》2018 年第 41 期。

识阅读数最低"[1]。在被媒体曝光之后，"作业小互"公众号被关闭，但大量含有性暗示的不雅内容对未成年使用者的负面影响却无法随着封号而即刻消除。

由上可见，无良自媒体对未成年人的负面影响绝非止于违法犯罪的榜样示范，更重要的是从源头上歪曲观念认知，腐蚀价值立场的培育体系。对此，2020 年 10 月修订的《中华人民共和国未成年人保护法》（以下简称《未成年人保护法》）明确规定，网络直播服务提供者不得为未满十六周岁的未成年人提供账号注册；为已满十六周岁的未成年人提供账号注册时应认证身份信息，并征得其父母或其他监护人同意。2021 年 8 月，中央网信办公布《关于进一步加强"饭圈"乱象治理的通知》，严禁未成年人打赏、应援消费，限制未成年人投票打榜，并不得组织未成年人开展各种线上集会。在 2022 年"清朗·暑期未成年人网络环境整治"专项行动中，严查利用"网红儿童"牟利以及让未成年人做出不雅姿势、性暗示动作吸引流量问题，整治诱导未成年人做危险动作等行为；同时，进一步查处炫富拜金、奢靡享乐、扭曲审美等问题，密切关注学习类 App 和版块，清理色情低俗及其他导向不良内容，防止对未成年人的价值观造成不良影响。同年 9 月，国家网信办发布《关于进一步压实网站平台信息内容管理主体责任的意见》，要求平台加大投入，开发升级未成年人防沉迷、青少年模式等管理系统，提供适合未成年人的优质内容，严禁借未成年人名义利用网络进行商业炒作牟利。同年 11 月，文化和旅游部颁布《关于加强网络文化市场未成年人保护工作的意见》，严禁借"网红儿童"牟利，严控未成年人参与网络表演，对未成年人单独出镜或由成年人携带出镜超过一定时长且核定为借助未成年人积累人气、谋取利益的直播间或短视频账号，或利用儿童模特摆出不雅姿势、做性暗示动作等吸引流量、带货牟利的账号，均予严肃处理；同时，屏蔽、清理涉邪典、色情、非法传教、危险行为、不良价值观等有害内容，禁止直播间通过展示低俗图片、"福利""资料"等暗示性信息和电话号码、微信号、二维码等私密联系方式诱导未成年前往获取有害内容。2022 年 5 月，中央文明办、文化和旅游部、国家广电总局、国家网信办公布《关于规范网络直播打赏 加强未成年人保护的意见》，要求严控未成年人充当主播，从严处置利用"网红儿童"直播谋利的

---

〔1〕 应琛：《被自媒体毒害的青少年》，载《新民周刊》2018 年第 41 期。

账号，并追究平台责任；网站平台应全部取消打赏榜单，禁止以打赏额度为唯一依据对网络主播排名、引流、推荐；平台在每日高峰时段，单个账号直播间"连麦PK"次数不得超过2次，不得设置"PK惩罚"环节，不得为"PK惩罚"提供技术实现方式，避免误导未成年人。另据2024年1月施行的《未成年人网络保护条例》，网络产品和服务中含有可能引发或者诱导未成年人模仿不安全行为、实施违反社会公德行为、产生极端情绪、养成不良嗜好等可能影响未成年人身心健康的信息的，制作、复制、发布、传播该信息的组织和个人应在信息展示前予以显著提示；并且，任何组织和个人不得制作、复制、发布、传播含有宣扬淫秽、色情、暴力、邪教、迷信、赌博、引诱自残自杀、恐怖主义、分裂主义、极端主义等危害未成年人身心健康内容的网络信息；不得制作、复制、发布、传播或者持有有关未成年人的淫秽色情网络信息；不得向未成年人发送、推送或者诱骗、强迫未成年人接触含有危害或可能影响未成年人身心健康内容的网络信息；不得通过网络以文字、图片、音视频等形式，对未成年人实施侮辱、诽谤、威胁或恶意损害形象等网络欺凌行为，或组织、教唆、胁迫、引诱、欺骗、帮助未成年人实施违法犯罪。

自媒体谣言与规制

在自媒体时代，言论传播比以往任何时候都要更为自由与便捷。无论是最初的论坛、博客，还是影响甚广的微博、微信公众号等媒介，自媒体的勃兴无疑为新闻舆论的迅捷传播注入强劲动力。然而，新兴媒体在深刻改变信息样态的同时，也为别有用心者滥用传播技术提供契机。自媒体革新了新闻生产机制，虽使信息生产、加工的门槛与成本减低，但其言论审核与监管机制却远弱于传统大众媒介，从而为造谣、传谣大开方便之门。可以说，自媒体为谣言的病毒式散播提供了滋生土壤与技术支撑，微博、微信等媒介工具在很大程度上对虚假消息的流传推波助澜。自媒体时代不仅是全民全时参与传播、言论表达获得无限延展的时代，同样可能是消息泛滥、新闻失实、虚假传播盛行甚至"谣言满天飞"的时代。美国学者理查德·斯皮内洛指出："网络空间言论自由和内容控制问题已无可争辩地成为初露端倪的信息时代里最富争议的道德问题。"〔1〕由此，如何权衡言论表达自由与谣言控制之间的矛盾，是网络空间治理无法规避的问题。

第一节　自媒体空间的谣言散播

网络谣言混淆视听、煽动舆论，往往沦为蛊惑人心、制造戾气的助推器。

---

〔1〕　［美］理查德·斯皮内洛：《铁笼，还是乌托邦——网络空间的道德与法律》，李伦等译，北京大学出版社 2007 年版，第 48 页。

特别是经由自媒体传播，谣言与生俱来的风险往往迅速放大，不仅极易引发公众恐慌，且常常耗费大量的社会资源。当网民群体对新闻议题夹杂情绪评判与价值偏见时，客观真相通常变得扑朔迷离；在信息"后真相"时代，谣言与辟谣的交锋交替呈现，已然成为自媒体空间的特定样态。

一、自媒体谣言的界定

（一）谣言的释义

所谓谣言，即不符合事实、没有事实根据的信息。《韦伯斯特英文大字典》将谣言（Rumor）界定为缺乏真实依据，或未经证实，公众一时难以辨别真伪的闲话、传闻或舆论。我国《辞海》将谣言解释为"没有根据的传闻或凭空捏造的话"。相对而言，英文语境中的 Rumor 强调谣言的未经证实性及无可信来源性，其外延失之过宽，因为有些尚未证实的"流言蜚语"一经证实则不属于谣言范畴；而汉语语境下的谣言强调虚假性，即没有根据或凭空捏造，这一释义更符合人们对谣言的日常认知。据此，所谓网络谣言，即在网络空间发布与传播的没有根据或凭空捏造的信息。

与"谣言"相关的概念，涉及"流言""虚假信息"等。从词源来看，流言是未经证实的信息，谣言则是已被证实为假的信息。事实上，很多谣言由流言转化而来，流言和谣言是同一信息在不同时空的两种表现形态，"在被证实之前，它是流言；在被证实之后，它是谣言或事实。"[1]可见，流言的外延大于谣言，流言的定义核心在于强调信息的尚未证实与不确定性。根据《现代汉语词典》释义，虚假信息是指"跟实际不符合"的信息，而谣言是指"没有事实根据的消息"。据此可以说，"有些消息是有根据的，但与事实并不完全相符，这类信息是虚假信息，但并不属于谣言。……谣言肯定属于虚假信息，但虚假信息并不一定都属于谣言。换言之，虚假信息的外延比谣言更广。"[2]

---

〔1〕赵云泽等：《中国社会转型焦虑与互联网伦理》，中国人民大学出版社 2017 年版，第 123 页。

〔2〕孙万怀、卢恒飞：《刑法应当理性应对网络谣言——对网络造谣司法解释的实证评估》，载《法学》2013 年第 11 期。

（二）谣言的本质

从词义来看，"虚假"与"真实"相对，虚假信息即不符合真实情况的信息；而谣言的概念强调信息没有事实根据，可以肯定谣言一定属于虚假信息，谣言的本质即在于虚假性。严格来说，虚假信息与谣言的外延亦不同，因为某个信息一旦被确证为谣言，则意味着不可能为其找到任何事实依据。实际上，一则言论由多条信息构成，言论意旨的表达呈现为相互联系与贯通的一系列信息簇。换言之，网民发布的一条言论消息既可含有真实的信息成分，同时亦可包含虚假的信息成分。然而，含有虚假信息成分的言论消息未必一律都是谣言。这是因为，一则网民言论往往包含着环环相扣的多个信息点。若该言论所有的信息点均属实，则当然属于事实真相；若该言论所有的信息点均系虚假，则属于典型的谣言范畴。然而，当一则言论表达的多个信息点中，若部分属实、部分虚假，虽然其虚假部分仍属谣言范畴，但该言论表达在整体上是否认定为谣言，尚需综合甄别虚假信息点的比例及其对语义主旨表达是否具有关键影响等。由此，含有虚假信息成分的所谓"流言""传言"未必都是谣言，其相较于事实真相而言仅是尚处于不确定状态，既可能存在一定的事实依据，也可能毫无事实依据。

从法律规范来看，我国有关立法分别使用"虚假信息""造谣""谣言"等术语。首先，《刑法》使用了"虚假信息"来描述相关犯罪，如编造、故意传播虚假信息罪，编造、故意传播虚假恐怖信息罪等；同时，亦使用了"造谣"来描述相关罪名，如战时造谣扰乱军心罪、战时造谣惑众罪等。其次，《中华人民共和国治安管理处罚法》（以下简称《治安管理处罚法》）亦明确使用了"谣言"概念。比如，规定对"散布谣言，谎报险情、疫情、警情或者以其他方法故意扰乱公共秩序"行为予以处罚。尽管"虚假信息"与"谣言"的外延不同，但两者在本质上均指向"失实信息"，所以在刑法学研究中，诸多学者对谣言与虚假信息往往作同一理解。已达成共识的是，对真假性质的判定仅针对事实描述性的客观信息，而非指向价值评判性的主观信息。"虚假信息具有一定的特殊性，是指那些与事实不符以及虚构的事实性信息，评价性信息因为不涉及真假问题，因而不是刑法意义上的虚假信息。"[1]

---

〔1〕 杨征军等：《利用互联网散布虚假信息行为如何适用法律》，载《人民检察》2015 年第 6 期。

二、自媒体谣言的特点

在 Web2.0 时代，网民的言论自由得到相当程度地跃进，但媒介素养的缺失亦使一些网民充当谣言传播者。"相较于以往的虚假新闻，自媒体时代的虚假新闻生产的议题和修辞手法都紧跟时代，故事细节描写更完备、煽情更'高级'，这也使得自媒体时代的虚假新闻甄别更加困难。"[1]

（一）"爆炸式"散播效应

"以自媒体为代表特征的全媒体时代的到来，基于网络的超时空性、快速传播性，虚假信息能够无限制地被传播、复制和转发。"[2]在自媒体平台上，网民通过一键发布或转发，即可诱导失实信息呈现"核裂变"效应，从而使虚假的言论表达瞬时散播于整个网络空间。

在信息高速流转的网络空间，新闻消息通常能够快速进入网民视线，引发全民围观及"以讹传讹"的连锁反应。面对微博、微信公众号、论坛等矩阵中的海量信息，受众往往不具备专业鉴别与辨析能力，而只热衷于关注新奇、敏感信息，其中极尽夸张的"标题党"便是例证。"标题党"实为文字游戏，旨在制造耸人听闻、离奇刺激的感观体验，凭借歪曲事实、耸人听闻的标题设计引人入胜。诸多"标题党"源于自媒体对传统媒体报道的剪接拼凑或断章取义，为吸引受众眼球而不惜篡改事实细节甚至凭空杜撰，使之成为网络虚假信息的重要来源。在共情体验的诱引下，大量网民滋生"似信非信"或"宁可信其有"的心态，沉浸于虚假信息的光圈而难以自拔，进而依托即时通信技术向亲友迅疾转发，甚至对传言二次变更、多次篡改之后再转发，这进一步加剧了信息的离散失真，往往使虚假消息以几何级速率发酵，呈现出谣言传播的"爆炸"样态。

（二）舆论的反向动员

毋庸置疑，自媒体传播具有舆情催化与动员作用。作为低成本、高效率

---

〔1〕　李彪、潘佳宝：《自媒体时代虚假新闻的话语空间生产与修辞研究——基于2010—2018年的81个虚假新闻文本的分析》，载《新闻大学》2020年第4期。

〔2〕　时斌：《编造、故意传播虚假恐怖信息罪的制裁思路——兼评刑法修正案（九）相关条款》，载《政法论坛》2016年第1期。

的表达工具，自媒体为民众广泛参与公共事务提供多元渠道。然而，"各种自媒体平台的电子动员作用一旦被夸大到可以无视或曲解基本信息事实的话，为了达到某种目的，可以随意践踏社会公认的伦理道德和法律底线，就出现了异化。"〔1〕

由此，自媒体可能被滥用为舆论操纵工具，特别是谣言的散播流行将对民情民意形成反向推力，成为干涉民情风向、激化社会矛盾的"放大器"。在2014年广东茂名拟建芳烃化工项目群体事件中，谣言传播对舆情民意的反推即是自媒体功能异化的例证。几乎是在街头民众聚集抗议PX项目的同一时间，有人将百度百科词条中的PX毒性由"低毒"改为"剧毒"；清华大学化工系学生发现后，以专业知识担保PX绝对称不上"剧毒"，于是将其改回"低毒"。百度百科随即上演了一场PX词条争夺战，清华化工系学生与一众网民对此词条反复修改，6天内该词条被修改36次；在论战最激烈的某晚，词条每半小时即被刷新一次。除网友坚守争论阵地外，更有复旦等高校化学专业学生加盟留言声援。在论战中，部分网友指责清华等高校学生"被收编了"，而化工学院派则昼夜捍卫PX"低毒"属性长达120小时，直至百度百科最终将词条锁定描述为"低毒化合物"。〔2〕PX究竟属于"剧毒"还是"低毒"，原本是科学环保话题，但部分网民却为其加注舆情动员与民意操控的属性，以致百度平台沦为分化维权诉求、诱导舆论偏向的工具。可见，自媒体的意见表达一旦异化为助推民意的幌子，便蕴含反向发动舆论、削弱政府公信力乃至诱发集体事件的风险。

（三）道德绑架的糅合

目前，很多谣言炮制均粘附道德责难的外衣，在对受众进行道德绑架的同时，亦昭示自媒体对舆论监督权的滥用。在自媒体场域，网民的情感立场容易在谣言左右下产生偏移，"情感动员可以迅速而广泛地唤起民众的道德情感，满怀同情、恐惧和愤怒的网民需要将自身的情感加以释放。"〔3〕实际上，

---

〔1〕 王煜：《起底"自媒体政治谣言"：如何叫醒装睡的人？》，载《新民周刊》2018年第41期。

〔2〕 参见孙震：《PX词条拉锯战引社会关注　理性争论是我们该补的一课》，载《中国青年报》2014年4月10日，第7版。

〔3〕 禹菲：《自媒体传播中的道德情感：舆情动员与治理逻辑》，载《河南师范大学学报（哲学社会科学版）》2022年第6期。

自媒体谣言往往呈现典型的道德叙事与伦理向标。比如，在大学生药某驾车撞人后又持刀刺死被害人一案中，开始就有"富二代""军二代""官二代"以及家里有四套房产等各种试图述说"权贵背景"的谣言。原系一起普通的刑事案件，在自媒体的推波助澜下，被描绘成权贵阶层欺压弱势群体的故事，从而为罪案披上浓重的道德色彩，并迎合了"为富不仁"的受众成见。而在李某性侵案中，亦出现关于嫌犯年龄造假、家庭背景、豪华律师团、人情干预司法等各种谣言，刻意将受众注意力引向"道德舆论场"。类似谣言旨在促成道德绑架，"以官僚与平民、富人与穷人、恶霸与民女等在民间传说、民间文学中非常典型的二元道德符号作为潜在的叙事背景，从而将本身也许并无任何夸张离奇之处的普通刑事案件改造成具有极大道德张力的社会舆论事件。"[1]

（四）多见的"旧谣新传"

从实践来看，旧谣新传成为自媒体谣言的突出特点。"有的谣言因此时常改头换面，时隔很长时间再次被拎出来加工、炒作。"[2]原系陈旧谣言，将之加上最新的时间、地点、人物等元素，便即刻改成一则"新闻"。2017年5月，一则"'太原12级地震视频'带有勒索病毒"的消息在朋友圈刷屏，声称该视频含有勒索病毒切勿打开，特别是手机上有支付宝的用户要立即删除，后经查证该消息系谣言；此谣言紧跟当时"蠕虫式病毒"事件热点，但其实自2016年开始就在网上流传，只不过现行"新谣"将原先的"病毒"替换为"勒索病毒"而已。[3]2018年3月，某微信公众号发布一条名为《成都火车站数十警察勾结小偷，个别警察家产百万》的信息，后经核实，该信息涉及事件实则发生于2005年。[4]类似的"旧谣新传"虽对标题或文字稍作更换，但那些毫无根据的核心内容却从未变化过。基于电子存储的便捷性与持久性，自媒体"旧谣新传"或在相当长的一段时期持续存在。2020年2月，一篇题

---

〔1〕伍德志：《谣言、法律信任危机与认知逻辑》，载《法学评论》2015年第5期。

〔2〕刘峣：《抄袭造假败坏生态　低俗拜金透支信任　自媒体需撇去泡沫上正轨》，载《人民日报海外版》2017年8月4日，第8版。

〔3〕参见《"太原12级地震"视频带有勒索病毒？别信！老谣言蹭上新热点》，载《南阳晚报》2017年5月19日，第W9版。

〔4〕参见伍力：《网传"成都火车站数十警察勾结小偷"，涉事公众号道歉》，载 https://sichuan. scol. com. cn/scol_sc_m/201806/56297202. html，最后访问日期：2024年9月18日。

为《华南海鲜市场供货商的忏悔书！曝光巨大黑幕！》的涉疫情帖文在网络疯传，文章详述了湖北武汉华南海鲜市场所谓的经营"黑幕"，其中提到的"惭愧罪人"当众忏悔等内容却与 2016 年的一起网络谣言如出一辙，但该文中的事发地、当事人却与武汉华南海鲜市场毫无关系。显然，这又是一起意在蹭热点、博关注的"旧谣新传"。[1]

（五）"移花接木"的谣言

在自媒体谣言的生产线上，移花接木、剪接拼凑、随意嫁接等手法屡见不鲜。2017 年 2 月，一则关于四川成都"青城山—都江堰景区索道断裂"的谣言在网上流传，后被证实视频事件实为 2014 年发生于邻国的吊桥断裂事件。[2]2017 年 5 月，一段"南昌八一广场又起火且发生煤气管道爆炸"的视频在微博、朋友圈疯传。其实，该视频是同年 1 月伊朗德黑兰某高层建筑的火灾现场，造成至少 30 人死亡，而江西南昌火灾则发生在同年 4 月，并未造成人员伤亡。很明显地，造谣者浑水摸鱼，将国外火灾视频嫁接到国内社交平台。[3]无独有偶，2021 年 3 月，广东深圳众多驴友"梧桐山深夜蹦迪"事件迅速发酵，但事后查明，网传视频系某网友将一段多名登山爱好者使用聚光灯示意同伴集合的视频进行剪辑，并配上文字、音乐后合成的；之所以发布虚假视频，其目的同样是蹭流量、博热度。[4]

（六）谣言的"马甲"伪装

在炮制谣言时，自媒体还惯用一些伪装套路，使谣言更具迷惑性与欺骗性，继而诱致更多的网民转发传播。一些账号有意识地引用大量数据，并援引权威机构或名人论断等充实论据，用以增强观点的说服力；而实际上，"这样的信息貌似很正规，实则经不起推敲。如果仔细探寻，就会发现这些素材、

---

〔1〕 参见袁猛：《借疫情炮制网络爆文，实则彻头彻尾的谣言　这群"网络水军"平均 19 岁，操纵了 35 个公众号》，载《浙江法制报》2020 年 3 月 24 日，第 12 版。

〔2〕 参见赖芳杰：《造谣索桥断裂致死伤　都江堰和青城山无故"躺枪"　男子被拘 10 日》，载 https://www.sc.gov.cn/10462/10464/13722/2017/2/23/10414892.shtml，最后访问日期：2024 年 9 月 22 日。

〔3〕 参见宋慧：《南昌高楼大火，多人梦中被火化？视频中分明听到说外语》，载 https://www.shobserver.com/news/detail？id=52121，最后访问日期：2024 年 5 月 4 日。

〔4〕 参见戚金城、肖波：《深圳中院重判刷量侵权行为　首用"证据妨碍排除规则"，破解知识产权维权"举证难"》，载《深圳特区报》2021 年 4 月 7 日，第 A4 版。

观点都找不到真实的出处。"[1]为增强受众的视听体验，很多谣言还特意配设图片、音频、视频等形式，通过"有图有真相"的多媒体展示进一步增强迷惑性。"如今的自媒体谣言帖，真假信息混杂在一起，通过把数据改大或者改小，把严重性夸大，把多年前的事换到现在，把外国的改成中国等'技巧'，偷换概念，或者自己造一些概念。这些真假掺杂的文章，让看帖子的人难以辨别。"[2]

此外，谣言制造者擅长把握受众心理，比如部分健康类谣言的目标受众是老年人群，因此发谣言帖的营销号便很"贴心"地放大字体以方便老年人阅读。谣言炮制者还往往深知受众内心的敏感点，所以在标题和内容中大量运用情绪化、煽动性的词句表达，刻意营造冲突、对抗的叙事氛围，有的甚至附上暴力血腥的图片与视频，以增强受众"事态严重"的主观感受，从而诱导受众轻信与转发。2015 年天津港"8·12"特别重大火灾爆炸事故发生后，一些自媒体肆意渲染"天津大爆炸死亡人数至少 1000 人""方圆一公里无活口""天津已混乱无序、商场被抢"等谣言，严重扰乱了社会秩序。[3]

三、自媒体谣言的分布类型

自媒体谣言备受诟病，出于各种动机的假新闻屡见不鲜，而失实与"小道"消息不胫而走，往往导致"造谣动动嘴、辟谣跑断腿"的尴尬。

（一）生活类谣言

随着民众对健康养生及食品安全的关注，自媒体领域的医疗健康、食品谣言逐渐占据高位。2017 年 7 月至 2018 年 11 月，健康类谣言共计辟谣 400 条，食品类谣言辟谣 192 条；相关数据显示，网络谣言中"舌尖上的谣言"占 45%，食品安全领域成为网络谣言的重灾区。[4]诸如《一名有良知的疫苗工作者的心声！所有父母必看！为了孩子的健康，请远离疫苗！》《一口唾液

---

[1]　王煜：《起底"自媒体政治谣言"：如何叫醒装睡的人?》，载《新民周刊》2018 年第 41 期。

[2]　周洁、黄祺：《从 8 岁坑到 80 岁，不良自媒体如何侵蚀你的生活》，载《新民周刊》2018 年第 41 期。

[3]　参见王煜：《起底"自媒体政治谣言"：如何叫醒装睡的人?》，载《新民周刊》2018 年第 41 期。

[4]　参见《网络无疆　言论有界》，载《光明日报》2018 年 11 月 6 日，第 4 版。

就能测出孩子的智商和天赋》《坚持母乳喂养导致婴儿活活饿死》等谣言帖文大行其道，严重干扰受众的健康认知。[1]2017 年 5 月，一则视频通过水洗、火烧等方式，证明市面上的肉松面包、蛋糕中的肉松是用棉花做的，但经有关部门到肉松饼企业现场调查，未发现任何采购、使用棉花的迹象。调查组辟谣称，肉松和棉花有很大区别：肉松属于肌肉纤维，主要成分是蛋白质，而棉花则是植物纤维，主要成分是纤维素，属于不可溶膳食纤维；若真用棉花冒充肉松，一吃就会识破，所以商家不会如此明显造假。[2]

（二）政治类谣言

作为谣言集散地，政治类谣言亦搭上了自媒体的快车。每当举办重大会议、展览或赛事，一些假消息便会集中涌现。在 2016 年 9 月 G20 杭州峰会举办之前一个多月，名为《杭州，为你羞耻》的帖文广为散播，其声称"听到的每个工程的花费金额都是天文数字""听说为了赶进度，好多项目完全抛弃了招投标的法律程序"；文章最后质问："杭州，你为什么就不能以素颜，以平常心，坦坦荡荡地迎接世界?"[3]对此，《浙江日报》予以辟谣，指出峰会筹备费用不可能超过杭州全市全年预算，最终浙江台州的造谣者被处以行政拘留。诸如"中国办个活动总要'好大喜功'、毫不心疼地花上纳税人成百上千亿元"此类谣言，在北京奥运会和上海世博会时均出现过，只是当时的谣言大多源于国外媒体；而对于同样的话题，网民只要随意"想象"一番，就能迅速炮制影响力甚大的政治谣言。事实上，政治谣言往往都集中在相对固定的话题领域，形成较为稳定的叙事框架；"在中国特有的环境下，许多网络谣言都有'泛政治化'的倾向，大量以社会热点话题为名的谣言其实也是政治谣言的幌子。"[4]可以说，自媒体拥有最易散播虚假消息的土壤，为一些特定人群的偏激思维供给了施展空间。"国外假新闻传播到国内，一般无从考证，而且往往以偏概全，断章取义，拿出一句话恶意放大，事实上与自媒体

---

〔1〕 参见周洁、黄祺：《从 8 岁坑到 80 岁，不良自媒体如何侵蚀你的生活》，载《新民周刊》2018 年第 41 期。

〔2〕 参见郭颖：《5 月"科学流言榜"发布 肉松是棉花做的? 这是谣言!》，载《青年报》2017 年 6 月 2 日，第 A8 版。

〔3〕 参见王煜：《起底"自媒体政治谣言"：如何叫醒装睡的人?》，载《新民周刊》2018 年第 41 期。

〔4〕 王煜：《起底"自媒体政治谣言"：如何叫醒装睡的人?》，载《新民周刊》2018 年第 41 期。

优质内容供给不足有关。"〔1〕美国某华裔律师兼自媒体作家，坚持唱衰中国经济 16 年，靠"中国经济，最多残喘一年""富士康正逃离中国""特朗普一发推，中国就撤退"等陈词滥调名利双收；而部分自媒体大号明知此类预言系人为捏造，却仍强行搬运改编成"专家预测"，炮制"中国经济不好，冒雨不如躲雨"等歪理邪说。〔2〕

（三）社情类谣言

从实践来看，谣言传播总是与热点话题相伴而生。在中共中央、国务院决定设立河北雄安新区后，2017 年 5 月，微信朋友圈流传一则所谓的"雄安新区补偿标准"；由于雄安新区当时尚未以任何形式发布过"征迁标准"，所以上述"标准"实为不折不扣的谣言，造谣者遂被行政拘留。〔3〕无独有偶，2018 年 1 月，某自媒体账号通过《曝光！黄牛叫卖上海幼升小"条子"！18 万-90 万明码标价!》的帖文散布谣言，造成恶劣的社会影响。〔4〕为博取流量，2024 年 4 月，某男子拍摄一段"浓烟滚滚"的视频，上传网络并配文称福建福州仓山发生重大航空器安全事故；而事实上，视频中的浓烟系一处堆放废品的露天场地起火，并非航空器事故，该男子遂被警方行政拘留。〔5〕

（四）警情类谣言

由于警情类谣言带有煽惑性，往往被不明真相的网民大量转发。2013 年 8 月，网民"秋风神剑"发微博称"成都奥克斯广场发生劫持公交车事件，据说劫持者持有爆炸物"，此消息发布后被大量转发；随后，四川成都警方官方微博"平安成都"辟谣称，奥克斯广场附近未发生任何劫持公交车事件。〔6〕2018 年 11 月，央视《焦点访谈》"自媒体　要自律不要自戕"节目披露了谣

---

〔1〕　吴雪：《黑幕背后的"连锁反应"》，载《新民周刊》2018 年第 41 期。

〔2〕　参见吴雪：《黑幕背后的"连锁反应"》，载《新民周刊》2018 年第 41 期。

〔3〕　参见吕子豪、于俊亮：《雄县公安：传播"雄安新区补偿标准"谣言者行拘 10 日》，载 https://www.chinanews.com.cn/sh/2017/05-20/8229325.shtml，最后访问日期：2024 年 9 月 12 日。

〔4〕　参见秦丹：《自媒体乱象必须净网整治》，载《新民晚报》2019 年 1 月 11 日，第 2 版。

〔5〕　参见《福州仓山发生重大航空器安全事故？警方回应来了》，载 http://www.piyao.org.cn/20240418/749c620a24f84c44a60c0a8ac8e73c31/c.html，最后访问日期：2024 年 9 月 18 日。

〔6〕　参见徐霄桐：《成都警方 46 分钟辟谣"公交被劫持"》，载《中国青年报》2013 年 8 月 22 日，第 3 版。

言乱象。比如，2018 年 10 月，一则落款为"北京市公安局"的警情通报在网上流传，声称动物园一头 2 吨重的大象丢失，已向全市发出寻象通告，并称"亚洲象为国家一级保护动物，皮厚，肉质发柴，不好吃，不耐吃，希望有关涉事人员及时醒悟，悬崖勒马，速到有关部门自首反映案情争取宽大处理"。很快，北京动物园和警方均通过微博辟谣，最终造谣者被处以行政拘留。2018 年 7 月，在"6·28"浦北路持刀杀人案发生后，微信公众号"予老板的 9 亩地"发布"嫌疑人因子女被学校劝退，75 万元赞助费未归还引发报复"等不实信息，引发大量转载，造成恶劣影响。上海警方对该公众号的运营者吴某以涉嫌寻衅滋事罪依法刑事拘留，后被判处拘役。[1]2023 年 10 月，一则"广州地铁 3 号线珠江新城遭受恐怖袭击，爆炸瞬间造成多人伤亡"的网络消息引得人心惶惶，但事后核实亦是某网民为"炫耀其可通过计算机编程技术生成特定页面的能力"而编造的谣言。[2]

（五）涉企业类谣言

在非法利益的驱使下，通过捏造谣言来诽谤企业或企业家亦屡见不鲜。2015 年 6 月，肯德基起诉 10 个涉嫌造谣的微信公众号，并索赔 350 万元，因为这些账号发布"肯德基使用 6 个翅膀 8 条腿的怪鸡"等谣言；肯德基声称："截至 2015 年 4 月底，发现微信公众号上有 4000 多条相关内容，其中超过 130 个账号的帖子阅读数超过 10 万。"这不仅严重误导了消费者，也给品牌造成了伤害。[3]无独有偶，2017 年 5 月，新浪微博配图发文称，一辆共享单车的坐垫上有根针，疑似有人故意为之，提醒骑车时注意查看，因为有些艾滋病患者会把自己的血染到针头上；对此，"ofo"共享单车公司声称在第一时间对谣言所涉及的城市进行核实，未发现任何谣言所说的情况，同时医学界普遍认为"艾滋针"使人感染艾滋病的可能性极低。[4]

---

[1] 参见毛丽君：《41 个微信公众号被处置　13 人被查处　上海将持续高压严管自媒体乱象》，载《新民晚报》2019 年 1 月 11 日，第 2 版。

[2] 参见《人民热评："广州地铁遭受恐怖袭击"？刑拘造谣者之后仍需深挖》，载 https://toutiao. xzdw. gov. cn/pl/202310/t20231013_ 404937. html，最后访问日期：2024 年 9 月 16 日。

[3] 参见《十个微信公众号转发肯德基使用怪鸡文章　被判侵权》，载 http://www. chinanews. com/sh/2016/02-04/7747172. shtml，最后访问日期：2024 年 9 月 20 日。

[4] 参见郑子愚：《共享单车坐垫上惊现"艾滋针"？这个谣言有点损》，载 http://m. people. cn/%2Fn4% 2F2017%2F0525%2Fc120-9017044. html，最后访问日期：2024 年 9 月 28 日。

四、自媒体谣言的危害

美国学者奥尔波特等人认为："在社会组织中，谣言的细菌总是活跃的。有时，在良好风气下它们传播得非常缓慢。有时它们又会突然爆发，处于一种极其活跃的高热状态。如果健康的社会组织不能抵御它们的破坏时，这种高热就会很不幸地发展到最危险的地步。"[1]

(一) 谣言的炒作营销

在自媒体场域，谣言早已贯通虚拟空间与现实生活，大到国家事件，小到民众的日常生活，"我们发现谣言典型的教化力量在起作用。"[2]从中美政治关系的微妙变化，到国内房地产市场政策的调控，再到健康养生的科普知识，谣言散播无一例外地彰显"羊群效应"，不仅直接损害国家政治与经济利益，危及金融安全与社会稳定，而且严重误导公众认知，侵害人身与财产权益。2022年8月，主打教育服务和产品推广的某公众号为博取关注，捏造"上海市教委称英语退出小学舞台"的谣言，其背后乃是流量驱动的利益链。[3]无独有偶，2024年1月，一条标题为"泉州、石狮文旅局长徒手劈砖多才多艺"的视频引发热议，后经核实，系福建石狮某网民为蹭网络文旅视频热度而编造的虚假信息。[4]

为非法牟利，房产销售假借谎言助推抢购恐慌的事件屡屡发生。"如果说，10多年前，房产商炒作套路，还需要花真金白银来雇人连夜排队买房的话，那么，在如今互联网的传播环境，'炒作'门槛已经降得很低很低，几个谣言段子、小视频，就可能在敏感的楼市里掀起惊涛骇浪。"[5]2016年8月，上海某楼盘销售经理为提升业绩，诱使客户尽快签约、交付尾款，利用手机编造虚假的房产新政消息，谎称上海"计划于9月份起调整银行贷款政策，未办未审完的贷款合同请催促尽快办理"，并将该消息发至微信群，要求下属

〔1〕　[美] 奥尔波特等：《谣言心理学》，刘水平等译，辽宁教育出版社2003年版，第141页。

〔2〕　[美] 奥尔波特等：《谣言心理学》，刘水平等译，辽宁教育出版社2003年版，第115页。

〔3〕　参见任翀：《"英语退出小学舞台""核酸筛查要收费"？这些谣言多出自商业机构的自媒体为啥故意曲解？真假背后有利益链》，载《解放日报》2022年8月19日，第6版。

〔4〕　参见郭国彬：《蹭热度造谣言，该打！》，载《石狮日报》2024年1月31日，第4版。

〔5〕　吴雪：《黑幕背后的"连锁反应"》，载《新民周刊》2018年第41期。

业务员告知自己的客户；之后，该假消息在短时间内被大量转发、评论，数十家媒体争相报道，成为诱致当时房地产沪市出现非理性抢购的三大谣言之一。[1]无独有偶，2020 年 10 月，海南海口某楼盘销售员通过微信朋友圈发布消息称："海南省升格为中央特别行政区……现在不买房？还要等到什么时候；"因其在微信朋友圈看到他人发布该信息，为吸引客户到海南购房即随手转发在自己的朋友圈，最终被处以罚款。[2]

更有甚者，蹭热点、博眼球的"二次加工"形成庞大"黑产"。部分营销号滥用其对庞大粉丝的影响力，明目张胆地颠倒黑白，而观点越是极化、情感越是偏激，就越能强化粉丝圈层的热度与黏性。种种迹象表明，这已然成为跟风炒作、私域营销、流量变现的利器，呈现出谣言在自媒体场域的"圈层传播效应"[3]。

(二) 谣言与群体性事件

"在多数情况下，群体性事件的网络舆情的发展过程中都会或多或少地被谣言、虚假信息影响。"[4]在自媒体场域，草根网民的任性随意及法不责众的心理往往为谣言四起创设契机，而群情激愤下的谣言煽惑又往往成为激化社会矛盾的导火索。2013 年 7 月 12 日，陕西神木部分民众在微信、QQ 群、贴吧、手机短信上收到一条信息："神木经济一落千丈，神木人民人人要帐，三角债务你拖我拖，现任领导要跑，神木不得解放，定于 15 日上午 10 时在广场集会。"[5]在财政巨亏、借贷危机等谣言蛊惑下，神木发生群众聚集与围堵政府事件，自媒体网络谣言诱发群体性事件继而引发社会混乱由此可见一斑。由此，公共危机中的网民情绪易发波动，感性思维占上风；若民众关注的敏感信息未能全面、及时地公开，则可能使误信谣言者加入非理性的集体

---

〔1〕 参见田思倩：《一条"新政"谣言掀起上海房市一场大浪》，载《人民法院报》2017 年 2 月 20 日，第 7 版。

〔2〕 参见《一房产销售人员传播网络谣言　被海口警方依法作出罚款处理》，载《海南特区报》2020 年 1 月 20 日，第 A13 版。

〔3〕 熊皇：《移动互联网语境下的网络谣言——动因、传播机制与治理策略》，河南人民出版社 2021 年版，第 83 页。

〔4〕 常锐：《群体性事件的网络舆情及其治理模式与机制研究》，中国社会科学出版社 2015 年版，第 174 页。

〔5〕 《神木民众因谣言聚集　4 名嫌疑人传谣被拘》，载《市场星报》2013 年 7 月 17 日，第 17 版。

行动。尽管"在任何情况下，我们都不能指责传闻是一场暴乱的惟一或最初的始作俑者，然而它似乎总在扮演帮凶的角色"〔1〕。

（三）谣言的经济危害

诸多事实表明，一些谣言极易造成严重的社会影响以及巨额的经济损失。2018 年 3 月，一条"伊利股份董事长被带走协助调查"的消息在社交网络大量转发，使伊利公司的奶农、上下游合作商、企业员工以及资本市场投资者感到恐慌。微信公众号"光祥财经"的造谣者邹某承认，其捏造的上述虚假消息来源于刘某发布在微信公众号"天禄财经"上的"小说"。邹某先电话向伊利公司求证，被告知是谣言后，仍撰写《公司聚焦：伊利股份董事长潘刚或"失联"》的文章；之后，伊利公司要求邹某删除稿件。此时，邹某再次询问刘某并得知后者并未有直接证据后，依旧没有删稿，致使这一虚假消息被持续转发。而早在策划"天禄财经"公众号时，刘某就与同行商量如何通过对企业"爆黑料"来赚取粉丝和广告费；在谈及上述虚假"新闻"时，刘某承认"小说"的故事情节确是影射伊利公司，其目的就是想吸引公众注意，提高公众号的影响力，一旦其成为社会名人，就能取得广告赢利。北京某司法鉴定中心出具的意见书显示，邹某在公众号"光祥财经"发布的文章，点击数达 574.5 万次；刘某在公众号"天禄财经"发布的 3 篇文章，点击数达 10993 次；另据上海证券交易所等机构的证明材料，3 月 26 日伊利股票市值较前一交易日减少 60.78 亿元。最终，内蒙古呼和浩特法院对二人以寻衅滋事罪追究刑事责任。〔2〕

无独有偶，2021 年 11 月，浙江东阳某影视公司投资拍摄的电视剧《当家主母》在网络热播，其中第 32 集出现一只白猫死亡的镜头。因拍摄过于逼真，一时间"剧组是否真的毒死了活猫"引发争议并持续发酵。此时，自称是该剧组场务的微博博主刘某"爆料"说，剧组为求逼真效果而假戏真做，给猫咪注射不明液体毒死了"白猫演员"；之后，刘某自称知晓真相，并向拥有 400 多万粉丝的某微博"大 V""爆料"。随后，该"大 V"未核实真伪即发布"猫咪死亡确认"的帖子，引发上万名网友转发，阅读量高达 680 万人

〔1〕　［美］奥尔波特等：《谣言心理学》，刘水平等译，辽宁教育出版社 2003 年版，第 141 页。

〔2〕　参见《自媒体造谣"伊利董事长被带走"　两作者分别获刑》，载 http://news.sina.com.cn/2018-10-24/doc-ihmuuiyw7602589.shtml，最后访问日期：2024 年 9 月 26 日。

次。在 9 天时间里，"剧组虐猫"相关话题登上微博热搜及文娱榜 37 次、抖音热榜 7 次；仅两三天，该剧豆瓣评分就跌至 2.8 分，参与打分的 15.5 万网友中有 76% 给出一星差评。随之而来的是，广告商纷纷撤资，连带该影视公司其他作品审查进度受损，共给公司造成上亿元损失。经查，刘某所谓"爆料"系谣言，"当事猫"并未被毒死，而是在另一剧组参与拍摄。2022 年 5 月，刘某因寻衅滋事罪获刑。[1]

第二节　自媒体谣言的流传原因

在美国学者奥尔波特等人看来，"流行谣言传播广度随其对相关人员的重要性乘以该主题证据的含糊性的变化而变化，重要性与含糊性之间的关系不是加法而是乘法，因为，如果两者之中有一个为 0，也就没有谣言了。"[2]其后，荷兰学者克罗斯修正了上述公式，他认为："谣言 = （事件的）重要性×（事件的）模糊性×公众的判断能力。"[3]由此可见，谣言传播与事件的重要性和含糊性两个变量密切相关。

一、自媒体把关的弱化

对于大众传媒而言，信息传播主要是基于精英化生产的格局。然而，"即便是专业的新闻从业人员参与的新闻生产，也难以避免由于种种客观和主观原因而造成的对不确切消息以及假新闻的传播。"[4]在实践中，确也出现过少数丧失职业伦理的无良记者，为一己私利而不惜炮制虚假新闻，把媒介产品当作牟利工具。与此同时，限于信源交叉不清、对信息的认知理解存在偏差以及信息的多层级流动等原因，传统媒介也可能出现非故意人为的信息失实。但是，由于传统新闻"把关人"的有效审核，大众传播时代的虚假信息毕竟

---

〔1〕　参见范跃红、邓俊：《一只白猫引发的"风暴"　浙江东阳：办理个案并推动动物演员安全管理》，载《检察日报》2023 年 2 月 15 日，第 4 版。

〔2〕　[美] 奥尔波特等：《谣言心理学》，刘水平等译，辽宁教育出版社 2003 年版，第 17 页。

〔3〕　参见王灿发：《突发公共事件的谣言传播模式建构及消解》，载《现代传播（中国传媒大学学报）》2010 年第 6 期。

〔4〕　赵云泽等：《中国社会转型焦虑与互联网伦理》，中国人民大学出版社 2017 年版，第 123 页。

是少数现象，偶发的虚假新闻风险大致可控。

然而，在以微博为代表的自媒体传播中，把关主体与客体角色归一，传统新闻把关的外源性控制进化为内源性控制，从而使信息片段步入高速流转与辐射的快车道。"在微博的信息把关过程中，把关人和把关对象这两个角色出现了重合。……传播者与受众的角色界限已经模糊，每个人都可以充当信息把关者的角色，自主决定信息的接收与转发。"[1]在这种特定的传播架构中，信息的把关范围、标准等完全取决于网民意愿。在热点新闻发生时，自媒体网民立即将其上传至微博、公众号、直播间等平台，而关注消息的粉丝群则很自然地转发其所认为有价值的信息。正因如此，某条新闻信息一旦获得网民青睐，则往往依托微博等自媒体迅速扩大影响力，甚至瞬间席卷全网。由此，自媒体的自我把关实为一把"双刃剑"，在促进信息流动效率的同时，亦为谣言散播提供便利。

二、谣言的情绪动机

在某种意义上，自媒体谣言乃是网民的情绪表征和心理暗示，"它表达了谣言制造者、传播者和相信谣言者的类似于抗议的情绪。"[2]美国学者奥尔波特等人指出了谣言的动机因素："任何人类需求都可能给谣言提供推动力。性兴趣是产生许多流言蜚语与大多数丑闻的原因；焦虑是我们常听到的恐怖威胁性谣言的动力；希望与渴望产生白日梦式的谣言；仇恨产生指责性的谣言与诽谤。"[3]

在美国《科学》杂志上，麻省理工学院针对推特平台虚假新闻的一项研究报告认为，人的传播行为是导致假新闻传播迅速的首要因素。该研究团队选取 2006~2017 年 300 万推特用户发布的 12.6 万条新闻，对谣言和真相的传播过程进行分析，发现即便是传播最广的真新闻，传播人数也只有 1000 余人，而相比之下，假新闻的传播量要高得多，最多可达 10 万人。此外，涉及政治性话题的新闻最多，共有 4.5 万条，占总数的三分之一；在 2016 年美国

---

〔1〕 靖鸣、臧诚：《微博对把关人理论的解构及其对大众传播的影响》，载《新闻与传播研究》2013 年第 2 期。

〔2〕 郭春镇：《自媒体时代网络传言的法律治理研究》，厦门大学出版社 2021 年版，第 68 页。

〔3〕 ［美］奥尔波特等：《谣言心理学》，刘水平等译，辽宁教育出版社 2003 年版，第 19 页。

大选期间，虚假政治新闻的传播数量达到峰值。[1]该研究认为，推特用户对新闻传播存在病毒式反应链条，当某人发布消息后，另一人转发，第三个人则开启了完全不同的循环模式；推文在链条反应中散播、重复的过程俨然就是"核裂变"；无论从哪一项指标来看，真相都被谣言击败。这预示着在事实面前，假新闻传播得更快、更深、更广。假新闻的传播力之所以如此强劲，首先是假消息往往比真消息更新奇，更能激发接收者的猎奇心理；多数用户转发的假新闻，看上去都与用户过去一段时间接触到的其他新闻很不一样。其次，假新闻更容易激发用户的情感共鸣。在评论假新闻时，用户更频繁地使用表达厌恶和惊讶的词汇，而真新闻的评论则更多地表达悲伤和信任，也即虚假新闻大多会引发如恐惧、厌恶和惊奇的情绪反应，而真实新闻更容易让人产生如悲伤、欢乐和信任一类的感受，而似乎正是因为这些情绪元素导致了更多的转发。[2]

"由于各个社会领域都存在多多少少的问题，不信任作为一种特殊的情感是整体性的与弥散性的，是整体性社会危机的一种表现。"[3]据此，谣言发端于对新闻事件模糊认知的情绪偏见以及对议题诠释立场的信任不足，在很大程度上是对自媒体信息作出偏斜理解、片面补强及感性反应的主观映像。概言之，谣言散发暗含了受众内在的情感偏见及其对不确定性信息的臆断裁剪，它同受众的情感心理机制紧密嵌合。"谣言强大的繁殖力不在于其真假，而在于偏向性情感支持下的盲目信任或不信任。……这些谣言背后都有着不可忽视的经验基础，其中的不信任已经能够突破事实与理性的限制，变成一种能够独立传播的情感机制了。当然，谣言有时也有网络推手在背后推动，但这些网络推手更像是'催化剂'而不是化学反应本身。"[4]由此，谣言实则利用了网民对信息传播的不确定感知与不信任情绪，从而在模糊认知与真实表象离散交错的受众情感中滋生壮大。可见，"谣言提供一种能供排解紧张情绪的口头发泄途径。它们通常能为这些情绪的存在作辩解，而如果直接面对这

---

〔1〕 参见《最新研究显示社交网络上真相往往被谣言击败！为什么假新闻传播力如此强?》，载 https://www.jfdaily.com/news/detail? id=82139，最后访问日期：2024 年 9 月 28 日。

〔2〕 参见《最新研究显示社交网络上真相往往被谣言击败！为什么假新闻传播力如此强?》，载 https://www.jfdaily.com/news/detail? id=82139，最后访问日期：2024 年 9 月 28 日。

〔3〕 伍德志：《谣言、法律信任危机与认知逻辑》，载《法学评论》2015 年第 5 期。

〔4〕 伍德志：《谣言、法律信任危机与认知逻辑》，载《法学评论》2015 年第 5 期。

些情绪，当事者也许难以接受；它们有时能为周围环境中令人费解的现象提供更广泛的解释，从而在使周围世界变得可理解的理智驾驭过程中占有重要的位置。"[1]

三、聚合传播的集群效应

在学者陈力丹看来，"流言不是个人智力游戏的结果，而是群体议论和传播的结果。这是社会生活中常见的与传播有关的一种集群行为方式。"[2] 在有关言论的集体共情中，观点意向的交互重塑是显见的。基于社会学习这一与生俱来的天性，任何个体均具有文化认同与接受教化的能力。所以，日常生活中最常见的言语交流不仅发挥人际沟通与增进信任的重要作用，而且成为意念说服、思想改化甚至价值观传授的自然途径。然而，自媒体空间的群体言论一方面缩短人际交往的时空距离，升级了言语信息的传递、贮存与流动模式；另一方面，集群言论的随性表达与无限伸展亦为谣言的病毒式散播埋下隐患。

在谣言得以传播的所有条件中，最为突出的是"那些易受影响的个体必须相互保持联系。这联系紧密大小团体诸如在海上的船员，战斗小分队的成员，同一间办公室的同事，星期五的桥牌俱乐部，或是一个小镇上的居民，所有这些人之间都必然保持着一些共同之处，联系密切"[3]。显然，自媒体在更宽泛的社交场域与更深层的互动空间为邻里、同事、朋友等集群联结提供极大便利，密切联络的通信群组与凝聚共性的粉丝议题在自媒体门户随处可见。与熟人交往环境不同，去中心化、匿名性、多线性等特点意味着微博、论坛、贴吧等自媒体网络存在难以克服的不透明性及陌生化语境，这更进一步培植了谣言的集群土壤，加剧了集体偏见的流行。

此外，在信息交互传播过程中，受众尤其关注那些能达成共识、引发共鸣的讨论观点；即使这些信息抑或是客观性的误传甚至谣传，亦可能催生受众的主观认同及有意无意地转发。"那些轻信谣言的人们，更多的是那些在思

---

〔1〕 ［美］奥尔波特等：《谣言心理学》，刘水平等译，辽宁教育出版社 2003 年版，第 20 ~ 21 页。

〔2〕 陈力丹：《关注新媒体的"自净化"能力——进一步反思"抢盐风波"和如何有效制止流言》，载《文汇报》2011 年 3 月 29 日，第 5 版。

〔3〕 ［美］奥尔波特等：《谣言心理学》，刘水平等译，辽宁教育出版社 2003 年版，第 131 页。

想的某些方面'过分固执'的人们。他们迫不及待地相信那些与他们自己所解释和预言的模式正相吻合的谣言。"〔1〕

四、意见领袖的推波助澜

法国学者古斯塔夫·勒庞在《乌合之众：大众心理研究》一书中论述"领袖声望"时指出："在现实中，名望是某个人、某本著作或某种观念对我们头脑的支配力。这种支配会完全麻痹我们的批判能力，让我们心中充满惊奇和敬畏。"很明显，自媒体时代的微博等"大V"不啻为有声望的"意见领袖"。

然而，当部分"大V"为赚取关注而上传或转发未经证实的视频，甚至附上带有误导性的文字评论时，便对谣言传播扩散推波助澜。2018年9月，拥有近220万粉丝的某签约"大V"发布一条微博："最新联合国公布的全球国民素质道德水平调查及排名，中国连续几十年排名世界第160位以后或者倒数第二，而日本国民素质连续30多年排名世界第一。"讽刺的是，该"大V"还在微博开头提示："可能是联合国教科文组织在造假？你忍耐一下看完。"之后，该微博被多次转发，联合国教科文组织官方微博声明："没有做此类排名，联合国应该也不会做。"就在该博主被禁言前，仍接连转发数条贬低中国的评论。〔2〕无独有偶，2019年1月，公众大号"咪蒙"帖文《一个出身寒门的状元之死》刷爆朋友圈，因该文虚构故事、煽动泪点引发负面舆论风波而遭封禁。在"咪蒙"团队致歉后，《人民日报》官方微博回应称："咪蒙发道歉信，避实就虚，避重就轻，暴露出一贯的擦边球思维。当文字商人没错，但不能尽熬有毒鸡汤；不是打鸡血就是洒狗血，热衷精神传销，操纵大众情绪，尤为可鄙。"在学者张涛甫看来，"咪蒙"语言劲爆，有语不惊人死不休之势，脏字与粗口齐飞，吐槽与毒舌一色，这种话语暴力迎合了受众"重口味"；他将"咪蒙"之"毒"犀利地评价为：倾斜的"三观"、非理性、话语暴力。〔3〕最终，多家平台永久关闭"咪蒙"账号，相应的微信公众号亦

---

〔1〕 ［美］奥尔波特等：《谣言心理学》，刘水平等译，辽宁教育出版社2003年版，第130~131页。

〔2〕 参见王煜：《起底"自媒体政治谣言"：如何叫醒装睡的人?》，载《新民周刊》2018年第41期。

〔3〕 参见张涛甫：《咪蒙，是一种什么"毒"》，载 https://www.jfdaily.com/news/detail? id = 49684，最后访问日期：2024年9月12日。

被注销。

五、商业逐利的诱使

与不间断辟谣形成强烈反差的是，各种谣言层出不穷，甚至造谣速度远超辟谣。尽管自媒体造谣、传谣者被严惩甚至获刑，仍有大量的运营账号甘愿火中取栗。究其原因，无底线的商业逐利及跟风效仿效应，成为自媒体谣言盛行不衰的重要诱因。在利益驱动下，炮制故事越是离奇曲折、奇闻轶事越是旷古罕见、影像画面越是刺激过瘾，越能吸引受众眼球，也就越能增加关注和粉丝量，从而带来不菲的变现收益。

"在网络和社交媒体时代，通过编造网络谣言，获得点击率和流量，再将流量转换为经济利益，是一些媒体的运作规则。其中，'流量变现'像一个指挥棒，参与者唯其马首是瞻。"[1]目前，利用造谣、传谣寻求更多的利益变现，已然是部分自媒体投机商的盈利策略，且"以谣生利"的商业模式呈现公司化、产业化趋势。在注意力资源稀缺及分布不均衡的情况下，如何"吸睛"与"吸粉"成为不少运营者考量的"头等大事"。在商业利润的刺激下，一些从业账号陷入金钱窠臼，对谣言危害及后果视而不见，哪类谣言能迅速吸引粉丝，就偏好散布哪类谣言；而当利润诱惑足够强烈时，部分自媒体人不惜铤而走险。2017年"五一"假期，一段"女主播夜宿故宫"的直播视频在网上流传。视频中的女子身着古装在"故宫"内直播，并声称将于夜间避开安保再次直播。经查，李某和杨某为推广某App软件意欲捧红女主播周某，三人于5月1日白天正常购票进入故宫并实景直播；其间，杨某与李某假扮网友，向周某提议晚上在故宫直播。当晚，三人实则转至顺义区某古代皇城景区继续直播，但周某却在直播间谎称"现在一个人在故宫里"，从而炮制夜宿故宫的假象。最终，三人均被处以行政拘留。[2]

在自媒体空间，出于吸引流量的谣言剧本可谓屡见不鲜。2023年5月，"网传济南天桥某中学欺凌"的短视频大量传播，由于视频中出现几名女生殴打并脱衣侮辱另一名女生等画面而引发关注。经警方侦查，确认该视频内容

---

[1] 姚寓泾：《自媒体时代谣言特点及治理对策》，载《中国报业》2023年第2期。

[2] 参见卢国强：《借炒作网红"夜宿故宫"推广APP 3人被行政拘留》，载《潮州日报》2017年5月19日，第2版。

纯属捏造；犯罪嫌疑人康某等人在网上自学"吃瓜群"吸粉引流教程，在境外色情网站下载、剪辑谣言视频，再利用特定的 App 将视频转化为短链接上传发布。[1]2024 年 1 月，为提升账号热度、便于后期直播带货，网民刘某制作、上传一条"云南大理一位 8 岁男孩，被老师暴打，跳楼自杀"的虚假短视频，因其散布谣言扰乱公共秩序，被大理警方给予行政处罚。[2]2024 年 3 月，四川资中某主播编造"强迫相亲""非法拘禁"等桥段，试图以"卖惨"吸引流量；经查，视频中的"养母"实则为其亲生母亲，而"相亲男子"则由同村村民扮演，如此演绎悲惨情节也是为博取关注。[3]2024 年 2 月，一段"在法国巴黎捡获一年级学生秦朗的寒假作业"的自媒体视频持续发酵；不久，又有假冒"秦朗舅舅"的账号在该视频评论区"蹭流量"；事后查明，上述"寒假作业丢巴黎"视频系摆拍引流。[4]

六、谣言违法的低成本

自媒体传播的去中心化、主体匿名性以及社会联系的松散性，在很大程度上"减轻了现实伦理道德的压力和约束，有可能造成虚假信息泛滥，为网络谣言和网络诽谤提供了一定的便利"[5]。自媒体谣言之所以难以禁绝，还与谣言制作与散播的违法成本过低有关。在山西汾阳，网民高某先购买山西焦煤集团期货，认为发布矿难信息会引发期货价格上涨从中获利，遂于 2014 年 9 月 19 日在百度贴吧、东方财富股吧、和讯论坛等平台，冠以"期货日报外宣"的名义发布一则虚假信息："2014 年 9 月 19 日凌晨 3 时 10 分，位于山西省汾阳市杨家庄镇汾西矿业正升煤业发生瓦斯爆炸，13、14、15 号井口喷出强烈的火焰和浓烟，井下 730 名作业人员被困，事故矿井隶属于山西煤焦集团，位于山西省吕梁市汾阳市境内。此次事故若施救不得力，将酿成史上

〔1〕 参见《为牟取利益，捏造传播欺凌短视频，济南警方赴浙抓获 5 人》，载 https://www.ql-wb.com.cn/detail/22128592.html，最后访问日期：2024 年 9 月 12 日。

〔2〕 参见《为涨粉造谣"大理 8 岁男孩被老师暴打跳楼"！网警：罚》，载 https://www.ccwb.cn/web/info/20240125175858JGAUFT.html，最后访问日期：2024 年 9 月 16 日。

〔3〕 参见《强迫相亲，非法拘禁？资中一网红卖惨引流被拘！》，载 https://www.scnjnews.com/content/2024-03/27/content_6590697.html，最后访问日期：2024 年 9 月 20 日。

〔4〕 参见《热点事件发生后有人假装当事人开直播有人"打擦边球"引流 自媒体无底线蹭流量风气几时休》，载《法治日报》2024 年 2 月 24 日，第 4 版。

〔5〕 蒋晓丽等：《连接与互动——新媒体新论》，中国社会科学出版社 2016 年版，第 238 页。

最大矿难。"此消息一经发出，即被广泛转发，共计点击 5000 余次；高某"动动手指"即炮制的谣言虽未对期货市场造成重大波动，但却引发网民猜测、启动政府调查，亦给当事公司造成负面影响。最终，高某被认定构成寻衅滋事罪。[1]无独有偶，2016 年 6 月，一段题为"广西玉林高铁玉林狗肉节"的视频在微信和网络传播，该视频显示在某列动车的车身上印有"6.21玉林狗肉节欢迎你"字样，停靠车站站台的地面上也印有"玉林荔枝狗肉节大美丽欢迎你的到来"的字样；但经核查，南宁铁路局未在任何动车、车站发布过该内容的广告宣传，上述广告语竟是某网民为营销炒作而使用 PS 软件在视频后期添加的文字。[2]

事实上，大众传媒对一则事实的报道需要经过采编、核实、编审、校对等系列环节，这一控制程式虽能控制失实信息，却耗时良久。"许多核心信息是掌握在政府权威部门手中的，而这些部门通常较为谨慎，使得向受众发布事实的速度较慢；有的部门甚至出于种种原因完全保持静默。"[3]相比之下，自媒体造谣则简便、轻易得多；只要发布者凭想象臆断在键盘上敲几行字或用手机编辑一小段文字，甚至仅仅拼凑、剪辑一张图片即可，几乎不费时费力，成本可谓相当低。"他们拥有便捷的发布渠道，无须投入大量的资金、人力和物力，仅凭一台电脑（手机）和一个网络接口就能通过微博、微信、电子论坛 BBS、邮件、聊天室、社区网站、个人主页等多种渠道发布信息；以计算机技术为依托的网络传播，使造假变得异常容易，不仅是文字造假易如反掌，就是图片、图像的造假也是唾手可得，几乎不费什么成本。"[4]尤其是凭借爆炸式辐射传播的特性，自媒体造谣者往往抢占舆论先机，在第一时间发布谣言，不仅使真实报道陷入被动，亦徒增辟谣成本。"尽管各自媒体平台大都设立了辟谣机制，但传谣容易辟谣难。辟谣所付出的精力和成本，跟'键盘侠'端坐电脑前瞎编乱造的成本相比，要高出太多。"[5]

---

〔1〕　参见高某犯寻衅滋事罪一案，山西省汾阳市（2014）汾刑初字第 229 号刑事判决书。

〔2〕　参见谢洋：《警方辟谣动车印"玉林狗肉节欢迎你"：恶意炒作》，载 http://finance. people. com. cn/n1/2016/0621/c1004-28464329. html，最后访问日期：2024 年 9 月 22 日。

〔3〕　王煜：《起底"自媒体政治谣言"：如何叫醒装睡的人?》，载《新民周刊》2018 年第 41 期。

〔4〕　黄瑚主编：《网络传播法规与伦理教程》，复旦大学出版社 2018 年版，第 67 页。

〔5〕　刘峣：《抄袭造假败坏生态　低俗拜金透支信任　自媒体需撇去泡沫上正轨》，载《人民日报海外版》2017 年 8 月 4 日，第 8 版。

特别是伴随生成式人工智能（AIGC）技术的推广应用，网民用户依托 AIGC 软件，仅需输入几个关键词即可由 AI 快速生成文稿或图画。而借助 AIGC 技术，谣言文本、图片等生产变得越来越智能化。2023 年 6 月，一条名为《浙江工业园现大火浓烟滚滚，目击者称有爆炸声！》的视频谣言广泛流传；造谣者为给自己账号涨粉引流，通过非法渠道购买 AI 视频生成软件，将网络热门话题自动生成视频产品，并上传至多个视频平台。无独有偶，2024 年 1 月，广西某网民为博取流量，将其他地区的抗洪救灾视频，经 AI 软件自动编辑，编造新疆乌什县发生地震的虚假视频信息；同年 1 月，四川某网民在某平台发布"贵州女婴被弃"的涉谣文章，亦由 AI 系统生成而来。[1]可见，生成式人工智能一旦被滥用，则会成为"AI 谣言"的生成器。2023 年 9 月印发的《关于依法惩治网络暴力违法犯罪的指导意见》（以下简称《惩治网暴意见》），明确规定利用"深度合成"等生成式人工智能技术发布违法信息，实施网络暴力违法犯罪的，从重处罚。

此外，自媒体信源的蜂窝式分布既带来信息冗余与泛滥无序，更滋生部分从业者法不责众的侥幸心理。当自媒体空间伦理失范、乱象频出之时，在群体极化与"破窗效应"裹胁下的造谣者便应运而生。更何况，现行立法对于造谣、传谣者处罚力度有限，不足以形成强力阻遏作用；一旦谣言的违法成本明显低于"借谣生利"之不菲利润，则无异于变相地放纵谣言。

第三节　自媒体谣言的规制体系

2016 年 4 月，习近平总书记在北京主持召开网络安全和信息化工作座谈会上指出："形成良好网上舆论氛围，不是说只能有一个声音、一个调子，而是说不能搬弄是非、颠倒黑白、造谣生事、违法犯罪，不能超越了宪法法律界限。"[2]已达成共识的是，自媒体谣言治理需要多方共举，综合运用行业自律、平台监管、行政管制以及刑事惩处等手段，构筑衔接嵌合的网格化规制模式。

---

〔1〕 参见程思琪、陈一飞：《看似"人工智能"，实则"人为陷阱"：揭开借助 AI 技术实施诈骗的新套路》，载《新华每日电讯》2024 年 3 月 14 日，第 5 版。

〔2〕《习近平在网信工作座谈会上的讲话全文发表》，载 http://www.xinhuanet.com/politics/2016-04/25/c_1118731175.htm，最后访问日期：2024 年 9 月 25 日。

一、针对谣言的媒介自律

在美国，媒体机构大多属于私营行业，一些影响力较大的主流媒体均非官方开办。为避免私营网站一味追逐商业利益而丢失社会责任，监管部门首重引导媒体行业及从业者加强自律。即使面对网络谣言的强烈冲击，美国政府仍将新闻界的行业自律与职业伦理置于重要地位。例如，美国《国际互联网免税法》对自律良好的网络运营商给予两年免征新税的待遇，而那些表现不佳的网站则要承受一定的罚款。[1]2012 年 10 月，美国东海岸遭飓风袭击，不仅导致逾百人死亡、超过 600 亿美元的经济损失，还催生一批像病毒一样在社交媒体上扩散的网络谣言。其中，名为 "@ ComfortablySmug" 的推特用户特别活跃，发布数条 "重大突发新闻"，包括纽约证券交易所大楼遭受严重水淹、地铁将被关闭等消息。这些假新闻甚至被美国有线电视新闻网（CNN）等新闻机构采用。而发现上当的网友很快 "人肉搜索" 出其真实身份，造谣者是纽约市某议员候选人的助理。面对公众谴责，该网民被迫辞职并致歉。[2]显然，平息此谣言风波的力量来自公共舆论的道义谴责。在新加坡，通信与新闻主管部门亦认为，打击假消息不能单靠执法，教育也是重要环节。[3]

在我国，由于自媒体行业发展过快，相应的行业准则与职业伦理尚未完全建立，呈现出言论表达的规约 "真空"；再加上网民媒介素养参差不齐，大多并不具备从事新闻信息生产的专业技能，而是随心所欲地充当言论 "操盘手"。在很大程度上，自媒体的言论 "失范" 实为网民个体自律意识淡薄、道德水准下滑的映射。因此，自媒体谣言治理必须重视行业自律及网民媒介素养的培育，通过提升从业者及用户的传播素养，促其形成自觉抵制谣言的媒介思维。

二、网络谣言的平台屏蔽

作为自媒体平台运营商，各大网络科技公司对谣言治理责无旁贷。新加

---

〔1〕 参见孔晓清：《狙击网络谣言，美国有什么招》，载《解放日报》2015 年 8 月 24 日，第 5 版。
〔2〕 参见孔晓清：《狙击网络谣言，美国有什么招》，载《解放日报》2015 年 8 月 24 日，第 5 版。
〔3〕 参见王丽丽：《新加坡通过〈防止网络假信息和网络操纵法案〉》，载 https://www.cac.gov.cn/2019-05/09/c_1124472431.htm，最后访问日期：2024 年 9 月 20 日。

坡政府会同科技公司制定相关的行业守则，要求网络平台进行身份验证，防止用户滥用账号，确保政治广告来源透明以及优先呈现可信内容。[1]毋庸置疑，对于如何从内部运行机制有效监管谣言，平台是最有发言权的。若平台对用户言论疏于监管，则无异于对谣言散播的变相放纵；唯有充分重视平台的内部管控，方可为自媒体造谣与传谣设置一道稳固防线。

（一）平台运营的内部监控

作为自媒体言论监管的第一责任人，平台运营商对谣言治理的主体责任无论如何强调都不过分。因此，有必要在平台内部构建完善的虚假信息防范、甄别与处置体系，组建专门团队并运用新技术，实现谣言的快速甄别、源头定位、扩散预警、节点标定等功能，特别是实时监测与识别那些粉丝数量大、关注程度高的"大V"言论动态，督导"意见领袖"坚守伦理底线、践行公共责任。依据互联网系列监管立法，平台运营商应积极承担谣言治理义务，对造谣、传谣的账号采取暂停、限制发言功能以及暂停运营直至永久封禁等处罚措施，涉嫌违法犯罪的则交由职能部门处置，以此增加谣言传播的代价成本。另据2023年7月国家网信办公布的《关于加强"自媒体"管理的通知》，自媒体在发布涉及国内外时事、公共政策、社会事件等相关信息时，网站平台应要求其准确标注信息来源，发布时在显著位置展示；使用自行拍摄的图片、视频的，需逐一标注拍摄时间、地点等相关信息；使用技术生成的图片、视频的，需明确标注系技术生成；引用旧闻旧事的，必须明确说明当时事件发生的时间、地点。与此同时，自媒体发布含有虚构情节、剧情演绎的内容，网站平台应要求其以显著方式标记虚构或演绎标签。可以说，明确要求标注信息来源以及加注虚构内容或争议信息标签，能够在一定程度上斩断谣言的生产加工及流转链条。此外，自媒体谣言的有效治理离不开公众参与，平台运营商还应采取激励措施，鼓励广大网民积极参与谣言举报。

（二）谣言治理的技术助力

为使谣言治理"降本增效"，各平台运营商应致力于不断优化谣言识别技术。不争的事实是，依靠人工诊断虚假信息虽准确度高，但执行效率却低；

---

〔1〕 参见王丽丽：《新加坡通过〈防止网络假信息和网络操纵法案〉》，载 https://www.cac.gov.cn/2019-05/09/c_1124472431.htm，最后访问日期：2024年9月20日。

面对海量信息，单纯以人力鉴别阻截谣言并不现实。相比之下，依托网络谣言的识别、过滤、审查与隔断等技术措施却往往事半功倍。比如，美国注重运用技术支持识别谣言源头。2011 年 7 月，美国国防部启动"战略通信中的社交媒体"研究计划，开发"谣言机器人"用以实时识别与监控谣言流向。当微博账号"福克斯政治新闻"发布"奥巴马遇刺身亡"的谣言仅两小时后，美国特勤局就清理了消息源，夺回被非法歪曲的消息"阵地"。可见，依托智能技术对虚假信息的敏感词进行辨识与拦截，不仅必要且事属可行。

在我国，一些网络平台亦注意运用技术手段规制谣言散播。比如，新浪网站上线运营"捉谣记"频道，主要监测与甄别用户账号生产内容的失实情况；阿里巴巴公司发布一项旨在粉碎网络谣言和假新闻的智能程序，即"AI谣言粉碎机"；"今日头条"则采用 GUARD 反谣言系统，用户新发内容需经谣言模型和人工审核双重检测，而"技术+人工"反谣言模式大大提升了阻截效率。此外，区块链技术亦为自媒体谣言治理提供新路径。区块链技术将数据模块组合成链状结构，其利用数据存储的智能共识及加密算法等关键技术，使谣言传播的链条变得可追溯。"区块链的时间戳与数字签名等验证机制可为谣言治理提供法律依据，治理成本大为降低；在传播阶段，其激励机制与共识机制推动高度分散的节点积极参与甄别谣言的过程，有效阻断传播链的扩张。区块链技术若进入国家基础新闻信息架构，通过社会共建和技术共治，将给网络谣言治理提供完善的技术方案。"[1]实践表明，这些新技术应用正在对自媒体空间的清朗化、信息筛选的高效化发挥积极作用。

三、权威媒体的"以正视听"

不可否认，信息公开、透明是回击谣言的有力手段。"事后对谣言的核实与纠正比事先的防范更能够有效地排解谣言当中的不信任情绪。"[2]

（一）传统主流媒体的发声

由于谣言源自受众对信息传播的不确定感知，所以通过公开披露热点敏

---

〔1〕　许加彪、成倩：《自媒体时代的区块链技术与网络谣言治理》，载《当代传播》2021 年第 2 期。

〔2〕　伍德志：《谣言、法律信任危机与认知逻辑》，载《法学评论》2015 年第 5 期。

感信息，使之置于受众的理解与监督之下，可缓解弥漫网络的不信任情绪，使谣言不攻自破。在很多时候，由于政府部门、涉事机构、主流媒体等权威信源未及时公布真相，乃至对公共的敏感度事件采取遮遮掩掩、漠然处之的回应态度，从而致使自媒体断章取义。在 2009 年云南晋宁看守所某羁押人员非正常死亡事件中，涉事部门起初将"被同监室羁押人员殴打致死"的真相掩盖为"躲猫猫"游戏，[1]遂引发公众质疑与反感。如此回应明显低估了民众智商，其结果只能是进一步加剧受众的不信任危机。

事实上，自媒体受众的判断与辨识能力参差不齐，信息传播越是模糊，就越是向受众预判的"先入为主"与自我"心证"靠拢，从而导致真相与臆断更难剥离。与自媒体相比，新华社、人民日报以及各大新闻门户网站等主流媒体作为可靠信源，其信息发布更具权威性。在网络谣言盛行之际，面对陷入信息泛滥、难以辨识真伪的受众，主流媒体应利用自身的专业与资源优势，深入事件背后发掘事实真相，通过追踪核实来向受众呈现可信的客观事实以正视听。"当前，去中心化、容易获得的新媒体并没有革命式地取代集中、稀缺的旧媒体，新旧媒体正在以比先前更为复杂的方式展开互动，二者处于融合形态。"[2]从媒体融合发展来看，自媒体等新兴媒体应与传统媒体协调共生与优势互补。在信息生产安全性、有序性等方面，传统媒体比自媒体更具优势；在自媒体发展机遇与挑战并存的背景下，权威主流媒体应对自媒体彰显引领与匡正作用，对议题设置与舆论风向有意识地加以引导。根据《互联网新闻信息服务管理规定》，新闻信息服务提供者转载新闻信息，应转载中央新闻单位或省、自治区、直辖市直属新闻单位等国家规定范围内的单位发布的新闻信息，注明信息来源、原作者、原标题、编辑真实姓名等，不得歪曲、篡改标题原意和信息内容，并保证新闻信息来源可追溯。

（二）"意见领袖"的正向引导

相应地，对自媒体谣言的"正声"亦需发挥"大 V"账号的正向引导作用，借助"意见领袖"的感召力与影响力来疏导集群空间的偏激情感，平抚群体声讨的非理性情绪。实际上，一些"大 V"的传播影响力不亚于专业媒

---

〔1〕 参见王旭明：《"躲猫猫"为何成当年网络第一热词》，载《现代快报》2012 年 5 月 29 日，第 A16 版。

〔2〕 刘艳红：《网络时代言论自由的刑法边界》，载《中国社会科学》2016 年第 10 期。

体，其应与传统媒介一样强化道德自律、秉持职业操守，对消息来源予以谨慎核实。若网络"大 V"蓄意造谣、传谣，则应毫无例外地追责以彰惩戒。2011 年"7·23 甬温线特别重大铁路交通事故"发生后，有传言称中外遇难者的赔偿标准相差悬殊，某意大利籍遇难者的家属获赔高达 2000 万欧元；新浪微博名为"秦火火"的博主，明知上述传言有悖情理，仍将 2000 万欧元的赔偿传言改为 3000 万欧元，并自称是内部消息加以发布。该条微博使"秦火火"迅速走红，该消息在两小时内被转发 1.2 万次，粉丝量亦增加 5000 名；从谣言发布时机看，"秦火火"显然擅长蹭热点，意在借助炒作博取关注，最终因诽谤、寻衅滋事罪获刑。[1]

（三）公开与权威辟谣

美国学者桑斯坦指出："谣言得以散布是信息流瀑和群体极化的结果。一个很好的解决方法看起来也很简单：为了纠正错误观点，应该将人们置于均衡的信息环境中，并用事实真相取代谬误。在互联网时代，这个解决方案似乎比以往任何时候都更有效。谬误可以在顷刻间散播到世界各个角落，但事实真相也同样容易被传播。……但是这个解决方案中存在一个严重的问题，即产生错误观点的过程会让这个错误观点对更正信息有很强的抵抗力。"[2]尽管公开辟谣对虚假信息的反击不可避免地遇到受众"先入为主"的阻力，但并不妨碍其成为一个简单可行且行之有效的反谣言举措。可以说，与谣言针锋相对的辟谣举措，是有效、可靠的澄清事实的方式。国外亦有针对虚假信息公开辟谣以正视听的做法，如美国《华盛顿邮报》等一些知名网站定期披露与澄清虚假文章，引导网民及时辨识谣言。在我国，由国家网信办违法和不良信息举报中心主办的中国互联网联合辟谣平台，自 2018 年 8 月正式上线以来，已有针对性地发布大量辟谣信息，逐渐发展为业界认可的权威辟谣渠道。实践表明，辟谣渠道或账号的主体身份越权威，辟谣效果越好。因此，"今日头条"与抖音等自媒体平台相继引入传统媒体客户端、政务号、专业机构等账号发布权威可靠的辟谣内容，通过向权威媒介"借力"来提升辟谣实效。

此外，平台运营商还应不断加大技术投入，以期在谣言治理中更多地进

---

[1] 参见朱传球：《"秦火火"一审被判 3 年表示不上诉》，载《京九晚报》2014 年 4 月 18 日，第 9 版。

[2] ［美］卡斯·R·桑斯坦：《谣言》，张楠迪扬译，中信出版社 2010 年版，第 69 页。

行"技术辟谣"。比如，百度公司成立辟谣平台，建立谣言与事实的快速匹配算法，引导用户使用"搜索页首条推荐"辨别虚假信息；微信公司推出辟谣助手小程序，用户可主动搜索查证，还引入第三方辟谣机构，将用户投诉的疑似谣言推送至第三方辟谣平台进行评定；网易平台亦上线"辟谣功能"，依托算法推荐查证各种假消息，并邀请专业人士以科学真相回击谣言。2023年7月，国家网信办《关于加强"自媒体"管理的通知》要求自媒体平台完善谣言标签功能，对于涉及公共政策、社会民生、重大突发事件等领域的谣言，网站平台应及时标记谣言标签，在特定谣言搜索呈现页面置顶辟谣信息，且运用算法推荐方式提高辟谣信息触达率，提升辟谣效果。

四、网络谣言的行政规制

美国学者德沃金指出："在一个人的言论是清楚地和实质性地侵犯他人和他人的财产，而当时又没有其他更好的办法阻止他时，政府可以阻止他的言论，如一个人在戏院中高喊'失火啦'的时候。"[1]针对自媒体谣言，政府的网络监管应在捍卫言论自由和保障个人隐私之间找到平衡，通过增强用户内容发布的个体责任感阻止谣言肆虐。美国政府重视网络空间的行政监管，不仅成立"白宫网络安全办公室"和"全国通信与网络安全控制联合协调中心"提供组织保障，亦专门设立联邦通信委员会作为网络管制的责任机构。此外，联邦政府多个部门还通过设立社交网络监控中心等措施，对论坛、博客、留言板等进行常规监控。在新加坡，政府同样重视对虚假新闻的行政管制。2019年5月，新加坡国会通过《防止网络假信息和网络操纵法案》，为应对威胁公共利益的虚假消息提供一套精确惩处措施。根据该法案，政府可责令网站更正或删除假信息，不遵从指示的网络平台可被判罚高达100万新元；新加坡通信及新闻部下属的资讯通信媒体发展局还专设办事处提供技术咨询，确保不同部门应对假信息时行动一致，同时监督网络科技公司更正或撤销假信息的落实情况。[2]

---

〔1〕［美］罗纳德·德沃金：《认真对待权利》，信春鹰、吴玉章译，中国大百科全书出版社1998年版，第268页。

〔2〕参见王丽丽：《新加坡通过〈防止网络假信息和网络操纵法案〉》，载 http://www.cac.gov.cn/2019-05/09/c_1124472431.htm，最后访问日期：2024年9月20日。

由此，"在网络参与主体多元化、利益结构复杂化的背景下，仅仅依靠行业和网民自律，难以迅速有效地达到治理目标。政府是治理网络言论失范的中坚力量……需要从治理机制、治理方式等方面入手，整体提升对网络的科学治理能力。"[1]在我国，自媒体谣言的行政规制具有明确的立法依据。《治安管理处罚法》规定，散布谣言谎报险情、疫情、警情或以其他方法故意扰乱公共秩序，应处拘留、罚款；《互联网信息服务管理办法》等诸多互联网监管立法亦有禁止散布谣言的明确规定。对于涉嫌虚假信息传播的自媒体从业账号，若平台怠于履行监管职责，可由网信、公安等职能部门施以约谈、暂停营业、强制退市等处罚。同时，针对网络谣言的专项整治行动亦是阻击谣言的重要手段。2018 年 11 月，全国网警巡查执法账号在入驻网站和平台共接受网民咨询举报 81 万余次，发布和转载法制宣传教育类、防范类等主题帖文 35.8 万余篇，其中发布网络辟谣信息 5900 余篇，并教育警示一批发布轻微违法信息的网民。[2]在 2023 年 4 月开始的为期 100 天的网络谣言打击整治专项行动期间，全国公安机关共侦办案件 2300 余起，依法关停违法违规账号 2.1 万余个，清理网络谣言信息 70.5 万余条。[3]此外，国家网信办 2023 年"清朗·从严整治'自媒体'乱象"专项行动将自媒体造谣传谣列为治理重点，要求集中整治以下情形：编造虚假事件、离奇故事，臆造案事件原因、细节、进展或结果，无中生有制造谣言；集纳旧闻旧事冷饭热炒，使用异地新闻嫁接拼凑，选取无关人物、图片、音视频恶意关联，移花接木制造虚假消息；打着"国学经典""红色文摘"等旗号，杜撰老一辈革命家诗词或者言论；通过搬运倒灌、"标题党"炒作、集中发布相似文案、多账号联动发文等手段，对明知或应知为谣言、虚假消息、有害信息仍肆意传播的行为。此外，公安部还将 2024 年作为打击整治网络谣言专项行动年，重拳惩治通过编造虚假信息"造热点""蹭热点""带节奏"的网红"大 V"，引流牟利的网络"水军"以及幕后操纵的 MCN 机构。

五、网络谣言的刑事治理

必须看到，自媒体账号的应用普及既方便了信息互通，也方便了谣言散

---

〔1〕许玉镇、肖成俊：《网络言论失范及其多中心治理》，载《当代法学》2016 年第 3 期。

〔2〕参见《网络无疆　言论有界》，载《光明日报》2018 年 11 月 6 日，第 4 版。

〔3〕参见周人杰：《善用法治利剑严惩网络暴力》，载《人民日报》2023 年 12 月 1 日，第 5 版。

播。从法理来看，谣言治理遵循"权责统一"原则，即要求网民为自身言行负责。除行政管控措施外，刑事规制亦是化解自媒体空间谣言风险的有力手段。

（一）社交媒体的言论管制

在保障言论自由的同时，各国法律亦对诽谤、传谣等网络行为宣示刑罚态度。在新加坡，恶意散播假信息、企图损害公共利益的个人可被判长达 10 年的监禁及最高 10 万新元的罚金。[1]在美国，通过立法严惩危及公共安全的言论，力图使网络造谣者付出巨大代价，甚至威胁言论也会招来法院传票；比如，口头威胁炸弹袭击，即可能被判 5 年有期徒刑及 25 万美元罚款。自"9·11"事件后，美国对网络谣言的打击范围有一定程度的扩大。2013 年 2 月，得克萨斯州某青年在脸书平台与网友发生争论，因对方指责其"真是疯了"，该青年即回应称"要去射杀一群幼儿园小孩，搞出一片腥风血雨"。由于仅在两个月前康涅狄格州某小学刚发生一起严重枪击事件，所以在上述"玩笑话"被加拿大网友举报后，引起有关部门高度紧张，法庭遂开出逮捕令指控其实施恐怖主义威胁。除恐怖袭击外，针对政府官员或特定人员的死亡威胁也往往会受到制裁。比如，2009 年加州某男子因在网上抱怨奥巴马政权，并声称"他的头很快就会中一发 50 口径的子弹"，结果被逮捕起诉；法庭判其 60 天监禁，狱外执行。[2]

韩国《先驱经济报》指出，一些民众对于网络谣言的真伪并不关心，甚至享受这种虚拟网络分秒就可改变世界的特性。从"岁月"号沉船事故到中东呼吸综合征疫情，再到朝鲜半岛军事紧张的传闻，各种谣传不断冲击网络秩序，公众人物与普通人均可能成为谣言靶子。2015 年 8 月，某网民捏造一条紧急信息称："韩国国防部发布有关战争爆发时将招募全国 21 至 33 岁男性入伍通知：当新闻、社交网络、广播等宣布战争爆发时，请各位带好基本生活必需品，到国防部官网自行进行信息确认后，紧急去相关地点集合。"该谣言在社交网络上广为流传，使许多韩国民众不知所措甚至陷入恐慌，最终警方

---

〔1〕 参见王丽丽：《新加坡通过〈防止网络假信息和网络操纵法案〉》，载 http://www.cac.gov.cn/2019-05/09/c_1124472431.htm，最后访问日期：2024 年 9 月 20 日。

〔2〕 参见孔晓清：《狙击网络谣言，美国有什么招》，载《解放日报》2015 年 8 月 24 日，第 5 版。

将造谣者逮捕。[1]

（二）　自媒体谣言的刑事回应

同样地，我国对于自媒体造谣、传谣者亦有相应的罪名规制。"现行刑法规定的网络言论型犯罪，大体可分为煽动宣扬型、编造传播型和侮辱诽谤型三种类型，分别可能侵犯国家法益、社会法益或个人法益。"[2]依此而论，对于散布谣言攫取非法利益的网络"大V"，捏造事实诋毁竞争对手的不法经营者，以谣言赚取粉丝经济利润的营销号，编造谣言意图煽动仇视情绪的从业者，若严重损害他人权益及社会秩序，则均应施以刑事惩戒。在2023年9月公布的一批典型案例中，造谣祖孙合照为"老夫少妻"的肇事者即获刑一年。[3]

1. 网络谣言的罪名体系

根据2013年9月施行的《最高人民法院、最高人民检察院关于办理利用信息网络实施诽谤等刑事案件适用法律若干问题的解释》（以下简称《网络诽谤解释》），下列情形均属于"捏造事实诽谤他人"：捏造损害他人名誉的事实在信息网络上散布，或组织、指使人员在信息网络上散布；将信息网络上涉及他人的原始信息内容篡改为损害他人名誉的事实，在信息网络上散布，或组织、指使人员在信息网络上散布；明知是捏造的损害他人名誉的事实，在信息网络上散布且情节恶劣，以"捏造事实诽谤他人"论。同时规定，编造虚假信息或明知是编造的虚假信息在信息网络上散布，或组织、指使人员在信息网络上散布，起哄闹事造成公共秩序严重混乱，则以寻衅滋事罪定罪处罚。就在该解释生效后，甘肃张家川某初三学生在微博、QQ空间发表"警察与群众争执殴打死者家属""凶手警察早知道了""看来必须得游行了"等虚假信息；在该谣言大量传播后，部分社会闲散人员听信误导纠集数十人到案发现场，致使数百群众聚集堵塞交通，现场秩序一度失控，警方遂以涉嫌寻衅滋事将造谣者刑事拘留。[4]鉴于涉案人员系未成年人及其归案后具有悔罪表现，之后该案撤销刑事拘留，改为行政拘留。

---

[1]　参见《法律为武器　自律是关键　多国治理网络谣言不手软》，载《人民日报》2015年11月2日，第22版。

[2]　刘艳红：《网络时代言论自由的刑法边界》，载《中国社会科学》2016年第10期。

[3]　参见周人杰：《善用法治利剑严惩网络暴力》，载《人民日报》2023年12月1日，第5版。

[4]　参见王瑞锋、贾世煜：《警方：初中生发帖散播谣言被刑拘　甘肃张家川县警方称，其严重妨害社会管理秩序，涉嫌寻衅滋事被立案侦查》，载《新京报》2013年9月21日，第A11版。

此外,《刑法》第 291 条之一规定,编造爆炸威胁、生化威胁、放射威胁等恐怖信息,或者明知是编造的恐怖信息而故意传播,严重扰乱社会秩序的,构成编造、故意传播虚假恐怖信息罪。《中华人民共和国刑法修正案(九)》(以下简称《刑法修正案(九)》)增补的第 291 条之一第 2 款规定,编造虚假的险情、疫情、灾情、警情这四种特定信息,在信息网络或其他媒体上传播,或者明知是上述虚假信息,故意在信息网络或其他媒体上传播,严重扰乱社会秩序的,构成编造、故意传播虚假信息罪。2019 年 7 月,广西柳城8 名网民为在快手平台吸粉谋利,分工扮演"绑匪"和"人质"角色,策划制作一段虚假的绑架直播视频。为使表演显得逼真,假装逼迫"人质"在河边跳舞,随后让"人质"自己浸泡河中,刻意营造系被强行推入河中的假象;为在直播中与观众互动推高人气,其他同伙还在直播间连线喊话,假装要去解救"人质"。该团伙利用五个快手账号将直播视频播出,引发不明真相的网民纷纷点评,总在线人数达 4 万余人,总点赞数达 8 万余次,评论约 1 万条,并引发大量网民恐慌,导致公共秩序严重混乱。2020 年 6 月,涉案人员均因犯编造、故意传播虚假信息罪而获刑。[1]当新冠肺炎疫情在全球蔓延之时,一些自媒体却趁势造谣,只为涨粉和吸引流量。2020 年 3 月,有旅游博主发现自己的照片被移接成"广州女毒王",在网络上被大量转发;[2]而福建福清三名男子通过"掌上白俄罗斯"等十余个微信公众号批量发布"华商太难了"等雷同标题和文章,以华人口吻杜撰"国外疫情下的困境",情节如出一辙,而仅更换了主角姓名、从事生意和所在国家,被认定构成编造、故意传播虚假信息罪。[3]由此可见,利用微博、微信公众号、论坛、贴吧等自媒体故意捏造、传播谣言,涉嫌编造、故意传播虚假信息罪以及寻衅滋事罪、诽谤罪等系列罪名。

2. 刑事规制的谦抑立场

2016 年 4 月,习近平总书记在主持召开网络安全和信息化工作座谈会时

---

〔1〕 参见赖隽群、马本现:《为博眼球,自编自演"绑架"直播! 8 名男子获刑》,载 http://www.gxnews.com.cn/staticpages/20200602/newgx5ed61924-19584381.shtml,最后访问日期:2024 年 9 月 16日。

〔2〕 参见任冠青:《你的情绪是不是被"朋友圈幻觉"利用了》,载《中国青年报》2020 年 3 月25 日,第 2 版。

〔3〕 参见纪玉:《造谣骗流量被判刑,该!》,载《新民晚报》2021 年 5 月 7 日,第 3 版。

指出："网民大多数是普通群众，来自四面八方，各自经历不同，观点和想法肯定是五花八门的，不能要求他们对所有问题都看得那么准、说得那么对。要多一些包容和耐心，对建设性意见要及时吸纳，对困难要及时帮助，对不了解情况的要及时宣介，对模糊认识要及时廓清，对怨气怨言要及时化解，对错误看法要及时引导和纠正。"〔1〕

　　在信源分散、海量流转的信息网络空间，要求网民对所有信息均精准把握并不现实；"如果没有完全掌握信息既不得传播又会妨害信息的传播和流通，在以信息为主导的现代社会是无法做到的。"〔2〕特别是当网民言论指向公共领域时，即使带有一定的失实或夸大成分，亦不可轻易认定为谣言而启动执法程序。习近平总书记在网络安全和信息化工作座谈会上同时指出："对网上那些出于善意的批评，对互联网监督，不论是对党和政府工作提的还是对领导干部个人提的，不论是和风细雨的还是忠言逆耳的，我们不仅要欢迎，而且要认真研究和吸取。"〔3〕由此，这样一种观点是可接受的，即"对于网络反腐谣言的规制必须慎用刑事公诉，以防止诽谤罪成为公权力压制公民言论自由的工具。……网络反腐突破谣言困局，不能简单地依靠国家强制力管治网络言论来实现，这必然导致对言论自由的损害和对刚刚兴起的公民社会的扼杀"〔4〕。网络自媒体作为民意表达及舆论监督的重要阵地，应充分保障网民用户理性表达的言论自由。基于自媒体特定的传播构造，很多网民在不知不觉中即成为谣言的"二传手"。对此，有必要区分故意造谣和无意传谣，对于非故意传播虚假信息的网民，则应以批评、教育为主。2013 年 8 月，安徽砀山境内发生一起交通事故，造成 10 人死亡、5 人受伤，而某网民听说事故造成 16 人死亡，遂在微博发帖称："310 国道砀山段发生车祸！死 16 人，婴儿也有"；对此，当地警方以虚构事实扰乱公共秩序为由对其作出行政拘留 5 日的处罚。然而，仅因说错事故死伤人数就被执法处罚的做法引发公众质疑，

　　〔1〕《习近平在网信工作座谈会上的讲话全文发表》，载 http://www.xinhuanet.com/politics/2016-04/25/c_1118731175.htm，最后访问日期：2024 年 9 月 25 日。

　　〔2〕孙万怀、卢恒飞：《刑法应当理性应对网络谣言——对网络造谣司法解释的实证评估》，载《法学》2013 年第 11 期。

　　〔3〕《习近平在网信工作座谈会上的讲话全文发表》，载 http://www.xinhuanet.com/politics/2016-04/25/c_1118731175.htm，最后访问日期：2024 年 9 月 25 日。

　　〔4〕徐祖澜：《网络反腐的谣言困局与法治出路》，载《法制与社会发展》2015 年第 6 期。

事后警方通过官方微博致歉，承认处罚偏重，最终撤销处罚。[1]

由此看来，针对自媒体言论的执法惩处同样是一把"双刃剑"：用之得当，将成为自媒体造谣、传谣者头上的"达尔摩斯之剑"，为阻击虚假信息蔓延提供有力保障；用之失当，则成为压制言论自由与控制话语的工具，阻滞社交媒体的信息流通，挫伤网民参与公共管理的积极性。因此，自媒体谣言的刑事打击应秉持谦抑原则，不宜过度扩张犯罪圈，力求在惩戒谣言与保障自由之间寻求平衡。"只有当事实言论的具有罪质决定意义的主要、重要或者核心部分的内容全部为虚假时，才具有以编造传播型和侮辱诽谤型言论犯罪定罪处罚的可能性；只有当事实陈述和观点表达的主要、重要或者核心部分的内容直接指向煽动宣扬型言论犯罪的罪质——分裂国家、颠覆国家政权、恐怖主义、极端主义、民族歧视等时，方有以煽动宣扬型言论犯罪处以刑罚的必要性。"[2]也就是说，对于谣言认定应遵从"实质性修改"标准，即结合具体案情，评判谣言内容较之真相的修编及偏离程度，考量真实信息的核心或关键要素是否被人为篡改，同时评价该谣言传播是否对他人权益或社会秩序构成实质侵害。

3. 刑事治理的理性思路

不容否认，自媒体传播的刑事规制必须廓清自由表达与不法言论的界限。尽管必要的刑事惩戒对谣言治理来说不可或缺，但司法裁处尚需准确把握入罪边界，将言论表达的刑罚介入限缩在理性范围，避免对舆论监督及网络反腐构成"误伤"。

一方面，虚假信息的杜撰必须暗含一定的可信度，足以使受众感知不实内容的危险意义。尽管受众认知存在差异，但至少对部分受众而言，若一条信息被较高程度地理解为"真实可信"，那么该信息本身即蕴含诱致恐慌及社会混乱的风险因子，因而具有刑事评价的必要性。若一则不实消息显而易见地不可信，即使它是捏造的，亦很难获得关注，会被信息传播机制自然淘汰，所以处罚此类明显不可信的虚假传播并无多大实际意义。2013年7月，女歌手吴某在微博上发表"我想炸的地方有北京人才交流中心的居委会，还有××

---

〔1〕 参见《网民错发交通事故死亡人数被拘　宿州砀山公安致歉》，载 http://society.people.com.cn/n/2013/0830/c229589-22751130.html，最后访问日期：2024年9月24日。

〔2〕 刘艳红：《网络时代言论自由的刑法边界》，载《中国社会科学》2016年第10期。

的建委。"之后，其本人意识到不妥，又发了一条："我想炸——北京人才交流中心的居委会旁边的麦当劳的鸡翅、薯条、馒头……"〔1〕随后，吴某先被北京警方刑事拘留，后变更强制措施，改为行政拘留并处罚款。显然，吴某"炸建委"的言论其实就是生活中常见的"说气话"，这一行为的动机是情绪宣泄，并未达到引发民众恐慌、扰乱社会秩序的严重程度，因而不足以认定为编造虚假恐怖信息罪。在未有其他迹象表明其别有用心地引发混乱，而仅是发泄个人情绪的情况下，没有多少人相信一个歌手真会去炸政府机关；特别是其本人不久后即删除了微博不当言论，更说明仅是一时冲动，因而不会对公共安全与社会秩序造成实质影响，并无刑事干预的必要。无独有偶，2013 年 9 月网民刘某因对医疗纠纷处理不满，而在微博上扬言"炸地铁"，被广东广州警方刑事拘留；因尚未达到严重扰乱社会秩序的程度，检方不予批捕。〔2〕

另一方面，虚假信息的违法定性还要求内容表述明确，具有明显的指向性，即对新闻事件的时间、地点、人物、事发经过等基本要素有较为具体的描述；若仅笼统地发布"出事了""封锁消息了"等语焉不详的言论，则不宜认定为违法信息甚至谣言犯罪。2013 年 8 月，河北清河警方发现在百度贴吧"清河吧"，有网民发帖称："听说娄庄发生命案了，有谁知道真相吗？"该信息被点击 1000 余次，致使在该县部分民众中传播；警方迅速认定该谣言严重扰乱公共安全秩序，遂对发帖人处以行政拘留。〔3〕无独有偶，2013 年 9 月，宁夏银川某网民在微博上发帖称"银川出大事了！！！消息封锁得真快！！太恐怖了！"随后，被警方处以行政拘留。〔4〕上述虚假信息的核心内容主要呈现为"听说""太恐怖了"等模糊言辞，严格来说并非自媒体信息的有效传播，因此类信息的指向不明、述说不清，对于受众认知及公共生活的影响不大，很难说会对他人权益及社会秩序造成严重危害。事实上，在微博、论坛、

---

〔1〕　李强：《微博扬言"炸建委"　女歌手、作家吴虹飞被拘》，载《郑州晚报》2013 年 7 月 26 日，第 A32 版。

〔2〕　参见杨涛：《不批捕扬言制造事端者体现刑法谦抑》，载《羊城晚报》2013 年 10 月 14 日，第 A2 版。

〔3〕　参见《女子贴吧问"是否发生命案"被拘　警方解释依法处理》，载《京九晚报》2013 年 9 月 2 日，第 9 版。

〔4〕　参见张磊：《男子微博扬言"银川出大事了"被拘留》，载 https://news.sina.com.cn/c/2013-09-12/095028197753.shtml，最后访问日期：2024 年 9 月 18 日。

贴吧等自媒体平台，"求辟谣""求证"等帖子屡见不鲜。类似模糊表达的谣言认定必须严格依据"实质篡改"标准，即着重评判信息内容的核心或关键要素是否构成对真实信息的实质篡改；若信息内容未有明确指向、表达模糊乃至不知所云，则此类信息不宜认定为谣言。所以，一些执法部门对网民失实言论一律入罪施刑的做法并不可取，其可能引发自媒体传播的"寒蝉效应"。虚假"险情、疫情、灾情、警情"的网络传播之所以有刑事规制的必要，是由于此类信息散布极易造成公众恐慌，进而引发社会秩序严重混乱；而若上述特定信息仅限于口口虚假相传，则对法益侵害相对较小，因而亦不宜以编造、故意传播虚假信息罪论处。

总之，自媒体谣言治理有赖于行业自律、平台监测、行政监管以及刑事规制等立体机制。特别是谣言治理亟待社会公开与信任机制的整体改善，仅靠行政与刑事的强制手段实难奏效。这是因为，自媒体谣言并非孤立现象，只要谣言背后的社会信任危机无法缓解，根植于网民焦虑与对立情绪的虚假信息就仍将持续泛化于网络空间。"网络反腐谣言的传播甚至泛滥，是一种警示，反映的是民众痛恨腐败的集体意识和社会情绪。打击网络反腐谣言，只是维持国家权力与谣言之间的一种张力，却不可能完全扑灭谣言。"[1]不仅如此，针对网络谣言的泛罪化及重刑依赖还可能会掩盖问题实质，诱致重立法制裁、轻社会治理的格局。一言以蔽之，自媒体谣言治理不能单纯依赖事后的法律惩处，更需通过调处社会矛盾、推动民主法治、优化信息公开等社会政策来实现有效的事前预防。

---

〔1〕 徐祖澜：《网络反腐的谣言困局与法治出路》，载《法制与社会发展》2015年第6期。

自媒体网络暴力与治理

不争的事实是，自媒体网络正在成为言语攻讦与羞辱文化流行的主渠道，流言蜚语、夸大缺陷、冷嘲热讽等内容充斥于声势浩大集体责难，无疑暴露出自媒体传播的极大阴暗面。2014 年 5 月，曾深陷美国白宫性丑闻的莱温斯基在《名利场》杂志发表题为《羞耻与生存》的文章，称自己成为"第一个瞬间被全世界羞辱"的"零号病人"，并在社交媒体上遭遇"毁灭性后果"；在推特、优兔、脸书以及各大社交媒体上，网民指责就像病毒蔓延一样铺天盖地。莱温斯基控诉说："1998 年，我失去了全部名誉和尊严，失去了自我，甚至几乎失去了生命……十七年前，这种现象还没有专属名词，但现在我们把它称作'网络欺凌'或'网上骚扰'。"[1]

第一节 自媒体场域的网络暴力

近年来，自媒体空间的网络暴力事件屡屡发生，成为草根言论驱散不净的阴霾。"自媒体的崛起丰富了信息源，与之俱来的是噪声和信息冗余，网络围观中明显存在的道德问题就是公然欺骗和恶意中伤。"[2]成千上万的网民以"福尔摩斯"的身份自居，凭借言辞利器强加道德审判与中伤围剿，往往使身

---

〔1〕 参见李警锐：《各国重拳打击网络暴力：折断伤人"无影剑"》，载 https://www.cac.gov.cn/2015-04/17/c_1114997585.htm，最后访问日期：2024 年 9 月 17 日。

〔2〕 赵云泽等：《中国社会转型焦虑与互联网伦理》，中国人民大学出版社 2017 年版，第 103 页。

处舆论漩涡的受害人承受巨大的身心伤害。

一、网络暴力的涵义

"网络暴力是一种新形态的暴力形式，是通过在网络上发表具有伤害性、侮辱性和煽动性的言论、视频、语音的行为现象。网络暴力由来已久，是语言暴力的一种新形态。"[1]网络暴力，亦称为网络欺凌、霸凌，是指言论表达逾越道德与法律的边界，使用羞辱性、攻击性或歧视性话语，旨在对他人造成身心侵害的一种网络异常行为，主要表现为言语攻讦、造谣污蔑、侮辱中伤、形象"恶搞"等。"'微暴力'本质上是一种在缺少有效管控和自律的氛围中言论自由权利的异化、一种情绪的非理性表达，更是一种具有极大伤害性的网络恶行。"[2]它经常发生于网络个体或集体之间，表现为持续以言语、文字、图画、符号、羞辱动作或其他方式，直接或间接地骚扰、戏弄、排挤或欺凌他人，使被贬抑者身处充满敌意或不友善的生活环境，从而承受巨大的身心伤害，严重影响正常的生活状态。

一般而言，网络暴力均有指向对象，只要存在合适的受暴者，即可发动无节制的霸凌攻击。社会生活中的欺凌现象，可谓人类历史上挥之不去的恶习。凡是存在人际交往的时空，均存在欺凌与被欺凌的可能。史书记载的恶霸人物并不鲜见，不仅官民、上下级之间存在非对等的欺压，同事、朋友甚至亲属之间也难以规避。随着历史时代的变迁，暴力欺凌的表现形式有所不同。暴力欺凌大致包括言语欺凌、肢体欺凌、关系欺凌等类型；其中关系欺凌意指通过伤害受害者的亲近人员，来达到孤立受害者的目的。在真实社会中，以大欺小、以强凌弱的欺凌事件时常发生；在网络世界中，网民隐身于匿名的保护伞下，对法律惩戒的感受度降低，滋生了法不责众的侥幸心理，加上信息把关机制的缺失，自媒体场景的言语欺凌更易大行其道。基于自媒体传播的即时性与匿名性，网络施暴者往往在人际互动过程中为所欲为，毫无顾忌地使用侮辱、诽谤、中伤、歧视、谩骂等攻讦言辞。可见，"网络暴力不同于现实生活中拳脚相加血肉相搏的暴力行为，而是借助网络的虚拟空间用语言文字、图片、视频、语音等对人进行人身攻击、侮辱、诽谤的恶劣行

---

〔1〕 吴颖：《从乔任梁事件看新媒体传播的网络暴力》，载《新闻采编》2016 年第 6 期。
〔2〕 邱馨：《班杜拉的交互决定论与微博的"暴力流感"》，载《新闻界》2015 年第 10 期。

为。"[1]据此，在线上课程直播间实施所谓"网课爆破"，并针对在线的教师或学生实施言语威胁或侮辱、诽谤者，亦属于网络暴力的范畴。2023年7月，国家网信办颁布《网络暴力信息治理规定（征求意见稿）》，对网络暴力信息予以明确界定，即指通过网络对个人集中发布的，侮辱谩骂、造谣诽谤、侵犯隐私，以及严重影响身心健康的道德绑架、贬低歧视、恶意揣测等违法和不良信息。

在发达通信技术的加持下，传统霸凌已突破面对面的语言冲突，而以文本、图片、视频等多种方式呈现出来。与现实空间相比，网络世界中的凌辱言辞往往凭借自媒体的即时传播而迅速传遍全网；相较于现实言语暴力，网络暴力更为隐秘，且传播更快、危害更大。根据网络欺凌的危害程度，可将其分为以下层级：一是轻度的网络欺凌，即做出一些会对别人造成伤害的玩笑举动，但自己可能毫无觉察；二是中度的网络欺凌，即经常做出危险、伤人的错误言行，且达到应受管教和约束的程度；三是重度的网络欺凌，即重复且多次在网上做出各种伤害人的举动，造成对方隐私曝光、身心受挫与名誉受损，已涉嫌违法犯罪。

二、网络暴力的现实表征

在自媒体空间，很多网民混淆了言论自由与网络暴力的界限，肆无忌惮的言语攻讦意味着对话语赋权的滥用。换言之，自媒体言论一旦逾越道德与法律底线，即可能沦为实施人身攻击的利器。

（一）网络欺凌的全球化现象

在社交媒体上，网络暴力与人身攻击已演变成全球问题。各国的社交网络几乎均不同程度地存在讥讽谩骂、指责攻击、人格羞辱等现象，甚至因网络霸凌引发自杀的案件时有发生。

1. 域外的网络暴力

在美国，社交网络的羞辱文化司空见惯，名人明星被公开羞辱的速度之快令人咋舌。美国歌星惠特妮·休斯顿在一场演出中表现欠佳，很多观众把用手机拍下的视频放到网上对其进行羞辱；而在过去，有关明星的负面新闻

---

[1]　郑德梅：《新媒体时代的生存》，山东人民出版社2015年版，第123页。

不会流传得那么快。[1] 显然，网络即时通信技术与社交媒体的发达，使得线上羞辱文化的流行更为便捷。《华尔街日报》刊文指出："在网络上羞辱别人变得如此简便和快捷，而我们每个人都活在这种威胁之下。以前只有社会名流需要采取措施保护自己的名誉，学习挽回脸面的技巧，但现在，这已成为一种大众需求。"[2] 据美国皮尤研究中心 2014 年的一项调查，每 10 个网民中就有 4 人遭遇过某种形式的网络骚扰，近五分之一的互联网用户遭遇过严重的网络暴力，包括人身威胁、持续性的跟踪骚扰等。[3] 当狂风骤雨般的谩骂威胁与别有用心的谣言、报复性"人肉搜索"相缠绕，受害人往往因此身败名裂。在"玩家门"事件中，网络暴力的危害后果不言而喻。2013 年，网络小说家佐薇·奎因与他人合作开发一款成功的网络游戏，然而，其前男友趁机在网上发帖咒骂，控诉其为炒红游戏而不惜"出轨"。尽管这一指责毫无实据，但网络世界的侮辱漫骂却由此暴发，大量不明真相的网民跟风讨伐。在"4chan"论坛上，某网民叫嚣必须惩罚奎因，声称："我们的队伍会比任何人都庞大，没人会察觉到我们的存在，因为我们散布在四面八方。我们不会一招毙命，但要给她留下痛入骨髓的伤害，让她永远都恢复不了元气……"来自网络的诘责与威胁并非仅仅如此，连奎因的家庭地址、电话号码及其他个人信息亦被"人肉搜索"公布于众。在玩家聚集的聊天室和论坛里，还有不少帖子教唆如何非法入侵奎因的电子邮箱以及如何骚扰跟踪，甚至有人散布假称是奎因的裸照。这场网络风暴彻底倾覆了奎因的原有生活，一连数月犹如噩梦未醒，使其被迫离家寄宿；即使奎因在国会听证会上发言时，推特网民侮辱与诽谤她的群体行动仍在继续。[4]

在自媒体技术的助力下，全球性的网络暴力正变得愈发难以控制。英国媒体曾接连数月报道梅根王妃和凯特王妃长期不合的传闻，之后网络上辱骂两人的言论不断增多，攻讦言论大多集中于性别歧视，包括针对梅根王妃的

---

〔1〕 参见孙秀萍等：《匿名上网造成缺少约束　网上宣泄加剧人言可畏　网络人身攻击成世界公害》，载《环球时报》2010 年 5 月 12 日，第 7 版。

〔2〕 参见孙秀萍等：《匿名上网造成缺少约束　网上宣泄加剧人言可畏　网络人身攻击成世界公害》，载《环球时报》2010 年 5 月 12 日，第 7 版。

〔3〕 参见《网络暴力升级　美国怎么管？"封号"能解决吗》，载 http://www.xinhuanet.com/world/2015−06/18/c_127926420.htm，最后访问日期：2024 年 9 月 18 日。

〔4〕 参见《网络暴力升级　美国怎么管？"封号"能解决吗》，载 http://www.xinhuanet.com/world/2015−06/18/c_127926420.htm，最后访问日期：2024 年 9 月 18 日。

种族主义言论等；对此，英国王室发表一份"社交媒体指南"，要求网民用户"礼貌、善良和尊重"，禁止发布任何淫秽、攻击、威胁、侮辱、仇恨以及歧视性的帖子。[1]在澳大利亚，网络欺凌与骚扰事件亦非鲜见。作为反暴力欺凌组织"社区勇气"的形象大使，电视女主播夏洛特·道森亦遭网络攻击，一些网民向其推特账户发起大规模的人身攻击，甚至有人鼓动其自杀，侮辱、嘲笑及污言秽语令其不堪困扰而身陷抑郁。[2]2018年1月，14岁的广告童星艾米·埃弗雷特因不堪忍受网络暴力而自杀，来自社交账号的欺凌与辱骂言辞作为无形压力使其最终崩溃。[3]在日本，网络中伤导致的悲剧亦时有发生。2020年5月，日本职业摔跤手木村花留下遗书后自杀，警方怀疑这又是一起因网络暴力导致的悲剧。[4]而在韩国，由羞辱文化酿成的悲剧同样触目惊心。在演艺圈中，不少明星不堪忍受网络流言蜚语而选择自杀。2008年10月，被喻为"永远的灰姑娘"的影星崔真实因深受网络暴力与抑郁症的双重困扰自杀身亡。[5]媒体评议称，网络诽谤一直都是众多艺人的天敌，恶意评论让不少明星重度抑郁。"韩国女团"前成员崔雪莉在退团后，经常在社交账号上发布一些与其以往"乖乖女"形象形成反差的私密照片，被很多韩国网民非议为"博取眼球"，导致网络恶评如洪水猛兽般汹涌而来，甚至还遭到"忘恩负义""荡妇""出去死掉吧"等网络言辞羞辱与谩骂指责，加之抑郁症缠身，最终致其2019年10月选择自杀。[6]

2. 中国的网络暴力

在中国，名人明星等人物遭受网暴的事件同样频见报端。在社交网络上，"三教九流"的网民群体一旦拥有IP地址，便仿佛变成身披法袍、手执法槌

---

〔1〕 参见《英国王妃屡遭网络暴力，王室发布"社交媒体指南"应对》，载《海南特区报》2019年3月8日，第A16版。

〔2〕 参见《澳大利亚的网络监管》，载http://media.people.com.cn/n/2013/1002/c14677-23097991.html，最后访问日期：2024年9月2日。

〔3〕 参见李锋：《广告童星之死引发关注　澳大利亚民众声讨网络暴力》，载《人民日报》2018年1月15日，第22版。

〔4〕 参见《日本22岁女摔跤手去世　疑因遭受网络暴力自杀　政府加速相关立法》，载https://world.huanqiu.com/article/3yORdihKlYB，最后访问日期：2024年9月6日。

〔5〕 参见王冲：《网络暴力酿成单亲妈妈崔真实之死　政府拟立法深化网络实名制　明星自杀震撼韩国　朝野激辩网络监控》，载《中国青年报》2008年10月8日，第5版。

〔6〕 参见刘天红：《拒绝网络性别暴力　"键"证对她的善意》，载《中国妇女报》2019年10月22日，第6版。

的法官，假借道德之名审判讨伐眼中的不义与邪恶。在台湾地区，针对公众人物的网络欺凌同样未能避免。2015 年 4 月，台湾女艺人杨又颖因遭受网络霸凌与匿名中伤而自杀身亡。在脸书平台上，"靠北部落客"被认为是专门找受害对象来辱骂、嘲讽、诅咒的账号，其侮辱、诽谤常常不着边际，若未寻获不利于受害人的证据即转为疯狂的恶语诘难；正是"靠北部落客"等粉丝团几个月来连续不断地攻击咒骂合并抑郁问题，使其身心俱疲而选择轻生。悲剧发生后，"靠北部落客"连夜关闭，之前的谩骂与威胁内容被清扫一空，但由此引发的网络暴力话题却持续发酵。[1]事实表明，脸书等社交媒体无异于"双刃剑"，一方面为不同时空中用意良善的人际互动提供便捷通道，另一方面却同样可能因滋生羞辱、诽谤等言语攻讦而沦为违法犯罪的工具。

种种迹象表明，社交网络正成为人身攻讦与人格凌辱的重灾区。2016 年因抑郁自杀的中国演员乔任梁，曾多次遭遇网络暴力；[2]一些知名艺人曾在社交媒体发声，指出网络暴力的严重危害，呼吁全社会共同抵制网络霸凌。2015 年 6 月，微信公众号"微秀生活"发文《打倒日本汉奸周杰伦，他是卖国贼：下十八层地狱吧，天会收你的》，辱骂知名艺人周杰伦为"汉奸""卖国贼"；周杰伦将其诉至法院，认为整篇文章充斥恶意中伤和侮辱，公然捏造事实丑化人格，给其名誉和身心带来极大伤害。法院认为，该公众号文章已对周杰伦的人格构成侮辱，甚至达到谩骂的程度，容易造成周杰伦的社会评价降低，因而认定构成名誉权侵害；除判令该公众号道歉外，亦判决赔偿经济和精神损失 8 万元。[3]无独有偶，同年 11 月，微信公众号"顶尖企业家思维"发布《王健林：淘宝不死，中国不富，活了电商，死了实体，日本孙正义坐收渔翁之利（荐读）》一文，三天内阅读量超过 10 万，点赞近万个。对此，万达集团指其冒用王健林先生的姓名和照片，不仅侵害姓名权、肖像权，且全文充满恶意诽谤，严重误导读者，遂向法院提起诉讼；最终，法院认定侵权成立，判令该公众号公开道歉，并赔偿精神损害抚慰金、公证费共计 7.5

---

〔1〕 参见李炜娜：《女星 5 年不敢看留言 李敖被讥"满脸豆花" 台湾网络霸凌 逼死人无"法"管》，载《人民日报海外版》2015 年 4 月 27 日，第 3 版。

〔2〕 参见吴颖：《从乔任梁事件看新媒体传播的网络暴力》，载《新闻采编》2016 年第 6 期。

〔3〕 参见刘洋：《被骂"汉奸" 周杰伦获赔 8 万》，载《新京报》2016 年 2 月 12 日，第 A7 版。

万元。[1]尽管上述案件仅涉及民事侵权，尚未涉嫌侮辱罪，但自媒体网络暴力的违法与犯罪之间并不存在鸿沟；当言语暴力攻击升级到情节严重的程度时，即可能构成侮辱或诽谤犯罪。在新浪微博上，博主"秦火火"为博取关注、吸涨粉丝，不惜捏造事实对一些知名人士造谣诽谤，以期依附"名人效应"扩大影响力。比如，暗指污蔑全国残联知名人士张某是日本国籍，其妹更是山东某建筑工程公司董事长，其国籍亦非中国。再如，捏造雷锋生活极度奢侈，蔑称道德楷模雷锋的形象系编造等。其实，这些微博内容都系"秦火火"的胡乱编造，最终被法院认定为诽谤罪、寻衅滋事罪而锒铛入狱。[2]

　　无独有偶，2020年7月，浙江杭州女孩吴某去小区门口的快递点取快递，被在快递点对面开便利店的郎某偷拍照片和视频。当晚，郎某和附近修车店的何某合伙编制微信聊天界面，捏造"出轨"的调情桥段；之后，两人利用龌龊的音视频及聊天截图等素材，以受害人为主角编造偷情画面，并上传某车友群，即刻引发以男性为主的该群狂欢式围观。其后，又有人将炮制的偷情视频及调情对话"打包"转发推送其他群，继而引起全网传播，并随之掀起一场充满训斥谩骂且掺和"人肉搜索"、通信骚扰的网络暴力。由于直播画面看起来非常逼真，再加上清晰的照片、视频等，就连受害人周边的朋友、同事都信以为真，以致受害人被公司劝退。在受害人报警后，涉案的郎某和何某虽被行政拘留，并戴着口罩录制道歉视频，但二人一度认为"不过是开了一场玩笑"。[3]2023年6月，湖北武汉某校园孩童被碾压致死事件发生后，在受害方向学校主张权利的视频上网后引发持续发酵，针对被害孩童母亲的诉求及其穿着打扮等的流言蜚语充斥网络，最终导致被害孩童的母亲不堪忍受双重痛苦而选择跳楼自杀。[4]网络暴力犹如一把利刃，其危害性由此可见

---

〔1〕　参见张淑玲：《被冒名发文污蔑淘宝　王健林获赔7.5万》，载《京华时报》2016年3月15日，第A13版。

〔2〕　参见《"7·23"动车事故，铁道部赔偿外籍旅客近两亿　李某某非李双江亲生　雷锋生活奢侈，全套高档行头　这些很火的谣言，背后都有个"秦火火"》，载《现代快报》2013年8月22日，第F11版。

〔3〕　参见肖菁：《受害姑娘选择刑事自诉：绝不退缩，绝不和解》，载《钱江晚报》2020年12月14日，第A3版。

〔4〕　参见钟雨欣：《武汉"校内被撞倒致死"的小学生母亲坠楼身亡　曾受网暴"围攻"》，载http://www.21jingji.com/article/20230602/herald/1830998b06604c0d909c67a97c633259.html，最后访问日期：2024年9月28日。

一斑。

(二) 涉未成年人的网络暴力突出

从全球社交媒体来看，网络霸凌主要依托意图骚扰、威胁或攻击他人的电子信息，包括文本、图片、视频等，而在微博、博客、论坛、聊天室等空间流行的网暴信息同样指向涉世未深的未成年人。对于未成年网民来说，遭受网暴的危害后果尤甚，因为在未成年时期遭遇霸凌的身心创伤往往会持续到成年。2019 年 9 月，联合国儿童基金会与联合国秘书长暴力侵害儿童问题特别代表联合发布的一项调查显示，约三分之一的年轻人曾遭遇网络霸凌，五分之一的年轻人曾为躲避网络暴力而逃学。该调查采访了 30 个国家逾 17 万名 13~24 岁的年轻人，近四分之三的受访者认为脸书、Instagram、Snapchat 和推特是网络霸凌最常发生的社交应用；该调查结果还挑战了校园网络霸凌是高收入国家独有现象的观点，因为来自撒哈拉以南非洲的受访者中，约 34% 表示自己亦是网络霸凌的受害者。[1]

在美国，社交媒体与手机成为常见的霸凌新工具，网络暴力往往滋生于社交网络空间。2006 年的梅根事件被称为美国网络暴力第一案，引发民众对网络欺凌的普遍关注。密苏里州 49 岁女子萝莉·德鲁在社交网站 MySpace 上冒充名为"乔希·埃文斯（John Evans）"的男生，并与 13 岁女孩梅根·梅尔（Megan Meier）交换信息。德鲁的女儿曾与梅尔是朋友，但两人后来吵架分手；于是，德鲁和她的女儿及其雇员一起"策划了折磨梅尔的阴谋"，"目的就是戏弄梅尔，羞辱并且伤害她。德鲁的计划是打印她们之间的聊天记录并将其带到梅尔的学校，让人们取笑这个忧郁的女孩。"[2]18 岁的雇员格雷奥斯以"埃文斯"名义发送了梅尔生前看到的最后一条信息："世界没有你，会变得更好。你以后的生命将非常悲惨。"[3]在与"埃文斯"及另外两个女孩发生网上争吵后，"坐在电脑前哭泣"的梅尔最终选择自杀。这一悲剧在美国引起很大争议，梅尔的父母随后成立梅尔基金会，发起反网络霸凌行动，

---

〔1〕 参见徐晓蕾：《联合国调查显示三分之一年轻人曾遭遇网络霸凌》，载 http://www. xinhua-net. com/world/2019-09/05/c_1124963966. htm，最后访问日期：2019 年 9 月 15 日。

〔2〕 参见《美 13 岁女孩遭遇社交网站网络暴力自杀》，载 https://tech. sina. com. cn/i/2008-11-20/15262592731. shtml，最后访问日期：2024 年 9 月 13 日。

〔3〕 参见《美 13 岁女孩遭遇社交网站网络暴力自杀》，载 https://tech. sina. com. cn/i/2008-11-20/15262592731. shtml，最后访问日期：2024 年 9 月 13 日。

在密苏里州亦催生反网络霸凌法，即"梅尔法"。可见，网络欺凌比传统的校园暴力造成的心理创伤更大，它会导致青少年长期的心理伤害，包括丧失自信、沮丧、脾气暴躁、学业成绩下降、逃学，有时还会诱发现实的校园暴力甚至导致自杀。

在我国，未成年人遭受网络欺凌的问题同样不容乐观。共青团中央维护青少年权益部、中国互联网络信息中心发布的《2021 年全国未成年人互联网使用情况研究报告》显示，未成年网民在网上遭到讽刺或谩骂的比例为16.6%，自己或亲友在网上遭到恶意骚扰的比例为 7%，个人信息未经允许在网上被公开的比例为 6.1%。在年轻网民的社交圈层中，低下庸俗的"黑界""祖安"等网络暴力亚文化一度流行。"黑界"是一种活跃于 QQ、百度贴吧等平台的网络玩法，类似于虚拟时空，以各种组织形式将人群划分阶层，沉浸参与其中的年轻网民模仿成人社会的规则，从入门开始就学习如何进行网络骂战。而"祖安"原系《英雄联盟》游戏的服务区，该区玩家以爱说脏话、擅长骂人著称，其谩骂之词往往犀利独特以规避系统的语言自净机制；后来，"祖安"逐渐演变成讲脏话骂人的代名词，一些未成年网民遂以"祖安"自居，并在很多游戏社区、视频剪辑网站走红。"如今祖安梗从早期简单粗暴的骂人方式，转变为各种歇后语、成语、对子乃至抽象话的魔改版，并以各种朗朗上口的段子等形式加速传播。在流量的诱惑下，极具病态的行为获得了更多人的追捧和模仿。"[1]该文化标榜"恶语相向""不积口德"，其核心表征即"花式""爆粗口"，谩骂弹幕、恶意"P 图"、线上"锤人"、词条侮辱、私信轰炸等丑行在社交网络频现。比如，不少被称为"祖安评论"的暴戾帖子被追捧上榜，"祖安老哥"被视为伸张正义的"勇士"，而所谓"祖安公主"以嘲讽悲剧为乐的视频播放量竟达上百万。[2]然而，"祖安语录"不光是演绎"快意恩仇"的口水战，其背后更衍生着"以暴制暴"的攻讦戾气。伴随"祖安文化"的出圈，"出口成脏"掀起效仿之风，比拼恶毒脏话的"竞技场"甚至迁移到现实校园，使之成为一种常态化的"语言暴力"。2020 年 8 月，教育部等六部门公布《关于联合开展未成年人网络环境

---

〔1〕 李海蒙：《祖安文化》，载《南都晨报》2020 年 7 月 17 日，第 A6 版。
〔2〕 参见李凯旋、孙庆玲：《"祖安文化"，网络语言中的"隐秘角落"》，载《中国青年报》2020年 9 月 14 日，第 5 版。

专项治理行动的通知》，要求加大对"饭圈""黑界""祖安文化"等涉及未成年人不良网络社交行为和现象的治理力度，对涉及未成年人网络社交中出现的侮辱谩骂、人身攻击、恶意举报等网络欺凌和暴力行为，以及敲诈勒索、非法获取个人隐私等违法活动予以查处。

（三）"人肉搜索"的糅合

在自媒体连接个体话语的网络时空，不时出现仅因某种过错或仅发表某种观点，就被陌生群体隔空喊骂与责难的事件；更有甚者，围观群体并不满足于口头表达愤恨，还会大张旗鼓地发起"人肉"搜索行动，直至将个人隐私信息公布于众。而被"千夫所指"的受暴者似乎触犯"众怒"，往往被网络暴力裹挟着走向风口浪尖。从诸多发案来看，网络暴力通常与"人肉搜索"勾连嵌合，从而进一步加剧网络暴力的危害程度。网络暴力的常见进路是：先由谣言诽谤引发网民关注，接着激发披着"正义"外衣的侮辱中伤，继而发动大规模的"人肉搜索"行动，最终使网暴后果在循环往复中不断升级。"谣言的危害后果可以分为直接危害后果和间接危害后果两种类型。直接危害后果是指有许多人对一则诽谤他人名誉谣言的相信。……间接危害后果则不只是指有人相信，而是指因为有人相信，并且因为相信而发生了某种继发的危害后果，这也可称之为次生的危害后果。"[1]不难理解，由网络诽谤诱发的全民批判与舆论责难，即为次生的危害后果。比如，"房兆玲穷游"原本是一个励志故事，但在不怀好意的网民那里，却被臆想污蔑成"性交易"事件，最终演变成典型的网络暴力；特别是部分网民发起的"人肉搜索"行动更是把房兆玲的父母、家庭住址、工作单位等信息公开披露出来，不仅对当事者造成次生的严重后果，更使网络暴民的本质暴露无遗。[2]

实际上，有的网络暴力发端于真假难辨的传言，激发网民高举道德审判的旗帜，在非理性聚合的匿名言论空间，以羞辱非议、讥讽谩骂、曝光隐私为主要行动方式；有的言语攻讦则是现实人身攻击的网络化延伸。也就是说，自媒体网络的造谣中伤涉及多种行为动机。"无论是明显故意类还是隐含故意类，造谣者的内心都存在可谴责的道德原因，其动机可能是出于泄愤、可能

---

〔1〕 周安平：《公私两域谣言责任之厘定》，载《法制与社会发展》2015年第2期。

〔2〕 参见刘鹏：《"穷游"不值得提倡》，载《黄山日报》2015年5月16日，第3版。

是出于报复、也可能是出于恶作剧，也可能出于说谎的习惯。"〔1〕在仇恨、妒嫉等心理动机的支配下，对受害人的欺凌中伤由现实世界蔓延到虚拟世界，甚至出现人身攻击线上与线下贯通及易位转换的趋势。

（四）"暴力流感"的蔓延

与自媒体行业蓬勃发展不相协调的是，隐含其中的网络暴力不断升级。"自媒体新闻信息中夹杂的谣言、低俗语言、庸俗价值观和消极舆论以几何倍数迅速蔓延，网络舆论暴力行为屡屡发生。"〔2〕成群结队的陌生网民将矛头指向噤若寒蝉的受害人，虎视眈眈地监视一切言行举动，甚至将其隐私生活全景披露，直至受暴者被迫退让、失去自我，原有生活变得面目全非。"过多民粹主义的思想和语言暴力化倾向在微博中屡见不鲜，恶语相加的语言攻击在近年来的微博热门话题中随处可见。"〔3〕

在自媒体平台上，网络施暴者轻率的定义、诠释与结论，很容易被不明真相的受众转发、评论与援引，加之文本信息呈现高度的碎片化与多极化，使得暴力话题往往具有很强的感染性。作为具有广场效应的公共传播平台，自媒体网络空间的非理性、反主流话语，极易引发受众的盲目追随，并可能促使自媒体阵地沦为充满仇恨、焦虑、煽情等不良情绪的集散场。研究发现，"愤怒情绪的感染网络呈放射状结构，少数用户占据优势地位，成为情绪感染网络中的关键节点。"〔4〕其中，明星名人等公众人物及网络"大V"扮演了重要的情绪源头或枢纽角色，促成事实流、意见流让位于情绪流的"暴力流感"图景。事实上，情绪化表达比冷静说理更易引起暴力言辞的仿效行动，并迅速开启螺旋式叠加与膨胀的进程，从而使声势浩大的压倒性声音遮蔽了事件真相。"微博的'暴力流感'正是对这种行为扩散传播过程的一种形象比喻：在引起暴力的微博环境下，网民的暴戾心态被助长，过激情绪被放大，暴力行为像流行性感冒一样，迅速传染蔓延，造成普遍紧张疯狂的气氛，乃至对社会生活产生负面影响。"〔5〕

〔1〕　周安平：《公私两域谣言责任之厘定》，载《法制与社会发展》2015年第2期。

〔2〕　于秀：《论自媒体新闻信息传播的负效应及对策》，载《传媒》2017年第10期。

〔3〕　王娟娟：《微博言论的自由与规制》，载《法学杂志》2012年第12期。

〔4〕　丁汉青、刘念：《情绪：网络空间研究的新向度》，中国国际广播出版社2023年版，第258页。

〔5〕　邱馨：《班杜拉的交互决定论与微博的"暴力流感"》，载《新闻界》2015年第10期。

三、网络暴力的严重危害

不容置疑，"网络暴力能对当事人造成名誉损害，而且它已经打破了道德底线，往往也伴随着侵权行为和违法犯罪行为。"〔1〕网络暴力通常导致受害人身陷抑郁与其他心理创伤，严重者甚至诱发轻生。可以说，以他人出丑与伤痛取乐的网络暴力，足可成为杀人于无形的工具。"在微博中编造谣言、歪曲真相、人肉搜索、使用污言秽语进行人身攻击、丑化他人形象等暴力行为，极易给他人造成莫大精神伤害。"〔2〕2016 年 8 月，美国《时代》周刊发布学者乔尔·斯蒂的封面文章《互联网上的暴力肆虐》，对愈发猖狂的网络暴力和暴民群体深感忧虑，认为这种现象污染了互联网，使之变为充满敌意和戾气的泥淖，指出该行为性质虽非肢体暴力，但带来的伤害却有过之而无不及。"网络暴民的武器是键盘，话语是利剑，也许他们没有在现实生活中做出实质性的伤害举动，但是网络暴民的行为的恶劣影响在于对事件当事人造成心理或生理上的伤害。"〔3〕网络受暴者常因受同侪排挤、被群体隔离而诱发深深的孤独感与社会隔绝感，更易引发极度自卑、抑郁症及自杀倾向。

随着微博、贴吧、论坛等自媒体的广泛应用，我国的网络暴力有愈演愈烈之势。四川德阳女医生安某因不堪忍受网络暴力选择自杀，一度引起轩然大波，"德阳安医生"甚至登上微博热搜榜。事件起因竟仅仅是一场泳池中的小冲突。2018 年 8 月 20 日，在德阳某五星级酒店游泳池内，另一当事人吴某的 13 岁儿子与安医生在同一泳道相向游泳时"碰撞"，之后该少年对安医生有"吐口水"动作。而不远处安医生的丈夫乔某目睹后，感觉妻子受到侮辱情绪激动，遂从少年身后扑来将其按入水中，且对少年脸部有拍打动作。其后，该少年的母亲吴某及其亲友等人到更衣室找安医生争吵，并当着安医生 5 岁女儿的面对其报复性殴打。当晚，派出所对双方进行调解，期间乔某向少年及其家长道歉，少年当时表示接受，但随后称"不接受道歉"。而乔某在调解现场的一句话"叔叔和阿姨就是感情太好了"，重新激起对方愤怒，并被认为是推卸责任，未真正意识到打孩子的错误。直到次日凌晨，双方未能调解

---

〔1〕 王命洪主编：《自媒体传播》，高等教育出版社 2018 年版，第 168 页。
〔2〕 邱馨：《班杜拉的交互决定论与微博的"暴力流感"》，载《新闻界》2015 年第 10 期。
〔3〕 林怡：《自媒体时代下的网络暴民》，载《传播与版权》2017 年第 8 期。

成功。8 月 21 日上午，少年家长等人到乔某单位讨要说法，要求开除乔某公职和党籍；下午又到安医生所在医院，散布不利于安医生的言论，同样要求开除安医生的公职和党籍。8 月 22 日，一段 1 分 47 秒且附有吴某陈述的视频，被一家影响力颇大的自媒体视频平台发出；而带有"公务员""医生"身份标签的该视频迅速引发大量网民围观，甚至有省级电视媒体未予调查即转载与播报。在乔某看来，该视频被有意剪辑，剪掉了少年"吐口水"动作，而仅保留了其"扑打"少年的片段。随后，网上涌现对乔某一方的集体声讨，当地多个群里频现"德阳垃圾"等针对乔某的辱骂语，有人留言要挂安医生的号"一探究竟"，甚至还有人说要到安医生小区拉横幅。面对网上铺天盖地的攻击与诘难，乔某明显察觉到安医生巨大的精神压力，并神思恍惚、深深自责，反复称是她"害了"丈夫。期间，乔某欲主动缓和矛盾，尝试与对方再次协商，未果。8 月 25 日晚，在离家 5 公里的路口，安医生坐在自家车里服药自杀。[1]

　　显然，自媒体账号的推波助澜对这一悲剧负有不可推卸的责任。一方面，"冲突视频"最初由某视频平台未经核实即上传网络，一些媒体和自媒体营销号对该视频更是不明就里，仅根据单方说辞即跟风大量转发；另一方面，网民受众被片面的视频内容所误导与利用，先是"人肉搜索"并肆意传播安医生及其丈夫的姓名、工作、单位等个人信息，后又在不知不觉中进行非理性地集体讨伐，从而制造了严重的语言暴力与舆论压力。然而，事发后几乎没有一家转发过视频的自媒体营销号道歉，最多仅是与"冲突视频"有关的信息被悄然删除。令人始料未及的是，悲剧发生后事件反转，特别是当安医生被送医抢救及其丈夫绝望痛哭的视频也被上传网络后，涉事少年的学校名字及其家人名称、电话、地址等信息，亦遭到"人肉搜索"，且发布在微博、社区、论坛、微信群及朋友圈，迫使其出门戴帽子、墨镜和口罩并东躲西藏，或去亲戚家暂住。在本地贴吧、论坛上，还有谩骂其一家的帖子。更有甚者，吴某手机随时都有来自全国各地的电话和短信，从早到晚不停地收到银行短信验证码，且不时收到网友寄来的花圈、挽联等快递，甚至有人扬言威胁要去学校门口堵杀其儿子；即使更换手机号，网友依然通过支付宝一分钱转账

---

〔1〕　参见张凌云：《德阳女医生自杀之后丨谁是网络暴力的受害者？》，载 https://www.jfdaily. com/news/detail？id=153253，最后访问日期：2024 年 9 月 25 日。

的形式，在备注里附上辱骂。而吴某儿子则一度不敢上学，接连数月请假，其头像还被 PS 到杀人犯照片上，被冠以"强奸犯"。[1]可见，本欲借助舆论力量壮大报复讨伐威势的涉事一方，最终同样被网络暴力所吞噬。

类似的网暴事件远未绝迹，源于"一头粉色长发"的悲剧同样印证着网暴之殇。喜欢粉色的浙江杭州女孩在被保研后，与病榻上的爷爷分享录取通知书，并把这一瞬间记录下来，将照片上传社交平台。然而，一场攻讦她粉色长发的网络暴力突如其来，打破了原本规律、积极向上的生活。一夜之间，粉发女孩被贴上"陪酒女""夜店舞女"等各种不堪入目的标签，含有侮辱、诅咒词句的帖文阅读量近 300 万，评论两万多条；一众网民对其冷嘲热讽，认为她是在炒作、出风头，某抖音营销号还盗用该照片编造"专升本"故事，制作售卖课程的短视频广告。某网民先通过微博辱骂该女孩染粉色头发不配为人师表，在被举报禁言后，其连夜在"B 站"和"小红书"平台注册账号，继续发表攻击话题。就这样，一张照片被放大为羞辱中伤、发泄情绪、推高流量的利器，而失控的各种质疑、谩骂之声使粉发女孩陷入抑郁漩涡。2023年 1 月，遭受网暴的杭州女孩不堪重负，因严重抑郁而选择自杀。[2]同样地，2022 年 1 月，河北邢台 17 岁寻亲男孩刘某在海南三亚海滩亦自杀身亡。自杀前，他曾在微博发文回顾了坎坷的人生经历。在他四岁那年，养父母意外身亡，自此便由祖父母和外祖父母轮番抚养，之后一直借住在养父母的亲戚家。在与亲生父母相认后，他想有一个属于自己的家，于是向亲生父母提出给他租房或买房。但正是因为房子的要求，他被抖音、微博等平台的很多网友指责"有心机"，加之一些自媒体"大 V"的推波助澜，竟招致 2000 多条讽刺辱骂和诬陷诽谤的网暴私信，可谓触目惊心。[3]无独有偶，山东临沂网红"管管"因自驾拖拉机前往西藏而走红，但自 2022 年 2 月起，网上开始出现攻击"管管"的"黑粉"，不但多次在直播间辱骂"管管"，还致电给合作商家继续实施污蔑。其中，胡某原为"管管"粉丝，后因认为"管管"有"自

---

〔1〕 参见张凌云：《德阳女医生自杀之后｜谁是网络暴力的受害者？》，载 https://www.jfdaily.com/news/detail? id=153253，最后访问日期：2024 年 9 月 25 日。

〔2〕 参见潘璐、黄小星：《她不满 24 岁，被保研华师大，大年初二——因粉色头发被网暴的杭州女孩走了》，载《钱江晚报》2023 年 2 月 21 日，第 A2 版。

〔3〕 参见陈晨：《刘学州被网暴案开庭，两千私信触目惊心　家属：不要赔偿，希望网暴者付出法律代价，网暴悲剧不再上演》，载《齐鲁晚报》2023 年 2 月 14 日，第 A3 版。

导自演车祸制造流量、与商家合作认养鸭子、欺骗粉丝、骗捐诈捐"等行为而成为一名"黑粉",遂专门组建"打渣管 10 群"并在群内散布谣言,其还在抖音平台注册 4 个账户,且在评论区发表数百条攻讦言论对"管管"及家人侮辱诽谤、披露隐私。最终,"管管"无法忍受网暴者的步步紧逼,于 2023 年 2 月喝农药自杀。[1]

可以说,一些网络暴力行径令人发指,其危害不言而明。在国家网信办"清朗·网络戾气整治"专项行动中,"网络厕所"等现象被列为整治重点。所谓"挂厕",是指将当事人照片、行为或言论投稿至社交平台的"厕所号",亦称"网络厕所";而"厕所号"是在二次元、追星族、游戏圈中较为流行的一类"隔空喊话"式账号,网友可向该账号发送私信进行投稿,账号所有者再将该投稿匿名转发。[2]在"网络厕所"的投稿帖文中,不乏对他人的言语贬低、人身攻击、侮辱谩骂等,评论区也是骂战频频,而"网络厕所"的关注者、投稿者及被"挂厕"者不少都是未成年人。"网络厕所"充满戾气,毫无底线的"泄愤帖""嘲讽帖""诅咒帖"比比皆是,可谓宣泄消极情绪、恶意攻击谩骂的中转站。然而,创建专门的 BOT 账号、贴吧、话题、群组等,以揭露、批评等名义恶意"开盒""挂人",公开他人姓名、身份证号、手机号码、家庭住址、工作单位、个人照片、社交账号等隐私信息,煽动网民攻击谩骂,不仅涉嫌侵犯隐私权,还可能因散布他人隐私或侮辱、诽谤而受到治安处罚,情节严重的甚至触犯侵犯公民个人信息罪、侮辱罪、诽谤罪、寻衅滋事罪及敲诈勒索罪等罪名。

第二节　自媒体网络暴力的成因

在自媒体时代,网民发声与言论表达变得比往任何时代都更加便捷。然而,自媒体毫无节制、随心所欲的言论发布往往暗藏利刃,网络暴力之所以肆无忌惮、屡禁不止,与违法成本偏低、网络行政监管不力、平台责任感不强、受害者的沉默等因素密切相关。

---

〔1〕 参见高芳等:《网红"管管"自杀　家属索赔 180 余万　家属认为其遭网暴提起刑事自诉,庭审中被告人坚持"不认罪、不调解"》,载《半岛都市报》2023 年 8 月 2 日,第 A16 版。

〔2〕 参见刘胤衡、崔丽:《别让"受害者变施暴者"　"施救"困在网络戾气里的未成年人》,载《中国青年报》2023 年 12 月 11 日,第 3 版。

一、现实暴力的网络延伸

人类社会的暴力现象由来已久，网络暴力实为现实暴力的情感动机面向虚拟空间的延伸。在美国洛杉矶危机管理顾问乔纳森·伯恩斯坦看来，"总有这样一种人，存在的目的就是给他人带来痛苦。如果他们看到别人的尴尬之事，就想搞得人尽皆知，并以此为乐。没有互联网的时候，他们只能跟邻居窃窃私语；而现在，他们可以跟全世界的人八卦一下。"[1]在传统纸媒时代，通常仅是名人明星等公众人物的私生活容易曝光；过去的流言蜚语往往借以口耳相传，传播范围非常有限。而现代网络通信技术的发达，足可使任一个体的隐私成为曝光对象；在数字化构建的虚拟世界，各种流言蜚语及个人隐私的贩卖得以病毒式扩散，也即每个网民皆可能成为网暴对象，这意味着自媒体暴力将以更为泛化的样态存在。根据2022年澎湃复数实验室针对311个网络暴力事件的分析报告，网暴对象超四成是普通公众；更受关注的明星、网络主播等公众人物，已不是最主要的网暴受害者。[2]

可以说，自媒体网络是新的舆论载体，网络暴力是社会暴力在网络空间的延伸。对于网络诽谤来说，有关诽谤的刑事定罪与量刑规定均能延伸至网络空间适用，而现实诽谤的判例亦能援引适用于网络空间。事实上，现实空间与网络空间的言语攻击是互通与漂移的，即线上的暴力冲突可以衍生与移位线下，而线下的暴力纠纷同样可渗透与延伸线上。随着网络"口水"战的不断升级，"网民约架造成的民事纠纷层出不穷，甚至因网民煽动走上街头打砸抢等治安事件也时有发生。微博'暴力流感'升级至现实版，成为社会冲突的肇因。"[3]例如，2021年2月，四川甘孜两名男子先在网络直播平台发生言语冲突，之后发展为线下斗殴，其中一人找到另一人讨要说法，并持刀将对方刺死。[4]无独有偶，2022年4月，在网民孙某与某女主播连麦时，另

---

[1] 参见李警锐：《各国重拳打击网络暴力：折断伤人"无影剑"》，载 https://www.cac.gov.cn/2015-04/17/c_1114997585.htm，最后访问日期：2024年9月17日。

[2] 参见陈慧娟：《惩治网暴　维护公众安全感秩序感》，载《光明日报》2023年8月15日，第7版。

[3] 邱馨：《班杜拉的交互决定论与微博的"暴力流感"》，载《新闻界》2015年第10期。

[4] 参见《四川两男子直播平台闹矛盾线下斗殴，一人中刀身亡》，载 https://newscdn.hndnews.com/hb/html/mobile/427745.html，最后访问日期：2024年9月24日。

一粉丝陆某亦进入直播间；陆某因觉得上述二人聊天时间过长，而与孙某发生争吵。在均被女主播踢出直播间后，两人通过电话和微信继续互相辱骂，并相约线下一决高下。之后，双方各纠集一众帮手在江苏泗洪某街道展开"混战"，最终被判聚众斗殴罪。[1]

美国学者戈登·科恩菲尔德指出："我们都倾向于在面对他人时不去表现粗鲁低劣，正因为在面对面的交流中，我们会意识到自己处于可能受攻击的地位。"[2]在现实生活中，一个未涉及冒犯且无关紧要的消息听受者，通常不会面对面地公然对诉说者发起言语诘难，最多在私下里嗤之以鼻或抱怨苛责；即便有意发动言语攻击，往往也会衡量力量差异或顾及对方反应。但在虚拟世界中，信息交流的各方主体没有了强烈的现实空间感以及附随其上的"脸面"限制，那么赤裸裸的语言暴力很容易陷入无法预知的循环。由此，自媒体传播构筑的虚拟空间大大降低了过激言论发布者遭受反击的威胁的可能性，而且网络虚拟社区里隔着面具的人际交流似乎是增附了主观感知意义上的"防护罩"，使道德与法律规范的约束与控制力明显弱化。

二、"群体极化"下的狂欢

美国学者凯斯·桑斯坦认为："群体极化的定义极其简单：团队成员一开始即有某些倾向，在商议后，人们朝偏向的方向继续移动，最后形成极端的观点。"[3]在法国学者古斯塔夫·勒庞《乌合之众》一书中，"群体的冲动、多变、和急躁""群体易受暗示和轻信""群体情绪的夸张与单纯""群体的偏执、专横和保守"等关键词极为精准地记录了集体心态。在勒庞看来，融入群体的个性逐渐会被湮没，群体思想将占据绝对的统治地位；与此同时，群体认知会表现出排斥异己并趋向极端化、情绪化及低智商化的特点，进而产生社会传播的破坏力。在法国学者塔尔德看来，"个人独处的时候可以是开明而宽容的，然而一旦聚为一体，他们就可能变得专横而霸道。这是因为互

---

〔1〕　参见《线上"争宠"，线下"约架"，这两拨人真"刑"!》，载 https://society.huanqiu.com/article/4Bu1OrJveBR，最后访问日期：2024 年 9 月 1 日。

〔2〕　《网络暴力升级　美国怎么管？"封号"能解决吗》，载 http://www.xinhuanet.com/world/2015-06/18/c_127926420.htm，最后访问日期：2024 年 9 月 18 日。

〔3〕　[美]凯斯·桑斯坦：《网络共和国：网络社会中的民主问题》，黄维明译，上海人民出版社2003 年版，第 47 页。

相接触使人的信念增强，无论什么强烈的共同信念也抵挡不住彼此之间的矛盾。"[1]

由于自媒体"把关人"的缺失，愤世嫉俗、打抱不平、群情激昂等非理性情绪充斥着网络舆论场。"网络上遍布着带有阶层对立情绪、偏见式的、推测性的主观判断，而做出这些判断的人虽然没有诉诸武力，实质上却已经挥起了网络民间的杀威棒。"[2]在热点事件发生后，很多网友在尚未完全确认真相的情况下，即挥舞起道德谴责的"杀威棒"，肆意出言不逊、恶语谩骂与漫天指责，表面看似乎是在集体围观中行使舆论监督的话语权，实则借语言暴力批判他人来发泄焦虑情绪。"如果说传统的网络暴力还是有'正义批判'追究机制的因子在，那么如今的网络暴力更多表现为'不分青红皂白'的情绪宣泄。通过网暴他人的方式宣泄自己的情绪，表达自己的不满。"[3]在网民媒介素质参差不齐、理性辨识能力匮乏的情势下，自媒体从业者及网民受众往往具有明显的盲目跟随思维。"这一跟随趋势类似于心理学的羊群效应或从众心理，也就是说，在自媒体空间中，不同于意见领袖或极化的观点会被认为是'异类'。这种从众心理和羊群效应使个性化观点趋向于沉默或跟随。"[4]这就不难理解在很多时候，一有社会舆情的风吹草动、一经别有用心的煽风点火，即迅速燃起狂热情绪、集体越轨以及非理性批判的火焰。所以，"自媒体上的暴力事件毫不亚于现实世界，在自媒体世界中人们的从众心理加重，疯狂的网民变得更加躁动与轻信。"[5]在"群体极化"效应的感召与带动下，诸多不明真相的网民加入言语攻讦行动就似乎顺理成章了。有学者通过建构结构方程模型，指出网民的观点态度对网络暴力"群体极化"的实际行为影响最大；"这说明网民在没有弄清楚事件的真实性而产生的从众心理、自以为是的正义感与发表言辞激烈的言论等为了享受言论自由权利的行为会推动事

---

〔1〕 〔法〕加布里埃尔·塔尔德：《传播与社会影响》，〔美〕特里·N·克拉克编，何道宽译，中国人民大学出版社 2005 年版，第 223 页。

〔2〕 章彦：《智者不役于媒：媒介化社会的理性传播与表达》，中国戏剧出版社 2017 年版，第 161 页。

〔3〕 陈慧娟：《惩治网暴 维护公众安全感秩序感》，载《光明日报》2023 年 8 月 15 日，第 7 版。

〔4〕 尹寒、杨军：《试论自媒体时代网络舆论群体极化及其引导机制》，载《湖北社会科学》2023 年第 2 期。

〔5〕 王命洪主编：《自媒体传播》，高等教育出版社 2018 年版，第 172 页。

件的发展，导致网络暴力行为的产生。"〔1〕

此外，新媒介科技的普及带来了信息传播的消遣与娱乐主义，现实空间的传播个体似乎时刻准备着采集一些他人丑闻供自我消费与上传分享。有时候，网络暴力还在公然道德审判之余，赤裸裸地进行娱乐化"恶搞"。"网络暴力的诸多因素可以用狂欢心理来解释。"〔2〕对一些广泛关注的网络热点事件，部分网民仅凭主观臆断即给当事者贴上悖反道德的"标签"，并发起大规模地口诛笔伐运动，甚至对当事者的亲属、朋友亦进行曝光、连坐与示众。如此一来，借助恶意消遣、侮辱人格、诽谤声誉等"软暴力"攻击，来满足发泄私愤的娱乐心理。

三、匿名制与"法不责众"

自媒体传播的即时性、多线性、去中心化、"把关人"缺失以及易发"群体极化"效应等特性，为网络暴民提供了掩饰真实身份及粗蛮冲动的外衣。可以说，自媒体空间的网络暴民更多地受到感性思维的支配，表达意愿强烈、责任意识淡薄的媒介心理既刺激、鼓动了有悖道德的人性欲望，亦减弱、消解了违法受罚的主观预期。质言之，自媒体言论传播的虚拟性与匿名性使网民自我约束力减退或丧失，容易催生逃避制裁的侥幸心理以及法不责众的无谓心态。这种"隐身"错觉下的自我放纵是造成网络暴力肆无忌惮、言语中伤随心所欲的重要原因。因为在匿名交往的虚拟世界，现实生活中原本有所顾忌的非法言辞表达及其背后偏激、阴暗的人性心理，将如同脱缰的野马一般，更容易被激发与付诸操作。

在自媒体社交平台，网络匿名攻击者的真实身份一旦被隐藏，即导致人与人之间的时空感减弱，网民对惩戒机制的感受性降低，并容易引发网络言论自由权的滥用。在美国网络安全律师派瑞·阿夫泰伯看来，问题在于太多的人沉迷于网络的匿名特性而不可自拔。"我们用键盘打字时，会变得更大胆，因为不必直接跟别人的眼睛进行对视。如此一来，人们更容易释放出人

〔1〕　周曼、郭露：《自媒体时代的网络暴力群体极化效应成因研究：结构方程模型的证据分析》，载《江西师范大学学报（哲学社会科学版）》2021 年第 4 期。

〔2〕　李警锐：《各国重拳打击网络暴力：折断伤人"无影剑"》，载 https://www.cac.gov.cn/2015-04/17/c_1114997585.htm，最后访问日期：2024 年 9 月 17 日。

性恶的一面，模糊了搞笑和残忍之间的界线。"[1]网络的隐匿性降低了自媒体网民参与信息传播的风险预判，促使电子屏幕背后的网民滋生了"法不责众"的心理遐想，从而使个体的报复或阴暗心理凸显到极致。对此，《惩治网暴意见》指出，对网络暴力违法犯罪应体现从严惩治精神，坚持严格执法司法，重点打击恶意发起者、组织者、恶意推波助澜者以及屡教不改者，切实矫正"法不责众"的错误倾向。

四、舆论力量的滥用

基于不同的文化观念、价值立场与伦理操守，网民之间的观点争锋与各持己见是正常的文化现象。一方面，以即时通信、平等对话为表征的自媒体顺应了现代社会价值多元、文化包容的发展理念；另一方面，缺失自律与把关约束的自媒体从业门户及其用户，又容易受到狂热跟风与效仿心理的左右。换言之，"去中心化"的开放式社交网络使言论发布似乎更能随心所欲，并为煽动仇恨、侮辱诽谤等网络暴力的模仿与传播提供给养。

（一）攻讦的不良示范

如同自媒体空间言论发布者与接受者的角色经常转换一样，网络言语攻击的双方地位亦常常相互移位。当一方施暴者发起言语攻击而获得心理补偿时，对方出于辩解、报复等动机同样会发起言语反击，而成为新的网络施暴者；而且，在双方相互指责与攻击的互动中，狂热与偏激的情感将进一步迸发；在骂战的不断升级中，愤怒、暴戾等非理性情绪变得难以把控，往往导致网络暴力像多米诺骨牌一样广泛扩散全网流行的"暴力流感"。也就是说，针对人身攻击的语言暴力，往往存在不良的示范效应；言语攻击的动机、情绪及付诸行动均具有"传染性"，使"互怼""对骂""互掐"等不良习气在整个网络弥漫开来。因此，最初的一次恶语中伤其实已埋下暴力蔓延的祸端，类似的暴力思维及反应模式会不断地在自媒体传播的各个节点发生新的迁移，激发新的暴力传播源进而促成更高层级、更大范围的网络攻讦。

有学者指出："微博行为主体的原有暴力行为导致两种结果：（1）产生

---

[1] 参见孙秀萍等：《匿名上网造成缺少约束　网上宣泄加剧人言可畏　网络人身攻击成世界公害》，载《环球时报》2010年5月12日，第7版。

'榜样效应'，被人追随模仿，激发其参与暴力的心理动机，强化了原有行为；（2）造成对他人伤害的同时，客观上形成了影响较大的环境氛围，促使受害者在心理上转变成新的施害者角色，将其行为反作用于原有暴力源乃至更多的人。"[1]从热点事件的披露曝光实情看，涉事方借助媒介传播的影响力，以期向社会舆论借力、以"造势"增威助力的做法亦存在明显的模仿效应。越来越多的当事者热衷于将事件信息披露或散布于网络空间，旨在吸引网民关注、扩大社会影响、赢得职权部门的重视。可以说，搭上舆论关注、全民响应的"便车"已成为不少涉事方有意识地"造势""助威"的重要抉择。

（二）网络舆论的"借势"

在自媒体通信技术日益发达的今天，社会生活中遭遇挫折冲突与不公对待的弱势群体越来越倾向于学习与模仿这样一种问题解决路径，即借助网络舆论的力量，通过争取社会的多方关注，寻求网民的声援与支持，并期待引起有关部门的高度重视。事实上，处于弱势困境的个体向网络媒体"借力"，在很多情形下也确能对破除权力寻租、暗箱操作、人情枉法、仗势欺凌等不公现象发挥公众监督与舆论支持的积极作用，对于促进公平、弘扬正义彰显"正能量"。然而，利用网民力量"借势"与"造势"是一把"双刃剑"，用之不当则有操纵民情舆论、激发人身攻击、助长歪风邪气的危险，极易被滥用为道德绑架与舆论审判的工具；特别是在非理性情绪助推下的网民一旦发起"人肉搜索"，则将针对受害人的人身暴力与隐私侵犯推向高潮。无论是对于揭开"黑幕"的徇私枉法者，还是钉上耻辱柱的普通网民，以公布隐私作为惩罚的"人肉搜索"都涉及对个人隐私的严重侵犯；实践中，"人肉搜索"与侮辱、诽谤等人身攻击往往沆瀣一气，并将网络暴力的危害无限放大。

五、网络暴力的功利动因

从频发的网络人身攻击事件中，亦可发现言辞暴力的功利动机。当违法犯罪的成本较低、商业逐利的空间较大时，借助网络暴力的发起与传播，以期获取流量利益的功利考虑即应运而生。

---

[1] 邱馨：《班杜拉的交互决定论与微博的"暴力流感"》，载《新闻界》2015年第10期。

（一）言论违法成本较低

遭受诽谤的受害人往往限于自身认知与技术能力，而难以确定诽谤攻击者。即便能确定诽谤言论的来源，民事维权或诉诸刑事司法的动力也会因法律程序的繁琐、耗时等诉讼代价等因素陷入不足。殊不知，这变相地催化了网络诽谤的滋生。这是因为，"网络这种科技工具的使用隐蔽性很强，一般人缺乏从技术上查找行为人的条件。"[1]不少网民在遭受网络侮辱、诽谤等暴力侵袭时，选择忍气吞声、漠然处之，基于时间精力与法律成本的考虑，未能及时拿起法律武器保护自身合法权益。2020年7月，浙江杭州女孩吴某在取快递时被对面便利店的店主郎某偷拍，其照片被郎某和附近修车店的何某编造成"少妇出轨快递员"的故事，并配以聊天截图和淫秽视频，然后以直播的方式向某车友群组推送，继而引起大肆传播。之后，受害人吴某被"人肉搜索"，堪比"社会性死亡"，电话、短信及微博等渠道均招致恶意谩骂，不仅被公司劝退，且被诊断为抑郁症，生活和工作因此处处碰壁。而作为始作俑者，郎某和何某坚称"不过是开了一场玩笑"。在两名诽谤者被行政拘留后，郎某将便利店换了个招牌继续营业。[2]在吴某提出刑事自诉后，鉴于该案不仅损害被害人人格权，而且严重扰乱网络社会公共秩序，最高人民检察院遂指导浙江检察机关发出"自诉转公诉"的检察建议，以加大违法犯罪成本、降低公民维权成本。

（二）基于"羞耻文化"的盈利

在一些自媒体账号看来，"羞耻文化"的传播能聚合大量不明真相的粉丝关注，为提升访问流量与注意力经济效益预设前提，因而在很多以造谣诽谤、惹是生非为主旨的网络中伤事件中，牟利动机实为重要诱因。一些从业者为吸引眼球和点击率，不惜炮制不实信息并以"标题党"吸引受众关注；网民的非理性情绪越是被刺激和煽动，自媒体的访问流量就越大，从业门户也就越能从粉丝经济中攫取商业利润。为此，别有用心的账号往往以偏激、煽情、冷漠的心态把玩与消费当事者的不幸与苦难；当义愤填膺的网友被鼓动发起

---

〔1〕 刘艳红：《网络时代言论自由的刑法边界》，载《中国社会科学》2016年第10期。

〔2〕 参见肖菁：《受害姑娘选择刑事自诉：绝不退缩，绝不和解》，载《钱江晚报》2020年12月14日，第A3版。

羞辱攻击时，便可达成博取关注、赢得粉丝的功利目的。因为无论是网络暴力的攻击，还是被攻击，均是基于受众注意力的流量关注，而关注流量的增长与商业利润的增长则是同步的。

六、道德自律的缺失

微博、论坛、贴吧等自媒体为网民的言论表达提供了更加开放、包容的平台。然而，由于我国网民素质参差不齐，在自律意识与道德水准方面存在欠缺，因而自媒体领域中网民发言随心所欲、妄加非议甚至胡言乱语的现象屡见不鲜。2022 年 4 月，上海"叮咚买菜"员工骑行 27 公里给某听障老人送菜的事件备受关注，该外卖员也因此获得叮咚公司颁发的"平民英雄奖"及 2000 元奖金；但就在人们被温情打动的同时，却有一些网友随意发表恶意评论，认为雇主给外卖员的报酬太少而对其实施攻讦。[1]可见，多元、即时及"去中心化"的自媒体传播在催生话语权变革的同时，亦滋生了网络谩骂攻讦的潜在风险。在自媒体发展的初级阶段，各网络平台的入驻用户数量竞争激烈。为吸引更多的网民用户加入某自媒体平台，网络运营商大多对用户提供较为宽松的加盟门槛，其平台协议上的内容限制或用户责任条款往往较少。由于平台规则的约束乏力，自媒体用户在体量与规模方面大幅跃进，但在运营质量与媒介素质方面却非常低弱。自媒体运营商的责任缺失甚至无所作为实际上构成对网络施暴者的漠视与放纵，也在很大程度上对网络暴力的盛行起到了推波助澜的作用。

第三节　自媒体网络暴力的治理

尽管网络自媒体为言论攻讦提供便利条件，但应予苛责的是先进传播技术背后作为"键盘侠"的人为因素，而非技术本身。如同谣言治理一样，对自媒体网络暴力的治理亦是涵盖网民自律、平台阻截、行政监管及刑事规制的系统工程。其中，平台运营商的技术监控与屏蔽责任不可或缺。

---

〔1〕　参见彭彩彬：《别让键盘一再成伤人利器》，载《齐鲁晚报》2022 年 4 月 12 日，第 A6 版。

一、网民的自律与防护

鉴于网络暴力的严重危害，澳大利亚学者格雷格呼吁禁止 12 岁以下的儿童使用社交媒体，因为未成年网民往往缺乏足够的自我保护能力；这种"一刀切"的主张招致新闻传播人士的反对，他们认为欺凌危机主要是由人的行为所引发，若强行禁止处于青春逆反期的未成年人使用社交账号，效果可能适得其反。[1]实际上，缓解社交网络欺凌的危机既要加大对施暴网民的惩戒力度，亦需增强对受暴网民特别是未成年网民的救助与防护支持。在增强未成年网民防范网暴伤害的能力方面，家庭、学校及社区教育应做出更多努力。

（一）网民的自我监督

在很多时候，依靠网民自律与自我监督来遏制网络暴力更能凸显媒介伦理的价值。"互联网用户必须始终警惕，不要跨越言论自由的红线。在网上发布批判性的言论虽受宪法保护，但一定要尽可能保持客观。任何针对个人的侮辱性言辞都不属于言论自由范畴。"[2]尽管自媒体对各个传播节点的自主表达充分赋权，但网民的信息发布必须注意道德尺度与法律底线；网民的评论、批评与监督权亦非绝对自由，应审慎地避免使用侮辱、诽谤等侵犯人身权益的言辞。当美国迪士尼公司准备以少年棒球联盟 13 岁的明星投手莫娜·戴维斯为题材拍电影时，宾夕法尼亚大学棒球队某男运动员因使用"荡妇"等侮辱性言辞讥讽莫娜，反遭网友的谩骂与围攻，并被校队开除。而在作为受害者的莫娜看来，每个人都应有改正机会，遂向校方写信请求让该男生重新归队；莫娜告诉媒体："我受了伤害，但他的损失更多。"[3]在自媒体网络的虚拟世界里，若网民之间能充分给予他人宽容与尊重，则为网络暴力的渐行平息提供先决条件；若持续针锋相对、冤冤相报则只能助推网络暴力不断升级，最终导致自媒体空间乌烟瘴气，欺凌戾气甚嚣尘上。

---

〔1〕 参见倪雅丽：《澳童星自杀引发澳社会对儿童网络暴力讨论》，载 http://news.china.com.cn/live/2018-01/17/content_ 39029792. htm，最后访问日期：2024 年 9 月 17 日。

〔2〕《法律为武器 自律是关键 多国治理网络谣言不手软》，载《人民日报》2015 年 11 月 2 日，第 22 版。

〔3〕 参见《网络暴力升级 美国怎么管？"封号"能解决吗》，载 http://www.xinhuanet.com/world/2015-06/18/c_127926420. htm，最后访问日期：2024 年 9 月 18 日。

（二）受害者的保护宣教

近年来，作为全球现象的网络暴力事件屡屡发生。不法之徒聚集网络空间，通过微博、论坛、贴吧等自媒体勾结串连，甚至出现网络暴力转化为现实暴力的趋向。特别是网络施暴者不仅在线上对未成年受害者施加言语羞辱与"人肉搜索"，而且在线下亦对其施加肢体暴力，使未成年受害者在网络空间与现实空间均遭受身心伤害。面对网络霸凌，包括未成年人在内的很多受害者不知如何申诉与自我保护，往往陷入惶惶不安的痛苦状态，甚至采取极端手段进行对抗。由此，应呼吁公众自觉遏制人身攻击的负面评论，对网络暴力的受害者保持足够的同情心，及时发现并挽救处于自杀危机的人群。

为呼吁公众重视与抵制网络霸凌，欧盟成立网络安全中心，构建网络安全计划，并确定网络安全日，呼吁社会关注网络暴力等风险；同时，欧盟还通过成立安全教育机构、设立咨询热线等方式引导民众加强网络自我保护。德国前司法部长海科·马斯亦曾呼吁社交网络用户主动对抗羞辱文化，并指出"这是一个社会问题，我们必须唤醒沉默的大多数"[1]。针对校园内部的网络暴力，日本开设"网络人身攻击咨询热线"，并修改中小学学生指导手册，首次将针对网络人身攻击的处罚措施写进手册；同时，出版并向学校发放《应对网络欺凌指南和事例集》，进一步为防控网络暴力事件提供指导。在印度，网络专家同样提醒与教育学童及年轻人注意在网络上发表和转帖讯息的可能风险。

在我国，亦有必要向未成年人有针对性地宣教网络欺凌的应对策略。比如，2017 年 4 月，上海上南中学编写《网络欺凌预防指南》，向全校 1300 名学生发放并指出："如果说校园暴力是一种'真枪实弹'的硬暴力，网络校园暴力就是'软暴力'，各种谩骂、侮辱会像'软刀子'一样伤害学生的身心。"[2]该指南涉及"什么是网络欺凌""网络欺凌的危害有多大""网络欺凌有哪些形式""网络欺凌的成因是什么"等，旨在向学生普及网络欺凌防范知识；在指南的封底，还印有七言律诗形式的"网络欺凌预防口诀"。应该说，该指南体现了学校的良苦用心与"实用教育"思维，对于预防校园网络

---

〔1〕　参见冯雪珺：《限时删除不良信息　确保净化网络言论　德国强化社交网络管理》，载《人民日报》2015 年 12 月 26 日，第 3 版。

〔2〕　参见张建：《与时俱进的教育是另一种救援》，载《大连日报》2017 年 4 月 12 日，第 3 版。

欺凌发挥积极作用。需要指出，社交平台对于增强网民抵御网暴的防护能力具有显而易见的技术优势。2022 年 11 月，国家网信办颁发《关于切实加强网络暴力治理的通知》，要求网站平台通过技术手段加强对网暴受害者的保护。根据该通知，网站平台应建立完善紧急防护功能，提供一键关闭陌生人私信、评论、转发和"@消息"等设置。同时，进一步完善私信规则，对接收陌生人私信附加数量、时间、范围等限制，用户可根据自身需要自主设置仅接收好友私信或拒绝接收所有私信。此外，还应建立快速举报通道，在网站平台评论、私信等位置设置网暴信息快捷投诉举报入口，简化投诉举报程序，并向用户提供一键取证等功能，方便当事人快速收集证据。对于明确为网暴信息的内容，网站平台还应在第一时间予以处置，并优先处理涉未成年人网暴举报。

二、网络暴力的平台抵御

对于自媒体"网暴流感"的治理，平台运营商负有不容推卸的主体责任，理应在加强技术监测与受害维权支持等方面有所作为。

（一）平台责任的国外判例

2015 年 6 月，欧洲人权法院裁定爱沙尼亚新闻门户网站 Delfi 基于用户发表的匿名诽谤言论可被追责，从而厘定了网络平台的法律责任。2006 年，Delfi 网站刊发一篇关于当地轮渡公司 SLK 的文章，引发网友纷纷匿名跟帖，对 SLK 公司进行诽谤和威胁。在 SLK 公司删除评论的要求下，该网站最终撤下这些评论，但拒绝了赔偿要求。2009 年，爱沙尼亚最高法院裁定 Delfi 网站对诽谤性言论负责，驳回其仅提供技术服务的"中立者"辩解，认为该网站既未能阻止有关言论的发布，亦未能主动清除这些言论，因而决定对其罚款。Delfi 网站不服，上诉至欧洲人权法院，主张依据言论自由原则有权刊发内容。欧洲人权法院认为，基于 Delfi 对商业性新闻网站实施专业管理的事实，该公司理应对用户的过激评论负责；然而，"Delfi 网站在攻击性言论刊发后未能采取充分措施毫无延迟地清除。"[1]最终，欧洲人权法院以 15 票对 2 票作出判

---

[1] 参见信莲：《欧洲人权法院：网站对用户留言负有责任》，载 http://world.chinadaily.com.cn/2015-06/18/content_21042038.htm，最后访问日期：2024 年 9 月 18 日。

决，认定爱沙尼亚法院的判决并不损害 Delfi 网站的言论自由权，并支持对其罚款。这一判决意味着即使网站并非帖文作者，亦要承担信息的平台播发责任。Delfi 网站事后表示将继续改进用户内容生产与处理流程，并设置过滤系统自动封堵某些有害言论。[1]

（二）平台的侵权责任

在我国，《中华人民共和国民法典》（以下简称《民法典》）明确规定了针对姓名权、肖像权、名誉权、荣誉权等网络侵权责任，即网络用户、网络服务提供者利用网络侵害他人民事权益的，应承担侵权责任；网络用户利用网络服务实施侵权行为的，权利人有权通知网络服务提供者采取删除、屏蔽、断开链接等必要措施；网络服务提供者知道或者应当知道网络用户利用其网络服务侵害他人民事权益，未采取必要措施的，与该网络用户承担连带责任。

根据 2020 年 12 月修正的《最高人民法院关于审理利用信息网络侵害人身权益民事纠纷案件适用法律若干问题的规定》，认定网络服务提供者采取的删除、屏蔽、断开链接等必要措施是否及时，应当根据网络服务的类型和性质、有效通知的形式和准确程度、网络信息侵害权益的类型和程度等因素综合判断。根据上述司法解释，网络用户或网络服务提供者采取诽谤、诋毁等手段，损害公众对经营主体的信赖，降低其产品或服务的社会评价，应由网络用户或网络服务提供者向经营主体承担侵权责任。

（三）平台的信息删除义务

在美国，即便是匿名侮辱、诽谤，法庭亦可根据受害者的诉讼，要求网站提供被告的通信记录；一旦裁决核实，法庭将发出禁令要求被告和网站撤销不法言论，否则将追究其刑事责任。

在法国巴黎暴恐事件发生后，仇恨信息在脸书平台呈井喷趋势。为净化网络言论，德国前司法部长海科·马斯约见社交网站脸书的德国区负责人，要求在 24 小时内删除德国范围内脸书网上的所有煽动、散播种族仇恨的不良信息。马斯指出，社交网络公司有义务优化举报投诉系统的反应效率，并呼吁进一步成立一个独立的第三方公司，专门负责检查各家社交网络公司是否

---

〔1〕　参见信莲：《欧洲人权法院：网站对用户留言负有责任》，载 http://world. chinadaily. cn/2015-06/18/content_21042038. htm，最后访问日期：2024 年 9 月 18 日。

严格执行网络言论管控政策。马斯表示，言论自由是有界限的，"我们必须拦住那些纵火者——无论是在街道上，还是在网络中。"[1]他进一步提醒脸书和谷歌公司，作为全球互联网公司，其使用规范不仅要适用于德国，更必须符合德国的法律规定。2015年9月，马斯主导成立了专门监管社交网络不良信息的工作组，负责约谈各大社交网络公司的德国或欧洲分部负责人。2016年3月，德国司法部就各家社交网络公司管控不良信息的情况发布报告；对未按规定实施管控的公司虽暂时不予处罚，但会进一步约谈、商讨解决办法。面对德国司法部门强化社交网络管理的压力，脸书公司表示尽全力优化工作流程以应对不良信息，但同时辩称在用户数量达到上亿级别的社交网络，24小时的限时删禁任务并非总能实现。

（四）平台的封号措施

网络暴力事件的防控处置已然成为自媒体运营商的棘手问题。在美国，开放式社交媒体推特历来将言论自由奉为圭臬，而自由主义的推崇亦使其成为煽动仇恨、蛊惑骚乱、攻讦盛行的集散场。作为具有全球影响力的自媒体平台，在很长一段时期内，推特对用户权益的保护仅限于禁止假冒他人身份和屏蔽垃圾邮件。这种过于宽松的运营管理导致网络暴力的戾气与威胁日渐弥漫。不少政治领袖、名人明星等推特的重要用户，因不堪忍受网络暴民的骚扰而关闭推特账户。例如，英国哈里王子及梅根王妃打算退出脸书和推特等社交平台，原因在于不堪忍受社交媒体账号针对他们的"仇恨"言论。[2]面对网络暴力的散播风险，推特公司管理层已意识到问题的严重性。2015年2月，时任推特CEO表示要强化监管，随时将网络暴民及攻击性言论剔除出去；随后，推特在4月修订用户协议，发布一套新的后台筛查程序，并宣称：任何人发布言论"对他人进行暴力威胁或宣扬针对他人的暴力"都将被"删号"，且用户亦将被强制删除某些不当言论，否则将无法登录。

在我国，针对发布攻讦言论的自媒体从业者及网民账号，平台亦需采取禁言、限制功能、暂时屏蔽直至永久封号等惩戒措施。2022年11月，国家网信办颁发《关于切实加强网络暴力治理的通知》，要求严惩借网暴事件蹭炒热

---

〔1〕参见冯雪珺：《限时删除不良信息　确保净化网络言论　德国强化社交网络管理》，载《人民日报》2015年12月26日，第3版。

〔2〕参见《英国哈里王子夫妇　退出社交媒体》，载《大同晚报》2021年1月12日，第10版。

度、推广引流、故意带偏节奏或者跨平台搬运拼接虚假信息等恶意营销炒作行为，并对背后的 MCN（Multi-Channel Network，即网红经纪运作模式）机构采取警示沟通、暂停商业收益、限制提供服务、入驻清退等连带处置措施。同时，网络平台还应分类处置网暴相关账号：对于发布不友善信息的账号提示理性发言；对于参与网暴的账号进行警示教育，视情形采取禁言、暂停私信功能等措施；对于首发、多发、煽动发布网暴信息的账号采取关闭等措施，情节特别严重的在全网禁止注册新账号；涉及违法犯罪的，则移交相关部门依法追责。

（五）平台的技术过滤

同样地，网络暴力的治理离不开必要的技术支持，在非法言辞溯源、嫌疑人身份辨识、散布渠道追查、电子证据固定、敏感信息过滤等领域，均需具备良好的智能技术支撑。比如，日本《青少年互联网环境整备法》规定，手机公司、网站等通信服务提供商有义务为青少年提供过滤软件，免费进行过滤服务。[1]

事实上，一些大型社交媒体平台亦在积极寻求遏制网络欺凌的技术对策。脸书 CEO 扎克伯格承认，过去脸书因被滥用而制造了许多错误，并表示对脸书问题进行整顿。针对网络欺凌问题，脸书已开始使用人工智能技术来检测用户的自杀倾向，涵盖了一些自杀高危对象以及同"摆脱抑郁"（Beyond Blue）、"生命线"（Lifeline）等精神健康机构合作的对象。2016 年 4 月，推特网站公布促进使用者安全对话的措施，这些措施涉及对"暴力内容"定义从宽解释以及采取更多的附加强制选项来对付网络施虐者，表明了网络科技公司及研究者期待利用科技终结网络霸凌及骚扰的预想。

在我国，同样需要对网络暴力信息厉行删帖封号与技术屏蔽。各大自媒体平台不仅要在后台设置专门的信息鉴别人力团队，更应积极力推网络欺凌的技术监控措施，在避免侵犯网民隐私的前提下，对涉及侮辱、歧视、中伤的敏感关键词进行识别与过滤，从而为网络人身攻击设置一道内部防线。2022 年 11 月，国家网信办颁发《关于切实加强网络暴力治理的通知》，要求网络平台建立网暴信息分类标准和典型案例样本库，加强对可能涉嫌网暴内

---

〔1〕　参见俞飞：《预防网络欺凌的国际经验》，载《方圆》2015 年第 18 期。

容的识别预警。根据此通知，网站平台要综合考虑事件类别、参与人数、发布频次等维度建立网暴识别模型，同时依据陌生人私信显著增加、相关话题热度迅速攀升、搜索量快速增长、举报频次加大等情况，及时预警网暴倾向和苗头。与此同时，网站平台要加强对涉网暴风险的新闻、帖文、话题等信息的评论环节管理，严控涉网暴不友善评论泛化传播；密切巡查以相关事件、当事人名称命名的词条、话题、群组、贴吧，排查关闭以匿名投稿、隔空喊话等方式发布不良导向内容的话题版块和群组账号；加强直播和短视频内容审核，对存在网暴风险的短视频先审后发，拦截过滤负面弹幕，及时管控诱导逼迫自残自杀等信息。另据国家网信办 2023 年 7 月颁布的《网络暴力信息治理规定（征求意见稿）》，网络信息服务提供者应履行信息内容管理主体责任，根据历史发布信息、违规处置、举报投诉等情况，动态管理涉网络暴力重点账号，及时采取干预限制措施。

三、网络暴力的立法规制

长期以来，执法部门对社交网络中仇恨与攻击行为的漠视与纵容，也在一定程度上助长了网络暴力的盛行。一些执法监管者对于网络暴力的危害仍存在观念误区，认为虚拟空间似乎并不能带来与现实生活的言论攻击同样的实质伤害。殊不知，社交网络上的侮辱谩骂实为现实生活中人身攻击的升级版；同现实的言语暴力相比，网络世界的言语中伤传播更快、影响更大、危害更重。所以，网络暴力的行政监管与刑事治理是必要的。针对网络自媒体的歧视、仇恨、诽谤及其衍生的"羞辱文化"，各国注重运用法律手段予以规制，以期将网络暴力伤害降至最低。

（一）国外的立法举措

应当看到，自媒体空间的歧视、侮辱言论具有明显的社会危害性，对此各国积极运用法律武器试图遏制网络暴力蔓延。在国外的社交网站或论坛上，涉嫌侮辱、诽谤的言论发帖者轻则受罚款、重则坐牢已成为常态。只要侮辱、诽谤在公开场合进行，无论是网上还是网下均可能构成犯罪。此外，网络暴力还涉及民事侵权赔偿，网络平台运营商亦有被追责的可能。

1. 美国的法律应对

2008 年，美国国会通过《网络欺凌预防法案》，规定任何人如果带有胁迫、恐吓、骚扰或引起大量精神折磨的意图与人交流，并用电子手段做出恶意行为，则将面临罚款与监禁的惩处。目前，美国境内的所有 50 个州均已通过相关的网络反霸凌法案。各州的立法模式迥异，法律称谓亦不尽相同，有称为网络霸凌，有称为电子骚扰；有的州用一部法律专门管制网络霸凌及类似行为，有的州把相关规定统一纳入刑法典，有的州则将制止霸凌的规定分散在不同法规里。比如，新泽西州《反欺凌权利法案》规定，网络欺凌或电子骚扰发生在校内属违法；若发生在校外，只要实质性地破坏了学校教学和管理、干涉了其他学生的权利行使则亦属违法。同时，每所学校必须设一名反欺凌专家，且分类的欺凌事件和处理情况必须写进学校公开的报告中。很多学校对网络欺凌实施"零容忍政策"，学生只要触犯一次，就被逐出学校。此外，还开通专门的网络热线，鼓励举报与网络欺凌有关的信息。[1]

在美国，因网上造谣诽谤、中伤而遭受巨额罚款的人并不少见。2006 年，美国某女子因被人发帖骂成"骗子、欺骗专家、诈骗犯"，将对方告上法庭，获赔 1130 万美元；该女子在接受采访时说，她打官司就为了告诉人们："你不能在网上随心所欲地攻击你不喜欢的人。"[2]2011 年，另一起网络造谣中伤案也引发关注。某网民在个人博客中声称，某投资公司在处理破产事务时存在税务欺诈等不当行为，该公司随即指控该女子诽谤，索赔 1000 万美元；最终，法庭判决其支付 250 万美元的罚款。[3]美国得克萨斯州一对夫妇曾面临一起性侵指控，但陪审团认定他们无罪；此后，依然有人在网络论坛上匿名发帖攻击他们是"性变态、性骚扰者、毒品贩子"。这对夫妇愤而起诉，法庭要求论坛提供发帖者的信息，并据此锁定 6 人，最终于 2012 年判罚被告赔偿 1378 万美元，判罚数额创下新高。美国舆论认为这一判决意义重大，表明"人们不能躲在第一修正案后，想说什么就说什么"[4]。

2. 欧洲国家的执法实践

英国针对网络霸凌亦有多项立法，并尝试通过加重网络霸凌的量刑予以规制。2015 年 2 月，英国通过《刑事司法与法庭法案》相关修正案，网络色情报复将被定罪判刑，网络霸凌的量刑从原来最高 6 个月提高至四倍，即将

---

〔1〕　参见俞飞：《预防网络欺凌的国际经验》，载《方圆》2015 年第 18 期。
〔2〕　参见孔晓清：《狙击网络谣言，美国有什么招》，载《解放日报》2015 年 8 月 24 日，第 5 版。
〔3〕　参见孔晓清：《狙击网络谣言，美国有什么招》，载《解放日报》2015 年 8 月 24 日，第 5 版。
〔4〕　参见孔晓清：《狙击网络谣言，美国有什么招》，载《解放日报》2015 年 8 月 24 日，第 5 版。

刑期提升为最高 2 年。法国则通过修订法律，将网络欺凌与一般骚扰或欺凌视为同罪，可处 2 年有期徒刑及 3 万欧元罚金。

在德国，网络侮辱、诽谤、损害名誉等均属于立法禁止的行为。德国《刑法典》《信息自由法》《公共秩序法》《电信服务法》《电脑服务数据保护法》《防止对青少年有害信息传播法》《版权法》等多部法律，均包含与网络言论相关的条款，直接适用对网络诽谤与谣言的管制。比如，《刑法典》规定，有意针对政治人物的诽谤，如果造成其无法正常开展政治活动，最高可判诽谤者 5 年徒刑；侮辱来访外国元首或政府官员的行为，最高可判处 5 年监禁或罚款。德国在 2016 年设立打击网络暴力行动日，每年在联邦刑事警察局统一协调下举行一次集中打击。据联邦刑事警察局官网公告，2017 年因政治动机在网络上散布仇恨言论的犯罪共 2270 起；2018 年降为 1478 起，下降 35%。这表明，针对网络暴力犯罪的联合行动已收到实效。[1] 针对网络暴力的日趋猖獗，德国政府厉行打击行动，力求使每个非法言论煽动者均得到应有制裁。2012 年，德国曾发生一起少女被杀案，一名 17 岁的嫌疑人被警方带走调查。此后，社交网络流传其就是凶手；很多人在网上跟帖谩骂，甚至号召围攻警察局。最后该年轻人被证明无辜，而最初传播谣言的人受到起诉并被判两周监禁。2014 年 12 月，德国柏林某男子在社交网站上多次以匿名帖形式发表煽动性排外言论，其针对外国移民写道："我支持再次打开毒气室，把他们都扔进去。"[2] 2015 年 8 月，该男子被判罚款 4800 欧元，若其拒付罚金还将面临 120 天监禁。在审理法官看来，人们应该小心地使用互联网；言论自由不应触犯法律，表达仇恨就是一种犯罪行为。[3] 上述判决表明，互联网并非法外之地，匿名不会成为违法言论的挡箭牌。

3. 亚洲地区的反欺凌措施

针对网络欺凌现象，日本政府加强了对不法行为的法律规制，即追究肇事者的民事与刑事责任，公然中伤的网络留言可能触犯日本刑法中的名誉毁

---

〔1〕 参见田颖：《德国警方开展打击网络暴力行动》，载 http://www.xinhuanet.com/world/2019-06/06/c_1124593207.htm，最后访问日期：2024 年 9 月 30 日。

〔2〕 参见郭洋：《德男子网上发表排外言论遭处罚》，载 http://www.xinhuanet.com//world/2015-08/22/c_1116339533.htm，最后访问日期：2024 年 8 月 22 日。

〔3〕 参见冯雪珺：《限时删除不良信息 确保净化网络言论 德国强化社交网络管理》，载《人民日报》2015 年 12 月 26 日，第 3 版。

损罪。近年来，韩国打击网络暴力的力度不断加大。2013 年 8 月，韩国大检察厅刑事部下发文件，重点打击以营利为目的的散播虚假消息毁损他人名誉等违法犯罪。按照韩国现行法律规定，在网络或智能手机上使用暴力言辞恶意恐吓或毁损个人名誉的传播行为，将处以 7 年以下有期徒刑或 5000 万韩元以下罚金。2012~2014 年，违反《信息通信网法》获拘役的罪犯分别为 229 人、253 人和 399 人，呈不断上升趋势。[1]2014 年 5 月以来，韩国对网络诽谤罪的处罚措施进行了修订。除了被判拘役外，罚金数额从此前的 2000 万韩元上调至 3000 万韩元。未满 14 岁犯罪者虽不会被刑事处罚，但会立即通知父母，如情节严重，还将移送少年法院进行处分。

在新加坡，2014 年 3 月国会通过"防止骚扰法案"，为治理网络骚扰或霸凌等现象提供法律依据。这一新立法的亮点之一在于，骚扰事件的受害者可通过申请保护令来遏制外来的骚扰事件。具体而言，受害者可向初级法庭申请保护令或加急保护令，要求骚扰者停止侵害；若涉及有侵犯性的网络内容，当事人亦可通过保护令来要求骚扰者或刊登骚扰性内容的第三方网站撤下相关内容；违反保护令者将被视为触犯法律。而且，受害者可自行申请保护令，无需委托律师，这一规定减少了受害者的维权成本，有利于网络骚扰更快终结。2023 年 7 月，新加坡国会又通过《网络犯罪危害法案》（OCHA），主要应对危害国家安全、非法赌博及放贷、诈骗、煽动暴力、破坏民族和谐和影响个人安全等网络犯罪活动。根据该法案，新加坡政府与各大平台服务商加强合作，通过多方联动治理机制打击网络犯罪。警方在发现恶意网络行为后，应及时要求涉事用户删除有害内容，不遵守指示的用户将面临监禁或罚款；在线服务供应商应主动采取措施侦测可疑情况，一旦发现网络犯罪，应立即关闭相关帖文和网页，并限制相关用户使用权限，确保以最快速度遏制涉罪内容散播。[2]

（二）我国的法律规制

1. 行政监管措施

为强化网暴信息的传播规制，我国亦颁布系列立法规范。比如，《互联网

---

[1] 参见《法律为武器　自律是关键　多国治理网络谣言不手软》，载《人民日报》2015 年 11 月 2 日，第 22 版。

[2] 参见刘慧：《新加坡通过新法案加强网络治理》，载《人民日报》2023 年 8 月 3 日，第 17 版。

信息服务管理办法》禁止在网上散布侮辱或诽谤他人的信息内容；《英雄烈士保护法》明确规定对于在网络空间发表侮辱、诽谤英雄烈士的言论情节严重者可追究刑事责任。《治安管理处罚法》规定，对于公然侮辱他人或捏造事实诽谤他人，多次发送淫秽、侮辱、恐吓或者其他信息干扰他人正常生活，偷窥、偷拍、窃听、散布他人隐私等行为予以行政处罚。2022 年 6 月，国家广播电视总局、文化和旅游部印发《网络主播行为规范》，明令禁止网络主播引导用户低俗互动，组织煽动粉丝互撕谩骂、拉踩引战、造谣攻击。另据《惩治网暴意见》，实施网络侮辱、诽谤等网络暴力行为尚不构成犯罪的，予以行政处罚。

与此同时，各级网信、公安等部门组织开展系列专项整治行动，对遏制网络暴力的蔓延而言成效显著。2021 年 8 月，国家网信办公布《关于进一步加强"饭圈"乱象治理的通知》，要求清理"饭圈"粉丝互撕谩骂、拉踩引战、造谣攻击等各类有害信息，解散以打投、应援、集资、控评、八卦、爆料等为主题的粉丝社区、群组，关闭易导致粉丝聚集、交流打榜经验、讨论明星绯闻、互相做任务刷数据的版块、频道等，阻断对粉丝群体产生不良诱导甚至鼓励滋事的渠道。2023 年 11 月，国家网信办开展"清朗·网络戾气整治"专项行动，取缔以"网络厕所""开盒挂人"等为主题的账号、群组，关闭以侮辱性词汇命名、戾气扎堆的圈子、超话、贴吧，下架关闭提供有偿代骂等服务的商家店铺，围绕短视频、直播等平台严惩以下现象：对突发事件当事人造谣污蔑，或剪辑加工与事实严重不符的图片、视频，诱导网民对当事人质疑攻击；利用热点事件当事人形象，制作发布表情包，使用 AI 软件合成低俗色情、血腥恐怖等虚假图片或视频进行"恶搞"诋毁；对特定群体污名化、打负面标签，发布性别对立、阶层对立、地域歧视言论，进行泛化攻击，激化社会矛盾；以"帮忙做事""解忧解气"等名义，提供有偿代骂服务，对特定账号进行留言辱骂、私信攻击；组织粉丝群体使用平台"举报""反黑"等功能，恶意批量举报他人；发布娱乐、体育、电竞等领域拉踩引战，诱导粉丝互撕谩骂、刷量控评；通过拼音、谐音、指代词等方式，恶意编造低俗烂梗、不良流行语；恶意夸大师生矛盾，渲染家长"压迫""压榨"孩子，挑起关系对立，对未成年人形成不良导向。通过上述专项行动，微博平台关闭"网络厕所"账号 27 个，清理有偿代骂、恶意举报、互撕谩骂等违规内容 2.3 万余条；快手平台则处置"网络厕所""开盒挂人"等违规账号

361 个。〔1〕此外，全国公安机关依托"夏季行动"和"净网 2023"专项行动，重拳打击造谣诽谤、谩骂侮辱、侵犯隐私等突出网络暴力违法犯罪行为。截至 2023 年 12 月，共查处网暴违法犯罪案件 110 起，指导重点网站平台阻断删除涉网暴信息 2.7 万条，禁言违规账号 500 余个。〔2〕

2. 刑事制裁体系

根据我国刑法规定及相关司法解释，在自媒体网络空间发布与散播侮辱、诽谤等人身攻击性言论，将涉嫌侮辱罪、诽谤罪、寻衅滋事罪等系列罪名。《刑法》第 246 条规定，以暴力或者其他方法公然侮辱他人或者捏造事实诽谤他人，情节严重的，处三年以下有期徒刑、拘役、管制或者剥夺政治权利；前款罪，告诉的才处理，但是严重危害社会秩序和国家利益的除外；通过信息网络实施第一款规定的行为，被害人向人民法院告诉，但提供证据确有困难的，人民法院可以要求公安机关提供协助。

（1）网络寻衅滋事罪的认定

2013 年 7 月施行的《最高人民法院、最高人民检察院关于办理寻衅滋事刑事案件适用法律若干问题的解释》，明确了"寻衅滋事行为"的认定。据此，在车站、码头、机场、医院、商场、公园、影剧院、展览会、运动场或其他公共场所起哄闹事，应根据公共场所的性质、公共活动的重要程度、公共场所的人数、起哄闹事的时间、公共场所受影响的范围与程度等因素，综合判断是否"造成公共场所秩序严重混乱"。

与现实空间相比，在网络空间捏造事实、造谣诽谤的行为所产生的社会危害毫不逊色，甚至比现实生活中的诽谤后果更为严重。目前，自媒体平台已然成为信息互动频繁、人际交往密集的公共集群空间，且基于信息资讯的即时、多维、个性传播等特点，侮辱、诽谤等非法言论的传播速率与幅度均达到了无与伦比的程度。可以说，"以微博为代表的社交网络平台以及相关网络媒体已经成为大众获得资讯的主要途径与方式，网络社会已然成了现实社会的缩影。扰乱网络秩序行为的危害有时更甚于对现实社会的破坏。"〔3〕事

〔1〕 参见《专家建议：要为青少年提供更多疏导心理问题的"树洞"》，载《中国青年报》2023 年 12 月 11 日，第 3 版。
〔2〕 参见周倩：《2024 年公安部将开展打击整治网络谣言专项行动》，载《工人日报》2023 年 12 月 25 日，第 3 版。
〔3〕 赵远：《"秦火火"网络造谣案的法理问题研析》，载《法学》2014 年第 7 期。

实上，网络空间的公共留言板与现实生活中公共场所的告示板并无根本差异；而在网络公共留言板上发布捏造事实并诽谤中伤的言论，由于传播更快、更广使其影响更甚于现实生活的人际传播，因而更能对网络空间的公共秩序构成破坏。特别是拥有众多粉丝的网络"大V"一经发布诽谤中伤等非法言论，则其传播的危害性可能瞬间被放大数十倍乃至上百倍。由此，将论坛、贴吧、博客、微博、微信公众号等自媒体社交平台认定为公共场所，既符合立法精神，亦呼应了净化网络秩序的现实需求。根据《网络诽谤解释》，利用信息网络辱骂、恐吓他人，情节恶劣，破坏社会秩序的，以寻衅滋事罪定罪处罚。

（2）网络诽谤罪的认定

公然捏造事实诽谤他人意味着对他人人格尊严的损害，而旨在损害公民人格与名誉的谣言均可纳入诽谤行为的范畴。"公众对于一则捏造事实诽谤他人的谣言的传播，这本身就是一个危害性的后果，此即已成为法律规范之充足理由。……让更多的人相信和传播，这本身也往往就是此类谣言传播者的动机与目的。"[1]尽管网络诽谤的本质在于侵害他人名誉权，但实施诽谤的目的却非仅限于败坏他人名誉。认定诽谤罪成立"只要行为人认识到其制造、传播谣言的行为客观上会造成败坏他人名誉的结果，并希望这种结果发生即可。实践中，诽谤犯罪的行为人往往也并非仅仅旨在败坏他人的声誉，炒作自己或出于商业目的或其他经济、工作上的利益的情况也十分常见"[2]。与传统诽谤相比，网络诽谤以发达的媒介通信技术为支点，具有匿名性、传播快、影响大、难消除等特点，在传播速度、影响范围及损害后果等方面，均非传统诽谤所能比拟。"以'口口相传'为基本传播形式的传统诽谤毕竟影响有限，而网络空间的无限性以及信息传播的即时性造就了网络谣言的严重危害性。"[3]

根据《惩治网暴意见》，在信息网络上制造、散布谣言，贬损他人人格、损害他人名誉，情节严重的，以诽谤罪定罪处罚。另据《网络诽谤解释》，下列情形认定为"捏造事实诽谤他人"：捏造损害他人名誉的事实，在信息网络上散布或组织、指使人员在信息网络上散布；将信息网络上涉及他人的原始

---

〔1〕 周安平：《公私两域谣言责任之厘定》，载《法制与社会发展》2015年第2期。

〔2〕 赵远：《"秦火火"网络造谣案的法理问题研析》，载《法学》2014年第7期。

〔3〕 杨柳：《"诽谤信息转发500次入刑"的法教义学分析——对"网络诽谤"司法解释质疑者的回应》，载《法学》2016年第7期。

信息内容篡改为损害他人名誉的事实，在信息网络上散布或组织、指使人员在信息网络上散布；明知是捏造的损害他人名誉的事实，在信息网络上散布且情节恶劣的，以"捏造事实诽谤他人"论。这一规定厘清了网络信息言论发表的入罪边界，为惩治利用网络实施诽谤等犯罪提供明确的法律标准。依此规定，"行为人故意将他人捏造的虚假事实由'网下'转载至'网上'的，或者从不知名网站转发至知名网站的，或者从他人的封闭空间（如加密的 QQ 空间）窃取虚假信息后发布到互联网的，以及其他以捏造的事实诽谤他人的，都属于诽谤。"[1]根据上述司法解释，利用信息网络诽谤他人的以下情形应认定为"情节严重"：同一诽谤信息实际被点击、浏览次数达到 5000 次以上，或者被转发次数达到 500 次以上的；造成被害人或者其近亲属精神失常、自残、自杀等严重后果的；二年内曾因诽谤受过行政处罚，又诽谤他人的；其他情节严重的情形。也就是说，上述网络诽谤情形可构成诽谤罪。这在一定程度上约束和震慑了自媒体空间随心所欲、毫无节制的不法网民，对于抑制虚假消息以及侮辱、诽谤言论的传播提供了强力支撑。

此外，在自媒体时代，网民个体之间及其与社会群体之间的联系日益紧密，而在言论自由的"保护伞"下，与信息发布与传播有关的违法风险很容易集聚。因此，有学者建议提高网络诽谤犯罪的法定最高刑，以遏制网络诽谤犯罪的频发。"诽谤行为一旦借助网络就好比刺刀加长了臂膀，刺入的深度、挥舞的力度、风声的响度都势必成倍增长。网络诽谤信息一旦发出，即便有救济措施，其负面影响也很难消除。法定最高刑仅为 3 年有期徒刑的诽谤罪，已不足以应对具有严重社会危害性的网络诽谤行为。"[2]

总之，在网络自媒体空间，发表言辞信息的网民应具有高度的注意义务，不能随心所欲地发布侮辱、诽谤等非法言论。与传统违法犯罪不同，网络暴力往往针对素不相识的陌生人实施，受害人在确认侵害人、收集证据等方面存在现实困难，维权成本极高。为此，《惩治网暴意见》要求司法部门能动履职、坚持严惩立场，为受害人提供有效的法律救济。根据该意见，在信息网络上采取肆意谩骂、恶意诋毁、披露隐私等方式，公然侮辱他人，情节严重的，以侮辱罪定罪处罚；组织"人肉搜索"，违法收集并向不特定多数人发布

---

〔1〕　张明楷：《网络诽谤的争议问题探究》，载《中国法学》2015 年第 3 期。
〔2〕　刘宪权：《网络犯罪的刑法应对新理念》，载《政治与法律》2016 年第 9 期。

公民个人信息，情节严重的，以侵犯公民个人信息罪定罪处罚。另据该意见规定，基于蹭炒热度、推广引流等目的，利用互联网用户公众账号等推送、传播有关网络暴力违法犯罪的信息，以非法利用信息网络罪定罪处罚；同时，实施网络暴力违法犯罪，具有针对未成年人、残疾人实施，组织"水军""打手"或者其他人员实施，以及编造"涉性"话题侵害他人人格尊严等情形的，从重处罚。

自媒体刷量与新闻敲诈

当前，移动信息技术的兴起加剧了自媒体传播的广度与深度，特别是垂直自媒体在细分领域已拥有大量活跃受众。"一个看似不起眼的行业公号的一篇阅读量'10万+'文章，足以在特定领域中掀起一场舆论风暴。动辄在朋友圈刷屏的传播态势，也足以让相关行业的企业心惊胆战、唯命是从。"[1] 2018年11月，央视《焦点访谈》"自媒体 要自律不要自戕"节目披露，某自称"民航小报"的微信公众号编辑，开出"一个阅读量一块钱"的价码；该公众号还刊登一些关于航空公司的内幕信息，这些信息可能对涉事公司造成负面影响，而要想删帖就必须付费。由此，基于网络"水军"的自媒体刷量、删帖及新闻敲诈问题浮出水面。

第一节 自媒体的刷量

目前，自媒体变现模式主要以广告收入、粉丝打赏、知识付费等为主，而这些利润变现均依靠较高的流量，所以一些自媒体门户把微博的转发量、粉丝的聚集量、帖文"10万+"的阅读量等奉为追求目标，博取较高的关注度即成为变现筹码。然而，当流量沦为盈利标杆，各种制造流量、推高人气的非法手段也就出现了，有人便乘势做起刷量生意。

---

[1] 王化：《自媒体"不小了"，该立的规矩赶快立起来》，载《新华每日电讯》2018年10月26日，第15版。

一、阅读量的"生意"

据 2018 年 11 月央视《焦点访谈》"自媒体 要自律不要自戕"节目调查，在淘宝网上曾有不少帮助刷阅读量的买卖，比如有的每单 1 元钱，成交量显示达到了近 8 万；某微信公众号拥有几百万粉丝，其创办者同样对行业的刷量"潜规则"感到无奈："它通过电脑仿真器，模仿了很多的微信在同时运行，这些微信都是受控于它的指令，就是很多卖阅读的商家，有好多个手机在运行，同时集群去访问，这相当于是阅读粉丝量做假。"

所谓阅读量，即公众号推送文章被网民受众点击浏览与阅读的记数。在每篇推送文章的题目下面，都有累计阅读的记数，文章每被点击一次，阅读数量即增加一次。在文章末尾，还设有点赞功能。起初，公众号文章的阅读量及传播效果仅公众账号的运营者本人知晓。但为了给广大微信用户提供判断文章内容质量的渠道，微信公司将文章阅读数向用户和第三方机构公开，使之成为公开可见的数据。而随着帖文阅读量的公开，一些电商平台上的刷量生意开始火爆起来。若想获得较高的阅读量数据，可出资购买刷量服务，"10 万+"的"爆款"文章即可"速成"。借助刷量造假，不少商业化账号的粉丝量动辄数以百万计，一些帖文阅读量轻松超过"10 万+"。

二、自媒体刷量与刷粉

（一）自媒体刷量

据记者调查，四川成都"自媒体运营交流"的"刷流量"QQ 群达 27 个，其中有 6 个群达到 500 人以上；在某大型交流群中，不少成员为全职运营的个人或工作室，还有很大部分是在校大学生。[1] 在成都有近 20 个合作伙伴的某"刷子"公司称："对方把链接给我们，其他的就不用管了，需要阅读量的就做阅读量，要点广告条的就点广告条，我们有自己的方式。……不过，现在平台查得比较严，必须要有节奏，慢慢地进行，不然平台会对一些异常账

---

[1] 参见杜玉全、岳依桐：《金钱下的"做号江湖"一人 10 个号 每篇 5 分钟 月入 3 万多》，载《成都商报》2017 年 4 月 11 日，第 5 版。

号封停。"〔1〕由于公众号依靠广告投放赚钱，而商家选择哪家自媒体投放广告，在很大程度上取决于公众号的用户阅读量；若用户阅读量低，那么投放广告就通不过商家考察，这就意味着无法取得广告发布的收益，长此以往即会失去生存空间。于是，不少公众号为避免在激烈的竞争中被淘汰，便依托刷量操作对阅读数据进行造假。"网上流传一份来自某微媒体代理公司的清单，其推荐的 74 个合作公众号中，头条推广报价从单篇 1500 元至 2 万元不等，超过 50% 的报价在 5000 元以上。公司负责人称，该清单只是当年的例价，报价每年都有两次增长，每次增长在 1000 元左右。而对一些更出名的自媒体，头条价格喊到 5 万元以上。"〔2〕同样地，在短视频领域亦存在流行的刷量"生意"。针对短视频刷量，有的商家提供推广引流的套餐服务，仅需 500元即可在某短视频平台获得 1 万个点赞、100 万播放量、600 次分享以及 90 个真人评论等；还有商家经营所谓"代投"业务，即代为投放作品并对其"加流"或"加热"，宣称"上热门，没效果全额退款"，表示仅需 10 元钱即可保底 15 000 次播放量和 150 个点赞。〔3〕

（二）自媒体刷粉

如同微信公众号的"刷阅读量"一样，公众号、微博或直播平台的"刷粉"同样成为自媒体行业的潜规则。除阅读量以外，多个卖家表示微信点赞量、粉丝数、评论量甚至是评论内容也能刷。在当时的直播平台上，"原 WE队员微笑在斗鱼进行直播时，其显示观看人数竟然超过 13 亿，远远超过国内网民 7 亿人次的总体规模，这一风光无限的数据也直接成造假的力证。而淘宝平台上，'1 元 = 1 万粉'、'10 元 = 6000 人气'的买粉、刷榜行为已经成为直播平台捧红主播、虚假打造平台繁荣以及为提升融资力度的手段。"〔4〕

不少公众号在营销过程中，同样通过刷粉谋取商业利益。记者在微信查

〔1〕 参见杜玉全、岳依桐：《金钱下的"做号江湖"一人 10 个号 每篇 5 分钟 月入 3 万多》，载《成都商报》2017 年 4 月 11 日，第 5 版。

〔2〕 林书修、龚翠玲：《微信公号刷量黑幕 虚假阅读量"10 万+"仅售 1800 元》，载 https://news.fznews.com.cn/dsxw/20161018/58058f98a81bc_2.shtml，最后访问日期：2024 年 9 月 30 日。

〔3〕 参见《短视频数量暴增质量堪忧 谁在给劣质短视频加持流量?》，载《北京晚报》2023 年7 月 25 日，第 9 版。

〔4〕 陈丽君：《融资与丑闻共存 危机四伏的斗鱼》，载《北京商报》2016 年 6 月 20 日，第 D1版。

找栏输入"微信阅读量",搜索出与微信加粉丝、投票、增加阅读量有关的诸多公众号,其中不乏经官方认证的公众号,认证的公司名称都与其业务无关,包括养生、科技公司等。卖家"微多服务平台"告诉记者"100 粉 10 元";相比刷阅读量,不但刷粉更为隐蔽,而且刷粉速度要快得多。记者在添加卖家"小强微数据"后,该卖家不时发来广告称:"微信公众号高质量粉到货,今天报价:0.065 元/个,"[1]并声称粉丝为僵尸粉,有头像昵称,提供粉丝微信号或原始 ID。与微博刷粉丝、微信公众号刷量类似,在电商购物平台上同样存在"刷单"现象,即卖家通过虚构成交单量吸引买家关注与选择。"网购本是信任经济,可刷出来的失真数据,导致评价系统失灵。"[2]2023 年 10 月,湖南衡南警方侦破一起通过"有偿刷量"进行虚假网评案;犯罪嫌疑人购买大量手机、安装上百条宽带,同时加入大量的引流接单群组,利用 900 余个账号以刷人气、恶意举报、刷虚假点赞、刷客服好评等"刷量控评"方式,在快手平台直播间进行引流,非法获取佣金逾 50 万元。[3]

三、自媒体刷量的危害

自媒体的运营逻辑蕴含了多样化的商业变现路径,其中"做内容—成名—接广告"成为普适的盈利模式。商家在选择广告投放平台时,大多将微信公众号的阅读量作为衡量其受众影响力的重要依据。如此一来,刷量便成为业内流行的广告营销生态。许多微信号实际阅读量较小,但通过刷量则可呈现较高的数据流量,从而吸引商家投放广告,获得较高的营销收入。违规刷量导致微信平台会被虚假与低俗内容所占据,"假阅读量""假转发"的盛行对于那些坚持原创的微信公众号带来严重冲击。

然而,一旦微信刷量成为流量市场的"潜规则",就会滋生"劣币驱逐良币"效应。一些关注量较差的公众号通过刷量营造流量"爆棚"的假象,在获取较高的营销收入后,继续以营销收入支持新的刷量行动,从而进入反复刷量与流量经济的产业循环。相比之下,安分守规的公众号则因流量偏低而

---

〔1〕 参见林书修、龚翠玲:《微信公号刷量黑幕 虚假阅读量"10 万+"仅售 1800 元》,载 https://news.fznews.com.cn/dsxw/20161018/58058f98a81bc_2.shtml,最后访问日期:2024 年 9 月 30 日。

〔2〕 谭敏:《刷数据刷掉的是信誉》,载《广州日报》2024 年 8 月 23 日,第 A4 版。

〔3〕 参见《刷量控评非法获利逾 50 万》,载《潇湘晨报》2023 年 10 月 21 日,第 A5 版。

无法获取预期的营销收入，直至逐渐被淘汰。不仅如此，自媒体刷量还将逐步侵蚀自媒体网络生态。"回顾新媒体的发展史，就是吹泡沫和挤泡沫的过程。微博如此，微信如此，如今正当红的直播似乎也是如此。……直播行业泡沫比微信大得多，以致营销界和投资界都不愿意进行投资。"[1]

四、刷量的逐利诱因

毋庸置疑，自媒体刷量的本质在于数据掺水与流量造假。在淘宝网上搜索"公众号吸粉"，一度发现不少号称"每日 10 万流量""日引千人、只售一元"的"刷单"服务者，向客户提供"微信阅读量"刷量服务的商品链接。廉价的刷单成本虚构了自媒体的影响力，成为一些逐利者的招财"生意"。阅读量与粉丝量是公众号影响力及运营效果的最直观的表征，它们直接与广告收益挂钩，这些重要数据成为自媒体营销的基础。特别是以盈利为导向的自媒体营销类账号，无不竭力炮制神话般的完美数据；这一现实需求催生"公众号加粉丝""刷阅读量"等业务。南都记者通过一家主营"微博微信业务"的公司了解到，花费 40 元即可在新浪微博上买到 100 个转发和评论，380 元可以买到 1000 个博文阅读量。[2]另据此前媒体报道，微信公众号存在"刷阅读"灰色产业，公众号文章阅读达千次 15 元，转发分享百次 40 元，吸引有活跃度的微信粉丝 500 个 20 元，而付费"刷单""关注"虚高，明显折射出愈演愈烈的自媒体营销乱象。[3]

究其原因，自媒体刷量的猖獗往往跟违法成本与非法收益的比例失衡密切相关。"由于淘宝上刷量的成本很低，以前几百块就能刷一篇 10 万+的文章，但广告收益可以从 1 万元到数十万元。"[4]很自然地，低成本、高收益的刷量运作模式，为数据疯狂造假提供了催化剂。而有"刷阅读量"的现实需求，就有提供刷量服务的投机交易者。记者采访了某淘宝卖家，后者表示可

〔1〕 叶健、许晋豫：《从公众号到直播 自媒体缘何成为泡沫高发地？》，载 http://finance.china.com.cn/roll/20161001/3927312.shtml，最后访问日期：2024 年 9 月 26 日。

〔2〕 参见申鹏等：《网络营销号乱象调查》，载《南方都市报》2017 年 12 月 22 日，第 11 版。

〔3〕 参见许一凡：《挤挤微信公号"营销水分"》，载《人民日报》2016 年 10 月 27 日，第 23 版。

〔4〕 吴喆华：《微信公众号刷阅读量工具失灵 大 V 公众号阅读量骤减》，载 http://china.cnr.cn/xwwgf/20160930/t20160930_523173484.shtml，最后访问日期：2024 年 9 月 30 日。

接受任何与微信有关的业务，诸如微信公众号认证、刷阅读量等；"刷阅读量的报价并不高，图文阅读 10 元可刷 1000 条，原文阅读 10 元可刷 100 条，分享转发 30 元可刷 100 条。而该网店的成交记录，已经累积到 27 853 个。"[1]

五、平台的自我规制

2016 年 9 月，第三方数据挖掘和分析机构艾媒咨询发布报告称，微信公众号的刷量市场规模保持增长态势，80.6% 的营运类公众号有过刷量行为；在存在造假的微信公众大号中，平均数据真实度只有显示阅读数的 30.7%。[2] 对此，腾讯公司严肃整治微信公众号的虚假数据问题。2016 年 9 月，腾讯公司对获取公众号图文信息的部分接口进行升级，某些公众号所显示的阅读数出现"断崖式下跌"；内容创业服务平台"新榜"监测分析数据显示，"8744 个被认为业内佼佼者的微信大号，有 6 成以上微信大号 9 月 29 日的阅读数下降，其中 124 个暴跌超过 80%，最高一个公号暴跌 99.88%。清博大数据选取日均阅读量在 1000 以上的超过 4 万个公号样本，9 月 28 日相比同期 9 月 21 日的数据，分类研究后发现，阅读数异常的重灾区为自媒体领域，占比 87.76%。政务公号、媒体公号和企业公号异常的比例较低。"[3] 显然，突如其来的接口调整迫使刷量大号一夜之间"现出原形"。部分微信公众号的刷量工具失效，原本动辄"10 万+"的知名公众号的阅读量大幅缩水，有的甚至仅为平时的几十分之一。9 月 29 日，腾讯公司公布了部分异常微信公众号阅读数的对比数据。"其中'李瀛寰'一周内平均阅读量为 2.7 万，而在 9 月 28 日当天阅读量仅为 1000。'金融界李莫愁'一周内均阅读量为 3.7 万，而在 9 月 28 日当天阅读量仅为 6000。"[4] 究其原因，微信后台更新了接口，原先用于刷阅读量的软件工具失灵，遂让多个"大 V"公号的阅读量泡沫在"公号

---

〔1〕《微信公开阅读量　催生"刷量"生意：不少淘宝网店提供"代刷"服务，图文阅读 10 元可刷 1000 条，原文阅读 10 月可刷 100 条，分享转发 30 元可刷 100 条》，载《海峡都市报》2014 年 7 月 29 日，第 A19 版。

〔2〕参见《公众号刷量拿掉"遮羞布"　谁是这些骗局"接盘侠"？》，载《郑州日报》2016 年 10 月 13 日，第 3 版。

〔3〕吴喆华：《微信公众号刷阅读量工具失灵　大 V 公众号阅读量骤减》，载 http://china. cnr. cn/xwwgf/20160930/t20160930_523173484. shtml，最后访问日期：2024 年 9 月 30 日。

〔4〕林书修、龚翠玲：《微信公号刷量黑幕　虚假阅读量"10 万+"仅售 1800 元》，载 https:// news. fznews. com. cn/dsxw/20161018/58058f98a81bc_2. shtml，最后访问日期：2024 年 9 月 30 日。

裸奔日"瞬间破灭。此后，微信公司持续整治公众号刷量现象。2018 年 8 月 7 日，微信"图文分析"页面更新公告称："公众号运营后的文章阅读数据于 8 月 8 日开始，剔除机器等非自然阅读带来的虚假数据；因统计口径切换，新的统计数据与历史数据对比可能会出现一定波动。"这被称为微信大 V 的又一次"裸奔考验日"。

在腾讯、阿里等公司有针对性地发起刷量、刷单打击行动，刷量、刷单一度受到遏制。在淘宝平台上，虽然提供此类服务者大幅减少，但仍有一些服务商转入"地下"操作。对此，2023 年 7 月，国家网信办公布《关于加强自媒体管理的通知》，要求平台完善粉丝数量管理措施。具体而言，自媒体因违规行为增加的粉丝数量，网站平台应及时核实并予以清除；在禁言期间，自媒体不得新增粉丝，历史发文不得在网站平台推荐、榜单等重点环节呈现；对频繁蹭炒社会热点事件博取关注的自媒体，永久禁止新增粉丝，情节严重的，清空全量粉丝；此外，网站平台不得提供粉丝数量转移服务。

六、人工刷量的滋生

在刷量软件被屏蔽后，一些服务商开始转向人工刷量。实际上，流量造假有两条途径：一是软件刷量，通过软件生成不同的 IP，自动点击公众号文章进行刷量；二是人工刷量，服务商掌握大量微信号或建立专门微信群，在接到客户需求后，用每个号多次点击，实现阅读量增加。"刷阅读量由于只需要机械点击，操作比较简单，且需求量大，一般都是以机器操作完成，价钱一般约为每 1000 阅读量 10 至 35 元不等。公号文章末尾处的点赞和评论由于难以用机器完成，需要人手动进行，因此价钱较贵，点赞和评论捆绑出售的话在有些店铺售价 1 元每条。这些店铺除了运营微信公众号刷阅读量业务外，还从事微信公众号、新浪微博、淘宝等各大平台加粉、朋友圈转发和微信加群等服务，不一而足。"[1]

由于人工刷量的成本高、效率低，此前大多数公众号通过软件刷量，但随着微信的技术升级与刷量软件的失效，人工刷量逐渐"受宠"，收费也水涨船高。在贴吧、QQ 群、淘宝等平台上，不少刷量工作室打出了人工刷量的广

---

[1] 王歆悦：《刷点击工具失灵，微信大号现原形：部分公号阅读量缩水 50 倍》，载 https://www.thepaper.cn/newsDetail_forward_1536661，最后访问日期：2024 年 9 月 30 日。

告。某"微信推广"商家出示一份人工刷量收费表，显示"人工刷 10 000 阅读量，需要 500 元；每涨 1 万名订阅者，费用也要 500 多元；而手动点赞，每 200 赞，要 50 元。"〔1〕当然，也有的商家报价更低，"靠人工刷，1000 阅读量 18 元。"〔2〕若依此计算，"10 万+"阅读量 1800 元就可买到。同样地，对于短视频刷量而言，亦有商家提供人工服务；某服务商承诺全是真人操作，且在 48 小时内完成点赞，"10 000 个赞，150 元至 250 元不等；评论 10 条 3.5 元。需求量大，还可以送转发量。"〔3〕不过，相较于软件刷量的技术控制，人工刷量的识别与阻截难度较大。除加强网民用户的媒介自律外，注重对人工刷量中介商的法律规制，亦是阻遏刷量的重要一环。

七、基于刷量的欺诈

从公众号到刷量工作室，微信公众号数据造假已形成一条灰色产业链。部分微信公众号刷量被曝光惹人侧目，其所暴露出的运营乱象成为自媒体运营泡沫的冰山一角。"泡沫破裂，受损的绝不仅仅是读者那点碎片化的时间，而是整个互联网经济生态。在人气即投资价值的互联网产业中，人气被具象化为点击率、阅读量、粉丝数。刷出来的'量'把真实的价值泡沫化。"〔4〕尽管公众号刷量一度几乎是"公开的秘密"，但自媒体的刷量泡沫仍远超过广告从业者的预期。和阅读量一同被刷高的，当然还有公众号的广告报价。"自媒体报价一直在飙升，很多公众号不说是兰博基尼级，至少也是保时捷水平。"〔5〕

从实践来看，自媒体刷量迷惑了相当一部分广告商，后者斥资于刷量平

〔1〕《"刷量"被曝光 公众号造假成产业链 海都记者调查发现，微信后台升级后，刷阅读量软件被屏蔽，但很多自媒体改用人工"刷量"，难监管》，载《海峡都市报》2016 年 10 月 3 日，第 T01 版。

〔2〕林书修、龚翠玲：《微信公号刷量黑幕 虚假阅读量"10 万+"仅售 1800 元》，载 https://news. fznews. com. cn/dsxw/20161018/58058f98a81bc_2. shtml，最后访问日期：2024 年 9 月 30 日。

〔3〕《短视频数量暴增质量堪忧 谁在给劣质短视频加持流量?》，载《北京晚报》2023 年 7 月 25 日，第 9 版。

〔4〕叶健：《公号刷量警示：勿让泡沫诱导资本"脱实向虚"》，载 https://www. gov. cn/xinwen/2016-09/29/content_5113709. htm，最后访问日期：2024 年 9 月 29 日。

〔5〕叶健、许晋豫：《从公众号到直播 自媒体缘何成为泡沫高发地?》，载 http://finance. china. com. cn/roll/20161001/3927312. shtml，最后访问日期：2024 年 9 月 26 日。

台，但其实根本达不到表现流量所对应的广告效果。福建泉州某科技公司公众号曾代理推广一款 IT 产品，公司领导指示要求做一篇"10 万+"的文章。该公众号某员工向记者坦言："现在很多客户都看重网络推广，希望自己公司的内容能迅速广泛传播。""要达到 10 万+的阅读量，非常不容易。最后公司部门商量决定，在网络上花钱刷量。"〔1〕最终，该科技公司公众号为 IT 产品推广刷了 9 万多的阅读量，客户也并未察觉。微信公众号等自媒体刷量行为，无疑对网民用户及第三方机构产生了严重误导，特别是借助刷量来牟利的行为，既违背了诚实信用原则，同时还涉嫌商业欺诈，扰乱了市场经济秩序。2015 年修订的《中华人民共和国广告法》规定，广告发布者向广告主、广告经营者提供的覆盖率、收视率、点击率、发行量等资料应当真实。显然，微信公众号通过刷量制造营销效果的行为涉嫌商业欺诈。若公众号依靠虚假刷量来获得广告收益，由于关注公众号的僵尸粉与活跃粉丝数量均不可知，因而难以保证广告效果。因此，消费者若向自媒体平台投放广告，应注意辨识公众号关注度与阅读量的真伪；一旦遇到刷量欺诈的情形，可向市场监管或消费者协会等相关部门投诉；对于刷量欺诈情节严重的行为，还可能涉嫌诈骗等违法犯罪。

八、自媒体刷量的治理

在公众号严格管控后，除内容创作者受到影响外，处于同一产业链上的广告代理商亦受到限制。不少广告主考虑放弃公众号平台，不仅广告代理商的公众号投放订单开始减少，即便是一些自媒体人开设了小号，广告代理商也不会轻易与其重新达成合作关系。这是因为，小号仍有被封禁的风险，且小号的粉丝量毕竟难与长时间经营的大号相提并论。这对于潜心原创运营的自媒体账号而言，无疑是一个利好消息，从长远来看有助于自媒体流量生态的理性回归。

（一）刷量的行政监管

有效的行政监管对于督促自媒体网络平台担负监管职责、惩戒违法刷量

---

〔1〕　参见林书修、龚翠玲：《微信公号刷量黑幕　虚假阅读量"10 万+"仅售 1800 元》，载 ht-tps://news. fznews. com. cn/dsxw/20161018/58058f98a81bc_2. shtml，最后访问日期：2024 年 9 月 30 日。

的中介服务商及"水军"网民而言是必要的。2017年5月至11月，原国家工商总局等十部委联合开展网络市场监管专项行动，严打虚假宣传、违法广告以及刷单炒信等不法行为，要求深入开展反炒信联合行动，严打恶意注册、刷单炒信、虚假评价以及泄露倒卖个人信息、合谋寄递空包裹等不法行为，同时督促网络交易平台经营者进一步加强内部信用管理及对刷单炒信行为的监测。2018年5月至11月，国家市场监管总局等八部委持续开展网络市场监管专项"网剑"行动，要求着力治理网络失信问题，严打通过组织恶意注册、虚假交易、虚假评价、合谋寄递空包裹等方式，帮助其他经营者进行虚假或者引人误解的商业宣传。2020年3月实施的《网络信息内容生态治理规定》，明确要求网络信息内容服务使用者和网络信息内容生产者、网络信息内容服务平台不得通过人工方式或者技术手段实施流量造假、流量劫持等行为破坏网络生态秩序。另据2021年3月国家市场监督管理总局出台的《网络交易监督管理办法》，网络交易经营者不得通过虚构点击量、关注度等流量数据，以及虚构点赞、打赏等交易互动数据，作虚假或者引人误解的商业宣传，欺骗、误导消费者。

（二）刷量的平台责任

面对刷阅读量、刷粉丝量的屡禁不止，微信官方回应称坚决打击任何欺骗用户、影响体验的行为。2016年9月《微信团队关于公众号刷量的回应》称，任何虚假数据对那些尊重游戏规则的运营者都是极大伤害，微信平台不欢迎任何虚假的繁荣。随着刷阅读量、刷点赞数等黑色产业链的形成，微信平台和刷量行为之间的技术对抗一直存在且不断升级。然而，这样的技术对抗很难一次性解决所有问题，"猫鼠斗"的游戏还会在相当长一段时间内持续。尽管对于软件刷量已有可行性技术屏蔽措施，但对人工刷量目前无法完全杜绝，因其往往呈现为真实数据，运营后台很难准确识别与监测。不过，微信团队声称，对于以恶劣手段刷阅读量的行为，一经查实将采取封号等严厉惩罚。此外，不少网民认为，仅采取封号等惩戒措施不足以与刷量的违规违法性质相匹配，有必要通过完善立法强化行政处罚甚至刑事规制。更重要的是，对于平台而言，如何通过更加透明的机制设置，让第三方机构监督用户的分布、访问时间等真实数据，而不是仅通过阅读量和点赞量来评价，或许是遏制刷量的关键所在。

（三）刷量的技术阻截

在很大程度上，阻截刷量取决于技术较量。腾讯公司表示，针对刷量作弊其实具有相应的技术应对手段；据云平台部某负责人介绍，校验码防刷技术即通过校验码与刷虚假数据的行为进行对抗。腾讯公司的校验码技术储备非常强大，会不断创新字体，且后台会不停地改变防作弊算法。虽然算法本身是有限的，但由于每隔十分钟算法就会变化，而刷数据的人要破解算法需要很多时间，因此可有效防止作弊行为。此外，对于公众号的阅读次数显示，虽然后台会把所有用户的点击次数采集下来，但后台会对一些数据进行频次控制，比如若一个账号在几秒钟内做多次操作，或同一个设备号、同一个用户重复访问，这些数据就会被判为无效，从总的点击数量中剔除，最终仅提取有效数据，以保证数据的真实性。下一步，微信承诺将继续强化技术手段，通过后台不断对类似行为作出甄别，确保平台的真实、公正和公平。

第二节　自媒体的刷票

随着微信朋友圈等社交应用的普及，在"求投票""求点赞"等个人活动的背后，暗潮涌动着有组织、规模庞大的"刷票水军"。同刷量、刷粉一样，刷票也已成为由专门团队打理的牟利生意。

一、刷票需求与谋利

不争的事实是，基于社交网络的各类投票活动几成泛滥之势，其发起者有培训公司、商场、政府机构等，最常见的就是"才艺比拼""萌宝大赛"等评选活动。参与者为获得高票，除使出浑身解数发动圈内好友外，还会另辟蹊径重金雇用专业团队进行刷票。而有需求就有谋利空间，当朋友圈投票成为一门生意，投票、刷票 App 以及微信职业投手由此产生。"拥有众多微信号的专职投手月收入最高可过万元，投手 QQ 群里，拉人入伙还可获额外奖励。这些投手或专职或兼职，一些投手甚至拥有上千个微信公众号。"[1]

---

〔1〕 柳姗姗：《朋友圈刷票：谁在做造假这单"生意"》，载《工人日报》2017 年 10 月 28 日，第 5 版。

当刷票公司借助于网络搜索引擎大肆推广时，刷票经济更是如虎添翼。记者在百度搜索"微信拉票""刷票"等关键词，排在首位的就是一家微信投票、刷票公司的网站链接，而其他搜索结果则以微信刷票公司广告为主，不少宣称是人工投票。"在搜索引擎、QQ 群、公众号、APP 商店中搜索'投票'等字样，即可看到大量相关平台信息。其中不少平台打出'确保一人一票，真实有效''冲刺每小时可上千票''8000 元保第一'等旗号，投票价格则根据购买数量和操作难易等因素有所差异。如'关注投票'微信公众号的定价是按购买数量从 1 元/票至 5 角/票不等。"[1]

可以说，自媒体刷票已形成组织严密的利益产业链，即先由平台对外洽谈刷票业务，再将刷票任务发布给成千上万的专兼职投手，最后依据各自完成情况瓜分利润。"刷票形成产业链后，有些平台之间互相结为联盟，忽悠参选者花钱刷票，家长买票所花费的钱一般由投票网页开发者和活动主办方所得。还有刷票平台直接在后台修改投票数据，诱骗参选者通过购买虚拟礼物等方式提升名次，以从中谋取利益。"[2]

二、刷票的违法隐患

有组织的刷票跟有组织的刷量、刷粉一样，其与传统的"雇托"造假与诈骗行为如出一辙。"那些有着广泛人脉或雄厚资金基础的参与者，往往占据了夺魁的优势。即便这些人不具备冠军品质，也会被有广泛人脉、雄厚资金所武装，甚至能把真正有冠军范儿的人选挤下'领奖台'。"[3]基于"刷票水军"的统一行动而诞生的得票"冠军"，显然不公正地挤压了真正"冠军"选手的竞争机会与生存空间。"这无异于以一种隐形的手绑架着公众的认知和价值取向，根本上违背和践踏了诚信和法治的底线，干扰和破坏了相关评选活动的初衷，以至于形成'与其靠实力取胜不如靠刷票取胜'的认知扭曲。"[4]

---

〔1〕 柳姗姗：《朋友圈刷票：谁在做造假这单"生意"》，载《工人日报》2017 年 10 月 28 日，第 5 版。

〔2〕 柳姗姗：《朋友圈刷票：谁在做造假这单"生意"》，载《工人日报》2017 年 10 月 28 日，第 5 版。

〔3〕 张立：《根治网络刷票乱象要从断其来路开始》，载 https://comment.scol.com.cn/html/2018/06/011012_1708766.shtml，最后访问日期：2018 年 9 月 10 日。

〔4〕 张立：《根治网络刷票乱象要从断其来路开始》，载 https://comment.scol.com.cn/html/2018/06/011012_1708766.shtml，最后访问日期：2018 年 9 月 10 日。

　　可见，刷票同样存在劣币驱逐良币的效应，成为推动不正当竞争的支点。在广东深圳，某信息技术公司利用其经营的旗下网站和托管的微信账号，为微信公众号、小程序的运营主体提供加粉及刷阅读量、评论、投票等服务；腾讯公司认为，该行为严重破坏微信公众平台的评价体系和健康的微信产品生态环境，损害微信平台其他运营主体和消费者的合法权益，也破坏了微信平台的竞争利益，构成不正当竞争。最终，上述信息技术公司被法院判赔2000 多万元。[1]

　　不仅如此，"刷票成为一门生意，容易滋生违法行为的生存土壤。"[2]比如，有的投手招聘广告，利用学生、家庭主妇等急于赚钱的心理，打着"既轻松又赚钱"的幌子，骗取入职费、注册费、培训费等各种费用。同时，网络刷票交易本身也很脆弱，缺乏有效保障，极易被不法分子篡改刷票数据以诈取钱财；一旦发生纠纷，维权亦非常困难。更何况，"如果利用投票活动来实施诈骗，追责难度很大。有的主办方根本不留公司名称、联系电话等实际信息，骗局一旦露馅，主办方还可轻松换个公众号和大赛名头继续施骗。"[3]辽宁警方在打击电信诈骗过程中就遇到过类似案例。据警方介绍，朋友圈投票最容易被骗的是报名者，不法分子往往先是许以丰厚的礼品，吸引参与报名，借此套取个人的详细信息和邮寄地址。"父母把孩子的身份证号、姓名、就读的学校甚至照片都提供给后台，后台一旦得取这些信息之后，将这些公民个人信息非法出售，不法分子拿到这些信息之后，编造一些重病、车祸等一些谣言，来对父母进行诈骗。"[4]有些家长选择的刷票环节其实暗藏"猫腻"。"从目前案件来说，刷票1 元一票，但即使你花再多的钱，你都永远是第二，你得不到第一。因为第一的数据是可以随时更改的。"[5]由此，自媒体

　　〔1〕　参见戚金城、肖波：《深圳中院重判刷量侵权行为　首用"证据妨碍排除规则"，破解知识产权维权"举证难"》，载《深圳特区报》2021 年 4 月 7 日，第 A4 版。

　　〔2〕　柳姗姗：《朋友圈刷票：谁在做造假这单"生意"》，载《工人日报》2017 年 10 月 28 日，第 5 版。

　　〔3〕　柳姗姗：《朋友圈刷票：谁在做造假这单"生意"》，载《工人日报》2017 年 10 月 28 日，第 5 版。

　　〔4〕　参见《起底电信诈骗　朋友圈投票存骗局　警方视频揭秘》，载 https://tv.cctv.com/2016/05/28/VIDEfOoGiPAx3ctwcjOR1oyR160528.shtml，最后访问日期：2024 年 9 月 28 日。

　　〔5〕　参见《起底电信诈骗　朋友圈投票存骗局　警方视频揭秘》，载 https://tv.cctv.com/2016/05/28/VIDEfOoGiPAx3ctwcjOR1oyR160528.shtml，最后访问日期：2024 年 9 月 28 日。

刷票的危害不言而明，斩断刷票"黑产"链、阻截"刷票水军"实为营造健康有序的网络环境所必需。

三、刷票的规制思路

究其本质，网络刷票无非是运营资本集聚了廉价的点赞及点赞工具，使评选活动不再以作品质量为核心，而是以资本运作为内核。刷票行为的资本干预如此赤裸，完全背弃道德准则与法律底线；若任由资本操控评选环节，则评选活动将变得毫无意义。面对"刷票"推波助澜的指责，百度公司回应称投放广告行为难以控制；但同时亦表示，将对相关违法投放广告行为加以整治。与合规的网络广告相比，"刷票"广告显然违背了诚实信用原则，甚至可能引发诈骗等违法犯罪。对于此类违法行为的搜索排名，百度等搜索引擎应有必要的责任担当，强化屏蔽与拦截措施。

遏制网络刷票，需要加强法律监管与源头治理。首先，通过完善法律法规，规范与约束自媒体代理投票活动，消除非法牟利的空间。其次，对投票网页开发者与活动主办方强化监管，谨防其借机实施诈骗活动；同时，对于付费拉票的雇主亦应给予相应的惩戒。"虽然一般的投票页面都会标注'严禁刷票行为'的字样，一经发现会给予降票或取消参赛资格的惩罚，但这样的惩戒显然太轻，根本不足以震慑刷票者。"[1]最后，自媒体网络运营商以及搜索、电商等平台应强化监管职责，堵塞刷票广告的流通传播渠道，并推进人工刷票识别技术的革新，确保刷票服务商及职业投手付出代价。

第三节 自媒体"水军"与有偿删帖

所谓网络删帖中的"帖"，是指以微博、帖子、留言板等形式呈现出来的信息。如同发帖即发布信息一样，删帖即对应删除信息的过程。"观察日常生活中的网络删帖现象可以发现，所有网络删帖行为都是围绕利益而展开的……它是指个人或组织为获得某种利益，通过网络编辑等渠道对互联网上的一切

---

[1] 李红梅：《微信刷票乱象，还需猛药治》，载 https://news.bandao.cn/news_html/201710/20171030/news_20171030_2776221.shtml，最后访问日期：2024 年 8 月 30 日。

信息所实施的删除行为。"[1]

一、网络有偿删帖

作为管控媒介空间的一种手段，网络删帖旨在依托技术对不良信息予以屏蔽与封堵。在以脸书和推特为代表的社交媒体上，有害信息帖子的删除属于正常的信息管理。脸书平台在服务条款中表明，其有权删除用户发布的违法内容，并依据具体情形追责。可见，网络删帖在一定程度上体现着媒介机构对网民话语权的干预。

（一）有偿删帖与发帖

与媒介平台正常的删帖管理相比，有偿删帖的性质截然不同，其背后往往存在操纵舆论的"黑幕"交易。有偿删帖是指媒介从业者违反信息传播管理规定，基于牟利或其他非法目的，有偿删除、下沉、稀释网络负面信息的行为。2015年5月，湖北蕲春警方破获特大有偿删帖案，22省近2000人涉案，涉案金额超5000万元；"网络公关"与"删帖中介"等团伙成员在"公关QQ群"上接单，其中"网络公关"负责搜寻各种需要删除的负面信息，而"删帖中介"负责联络"黑客"，通过攻击网站后台删帖，或勾结网络管理员、版主等直接删除或屏蔽帖子。[2]无独有偶，2023年3月，湖北襄阳警方破获涉嫌非法经营的网络"水军"有偿删帖案，涉案资金高达4900余万元；该团伙采取下拉词优化、自然搜索排名管理、口碑优化去负、控制首页负面信息、搜索结果压制等手段，为国内多家公司提供有偿删帖、沉帖、降帖及点赞、评论等"刷量控评"服务，发帖点赞一次收费8元，发布一条评论收费40元；一季度内，在某社交平台压制舆情33条、删除帖子26条，并对75条负面帖子评论和标签"降热"处理。[3]可以说，有偿删帖不仅降低媒体的公信力、扰乱网络传播秩序，更损害网民的表达权、知情权和监督权，其在实质上乃是人为地操纵信息传播与舆论导向，因而此类行为及其背后勾

---

[1]　靖鸣、江晨:《网络删帖行为及其边界》，载《新闻界》2017年第7期。

[2]　参见董剑飞等:《湖北蕲春破获"有偿删帖案"　涉22个省市近2000人》，载 https://www.chinanews.com/fz/2015/05-13/7271732.shtml，最后访问日期：2024年5月13日。

[3]　参见周萍英:《女子组织"网络水军"帮人删帖控评：犯罪窝点被警方一锅端　涉案资金达4900余万元》，载《楚天都市报》2023年4月1日，第A2版。

连的非法利益均不为法律所容许。2023 年 4 月,江苏南京中级人民法院判定某品牌公司与某传媒公司签订的以有偿删帖为内容的《网络舆情管理协议》因损害社会公共利益、违背公序良俗而视为无效合同,遂驳回删帖方要求支付负面信息删除及屏蔽服务费的诉求,同时由于请托方已实际获得删帖服务,而裁定将其已支付的 30 万元删帖服务费收缴。[1]

与有偿删帖相对应的则是有偿发帖,两者实质上均系对网络舆情的人为操纵,因而往往有着相同的违法动机。2018 年 3 月,某网站刊登题为《内蒙古伊利集团公司如此欺压奶农,谁来保护弱势奶农利益诉求》的失实文章,两天内被 70 多家网站转载,点击量 1 万余次,为企业经营带来负面影响;经查,伊利公司曾发现犯罪嫌疑人郭某的奶站有串奶行为、影响奶品安全,遂要求其关停奶站,而郭某向伊利公司索赔 400 万元未果后,就指使史某捏造上述文章,并通过苏某等多人进行有偿发帖,借此进一步向伊利公司索赔 1600 万元。[2]

（二）传统媒体的非法删帖

由上可见,网络删帖既可是合法删帖,亦可是非法删帖,两者区分的关键在于删帖的动机、目的与权限是否合法。一般来说,网络删帖的主体包括网络编辑和管理员、自媒体运营者、"黑客"和网络警察等。"黑客"删帖属于非法入侵网络系统的行为,而网络警察删帖则是出于职务要求。在各大门户网站及新闻客户端运营过程中,撤稿或撤回帖子的功能亦被网络编辑和自媒体运营者广为运用;若出现排版不佳、内容有误等情况,网络编辑或管理员以及自媒体运营者往往会先撤稿,修改后重发。然而,当接受利益相关方的雇佣或请托时,即使并非属于违规帖子,上述删帖主体同样可能出于贿赂诱惑而非法删帖。事实上,"有的人为谋取钱财从事敲诈性质的删帖职业;有些网络编辑和管理员受金钱操纵,利用职权便利实施有偿删帖行为;甚至网警群体中也出现了不少权力寻租现象。"[3]2012 年 8 月,百度公司四名员工

---

〔1〕 参见陈宏军等:《"有偿删帖"非法,"删帖费"被收缴》,载《人民法院报》2023 年 4 月 11 日,第 6 版。

〔2〕 参见《自媒体造谣"伊利董事长被带走"两作者分别获刑》,载 http://news.sina.com.cn/2018-10-24/doc-ihmuuiyw7602589.shtml,最后访问日期:2024 年 9 月 26 日。

〔3〕 靖鸣、江晨:《网络删帖行为及其边界》,载《新闻界》2017 年第 7 期。

应外部人员所提有偿删帖的请求，私下进行违规操作；其中，三名员工均因涉嫌非国家工作人员受贿罪被刑事拘留。[1]无独有偶，凤凰网资讯编辑邱某自 2012 年 10 月起，利用职务便利以每条 800 元的价格受托有偿删帖，在短短一年间收受贿赂 11.8 万余元，涉嫌非国家工作人员受贿罪；按正常删稿流程，应先由负责人审批，再将删除指令下发给负责编辑，删稿时还需附上何人通知、同意及下线原因等说明，但邱某却多次擅自利用网站后台及职务权限，或将信息链接修改后隐藏使之不能访问，或直接更改帖子内容，或把帖子标题和内容替换为同一时间发布的其他无关新闻。[2]

（三）　自媒体的炒作牟利

为避免负面信息在网上流传，不少公司会选择网络营销或公关公司寻求删帖。"某人或某品牌出现负面新闻时，为消弭事件负面风评，就让'黑公关'大量生产、传播贸易纠纷等不实消息，明明是一己之恶，却企图绑架舆论为私器。"[3]基于信息传播导向的"市场"需求，有偿删帖或发帖炒作便成为不少媒体人的牟利"门路"。自 2014 年以来，刘某伙同黄某单独或合伙在多个视频网站注册用户"阳光微视"，还在某微博注册"楚天今报"、在微信注册"楚天今报"公众号等账号，先后发布虚假负面文章及视频近 1200 篇，对全国 150 余起社会敏感事件"爆料"炒作，并对其中近 40 起事件的当事人提供有偿编稿、制片，非法经营数额近 60 万元；炒作内容涉及安徽、湖南、浙江等十余省区，文章阅读总量达 2.8 万余次，视频播放总量达 85 万余次。此案是江苏扬州警方在 2019 年净网专项行动中侦破的首例"网络涉恶性质"案件，也是江苏首次侦破"原创发帖型网络水军"涉嫌非法经营的公安部督办专案。[4]

〔1〕　参见申志民：《百度 3 员工"有偿删帖"被刑拘　公司一相关负责人表示事发后当事人已被开除；公司将对非聘用人员的吧主行为进行约束》，载《新京报》2012 年 8 月 5 日，第 A23 版。

〔2〕　参见张淑玲：《凤凰网编辑收钱删帖获刑 5 年　删改文章过万》，载 https://www.rmzxb.com.cn/c/2015-06-07/512921.shtml，最后访问日期：2024 年 9 月 17 日。

〔3〕　邓健：《自媒体"黑公关"造锅能力从何而来》，载 https://guancha.gmw.cn/2018-10/29/content_31851128.htm，最后访问日期：2024 年 8 月 19 日。

〔4〕　参见韩轩、晨炜：《江苏首破"原创发帖型网络水军"案：发千余虚假文章和视频　非法获利 59 万》，载《现代快报》2019 年 10 月 15 日，第 A10 版。

二、自媒体"水军"与推手

在自媒体时代,微博等社交媒体的普及使有偿删帖与发帖变得普遍起来。"由于信息传播的渠道被拓宽,网络上流传的消息又经常牵涉到社会各界的具体利益,导致职业删帖行为愈演愈烈,所谓的网络公关公司、删帖中介成堆涌现。"[1]

(一)自媒体"水军"

毫不夸张地说,自媒体空间已成为各种利益群体有目的地操纵、摆弄舆论的博弈场,甚至有人断言:"真正的个人操弄的自媒体一旦有商业模式,一定是被收买的命,最终沦为某股势力的笔杆子型打手。因为收买自媒体价格很低廉。打通一个媒体的环节有好几个(环节上的人还有可能更换),但打通一个自媒体的环节可能就一个。"[2]

在操控网络舆情的过程中,自媒体"水军"已然成为一股势不可挡的重要推力。网络"水军"即针对特定内容发布特定信息的、被雇佣的网络写手及大量转发者,其通常伪装成普通网民,活跃在电子商务网站、论坛、微博等网络平台中,以发布、回复与转发消息等影响舆论走向。究其实质,自媒体"水军"即营销策划与舆论操纵,其背后的力量是暗藏在平民化、草根化幌子之下的网络推手。"网络推手是注意力管理,是信息的加热器,是信息传播的'煽风点火'者。"[3]2013 年 8 月,湖北武汉警方摧毁号称"中国最大网络推广网站"的特大造谣团伙。这个名为"水军十万"的网站主要从事非法经营、恶意炒作、造谣诋毁等违法犯罪。其中,参与谣言传播的"大 V"微博账号 300 多个,粉丝数量达 2.2 亿,涉嫌造谣炒作十余起重大事件,获利 100 多万元;该团伙炮制"某地用高压泵将污水排入地下 1000 多米"等多条引发关注的谣言,并通过"水军"大肆炒作演绎成多个版本,造成恶劣的

---

〔1〕 靖鸣、江晨:《网络删帖行为及其边界》,载《新闻界》2017 年第 7 期。

〔2〕 叶铁桥:《自媒体再自由也要有底线》,载《新闻界》2015 年第 22 期。

〔3〕 朱海松:《微博的碎片化传播——网络传播的蝴蝶效应与路径依赖》,广东经济出版社 2013 年版,第 110~111 页。

社会影响。[1]无独有偶，2017 年 4 月，广东广州警方侦破一个以"三打哈"网站为核心，涉案人员波及全国 21 个省市，业务遍布各大网络论坛，通过建立网站平台共享资源、相互合作，形成"有偿删帖、发帖、灌水"中介模式产业链的特大"网络水军"团伙。该网站同样自称"中国最大的网络推广服务交易平台"，可提供关键词上首页、负面舆论公关、品牌及产品营销、"软文"营销、撰写新闻稿等服务，与各大主流网站建立有发布新闻稿的渠道。"这个网站极大地方便了雇主与'水军'之间的联系，雇主发布任务信息后支付保证金，由平台代为保管，水军领取任务完成后，经过雇主考核后加盖合格戳，平台就支付费用。"其中，平台占全部获利的两成，剩下八成由完成任务的"水军"获得。某涉案人员称，其所删帖子大多是投诉产品质量、同行互黑等内容。若消费者为投诉产品质量，发布了很温和的意见，这种帖子没机会删除；只有让这个帖子违规才能有机会删除，这就需要有人来"灌水"，发布一些色情图片和违规广告，这样就有理由删除。[2]

（二）自媒体"推手"模式

自媒体网络推手的运作模式已形成成熟的产业链，从迎合客户需求"私人定制"文案，到微博"大 V"对文案的精准推介，再到诸多网民的跟风参与，自媒体俨然已成商业营销与利益炒作的传播场。某网络公司职员建立专门网站，在"客户"与"网络水军"之间搭建桥梁，以抽取任务佣金的方式运营。也就是说，有发帖或删帖需求的"客户"在网站注册成雇主，而网络"水军"则注册成推广服务商。雇主通过网站发布任务，内容多为社交圈转发、广告"软文"、投票活动等，其中不乏淫秽、诈骗、赌博及谣言等信息；推广服务商认领任务，并通过网站平台反馈任务完成情况，雇主则负责审核任务完成度并结算佣金。在很短时间里，该职员即非法获利达 220 余万元。[3]可以说，"从最初散乱的独立推手、小规模组织到专业化、产业化的经营机构，网络营销也在不断更新发展，已经涉及人物炒作、事件营销、口碑营销、

〔1〕 参见卢义杰、成婧：《从定性为"谣言"，到改口称是"不实传言"　"高压泵深井排污"争议溯源》，载《中国青年报》2013 年 9 月 11 日，第 11 版。
　　〔2〕 参见刘奕湛：《有偿删帖有偿炒作——"网络水军"违法犯罪活动调查》，载《郑州日报》2018 年 2 月 5 日，第 3 版。
　　〔3〕 参见张驰、樊晓慧：《通过借势造势达到营销目的　涉案金额高达 800 余万元　天津侦破首例"网络水军"删帖案》，载《法制日报》2018 年 7 月 27 日，第 8 版。

危机公关等多个领域。"[1]在大部分的网络营销中，除了"水军"组织者了解真相外，围观网民很难辨别真伪，从而不自觉地充当起信息中转站。然而，依托舆论的浩大声势，网络"水军"要么充当了"捧人推手"，要么充当了"网络打手"，而且"水军"们往往没有底线，只要付费，客户提供的任何内容都能发帖，以致在高额利润的诱惑下不惜以身试法。

三、自媒体"推手"产业链

以有偿删帖或发帖为核心的自媒体推手产业链，通常由幕后推手发起、公关公司（含雇佣媒体）领衔，网络"水军"或"打手"、删帖公司等多方参与。首先，网络打手是指接受公关公司雇佣，伪装成普通网民针对特定内容发布帖文的写手，其通过微博、论坛等渠道发文诋毁目标对象。网络打手策划谣言主题及具体内容，并据此炮制不同版本的新闻稿件和论坛帖子，然后分发给网络"水军"执行。其次，网络"水军"受雇于公关公司，并依据指令在特定时间发表指定内容的帖子。网络"水军"多为人工，亦有公关公司使用技术手段在各大论坛注册"机器人"账号。两种"水军"运作模式各有优劣："机器人"账号具有发帖效率高、散播速度快等优势，而人工"水军"则可根据公关公司的指示，对同一主题内容篡改非关键文字，以达到规避稽查的目的。随着"舆论战"及技术规制的升级，企业越来越关注实质效用，购买的虚假粉丝有被体系化的"水军"取代之势。某运营负责人将"水军"模式分为三档：病毒式传播、指定帖子传播和"大V"传播；其中，被认证的"大V"是产业链的最高级一环，若某"大V"突然发表了跟自身关注领域差别较大的帖子，或长期持续地抹黑某人或品牌，而且跟踪评论特别多，那么99%的可能就是"水军"。[2]再次，删帖公司主要负责在公关公司的授意下，为指定客户删除负面帖子或评论。有的删帖公司通过与网络媒体、技术黑客、论坛合作来开展删帖业务；也有的删帖公司本身即是网络公关公司的空壳公司，在本质上属于同一团队，他们事先制造目标对象的负面新闻，然后再出面向目标企业或个人售卖删帖服务。最后，幕后推手是主导"黑公

---

〔1〕 隋岩：《群体传播时代：信息生产方式的变革与影响》，载《中国社会科学》2018年第11期。

〔2〕 参见申鹏等：《网络营销号乱象调查》，载《南方都市报》2017年12月22日，第11版。

关"产业链的终极力量。幕后推手可能是目标企业或个人的竞争对手,也可能是网络公关公司本身。为与竞争对手展开角逐,一些企业铤而走险,自主策划或雇佣公关公司来攻讦、诋毁竞争企业。出于利润诱惑,有时网络公关公司本身即为幕后推手,其通常与论坛管理员、贴吧吧主等保持合作关系,委托后者定向删帖。

四、自媒体"水军"规制

"当下,在线声誉管理日渐成为一个行业,从业者使用各种手段,专门为客户树立美誉或洗刷污点,这恰恰是值得警惕的。"[1]有偿删帖的大肆泛滥与变本加厉映射出网络舆论操纵背后的利益角逐正日趋白热化,它所带来的危害是人为操控的傀儡之声不断高涨,而批评建言的舆论监督却不断消退,长此以往必将滋生贪腐犯罪的温床。"网络水军"带有一定的"网络黑社会"性质,容易侵蚀网络正能量、破坏网络正常生态,往往造成正义网民不敢发声。

一方面,自媒体推手有着明显的牟利意图。作为网络营销的进阶,网络"水军"大多以商业逐利为目的,其受雇于公关公司,以注水发帖来获取报酬。"受到利益驱使的水军不会顾及其他因素,只会根据雇主要求来行动,且他们本身不会区分和判断这些行为的正确性和合法性。"[2]还有部分网络"水军"使用诽谤、诬陷、抹黑等手段,编造轰动事件、混淆公众视听,攻击指定的竞争对手,而毫无底线的炒作迎合了低级庸俗受众趣味,很容易游走于法律的边缘地带。特别是当有微博"大V"等意见领袖煽风点火时,加上网络"水军"的推波助澜,人为操纵的舆论风向极易发生偏转,导致真相扑朔迷离、事件真假难辨。2023年3月,中国汽车工业协会旗下的中国汽车企业首席品牌官联席会及成员单位共同发出"关于抵制汽车行业网络水军的联合倡议";同年8月,东风汽车公司起诉短视频账号"牛车实验室"侵权一案二审胜诉,拥有上百万粉丝的该账号通过抖音平台密集发布针对某东风车型的系列视频,被法院认定带有明显贬损含义且超出舆论批评监督的正常范畴;

---

〔1〕 刘文杰:《被遗忘权:传统元素、新语境与利益衡量》,载《法学研究》2018年第2期。
〔2〕 章彦:《智者不役于媒:媒介化社会的理性传播与表达》,中国戏剧出版社2017年版,第164页。

无独有偶，长城汽车启动对 6 个自媒体账号的侵权诉讼，蔚来汽车亦起诉某网络"大 V"名誉侵权。[1]

另一方面，自媒体被滥用为不正当竞争的工具。微博、公众号、贴吧等自媒体出现后，公关营销可谓进化到极致，商业公司笼络一批自媒体账号吹捧自己、攻击对手的情况屡见不鲜。借助网络"水军"密集发帖、跟帖与炒作轰动效应，以激发更多媒体跟进的链式传播效应，已成为不法营销组织的惯用伎俩。受众"注意力、时间和热情，一不小心就会被裹挟进这些营销活动之中，被裹挟的'网络民意'替商家炒作升级，所谓的'网络民意'其实成了'网络商意'。"[2]记者调查发现，行业内通过花钱买号发文章，从而对竞争对手形成舆论压力，早已形成了一套成熟操作手法，从产业链最低级的花钱"刷粉"开始，到微博大 V 充当"水军"，甚至现在拓展传播领域，在直播和短视频等多平台买卖账号进行营销。[3]然而，"炒作其实是双刃剑，并且不乏后遗症。网络推手在力捧某个人、某件事时，他们是推手；当网络推手在诋毁某个人、某件事时，他们又会变成杀手。无论捧与杀，都是恶性竞争。"[4]

对此，除自媒体行业强化自律外，网络平台的严厉监管及职能部门的行政惩戒亦不可或缺。国家网信办 2023 年"清朗·打击网络水军操纵信息内容"专项行动，要求取缔"水军"容易聚集的群组和版块、阻断招募引流渠道，查处实施"水军"活动的工具、批量操纵网络"水军"的群控软件以及用于接发任务、支付结算的平台，关闭恶意蹭炒热点事件、刷转评赞数据的"水军"账号，将组织网络"水军"的公司、MCN 机构列入黑名单，同时压实平台主体责任，不断提升对抗机器人"水军"的技术手段，查处批量养号、"僵尸"账号等问题，完善榜单、话题异常流量监测机制，强化同质化文案识别处置。此外，对于自媒体"水军"的有偿删帖或发帖炒作等行为，应视情节追究其刑事责任。《网络诽谤解释》规定，以营利为目的，通过信息网络有偿提供删除信息服务，或者明知是虚假信息，通过信息网络有偿提供发布信

---

〔1〕 参见韩忠林：《组团抵制 能"刹"住自媒体乱象吗》，载《河南商报》2023 年 8 月 29 日，第 A7 版。

〔2〕 白岭：《网络水军能载舟也能覆舟》，载《安阳日报》2010 年 6 月 17 日，第 6 版。

〔3〕 参见申鹏等：《网络营销号乱象调查》，载《南方都市报》2017 年 12 月 22 日，第 11 版。

〔4〕 白岭：《网络水军能载舟也能覆舟》，载《安阳日报》2010 年 6 月 17 日，第 6 版。

息等服务，扰乱市场秩序情节严重的，以非法经营罪定罪处罚。

第四节　自媒体"黑公关"

所谓"黑公关"，是指打着"公关"的旗号，出于牟利或其他非法目的，在网上发布虚假消息或负面评论，对目标企业或个体实施诋毁与讹诈的行为。尽管"黑公关"既涉及有偿发帖，亦涉及有偿删帖，但其与单纯的有偿删帖不同。"黑公关"大多出于恶意竞争或敲诈牟利，而单纯的有偿删帖表现为对常规报道的负面信息进行人为干预。由此，有偿删帖与"黑公关"呈现为交叉关系，部分有偿删帖乃"黑公关"题中之义，而单纯的有偿删帖并非属于典型的"黑公关"。

一、"黑公关"的表现类型

一般而言，"黑公关"的发起包括两种情形：一是请托型的"黑公关"，即企业在获取竞争对手的负面信息后，收买、授意与指使自媒体诋毁竞争对手。实践中，不乏一些企业专门投入资源，寻找攻讦与抹黑同行对手的负面信息，"自己提升不了的销售业绩，让公关去完成；增加不了的销售业绩，让公关通过攻击竞品，拉拽竞品，给对方添堵来完成。"[1] 二是主动型的"黑公关"，即自媒体积极搜罗企业经营的负面消息或刻意渲染微小瑕疵，藉此要挟"谈合作"，从而为新闻敲诈预留空间。"新闻敲诈就是传媒或新闻从业人员以不利于报道对象的新闻稿件（包括编发内参等）相威胁，强行向被报道对象索要钱财或其它好处的行为。"[2] 新闻敲诈违背了职业规范，主管部门可给予列入不良记录、吊销记者证、撤销记者站直至吊销媒体许可证等处罚，情节严重的还可能涉嫌犯罪。由于自媒体行业门槛低，监管相对松散，新闻敲诈成为急功近利者最有效的赚钱手段。

近年来，自媒体"黑公关"的主动敲诈已让一些企业闻之色变。2018年7月，打着公平正义旗号的网络"大V"陈某被警方采取强制措施。打着资深

---

〔1〕　蒋光祥：《打击自媒体黑公关不能手软》，载《证券时报》2018年11月2日，第A8版。

〔2〕　魏永征、贾楠：《21世纪案为由头：新闻敲诈的刑事制裁分析》，载《新闻界》2014年第20期。

媒体人、法律文化学者、品牌策划和危机公关专家的旗号，陈某的自媒体账号以"点评时政""揭露官员丑闻""敢爆料"出名，不仅积累了数十万粉丝，还曾入选"中国最有影响力100名意见领袖"。短短几年，陈某团伙先后注册"杰人观察视角""杰人观察高度"等21个微博、公众号、头条号等自媒体账号，通过"写文章""做咨询""接案子"等方式，发表炒作、攻击等各类负面文章3000多篇，先后在11个省份制造负面舆情200余起，敛财数千万元，严重混淆公众视听。该案系具有网上黑恶势力性质的"家族式"团伙犯罪，"他们完完全全地利用网络舆情对企业进行敲诈，是文字流氓，是网络黑社会势力。"[1]其中，陈某负责接单、指挥调度、起草文章等，前妻邓某负责财务管理，情人刘某负责案件代理，另一名情人艾某负责运营微信公众号，两个弟弟等则负责对外接单、收集线索、落实行动等；该团伙以网络为犯罪平台，大肆敲诈勒索、疯狂敛取钱财，涉嫌敲诈勒索、非法经营等违法犯罪。[2]

二、"黑公关"的惯用套路

随着自媒体"黑公关"多次试水，其敲诈套路日臻成熟，在话题选定、焦点设置等方面甚有讲究。由于房地产项目估值高，房企营销费用较为充足，所以民营房企容易成为敲诈对象。2016年，擅长负面报道的某自媒体连写三篇针对某房产公司的负面文章，让该公司如坐针毡，被迫与之周旋；事后，该自媒体又推出一篇"好文"对房产公司大加吹捧，难怪房企职员吐槽道："这样太没节操了，一张嘴巴两张皮，同一件事随他怎么说了。"[3]

一些准备上市的公司正处于发展关键期，比较在意公众形象；部分财经自媒体及公关公司便趁机"唱衰"，制造负面舆情或刻意吹毛求疵，抓住这些公司企求规避不利舆论的心理，人为操纵新闻"公关"大肆敛财。据某风险投资公司经理称，几乎每家上市公司的背后都有财经公关的身影，"因为即使自身

〔1〕《恶意炒作滋事　疯狂敲诈敛财——起底网络大V陈杰人》，载《人民日报海外版》2018年8月17日，第9版。

〔2〕参见《恶意炒作滋事　疯狂敲诈敛财——起底网络大V陈杰人》，载《人民日报海外版》2018年8月17日，第9版。

〔3〕参见金姬：《地产自媒体敲诈勒索触目惊心：有公号年入千万》，载《新民周刊》2018年第41期。

没有特别明显的问题暴露，竞争对手也会从中找出各种各样的问题来。"〔1〕若公司允诺合作，则自媒体对其上市"站台"打援；若拒不配合，便蓄意"找茬"从中作梗。"现在自媒体的负面，一般只有一方观点，以点带面，依托于移动互联网，披上负面的外衣，传播速度极快，民企尤其是已上市或拟上市的民营房企，对于这样的负面报道是脆弱的，所以哪里有负面就要去哪里灭火。"〔2〕

为寻获煽风点火的"导火索"，自媒体运营者还大肆搜罗政商领域的一些负面信息，使之与食品安全、房价走势、矛盾调处等社会热点勾连嵌合，并采取剪接、拼凑或揪辫子、扣帽子等方式，肆意放大客观存在的工作瑕疵或企业纰漏，同时不忘"添油加醋"，附上偏激狭隘的过激评论以博人眼球。如此一来，"搭乘"舆论热点的"顺风车"，再以污蔑诋毁挑起事端，就更容易在网上兴风作浪。某网络平台公司曾遭自媒体抨击，称其对商户"任性罚款、恶意圈钱"；随后，该公司被迫与之协调，而在一个月后，该自媒体的报道风向逆转，连夸该公司"亮点频频、瑕不掩瑜"。〔3〕这种不交"保护费"就频发"黑稿"、妥协合作就即刻褒扬的现象，在自媒体营销领域屡见不鲜，"令人不禁有精神分裂之惑"〔4〕。某公司公关负责人坦言，其每年要维护上百家自媒体，每年合作费单价从5万元到数十万元不等；"即便一些阅读量只有几千的自媒体也得10万元起，说白了就是'保护费'，不交钱就可能被黑。"〔5〕该负责人展示了一份所在公司与某自媒体签署的一年期、报价10万元的合同，在协议中明确："甲方在服务期内享受公关保护，乙方平台上不得出现负面信息。"〔6〕

可见，"黑公关"成为无良自媒体的生财之道——对于顺从者不惜溢美之

---

〔1〕　沈而默等：《黑心公关"猎杀"上市公司》，载 http://business.sohu.com/20120530/n344411769.shtml，最后访问日期：2024年8月30日。

〔2〕　金姬：《地产自媒体敲诈勒索触目惊心：有公号年入千万》，载《新民周刊》2018年第41期。

〔3〕　参见乌梦达等：《有企业要给上百个自媒体交保护费　揭秘自媒体"黑公关"》，载《新华每日电讯》2018年10月26日，第5版。

〔4〕　蒋光祥：《打击自媒体黑公关不能手软》，载《证券时报》2018年11月2日，第A008版。

〔5〕　参见乌梦达等：《有企业要给上百个自媒体交保护费　揭秘自媒体"黑公关"》，载《新华每日电讯》2018年10月26日，第5版。

〔6〕　参见乌梦达等：《有企业要给上百个自媒体交保护费　揭秘自媒体"黑公关"》，载《新华每日电讯》2018年10月26日，第5版。

词大肆褒扬，对于悖逆者则不惜捏造"黑料"口诛笔伐，而无论褒贬均能坐收"合作"之利。比如，某自媒体发布多条负面信息，以"公关费"为由，在短短 10 个月内敲诈多家知名企业 172 万元，其中实际得款 153 万元。[1]不仅如此，自媒体敲诈者还会将"黑手"伸向明星、名人等个体甚至是未成年人。在广东深圳，旗下拥有社交账号近 20 个、关注粉丝约 160 万人的某文化传媒公司，肆意捏造"渣男""渣女"等所谓"爆料"，以青少年为主要侵害对象实施网络霸凌；某校初一新生即被"幕后黑手"诬陷贬损，诸多微信公众号仅凭一张聊天截图就凭空想象、转发引流，待"黑料"大幅扩散后再敲诈受害人有偿删帖。[2]本案中，无良自媒体利用学生之间的矛盾，将学生投稿作为素材进行恶意编排，挑起学生群体相互攻击的风气，借此坐收渔人之利；而大肆传播负面信息预示着对受害学生的严重伤害——既要面对网络舆论，又要面对周围同学的质疑、排挤，甚至"社会性死亡"。[3]

三、"黑公关"的敲诈勾联

"一些自媒体与'黑公关'是相互利用，甚至形成了'你中有我，我中有你'的深度利益融合关系，直接操纵舆论，扰乱市场秩序。"[4]

（一）自媒体的结盟

常见的情形是，各个自媒体运营号结成"黑公关"联盟，对受害企业"组团"敲诈。当一篇自媒体"黑稿"生成后，运营者通常借助微信群、QQ群等渠道转发给其他自媒体人，以扩大"黑稿"的传播影响力。结成联盟的各个自媒体相互支持与配合，借助某条负面新闻力求把"黑公关"敲诈发挥到极致。当某自媒体得到企业"封口费"后，还会向联盟的其他自媒体有意透露有关该企业可供深挖的负面消息，吸引其他自媒体蜂拥而至。这些自媒

---

〔1〕 参见王伟等：《在微信公众号"爆料"企业负面信息，宣称"钱不到账，文章不撤"，多家企业被讹　利用自媒体有偿删帖敲诈企业，判刑!》，载《工人日报》2024 年 8 月 15 日，第 6 版。

〔2〕 参见王茂程、温小龙：《对青少年网络霸凌　迫使其花钱删帖　光明警方打掉一网络敲诈勒索涉恶团伙》，载《深圳特区报》2020 年 6 月 10 日，第 A9 版。

〔3〕 参见和光：《爆黑料只为"有偿删帖"，是对孩子的新型网络欺凌》，载《新京报》2021 年 3 月 26 日，第 A2 版。

〔4〕 金余燕：《警惕自媒体黑公关"劣币驱逐良币"》，载《齐鲁晚报》2018 年 10 月 29 日，第 A2 版。

体联手抹黑的很多企业恰恰是已与联盟内某公众号达成"合作"的商家，但仍要求后者"一视同仁"地与之合作，否则就曝光其负面消息。他们彼此熟悉各自的"套餐"价格，一旦商家给付的"合作费"有所区别，同样会招致报复性威胁。

（二）无良媒介的耦合矩阵

诸多"黑公关"手握多重媒介资源，甚至还与部分门户网站等串通一气，也即"黑文"散播已拥有媒体矩阵，一篇有偿"黑文"能同时在微信、微博及门户网站等十几个平台发布，足以颠倒黑白、混淆视听。"有些公司控制了上百个公众号，形成了传播矩阵，一个大号发布之后，其余'小号'负责跟进和炒作，并且会在微信、微博、今日头条等多个平台同步发布文章，尽可能实现攻击效果的最大化。合作费用包括按次、按年等，一年下来，费用最高可达几百万。"[1]可见，源于自媒体的"黑文"一旦植入传统网站门户，则更容易迅速散播。

不过，自媒体敲诈并不都是乌合之众，还可能混入少数无良的"正牌"记者、业内人士及第三方评价机构。不少主流媒体的在职财经记者本人或其家属，同时是自媒体人。"很多财经媒体的记者自己开个自媒体号，通过记者身份采访拿料，一虾两吃，发到纸媒上的都是通稿或者温和内容，而自己的号写的都是猛料，为了引流。"[2]实际上，记者或其家属的自媒体号已沦为变相的索贿通道。意图抹黑竞争对手的企业，通常乐意寻求与财经记者或其家属的自媒体号"合作"，原因是投放自媒体的费用比传统媒体要低，还能抓住记者违规操作的"把柄"。相较而言，受贿记者因担忧被辞退或吊销记者证，往往还有所顾忌，而那些专职自媒体人则几乎是底线全无。有时，受害企业与大号签订"合作"协议，但为勒索更多钱财或逼迫尽快付款，自媒体人还会特别开设小号发布一些负面消息，从而与大号形成配合敲诈的"犄角"之势。

此外，一些无良的公关公司及业内人士亦可能跟自媒体人相勾结。当某

---

〔1〕　杨三喜：《自媒体黑公关盛行不会有真正的赢家》，载 https://guancha.gmw.cn/2018-11/06/content_31915751.htm，最后访问日期：2024 年 9 月 6 日。

〔2〕　金姬：《地产自媒体敲诈勒索触目惊心：有公号年入千万》，载《新民周刊》2018 年第 41 期。

家企业聘用公关公司后，后者即怂恿自媒体撰写"黑稿"，然后假装进行"公关"，迫使企业增加"公关"预算，事后则由公关公司和自媒体"分红"。当企业拟撤换公关公司时，后者也会找自媒体"大 V"帮忙发布负面新闻，同时向企业声称唯有其可协调处置，从而迫使企业不敢轻易撤换。更有甚者，原本中立的第三方评价机构也会通过自媒体账号变相敲诈，而受害企业是否合作则决定第三方评论的角度和立场；为使第三方评价朝着有利方向发展，一些企业也开始"投资"第三方机构。[1]

（三）自媒体的"内外勾结"

除上述串通行径外，自媒体敲诈还可能与个别腐化的公职人员勾连嵌合。2013 年 9 月，江苏徐州警方侦破波及全国七省的系列网络敲诈案，虚构"中央主管"背景的"社会焦点网"等十余家非法网站被查处。这些网站彼此勾结、相互爆料，主要采用两种方式实施敲诈：一是向被敲诈单位发核稿函或告知其负面新闻已在网上发表，威胁受害方接受"报价"；二是网管人员将负面帖文交由网络推手进行炒作，通过扩大不利影响向受害方施压。若受害方就范，则不予刊登负面帖文或删帖；如勒索遭拒，则利用"水军"推手大肆炒作作为报复。这些敲诈之所以屡屡成功，自媒体推手显然扮演了支点角色。此外，敲诈团伙与政府职员的"内外勾结"亦充当了帮凶。在上述案件中，当从事政宣工作的职员掌握涉事企业的某些违规线索后，便"爆料"给网络敲诈团伙；而当敲诈团伙对受害方软硬兼施、要挟施压时，这些政府职员又充当"救火员"，从中假意斡旋协调，事后则接受敲诈方的"分成"。[2]

四、"黑公关"的蔓延态势

可以说，网络自媒体在扩展言论自由空间的同时，亦成为令企业闻之而色变的"黑公关"舆论场，滥用信息传播权的敲诈勒索事件屡屡上演。近年来，阿里、腾讯、小米、苏宁等知名企业都曾遭遇"黑公关"侵扰。无论是

---

〔1〕 参见金姬：《地产自媒体敲诈勒索触目惊心：有公号年入千万》，载《新民周刊》2018 年第 41 期。

〔2〕 参见《江苏侦破冒充记者敲诈案 公司明知敲诈还是私了》，载 https://www.chinanews.com.cn/fz/2013/09-08/5258795.shtml，最后访问日期：2024 年 9 月 8 日。

新兴互联网行业，还是传统制造行业，"黑公关"均在渗透蔓延，呈现出组织化、成熟化的操作模式，往往迅速影响与操控舆论。相应地，以"黑公关"为导火索的企业与自媒体对簿公堂频频出现，不仅折射出网络"黑公关"现象愈发普遍，而且表明企业的维权意识在增强。

自媒体"黑公关"部分典型案例

时间	受害企业	案情概要	传播渠道
2012 年 12 月	康师傅公司	在微博等渠道流传"康师傅"公司为日本政客购买钓鱼岛捐资 3 亿日元的消息，指责"康师傅"为日资企业"朝日啤酒"控股。实际上，虽有国际多方资金参股，但"康师傅"作为民族企业的性质未受影响。对此，"康师傅"斥其为裹挟爱国热情的由竞争对手幕后操纵的野蛮营销。[1]	微博等
2016 年 10 月	加多宝公司	一篇"董事长跑路，CEO 离职，加多宝神话破灭"的文章在网上不断发酵，超过 100 多家网络媒体或微博转载该文。加多宝公司斥其"纯属无稽之谈"，称明显是竞争对手推波助澜。[2]	微博等
2017 年 3 月	易到公司	有关"易到"公司"停止网约车营运服务，易到转型二手车交易平台"的虚假消息，在微博、微信等渠道被"水军"转载，并被有意转发至司乘聚集的网络社群。对此，"易到"公司斥其意图煽动数千万司乘人员的情绪。[3]	微博、微信等

---

〔1〕 参见段丹峰：《康师傅再遭诬陷：无良企业造谣损人利己》，载 http://finance.people.com.cn/BIG5/n/2012/1206/c70846-19810337.html，最后访问日期：2024 年 9 月 6 日。

〔2〕 参见温婧：《"谣言"风暴中的加多宝　加多宝称纯属无稽之谈　但加多宝转型能否带来质变尚需时日》，载《北京青年报》2016 年 11 月 7 日，第 A12 版。

〔3〕 参见《易到遭竞争对手恶意造谣　将诉诸司法机关》，载 http://it.people.com.cn/n1/2017/0302/c1009-29119002.html，最后访问日期：2024 年 9 月 12 日。

时间	受害企业	案情概要	传播渠道
2017 年 6 月	UU 跑腿公司	以离职员工等角色匿名爆料，推送《曝光一个郑州本地最无耻不要脸的公司 UU 跑腿》《这才是 UU 跑腿的真面目》《号称刚融到 1 亿的 UU 跑腿为何疯狂圈钱刷单？离职员工爆料，其资金链遇危机》等"曝光系"文章，大幅造谣诽谤攻击 UU 跑腿公司。〔1〕	新浪网、天涯社区及"大河魂魄"等自媒体账号
2017 年 8 月	"喜来稀肉"网红店	网友在上海吴江路"喜来稀肉"店聚餐时，在烤肉里吃出疑似寄生虫。对此，"上海好白相"公众号发文并附图，随后在微信朋友圈刷屏。"喜来稀肉"通过微信公众号回应称，并非寄生虫而是猪血管，要求对方撤稿。在会面商讨时，对方要求支付 10 万元封口费，且必须当日下午六点前到账，否则会在自媒体再次发送推文，并邀请电视台等权威媒体曝光。上海静安市场监管局连夜检测，证实同批次五花猪肉送检全部合格。〔2〕	"上海好白相"微信公众号
2017 年 11 月	阿里巴巴公司	在"双 11"等促销活动前，阿里巴巴公司遭遇近五百个账号、9700 多篇"黑文"攻击；其中，以强制商家"二选一"入驻平台的垄断为题的帖文达 4600 余篇。〔3〕	微博等多个自媒体账号
2018 年 5 月	腾讯公司	新华网刊发的原文《多少道文件才能管住网游对少年儿童的戕害？》，在今日头条客户端被篡改为《新华社：要多少文件腾讯才肯收手》。原文内容抨击的是网游危害，而"洗稿"文则将矛头直指腾讯公司。随后，该文被多方转载，转载来源有的标注"新华网"，有的标注"新华社"，直至登上热门榜。〔4〕	今日头条客户端等

〔1〕 参见杨霄、丁倩：《郑州同城速递市场硝烟四起，价格战、资源战后再现"黑公关""友商"频暗袭 UU 跑腿拍案起》，载《大河报》2017 年 9 月 20 日，第 A I 12 版。

〔2〕 参见顾金华：《喜来稀肉吃出异物？监管部门介入调查》，载《青年报》2017 年 8 月 4 日，第 A10 版。

〔3〕 参见屠心凯：《京东阿里双陷"黑稿"罗生门》，载《长江商报》2017 年 11 月 27 日，第 A18 版。

〔4〕 参见徐佳鸣、吴美璇：《腾讯、头条纷争背后》，载《南方周末》2018 年 7 月 5 日，第 4 版。

续表

时间	受害企业	案情概要	传播渠道
2018 年 8 月		斗鱼公司依据未经暨南大学确认的《网络"黑公关"研究报告》非正式版本，通过其官方微博指责虎牙公司系攻击斗鱼公司之帖文《欠薪：打压主播人气》的幕后黑手。之后，暨南大学舆情研究中心发布《"黑公关"在行动》声明称："研究报告从未指控虎牙抹黑斗鱼，此种行为是移花接木、断章取义。"虎牙公司遂以此为据，在其官方微博反驳斗鱼公司，有关"虎牙斗鱼 battle"的话题随之登上微博热搜。最终，法院判定斗鱼公司构成不正当竞争，责令其公开道歉。〔1〕	微博等
2018 年 10 月	长城汽车公司	网民宁某将微信头像设置为吉利汽车车标，在微信群发布"吉利汽车招募'水军'、黑长城汽车"等虚假信息，后将微信聊天截图，并以"吉利公关部经理"的名义发至网上，导致该截图被微博、论坛等大量转发，引发长城汽车与吉利汽车互指抹黑。最终澄清真相，两大汽车公司握手言和。〔2〕	微信群、微博、论坛等
2022 年 2 月	某饰品公司	名为"某某 diy 美甲饰品配件分享"的账号，对某饰品公司评价称："他们老板因为卖假货现在还在缓刑面壁思过""卖假货甲油胶被判了一年半"以及"卖假货，货值 20 多万"等不实信息。〔3〕	某平台粉丝群、直播间

五、"黑公关" 的极大危害

显然，"黑公关"借助"爆料人""揭秘贴"等噱头，或者刻意捏造、杜撰虚假内容诽谤牟利，或者以曝光负面的经营瑕疵相要挟，给涉事企业的经

---

〔1〕 参见王琼飞：《浅析〈反不正当竞争法〉第十一条商业诋毁认定要件——以虎牙公司与斗鱼公司"黑公关"纠纷事件为例》，载《中国市场监督报》2020 年 9 月 24 日，第 A3 版。

〔2〕 参见《长城吉利宣布达成和解：双方将撤诉，团结一切可以团结的力量》，载 https://www. thepaper. cn/newsDetail_forward_2636707，最后访问日期：2024 年 9 月 15 日。

〔3〕 参见余建华等：《网络直播制造事实"抹黑"同业公司 浙江义乌市法院：构成商业诋毁，诋毁者应道歉并赔偿》，载《人民法院报》2023 年 8 月 8 日，第 3 版。

营活动带来极大困扰。"黑公关"轻者可使被攻击者声誉受损，陷入舆论风波；重者足以影响公司运营，造成巨大经济损失。一旦自媒体敲诈勒索成为行业潜规则，媒介传播的公信力就会受到极大损害，不仅自媒体行业的声誉扫地，甚至整个新闻媒体行业的廉洁性与公信力，都可能受到公众质疑。

首先，自媒体"黑公关"往往成为企业非法竞争、毁损对手声誉的工具，俨然构成对企业合法权益的侵犯。在"黑公关"的背后，往往是别有用心的谣言散播与商业中伤的舆论操控，这种异化的公关模式很容易沦为损伤企业发展的利器，甚至政府部门及个体亦可能成为直接或间接的受害者。"'黑公关'一次蓄意攻击、成功抹黑，就可能让企业在产品打造、品牌宣传、口碑维护等方面的多年努力毁于一旦。"[1]有的"黑公关"使用半真半假的语言描述，夸大或歪曲企业动态，将正常的经营变化捏造为"重大调整"，利用经销商、消费者与企业之间的信息不对称煽动恐慌心理，往往对目标企业造成巨大杀伤。

其次，一些自媒体"黑公关"显现网络"黑社会"性质。部分无良账号打着舆论监督、为粉丝维权的旗号，纷纷干起敲诈勒索商家的营生。他们不仅隔三岔五地"组团"精准打击某家处于关键发展期的企业，而且还定期向害怕招惹是非的商家收"保护费"，甚至与一些媒体记者或公关公司里应外合，千方百计榨取企业的媒体"合作费"。一些自媒体"黑公关"的运作明显带有组织化、规模化操控的痕迹，已凸显出网络"黑社会"属性。

最后，自媒体"黑公关"的造谣诋毁透支了网民信任，对网络生态的危害不言而喻。"靠博眼球赚取流量，再以流量为筹码挟持企业，甚至发动网络水军，通过病毒式传播来扩大影响力，自媒体'黑公关'收割财富的娴熟套路，形成了劣币驱逐良币的名利场，也严重败坏了企业的经营环境。"[2]可以说，自媒体"黑公关"极易生成劣币驱逐良币效应。"当行业内容生态被破坏，愿意生产优质内容的越来越少，突破底线的文字敲诈越来越多，就会使得专业的公关机构无法心无旁骛，让有内容生产能力的自媒体失去内容自信。最终，这个行业的社会信誉就会彻底垮塌，一些还在坚守底线的自媒体人只

---

〔1〕 何勇海：《自媒体搞"黑公关"，损人真能利己？》，载《工人日报》2018年10月30日，第3版。

〔2〕 张露：《马上评｜"黑公关"泛滥：必须给自媒体立规矩》，载 https://www.thepaper.cn/newsDetail_forward_2568333，最后访问日期：2024年8月26日。

能逃离。"[1]

不难看出，自媒体"黑公关"必然会推高市场运行成本，企业支付的所谓合作费、策划费、推广费等费用，最终会分摊到商品和消费者身上。长此以往，"黑公关"必将损害企业营商环境及市场经济生态。

六、"黑公关"的法律定性

事实上，微博、公众号、头条号等社交媒体的广泛应用，完全突破了传统信息传播的人际壁垒；动辄"10 万+"的几何级传播效应早已超越传统纸媒的"臂展"，足以令当事者心惊胆战。"黑公关的迅速发展与这些自媒体公关时代的到来有极大关联，实质是自媒体的异化，即黑公关的操纵者采取有预谋的方式，针对自媒体的传播特点布局舆论攻势，以攻击竞争对手为主要目标，降低对手的社会评价，从而赢得竞争，这种方法明显突破了公序良俗的底线。"[2]实践中，自媒体"黑公关"歪曲事实、操纵民意、炒作负面，实为谋取一己私利的恶意营销，不仅损害了被敲诈企业的经济利益，破坏了市场竞争秩序，而且遮掩了真实民意、搅乱了信息舆论场，腐蚀了最基本的社会信誉体系，使自媒体技术革新带来的红利荡然无存。2017 年 12 月"大咖谈治理网络雾霾"在线访谈会指出，网络"黑公关"具有信息容量大、传播速度快、散布范围广、制作成本低等特点，且见效快、性价比高，深受不法分子欢迎；基于网络诽谤的发帖隐蔽性强、深度取证难、控制难度大、维权投入高等原因，受害人无论选择民事维权，还是行政救济抑或刑事惩戒，都需要付出很多的人力、物力和精力，导致维权投入的成本过高，就算花出抹黑十倍的成本，恶劣影响也很难根除；"这已经不是言论自由的问题，是完全侵犯商誉的犯罪行为。"[3]

无论是企业雇佣的"黑公关"，还是自媒体主动发起的"黑公关"，均已然游走在法律边缘。2018 年 5 月，共青团中央维护青少年权益部、中国社会科学院社会学研究所以及腾讯公司联合发布《中国青少年互联网使用及网络

---

[1]　金余燕：《警惕自媒体黑公关"劣币驱逐良币"》，载《齐鲁晚报》2018 年 10 月 29 日，第 A2 版。

[2]　蒋光祥：《打击自媒体黑公关不能手软》，载《证券时报》2018 年 11 月 2 日，第 A8 版。

[3]　《网络黑公关已成"网络雾霾"　加强治理刻不容缓》，载 https：//tech. huanqiu. com/article/qCaKrnK6419，最后访问日期：2024 年 9 月 18 日。

安全情况调研报告》，认为青少年利用网络看影视、打游戏的热度并未有想象中那么高。随后，"三易生活"网媒以《腾讯用报告正名，青少年用网方式较为健康》为题予以报道。对此，山东某中学老师岳某认为未成年人涉游戏恶性案例频发，青少年权益保护组织不应为腾讯游戏"洗白"背书。作为一名中学教师，岳某长期关注网络游戏的危害问题，在其职业生涯中见过太多青少年因游戏而葬送前程的例子。2018 年 6 月，岳某在新浪微博发布《教育专家净言无昧：腾讯、共青团媒为何一再为网游洗白?》，后被称为"反洗白文"；该文发布后引发大量转发，评论量都早已过万，岳某遂被指有"黑公关"之嫌。尽管一直有人试图调查岳某系"黑公关"，但未予证实。然而，一家名为"易特网"的网站在转发该文时，在文章中多出了一段批注："这一段去掉吧。因为某某的确说的是很有道理的……不然会让文章变成黑而黑。"[1]这一编辑转发过程中的低级纰漏引起腾讯公司关注，并选择截图报警。据调查，上述被截图的可疑内容乃是北京某科技公司负责人受人指使，在利益驱使下对"反洗白文"原文编辑加工，并散播推广而留下的痕迹。由此，"黑公关"的猖獗性质自曝无遗，警方遂以涉嫌寻衅滋事等罪名对涉案人员刑事拘留。

七、"黑公关"盛行的诱因

究其原因，激烈的商业竞争促使企业寻求一招制敌的"捷径"，高额的利润诱惑再加上监管执法的乏力，吸引诸多自媒体"黑公关"前赴后继，形成了扭曲异化的商业运营模式。

（一）传统新闻敲诈的"变种"

新闻敲诈是依附于媒介传播权与言论话语权之上的，自媒体的新闻敲诈与新闻从业人员的敲诈勒索具有同质性。对于具有严格"把关人"机制的传统媒体而言，亦不乏个别记者丧失职业操守、逾越法律红线的敲诈事件，遑论以话语分权自居、把关机制缺失的自媒体门户了。原国家新闻出版广电总局曾查处一批新闻敲诈案件，涉及《购物导报》《中国特产报》《中国经济时报》《西部时报》《企业党建参考报》等媒体机构，以及《今日早报》记者金

---

〔1〕 参见王建华：《"马化腾朋友圈怒讨黑公关案"告破："黑文"原作者为中学教师》，载 ht-tp://ishare.ifeng.com/c/s/7rcxGn6MT62，最后访问日期：2024 年 9 月 16 日。

某、《都市快报》记者朱某、《杭州日报》记者杨某、《证券时报》记者罗某等新闻采编人员。[1]其中，《证券时报》记者罗某伙同他人，趁某公司申请上市之机，以"爆料负面消息"相要挟，索要"封口费"200万元未遂，最终因敲诈勒索罪获刑。[2]传统新闻行业尚有少数"害群之马"，更何况约束机制与媒介自律均不及主流新闻机构的自媒体人，其呈现出的"黑公关"现象可谓是历来存在的新闻敲诈之"变种"。更有甚者，一些不法分子竟假冒记者通过敲诈企业大肆敛财。2021年2月，河南商丘某网民伙同他人冒用新闻网站记者身份，在多家媒体发布某医院的不实负面新闻，以不实负面新闻链接和信息为要挟，并假称同伙"记者"可删除负面新闻为诱引，两次实施敲诈，最终被判敲诈勒索罪；[3]无独有偶，两名"假记者"先后流窜至山西临汾、长治等多个地区，以在某新闻App上发布企业环保、安监等网络舆情帖文为要挟，实施敲诈作案50余起。[4]

（二）"黑公关"的逐利动机

由于负面新闻往往蕴含非法获利的"潜能"，因而自媒体"黑公关"在本质上是"流量拜物教"的产物。不少自媒体的初衷是基于内容生产的盈利创业，然而当流量收入不足以支撑日常运营时，"黑公关"便成为铤而走险的"生财之道"。由此，"黑公关"的背后是商业利益的驱使，利欲熏心的企业置商业竞争规则于不顾，唯利是图的自媒体运营者同样罔顾伦理规则，与言论自由与舆论操纵交织在一起的金钱交易大行其道。"对流量的盲目追求，导致的内容水化，比如震惊体遍地，贩卖焦虑、消费逝者流行等，还只是有违公序良俗。未经核实便传播谣言，则直接侵权。至于以发黑稿为由头找企业索取'保护费'，更是与敲诈勒索没有本质区别。"[5]2022年3月，名为"三

---

〔1〕　参见《坚决查处新闻敲诈　规范新闻传播秩序》，载《信阳日报》2014年4月2日，第3版。

〔2〕　参见喜悦、崔文佳：《严惩新闻队伍中的"害群之马"》，载《经济日报》2014年4月1日，第16版。

〔3〕　参见梁晓晨、李良勇：《冒充记者敲诈勒索多人获刑》，载《京九晚报》2023年2月23日，第2版。

〔4〕　参见辛戈：《不给钱就曝光？两名假记者敲诈勒索多个企业被抓》，载《山西晚报》2023年11月7日，第5版。

〔5〕　张露：《马上评｜"黑公关"泛滥：必须给自媒体立规矩》，载 https://www.thepaper.cn/newsDetail_ forward_2568333，最后访问日期：2024年8月26日。

界判官"的公众号发布某篇金融风险的假新闻,之后分别向多家公司要挟"有偿删帖",其中四家公司共计向其汇款近 30 万元,该公众号的运营者最终被判构成敲诈勒索罪。[1]

(三) 滥用的竞争手段

在充满激烈竞争的商业逐利中,猖獗的"黑公关"账号正将自媒体推向风口浪尖。2018 年 6 月,广东省舆情大数据工程技术中心等机构发布的《"网络黑公关"研究报告》指出:"精心编制的谣言可以让一家上市公司的股份暴跌,也可以对企业形象产生极为严重的负面影响。产品质量、高层变动、经营不善、财务造假成了'黑公关'泼脏水的主要手段。部分企业面对'黑公关'伪造微博账号造谣的恶劣手段,竟以同样手段予以'还击',从而使舆论进一步走向异化与裂变。"从误导性负面报道到纯粹的谣言文章,"狗咬狗"商业"互黑"文化可谓五花八门,既可能是公开叫骂,亦可能是暗藏冷箭。在凉茶、饮用水、网游等行业中,同行企业相互抹黑的闹剧不断上演。在"群魔乱舞"的口水大战中,微博、微信营销号、论坛、贴吧等自媒体平台难以置身事外,充当起"黑公关"主力军。2010 年,金山软件公司与奇虎360 公司董事长周某就有关软件兼容等问题,利用微博平台大打"口水战",并最终对簿公堂,被称为"国内微博第一案"。金山公司认为,周某作为同行竞争企业中有一定影响力的负责人,故意散布虚假事实、恶意炒作,要求其撤回相关博文并致歉,同时索赔经济损失 1200 万元。对此,周某予以否认,称自己的微博言论完全出于调侃。一审法院认定周某博文构成侵权,判令删除 20 条微博,同时在新浪、搜狐、网易的微博首页发表致歉声明,赔偿 8 万元;二审法院认为,读不出周某微博的主观善意,判令其删除带有侮辱性质的博文,并责令赔礼道歉、消除影响,同时提醒周某以此为戒、审慎言行,避免微博言论侵害他人权益。[2]

(四) 违法成本过低

首先,对于意图抹黑竞争对手的企业而言,只要风险规避得当,就能以

---

[1] 参见《自媒体博主把控评做成生意获刑 3 年　造谣诽谤敲诈勒索有偿删帖一条龙,非法获利近 30 万元》,载《潇湘晨报》2023 年 2 月 25 日,第 A6 版。

[2] 参见方蔺、清惠:《"微博第一案",谁是最后赢家?》,载《人民法院报》2011 年 10 月 31日,第 3 版。

"小成本"博得"一石激起千层浪"的"大效应"。"尽管涉嫌损害商誉罪但却往往违规受益大、违法成本低：可以有效利用网友普遍的心理恐惧感和即刻转发的扩散效果，轻易毁损对手的品牌美誉度，却又可以借助匿名身份或模糊主体的方式来逃避监管和惩治。"[1]显然，这成为一些同行企业之间恶意竞争有恃无恐的诱因。其次，对于非雇托型的自媒体"黑公关"而言，其主动敲诈肆无忌惮的原因同样在于违法成本明显偏低，非法收入却高得令人咋舌。不少自媒体的入驻"门槛只需一张身份证，封号了还能另外再开。以往雇佣的网络水军多是学生、无业人员等低收入人群，所需支付的劳务成本也相对较低；现在更是只需标题多加几个感叹号，多蹭热点多转发。即便现阶段各大媒介设置了对于包含敏感信息的审查，公关人员也可通过对内容的处理成功躲避。"[2]

可见，自媒体"黑公关"的运营成本极其低廉，而且"自媒体黑公关的操作手法隐蔽，擅长游走在非法与合法边缘，大号、小号、备用号、粉丝微信群互相配合娴熟，使得自媒体黑公关迅速发芽、滋长、横行。"[3]某新闻业内人士转行开办了公众号，且大号和小号互相配合，小号写负面，大号收钱发广告。从楼市消息到购房要点，这些自媒体瞄准消费者最感兴趣的信息，并且在文章最后推送二维码，邀请某楼盘关注者扫码入群，从而以多个"购房者群"笼络了大批具有购房意向的客户。在楼市开盘等关键节点，自媒体主动上门与房企公司"谈合作"，若后者拒绝投放"广告费"，随即写"黑稿""砸群"，将负面报道推送至公众号及微信群，以稀释与溶解原有客户。对于任何楼盘项目而言，总能在户型、交通对口学区、电厂距离等某一方面找出不足，而若把某个不足无限放大即可能引发楼盘的全面滞销。因此，不少房企几经权衡大多选择与自媒体"合作"。该公众号依此勾结另一公众号，在上海普陀某楼盘获取 30 万"封口费"。"据说这家自媒体现在已经年收入上千万了，运营方也从一个人扩张到五六个人的小团队。"[4]他们的头条文章

---

〔1〕　张志安：《"网络黑公关"如何应对？》，载 https://www.shobserver.com/staticsg/res/html/web/newsDetail.html？id=54229，最后访问日期：2024 年 9 月 25 日。

〔2〕　蒋光祥：《打击自媒体黑公关不能手软》，载《证券时报》2018 年 11 月 2 日，第 A8 版。

〔3〕　蒋光祥：《打击自媒体黑公关不能手软》，载《证券时报》2018 年 11 月 2 日，第 A8 版。

〔4〕　参见金姬：《地产自媒体敲诈勒索触目惊心：有公号年入千万》，载《新民周刊》2018 年第 41 期。

开价也从最初的几千元涨到现在的 10 万元，并且报价每月调整，调价前签订的合同一律按调价后执行，态度极其嚣张。沪上几家房产开发商提到该自媒体时均表示"几乎这两年在上海有开盘的房企，都受到过这家的威胁。"[1]

（五）受害方的妥协与放纵

一方面，受害方的妥协心理无形中放纵与助推了新闻敲诈。参与"黑公关"的不少自媒体人具有媒体从业经验，与被敲诈的商家企业相比，其对舆情传播规律非常熟悉，往往利用受害企业畏惧负面传播的心理，使新闻敲诈屡屡得手。"众多企业，特别是有些向证监会提出上市申请并且已经对相关信息作了预披露的公司，尤其忌讳有关自己的负面信息，宁可与媒体'合作'支付'保护费'买一个平安。"[2]某受害房地产公司经理称，明明知道对方是无中生有、恶意敲诈，但还是不愿"把事情闹大"，因为"一旦与负面新闻挂上钩，将面临更大的损失"[3]。倘若任凭难辨真假的负面炒作流传网络，多年积累的消费者信任便有瞬间倾覆、毁于一旦的危险。从维护公司形象、保障全局稳定的角度考虑，多数企业被迫选择"花钱买平安"。这无异于变相地放纵与助长了自媒体新闻敲诈的违法犯罪。由于敲诈团伙深谙企业不敢声张的心理，要挟也就越发肆无忌惮，甚至有的敲诈连"广告费"的"由头"都省略了，直接赤裸裸地报价要钱。这是因为，"在企业美誉度被格外重视的今天，自媒体捕风捉影，没事找事，企业纵使有千般委屈，大抵也只能割肉求太平。"[4]在网络"大 V"陈某敲诈勒索案中，一些受害企业不乏"破财免灾""息事宁人"的妥协心理；某受害药企负责人说："网络舆情是我们控制不了的，为了消除隐患，还是给了一定的补偿，破财消灾。"[5]更有甚者，

---

〔1〕 参见金姬：《地产自媒体敲诈勒索触目惊心：有公号年入千万》，载《新民周刊》2018 年第 41 期。

〔2〕 魏永征、贾楠：《21 世纪案为由头：新闻敲诈的刑事制裁分析》，载《新闻界》2014 年第 20 期。

〔3〕 参见《"中纪委主办网站"敲诈企业 借钓鱼岛事件敲诈日企 26 万》，载 http://media. people. com. cn/n/2013/0908/c40606-22844101. html，最后访问日期：2024 年 9 月 18 日。

〔4〕 邓海健：《自媒体"黑公关"造锅能力从何而来》，载 https://guancha. gmw. cn/2018-10/29/content_31851128. htm，最后访问日期：2024 年 8 月 29 日。

〔5〕 参见《恶意炒作滋事 疯狂敲诈敛财——起底网络大 V 陈杰人》，载《人民日报海外版》2018 年 8 月 17 日，第 9 版。

陈某利用一些干部对负面舆情的谨慎心理，往往抓住工作中的一点小瑕疵，而将小问题无限放大并上纲上线，上升到政治高度上公然谴责，迫使部分干部为规避政治风险而就范。这种软硬兼施的伎俩让不少干部深感烦扰与畏惧，甚至有的干部逢年过节还会到陈某家送礼，以"笼络感情"避免招惹是非。[1]由此，网络"大V""黑公关"的猖獗性可见一斑。

另一方面，维权成本过高成为受害者有苦难言的原因。面对复杂的信息传播环境，被恶意中伤的企业挽回名誉的成本相当大；即使诉讼胜出，自媒体的赔偿与企业损失相比往往是杯水车薪。在受害企业起诉维权时，法院往往依据自媒体文章的措辞表述来判定其行为性质。"自媒体在制作炒作材料时，一般仅会围绕一到两个焦点问题编文章、写段子，植入负面信息关键词。而这些负面信息的表述往往介于客观陈述与诽谤之间，很难诉诸法律。"[2]事实上，受害房企之所以"敢怒不敢言"，在很大程度上即因自媒体敲诈手法较为隐蔽，侵权取证困难，且针对"黑稿"的申诉程序繁琐，耗时往往在数日以上，远超过流言传播阻截的黄金时间。基于平台的属地管辖原则，若某篇"黑稿"涉及多个平台，则删稿需要国家网信办出面协调各地网信办，这往往更需耗费时间。若自媒体发文内容仅是带有"不建议购买"等意见倾向，而并非典型的造谣诽谤，则侵权更难以认定。然而，在很多消费者"宁可信其有"的心态下，即使是隐蔽诽谤的文章，对于楼盘销售的杀伤力亦是巨大的。

八、"黑公关"的多元治理

与传统媒体一样，自媒体同样必须遵守新闻真实的传播伦理，刻意造谣误导公众甚至敲诈勒索的自媒体传播必将面临法律制裁。治理自媒体"黑公关"，既要加强企业自律，避免两败俱伤的不正当竞争，更要强化惩处力度，对商业诽谤与"水军"助推重拳出击。作为普通网民，亦要遵守网络伦理与行业规范，避免成为企业非法吸金的"帮凶"。

---

[1] 参见《恶意炒作滋事 疯狂敲诈敛财——起底网络大V陈杰人》，载《人民日报海外版》2018年8月17日，第9版。
[2] 乌梦达等：《有企业要给上百个自媒体交保护费 揭秘自媒体"黑公关"》，载《新华每日电讯》2018年10月26日，第5版。

（一）企业理念的转变

对于自媒体"黑公关"而言，企业既可能是受害者，亦可能是助推者。企业应恪守商业规矩，转变竞争理念，不能滥用与纵容"黑公关"行径。一方面，某些别有用心的企业试图借助"黑公关"实现"弯道超车"，以期重创或击垮竞争对手，殊不知这种主动拥抱可能反被"黑公关"吞噬。在"黑公关"泛滥的网络空间，原本发起"黑公关"的企业显然无法置身事外，同样可能成为"黑公关"的受害者。所以，营造良好的企业发展环境必须共同抵制商业诋毁乱象，推动建立诚信、透明的商业生态。另一方面，某些被敲诈的商家企业自身存在"难以启齿"的违规纰漏，导致"把柄"被握而不敢报案，担心报案揭发可能招致"黑公关"的疯狂报复。在"敢怒不敢言"的心态下，希冀讨价还价尽快"破财消灾"。对此，受害企业应转变观念，既要注重洁身自好与合规经营，尽可能不遗漏经营"破绽"，更应敢于拿起法律武器维护合法权益，否则妥协与纵容无异于为虎作伥，一味地忍让与退缩还可能陷入长期敲诈勒索的泥潭。"从传播效应看，对于挽回声誉，事后补救确实远不及事前'公关'，这或许是让一些企业畏惧的一个原因。但要看到，'公关'保不了永久的平安，不能纵容不正义之举，企业不应该放弃寻求法律的帮助。"[1] 2017 年 12 月，"三只松鼠"食品公司在 IPO 上市前夕，曾收到匿名邮件，对方自称是某自媒体团队，要求"三只松鼠"公司出资 500 万元与之"合作"，否则将对外公开"相关负面信息"；"三只松鼠"拒绝其要求，选择通过法律维权。[2]

（二）强化行业自律

自媒体"黑公关"治理仅靠强制惩戒远远不够，尚需依赖企业自律以及媒介行业协会的引导。自媒体网络及公关服务业等行业协会应发挥引导与规劝作用，明示从业门户必须遵守公序良俗与法律底线。比如，在搜狐社区中，以"斑竹"为核心形成了网民自治群体；"斑竹"自愿为社区服务，每个论坛"斑竹"的职责涉及版务、活动与内容管理等方面，可行使包括协调纠纷、

---

〔1〕 王心禾：《自媒体敲诈勒索，法律不能姑息》，载《检察日报》2018 年 10 月 24 日，第 4 版。

〔2〕 参见刘慎良：《三只松鼠被取消 IPO 审核　目前尚有 10 起未了结诉讼　三只松鼠 IPO 被谁"拖后腿"》，载《北京青年报》2017 年 12 月 14 日，第 A14 版。

解答疑问、删除帖文、推荐好文等多项权限。此外，针对"水军"发布的不实内容，搜狐社区实施"扫水员"制度；"扫水员"由网民担任，受"斑竹"领导，同样自愿为社区服务，其职权包括删除色情等违法帖文。应当说，类似的"自治管理"模式对于防控"黑文"传播可起到一定的屏蔽作用。

（三）平台的监管责任

治理自媒体"黑公关"，各大网络平台要有所作为。微博、微信等自媒体平台应尽到监管职责，做到"既管号又管人"，不仅要建立健全账号分类制度，还要完善黑名单登记制度，对屡次违规的自媒体从业人员禁言封号甚或终身封禁。自媒体平台应力行高效的响应速度，健全畅通的申诉渠道，简化申诉程序，并留存信息发布的电子记录，以方便对"黑公关"追责取证。各个自媒体平台以及门户网站等媒介机构还应通力协作，破解自媒体敲诈勒索的传播矩阵。特别是自媒体平台有义务强化技术监控，对"黑稿"采取大数据监测及智能识别、删选处理等应对措施。

（四）"黑公关"的行政规制

事实上，涉及上市公司的新闻报道有明确的立法要求。2011 年 2 月，新闻出版总署、中国证监会联合出台《关于加强报刊传播证券期货信息管理工作的若干规定》，明确要求涉及证券期货行业重要政策及其他可能影响市场稳定的重要信息，须事先向证券期货监管部门核实；涉及上市公司等市场主体的重要新闻信息应向所涉及对象事先核实。根据国家网信办《互联网新闻信息服务管理规定》，新闻信息服务提供者及其从业人员不得通过采编、发布、转载、删除新闻信息，干预新闻信息呈现或搜索结果等手段谋取不正当利益。2018 年 1 月，中共中央、国务院《关于开展扫黑除恶专项斗争的通知》，更将"组织或雇佣网络水军在网上威胁、恐吓、侮辱、诽谤、滋扰的黑恶势力"明确列为重点打击的十二种黑恶势力之一，进一步彰显整治网络空间乱象的决心。另据修正后的《中华人民共和国反不正当竞争法》，经营者违反本法规定损害竞争对手商业信誉、商品声誉，由监督检查部门给予处罚。2018 年 1 月，四川南充某汽车销售公司为扩大 4S 店业绩，通过其微信公众号发送推文，对其他八款汽车品牌进行诋毁；推文以第三人的口吻称不要购买这八个品牌轿车，因为日系车车皮薄不安全、美系车太费油、韩系车"太 LOW"、德系车做工粗糙；推文还出现某汽车图片，称购买后要"被人笑掉大牙"。根据《中华人民共和国反不正当竞争法》规定，该 4S 店未经核实即传播竞争对手的不实信息，已构成虚假误导宣传、损害商品声誉，遂被工商部门责令改正并处罚款。[1]此外，2021 年 3 月，国家市场监督管理总局出台《网络交易监督管理办法》。据其规定，网络交易经营者不得编造、传播虚假信息或者误导性信息，损害竞争对手的商业信誉、商品声誉。可见，规制利用自媒体"黑公关"诋毁同行的行为具有明确的法律依据。

近年来，在网信办的组织协调下，公安、工商等部门加强联动执法，对有偿删帖及敲诈勒索持续开展打击行动。国家网信办 2021 年"清朗·打击流量造假、黑公关、网络水军"专项行动，聚焦流量造假、"黑公关"、网络"水军"等乱象，治理刷分控评、刷单炒信、刷量增粉、刷榜拉票等流量造假，雇用专业写手和网络"水军"虚构"种草笔记""网红测评"，或通过"养号"、占领前排好评、劝删差评等方式刷分控评，严查利用人工或技术手段恶意炒作、刷榜拉票等问题；同时，整治蹭炒社会热点，炮制所谓的"热文""爆款"，刻意煽动网民情绪进行恶意营销等问题，查处制造虚假数据、蹭炒热点话题、攻击诋毁他人、沉降负面信息的"水军"账号以及提供刷量服务的群控软件和挂机平台。2022 年 7 月，全国公安机关网安部门"百日行动"将"网络水军"造谣引流、舆情敲诈、刷量控评和有偿删帖等违法犯罪列为"严打"重点。2023 年 8 月，国家网信办推进"清朗·优化营商网络环境——保护企业合法权益"专项行动，关闭集纳电动车企业、金融机构等负面信息，要挟企业与其开展高额商业合作的"全球电动车联盟""铔枪财经"等账号，并将部分账号主体纳入平台黑名单；同时，督导平台查处抹黑国产"C919"大飞机的"网易航空""基建不倒翁"等账号，以及蹭炒涉企热点、传播不实信息的"新铁流""铁君"等账号。[2]同样地，国家网信办 2024 年"清朗·优化营商网络环境——整治涉企侵权信息乱象"专项行动，重点整治凭空抹黑诋毁企业和企业家形象声誉、炮制传播虚假不实信息、敲诈勒索谋取非法利益、干扰企业正常生产经营秩序和恶意炒作涉企公开信息等问题。可以说，类似的集中整治行动在一定程度上阻遏了自媒体"黑公关"的蔓延

---

〔1〕 参见邓勇：《四川省南充市高坪某 4S 店传播虚假信息被查处》，载 https://www.cqn.com.cn/zj/content/2018-02/08/content_5427858.htm，最后访问日期：2024 年 9 月 8 日。

〔2〕 参见杨召奎：《发现一起，查处一起 多个账号集纳企业负面信息"要合作"被关闭》，载《工人日报》2023 年 8 月 2 日，第 4 版。

势头。

（五）"黑公关"的刑事规制

在自媒体"黑公关"的背后，隐藏着巨大的"灰产"链，俨然已涉嫌违法犯罪。为破除"黑公关"违法成本低、法外获益大的困局，刑事规制自然不能缺位。从实践来看，自媒体"黑公关"涉嫌损害商业信誉、商品声誉罪以及敲诈勒索罪、受贿罪、强迫交易罪等多个罪名。《网络诽谤解释》规定，明知他人利用信息网络实施诽谤、寻衅滋事、敲诈勒索、非法经营等犯罪，为其提供资金、场所、技术支持等帮助的，以共同犯罪论处；同时规定，利用信息网络实施诽谤、寻衅滋事、敲诈勒索、非法经营犯罪，同时又构成损害商业信誉、商品声誉罪，煽动暴力抗拒法律实施罪，编造、故意传播虚假恐怖信息罪等犯罪的，依照处罚较重的规定定罪处罚。

第一，"黑公关"涉嫌损害商业信誉、商品声誉罪。根据《刑法》规定，捏造并散布虚伪事实，损害他人的商业信誉、商品声誉的行为，构成损害商业信誉、商品声誉罪。借助自媒体网络抹黑、污蔑竞争对手的行为，显然属于以网络为犯罪工具的损害商业信誉、商品声誉犯罪。

第二，"黑公关"涉嫌敲诈勒索罪。2013年4月，《最高人民法院、最高人民检察院关于办理敲诈勒索刑事案件适用法律若干问题的解释》对"利用或者冒充国家机关工作人员、军人、新闻工作者等特殊身份敲诈勒索"的情形，明确了从严认定的敲诈数额标准。另据《网络诽谤解释》，以在信息网络上发布、删除等方式处理网络信息为由，威胁、要挟他人，索取公私财物，数额较大，或者多次实施上述行为的，以敲诈勒索罪定罪处罚。这意味着"黑公关"以有偿发帖或删帖为名、行网络敲诈之实的行为已纳入刑事评价。2017年2月，几段展示"塑料紫菜"的视频在网上流传，声称福建晋江某几个企业所生产的紫菜是"塑料做的"，而且嚼不烂，劝诫网友勿食；这种"我暗敌明"的爆料，裹挟着"善意"提醒网友的"真情"，可轻易达到毁损企业声誉的目的。"塑料紫菜"谣言在线下及网络群组、微博、视频网站中传播形成舆论热点，给福建等地紫菜生产销售企业、养殖户造成经济损失；之后，传播"塑料紫菜"谣言以及实施敲诈勒索的涉案人员被抓获。[1]

---

〔1〕　参见《缺乏常识的"塑料紫菜"谣言为何会蔓延?》，载《如东日报》2017年6月10日，第2版。

第三，"黑公关"涉嫌系列贿赂犯罪。2013 年 11 月，浙江《今日早报》《都市快报》《每日商报》三名财经记者，因涉嫌非国家工作人员受贿罪出庭受审，其中涉嫌受贿金额最高者达 332 万余元。[1]与传统新闻媒体记者一样，自媒体从业人员同样可能触犯受贿罪、非国家工作人员受贿罪、介绍贿赂罪等罪名。自媒体等新闻从业者的"有偿沉默"实为非法收受他人财物、为他人谋取"规避负面报道"利益或基于曝光威胁索取财物的金钱交易行为，符合受贿或索贿的犯罪要件，涉嫌受贿罪或非国家工作人员受贿罪。此外，网络公关公司作为"中间人"，在拟上市企业和自媒体之间牵线搭桥，撮合双方达成新闻宣传的"合作"意向，事后从企业投放的"广告费"中瓜分利润，则可能涉嫌介绍贿赂罪。

第四，"黑公关"涉嫌强迫交易罪。新闻敲诈带有"强迫"行为的特征，若以威胁手段强迫他人签订广告合同、接受"广告服务"，则可构成强迫交易罪。2016 年 3 月，江苏连云港五家微信公众号的 5 名运营人员，未经核实即在各自经营的公众号上爆料某医院被患者拉横幅的消息，以此寻求与该医院的"合作"，协商不成再次发布该医院的负面信息，迫使医院为 3 条广告"软文"支付服务费 4.5 万元；法院认定该运营团伙为谋取利益，共同以威胁手段强迫他人接受服务，构成强迫交易罪。[2]

第五，"黑公关"还可能涉嫌证券犯罪。若自媒体收取"保护费"，故意隐瞒拟上市企业或上市公司的真实问题，或以正面报道虚假宣传上市公司的财务状况，势必干扰投资者的判断，进而造成股价剧烈波动、扰乱资本市场秩序，如此则可能涉嫌编造、传播虚假证券信息罪。另有少数媒体从业人员故意先以负面的失实报道诱致某企业股价下跌，随即购入股票大量持仓；之后再做相应的澄清报道，诱导持仓股价上涨，从而攫取非法利益，类似行为可能涉嫌内幕交易罪。

---

〔1〕 参见《浙江三名财经记者涉嫌受贿　最高受贿 332 万元》，载 http://media. people. com. cn/n/2013/1113/c40606-23523975. html，最后访问日期：2024 年 9 月 13 日。

〔2〕 参见史卫平等：《5 家微信公众号发负面消息强迫交易　5 人同获刑　二审维持原判》，载《苍梧晚报》2019 年 4 月 15 日，第 3 版。

网络自媒体的隐私传播

在自媒体时代，智能化的网络链接为搜索一切信息提供了可能。"网络上的个人信息甚至变得更像商品，可以轻易地被收集、交换或重组。互联网及其支撑系统使跟踪和监控个人行为变得更加容易。"[1]在鱼龙混杂的网络空间，公民隐私似乎正成为一种稀缺品；然而，"如果没有隐私的庇护，我们将会遭到他人的操纵和控制，在追求我们的目标和实践时会更加拘谨和懦弱。"[2]正如泰国反网络暴力广告《"感谢"分享》所表达的理念一样，谁也没有权利分享他人的隐私；网民每一次无声的观看或分享，都是对当事者再一次的侵犯和伤害。而在诸多账号交织嵌合的自媒体矩阵中，"人肉搜索"、隐私曝光等事件的频发表明公民的隐私生活正在遭受威胁。

第一节　网络空间的隐私保护

"大数据时代，必须以一种全新的视角来看待隐私权：大数据时代的隐私权不是即将消亡，而是越来越重要。"[3]在自媒体场域，以电子数据呈现的隐私信息几乎无门槛地分享与流转，公民隐私权益的保护正面临前所未有的

---

〔1〕〔美〕理查德·斯皮内洛：《铁笼，还是乌托邦——网络空间的道德与法律》，李伦等译，北京大学出版社 2007 年版，第 133 页。

〔2〕〔美〕理查德·斯皮内洛：《铁笼，还是乌托邦——网络空间的道德与法律》，李伦等译，北京大学出版社 2007 年版，第 135 页。

〔3〕徐明：《大数据时代的隐私危机及其侵权法应对》，载《中国法学》2017 年第 1 期。

冲击。

一、公民隐私的界定

(一) 隐私权的释义

根据《民法典》的规定，隐私是自然人的私人生活安宁和不愿为他人知晓的私密空间、私密活动、私密信息。隐私权则是指自然人的生活安宁及私密信息不被他人非法侵扰、知悉、收集、利用和公开的一种人格权，权利主体对私生活在何种程度上被介入、对隐私信息在多大范围被公开享有自主决定权。学者王利明认为，隐私权就是自然人享有的对其个人的与公共利益无关的个人信息、私人活动和私有领域进行支配的一种人格权；而在学者王泽鉴看来，隐私权实指个人对私领域的自主权利，其保护范围包括私生活不受干扰及个人信息的自我控制。《民法典》明确规定，自然人享有隐私权，任何组织或者个人不得以刺探、侵扰、泄露、公开等方式侵害他人的隐私权；但是，为维护公共利益而合理实施的处理个人信息的行为不承担民事责任。

(二) 公民个人信息保护

从法律文件看，对隐私权的保护大多纳入对公民个人信息的保护范畴。《民法典》专章规定了"隐私权和个人信息保护"，明确规定自然人的个人信息受法律保护；个人信息是以电子或者其他方式记录的能够单独或者与其他信息结合识别特定自然人的各种信息，包括自然人的姓名、出生日期、身份证件号码、生物识别信息、住址、电话号码、电子邮箱、健康信息、行踪信息等。依据《民法典》，个人信息中的私密信息，适用有关隐私权的规定；没有规定的，适用有关个人信息保护的规定。可见，个人信息的外延十分广泛，几乎有关个人的一切信息或数据均可被认定为个人信息，而私密信息属于特定的个人信息。《民法典》指出，个人信息的处理包括收集、存储、使用、加工、传输、提供、公开等，且任何组织和个人不得非法处理他人的私密信息。但需要指出，个人隐私与个人信息并非同一概念。"个人隐私与个人信息呈交叉关系，即有的个人隐私属于个人信息，而有的个人隐私则不属于个人信息；有的个人信息特别是涉及个人私生活的敏感信息属于个人隐私，但也有一些

个人信息因高度公开而不属于隐私。"〔1〕

在电子信息时代，"网络空间的可搜索性和永久存续性使得人们冀望于随时间而淡忘的期待落空，导致精神损害、名誉损害的长期化，从而加重损害的结果。"〔2〕鉴于此，网络传播场域的个人信息保护得到空前关注。在此背景下，有关个人信息的内涵界定及保护规则趋于达成共识。2013 年 2 月，国家质量监督检验检疫总局（已撤销）、国家标准化管理委员会发布的《信息安全技术 公共及商用服务信息系统个人信息保护指南》开始实施，成为我国首个个人信息保护的国家标准。根据该指南，个人信息是指可为信息系统所处理、与特定自然人相关、能够单独或通过与其他信息结合识别该特定自然人的计算机数据，其可分为个人敏感信息和个人一般信息；其中，个人敏感信息即一旦遭到泄露或修改会对标识的个人信息主体造成不良影响的个人信息，包括身份证号码、手机号码、种族、政治观点、宗教信仰、基因、指纹等，而个人一般信息则指除个人敏感信息以外的个人信息。鉴于网络非法买卖公民个人信息会滋生电信网络诈骗、敲诈勒索、绑架及非法讨债等违法犯罪，2013 年 4 月最高人民法院、最高人民检察院、公安部公布《关于依法惩处侵害公民个人信息犯罪活动的通知》，要求严打侵害公民个人信息的犯罪活动。2013 年 7 月，工业和信息化部公布《电信和互联网用户个人信息保护规定》，要求电信业务经营者、互联网信息服务提供者采取措施，防止用户姓名、出生日期、身份证件号码、住址、电话号码、账号和密码等能够单独或者与其他信息结合识别用户的信息以及用户使用服务的时间、地点等个人信息泄露、毁损、篡改或丢失。

根据 2017 年 6 月实施的《网络安全法》，个人信息是指以电子或者其他方式记录的能够单独或者与其他信息结合识别自然人个人身份的各种信息，包括但不限于自然人的姓名、出生日期、身份证件号码、个人生物识别信息、住址、电话号码等；同时规定，任何个人和组织不得窃取或以其他非法方式获取个人信息，不得非法出售或向他人提供个人信息，不得利用网络发布涉及实施诈骗，制作或者销售违禁物品、管制物品以及其他违法犯罪活动的信

---

〔1〕　张新宝：《从隐私到个人信息：利益再衡量的理论与制度安排》，载《中国法学》2015 年第 3 期。

〔2〕　徐明：《大数据时代的隐私危机及其侵权法应对》，载《中国法学》2017 年第 1 期。

息。另据 2017 年 6 月施行的《最高人民法院、最高人民检察院关于办理侵犯公民个人信息刑事案件适用法律若干问题的解释》（以下简称《侵犯个人信息解释》），公民个人信息是指以电子或者其他方式记录的能够单独或者与其他信息结合识别特定自然人身份或者反映特定自然人活动情况的各种信息，包括姓名、身份证件号码、通信通讯联系方式、住址、账号密码、财产状况、行踪轨迹等；而且，设立用于实施非法获取、出售或提供公民个人信息违法犯罪活动的网站、通讯群组，情节严重的，以非法利用信息网络罪定罪处罚；同时构成侵犯公民个人信息罪的，以侵犯公民个人信息罪定罪处罚。2020 年 3 月，国家市场监督管理总局、国家标准化管理委员会公布新版《信息安全技术 个人信息安全规范》，将个人信息界定为以电子或者其他方式记录的能够单独或者与其他信息结合识别特定自然人身份或者反映特定自然人活动情况的各种信息，包括姓名、出生日期、身份证件号码、个人生物识别信息、住址、通信通讯联系方式、通信记录和内容、账号密码、财产信息、征信信息、行踪轨迹、住宿信息、健康生理信息、交易信息等；其中，一旦泄露、非法提供或滥用可能危害人身和财产安全，极易导致个人名誉、身心健康受到损害或歧视性待遇等的个人信息，即个人敏感信息，包括身份证件号码、个人生物识别信息、银行账户、通信记录和内容、财产信息、征信信息、行踪轨迹、住宿信息、健康生理信息、交易信息、14 岁及以下（含）儿童的个人信息等。

根据 2021 年 6 月通过的《中华人民共和国数据安全法》（以下简称《数据安全法》），国家机关对在履行职责中知悉的个人隐私、个人信息、商业秘密、保密商务信息等数据应予保密，不得泄露或非法向他人提供。根据 2021 年 8 月通过的《中华人民共和国个人信息保护法》（以下简称《个人信息保护法》），个人信息是以电子或其他方式记录的与已识别或可识别的自然人有关的各种信息，不包括匿名化处理后的信息，而敏感个人信息是指一旦泄露或者非法使用，容易导致自然人的人格尊严受到侵害或者人身、财产安全受到危害的个人信息，包括生物识别、宗教信仰、特定身份、医疗健康、金融账户、行踪轨迹等信息，以及不满十四周岁未成年人的个人信息。该法律同时规定，处理包括敏感个人信息在内的个人信息，均应取得个人单独同意。另据 2024 年 1 月施行的《未成年人网络保护条例》，对未成年人个人信息的处理应以最小授权为原则，严格设定信息访问权限，控制未成年人个人信息知悉范围；网络服务提供者发现未成年人私密信息或未成年人通过网络发布的个人信息中涉及私密信息的，应及时提示并采取停止传输等必要保护措施。

二、自媒体时代的隐私风险

美国学者查尔斯·弗尔德指出："信息隐私的理念，似乎不应该只局限于不让他人取得我们的个人资讯而已，而是应该扩张到由我们自己控制个人资讯的使用与流向。"[1]美国《消费者隐私权利法案（草案）》将隐私风险定义为"信息本身或与其他信息比对时，对用户造成精神压力、人身、财产、职业或其他损害的可能性"[2]。根据欧盟《通用数据保护条例》，可能给数据主体造成身体、物质或非物质层面损害的个人信息处理行为，尤以下列情况最为典型："个人信息的处理可能引发歧视待遇、身份冒用或欺诈、财产损失、名誉损害、机密的泄露、化名信息未经授权的披露，以及造成信息主体经济和社会方面的其他重大不利局面时；用户被剥夺既有的控制权时；信息用以揭示种族来源、政治观点、宗教或哲学信仰、商业联盟成员状况、处理基因信息、有关健康状况、性生活及犯罪状况等信息时；信息被用以分析或预测个人的工作、经济状况、健康状况、个人偏好或兴趣、可靠性或行为、位置或行动，以构建或使用个人资料时；处理儿童等弱势群体的信息时；处理大量的个人信息且影响大量的用户时。"

所谓"媒介即讯息"，在信息数据高速流转的网络空间，"野蛮"增长的自媒体账号往往不加斟酌地随意发布或转载他人信息，这使得刺探、收集与披露他人隐私的行为变得相当简易与便捷，并催生了挖掘、传播与消费个人隐私的产业链。可以说，"隐私在计算机网络化的文化中具有特殊的意义，因为这种文化给隐私带来了巨大威胁，从而给个人安全带来了巨大威胁。"[3]在众声喧嚣的自媒体阵地，隐私侵害的广度与深度均在加剧，强大的搜索引擎与简捷的表达工具使虚拟空间的隐私保护面临极大挑战。在微博、微信公众号、论坛、贴吧等社交平台，往往聚集大量"吃瓜"网民，不论明星、名人还是普通个人的隐私"猛料"均待价而沽。常见的情形是，个人隐私一经网

---

〔1〕　参见屠振宇：《财产申报制度中的隐私权保护》，载《法商研究》2011 年第 1 期。

〔2〕　范为：《大数据时代个人信息保护的路径重构》，载《环球法律评论》2016 年第 5 期。

〔3〕　［美］理查德·斯皮内洛：《铁笼，还是乌托邦——网络空间的道德与法律》，李伦等译，北京大学出版社 2007 年版，第 136 页。

络自媒体散布与放大后，往往迅速产生链式"爆炸"效应；一条隐私消息被非法披露后，通常即刻串起网民集群，瞬时燃爆整个网络空间，引发成千上万的网民关注。2024 年 4 月，"车内摄像头拍摄的车主不雅照片"在车主群及社交媒体大量流传，引发对高合汽车后台泄露车主隐私的质疑；若此照片系被有意上传网络，则上传者无疑构成对车主隐私的严重侵害。[1]更何况，自媒体矩阵还为"人肉搜索"提供了便利条件，被"人肉"者的私密照片、家庭地址、身份证及手机号码等个人隐私信息往往悉数亮相；由于网络覆盖面广、播散性强，"人肉搜索"的效率比传统搜索方式要高很多，然而也正因如此，其所带来的危害与破坏力尤甚。

第二节　自媒体的"人肉搜索"

近年来，自媒体隐私曝光事件层出不穷，国内外社交媒体上的"人肉搜索"频发。在美国《纽约时报》看来，"人肉搜索"旨在使被"人肉"者失去工作、被邻居耻笑乃至离开所生活的地方。2005 年，韩国网民发起寻找"狗屎女"运动，即为典型的"人肉搜索"；某女孩所牵宠物狗在首尔地铁车厢内排泄，狗主人只为爱犬擦拭，却未清理座位上的狗粪；"人肉搜索"迅速被发动，该女孩的就读学校、身份等信息一概曝光，迫使其不得不公开道歉，并因此患上严重的精神病，从此闭门不出、害怕见人。[2]2008 年，YouTube 网站惊现一段令人触目惊心的视频，一只小狗被从悬崖上扔了下去，惊恐的惨叫声引起网民众怒；美国网友发起"人肉搜索"，认定虐狗者是刚从伊拉克战场荣归的士兵，军方随后承诺严肃处理。[3]在我国，一些热点事件同样掺和"人肉搜索"，通过社交网络账号披露当事者的照片、职业、住址、开房记录、违章驾驶等个人信息，给被"人肉"者造成极大困扰。

---

〔1〕　参见《泄露不雅照？知名车企回应：已报警!》，载 https://cbgc. scol. com. cn/home/48988 63，最后访问日期：2024 年 9 月 11 日。

〔2〕　参见《网络暴力困扰社会　韩国在争议中推行网络实名制》，载 http://www. chinanews. com. cn/gj/kong/news/2008/06/18/1285806. shtml，最后访问日期：2024 年 9 月 18 日。

〔3〕　参见《"人肉搜索"的罪与罚均难界定　已成世界难题》，载 http://www. chinanews. com. cn/sh/news/2008/09-03/1369336. shtml，最后访问日期：2024 年 9 月 3 日。

一、"人肉搜索"的定性

（一）"人肉搜索"的界定

作为由网民主导的信息深挖方式，"人肉搜索"显然不同于百度、谷歌等机器搜索引擎，其既借助信息搜索的网络优势，更依托网民的日常生活信息库，通过在短时间内集聚各种搜索资源，最大程度地提升信息搜索效能。从本质上看，"人肉搜索"主要是由社交网络联结的人工搜索与网络互动，通过调用亿万网民尤其是"知情人"的知识库存，多维度、深层级、穿透式地呈现目标信息。凭借自媒体账号，任一网民均可能参与到"人肉搜索"行动中，使之表现出共享性、交互性、匿名性、承续性等特点，而且搜索效率往往非常高。"从一张图片入手，最短在几小时内可准确收集到目的人的大部分信息……ID 密码取得手机号，或者查询他人网络 IP 地址，进而采用某些技术手段获得私人信息。整个人肉过程中，参与人数庞大且不确定，网友之间相互传递、补充、丰富，直到将他人信息'挖尽'。"[1]

（二）"人肉搜索"的性质

在某些公共事件中，"人肉搜索"与信息不透明以及民众知情权得不到保障有关。理性审慎的"人肉搜索"能在一定程度上体现对公权力的监督制约，促使事件真相浮出水面。例如，2007 年 10 月，陕西农民周某声称拍到了野生华南虎，其后网民"攀枝花 xydz"称虎照中的老虎和自家所挂年画虎极其相似；网友们遂用"龙年画""龙壁画""龙墙画"等关键字进行"人肉搜索"，竟找到了浙江义乌某公司所印"鑫龙墙画"，最终迫使周某承认所谓"野生华南虎照片"系造假。[2]在真相水落石出后，造假者周某因涉嫌诈骗罪被批捕，而与此案有关的 13 名公务人员亦被严肃处理。[3]再如，2008 年 12 月，江苏南京某

---

〔1〕程媛媛等：《十起人肉搜索案例仅两起追责　成都被打女司机个人信息被公开，其父报警；律师称责任主体难找、侵权危害难确定造成维权难》，载《新京报》2015 年 5 月 7 日，第 A15 版。

〔2〕参见《华南虎照片可能改自一幅年画　四川网友发帖说，周正龙拍的虎和他家年画虎像　除了耳朵不一样，别的地方都像，连纹路都一样　周正龙表示：有什么事当面讲，我还有事，不想解释这个事情　有专家认为，有 99% 的可能是同一只老虎》，载《郑州晚报》2007 年 11 月 17 日，第 A10 版。

〔3〕陈钢、梁娟：《"华南虎照片事件"水落石出　造假者周正龙已涉嫌诈骗罪被依法逮捕　陕西 13 名官员因这一事件被处理》，载《洛阳日报》2008 年 6 月 30 日，第 3 版。

房产局长因发表"对于开发商低于成本价销售楼盘，将进行查处"的言论而被网友"人肉搜索"，曝出其抽"天价香烟"且戴名表、开名车，引起舆论关注；最终，该"天价烟局长"因犯受贿罪获刑。[1] 无独有偶，2010 年 2 月，天涯社区曝光"局长日记门"，被网友讽为"官员腐化生活的现场秀"，涉事主角广西来宾某烟草专卖局局长被"人肉搜索"，被曝光的个人信息与天涯论坛上的发帖内容吻合，最终该官员被处以开除党籍及行政开除处分。[2]

需要指出，上述"人肉搜索"仅能以维护公共利益为限，也即与保障公共利益无关的个人私密信息不在搜索之列，否则可能侵犯私人权益。在社交网络平台，"人肉搜索"可能充当网络暴力或侵权工具，极易助长违法犯罪。也就是说，"人肉搜索"往往蕴含极大的不法风险，其危害在于，肆意妄为的搜索行动往往与道德审判和宣泄焦虑相同步，导致随心所欲地散布他人的私密信息，这相当于将个人隐私公开示众。"一种'人肉搜索'行为如果不涉及他人的个人信息，就不可能确定具体的搜索对象，也就不会侵害他人的名誉权或者其他合法权益。"[3] 在 2023 年 5 月美食博主"杰克辣条"虐猫事件后，一些明星公开发声谴责虐待动物的行径，然而这些明星随之遭到"人肉搜索"，手机号、身份证、社保信息等隐私均被曝光，泄露信息的不仅有普通的视频博主，亦有"大 V"参与其中。[4]

二、基于"人肉搜索"的违法犯罪

在网民非理性情绪的助推下，"人肉搜索"通常轻易侵入私人领域，而毫无节制地披露他人私密信息，无疑对个人信息安全与隐私保护带来严重威胁。特别是"人肉搜索"往往与人格侮辱、言语诽谤等网络暴力交织缠绕在一起，成为诱致侮辱罪、诽谤罪、侵犯公民个人信息罪、故意伤害罪、寻衅滋事罪等违法犯罪的前奏。对于 2007 年 12 月被采访时说出"很黄很暴力"的小学生来说，伴随"人肉搜索"而来的是一系列的污蔑谩骂，严重侵害了未成年人的人格尊

---

〔1〕 参见《抽"天价烟"的周久耕获刑 11 年　周久耕当庭哭了：事情因网络而起，但我是自首》。他还说，受贿没有侵害国家集体利益》，载《郑州晚报》2009 年 10 月 12 日，第 A17 版。

〔2〕 参见《受贿百万元　"日记门"局长韩峰判 13 年》，载《郑州日报》2010 年 12 月 15 日，第 3 版。

〔3〕 袁彬：《"人肉搜索"的刑事责任主体及其责任模式选择》，载《政治与法律》2014 年第 12 期。

〔4〕 参见屈旌：《明星谴责虐待动物者遭报复　不能让为非作歹者逍遥法外》，载《楚天都市报》2023 年 6 月 5 日，第 A10 版。

严与身心健康。[1]被搜索者仅仅是个小学生，其道德价值观念尚未成型，仅仅因为某些话说得不够得体，即沦为"猫扑"论坛的"人肉搜索"对象，并遭到网民肆意谩骂与侮辱，不得不说网络暴民失却了最基本的宽容与道德底线。

（一）网络与现实的双重侵害

"当公民个人信息被公开后，'激愤'的网友可能利用当事人提供的电话号码、地址对被害人进行的骚扰、辱骂等，进而可能导致被害人的人身、财产受到现实不法行为的侵害。这是'人肉搜索'行为由网络向现实的延伸，也是'人肉搜索'行为危害的最终表现。"[2]常见的情形是，被"人肉"者不仅遭受网上的"千夫所指"，且当个人信息被公开后，这种线上谴责迅速演变为对现实生活中受害者电话、住宅及日常生活的反复侵扰，甚至将骚扰"株连"至亲友、学校、单位等无辜对象。

由此，"人肉搜索"的侵害并非仅指向个人信息安全，还往往延伸至人格名誉、身心健康乃至公共秩序。2015 年 7 月，山东文登某青年在学校门口被多名身份不明人士用甩棍、辣椒喷雾等打伤，起因竟是其经常在微博上发表一些爱国言论，引起"纳年纳兔纳些事""日本之家"等贴吧一些网民的反感，遂遭到"人肉搜索"；部分网民甚至威胁称，要去文登实地殴打，不久线上威胁真的变成现实伤害。与"纳吧"类似，"太平洋战争吧"等贴吧亦属自媒体网络的"黑恶势力"，除发布大量的政治性攻击言论外，还以曝光近千名青少年的户籍等信息为要挟，迫使这些青少年写下"保证书"，立誓放弃爱国言论，并遵守其定下的"规矩"。对于"不从者"，升级网络暴力攻击，并伺机从线上走向线下，实施现实的人身伤害。[3]"此前，社会和家长对互联网信息安全的关注集中在暴力、色情、诈骗、谣言等具有危害性的信息传播上，却忽略了子女个人信息被泄露，以及由此所带来的对人身安全的威胁。"[4]可见，"人肉搜索"所继发的网络攻击还会向现实延伸，导致被"人肉"者在

---

〔1〕参见王烨捷：《北京一在校小学生因采访中一句"很黄很暴力"惹火烧身　一些网友因此启动"人肉搜索"　谁侵害了 13 岁少女的隐私权》，载《中国青年报》2008 年 1 月 9 日，第 2 版。

〔2〕袁彬：《"人肉搜索"的刑事责任主体及其责任模式选择》，载《政治与法律》2014 年第 12 期。

〔3〕参见雷希颖：《别让青少年身处"人人自危"的网络环境》，载《中国青年报》2015 年 7 月 31 日，第 1 版。

〔4〕雷希颖：《别让青少年身处"人人自危"的网络环境》，载《中国青年报》2015 年 7 月 31 日，第 1 版。

网络空间和现实空间饱受双重受害。

（二）"人肉搜索"的恶意利用

在国家网信办"清朗·网络戾气整治"专项行动中，"开盒挂人"等现象被列为整治重点。所谓"开盒"，即指不法分子盗取公民个人信息后，在网络群组公开并煽动网民攻击谩骂。可见，"开盒"与之前的"人肉搜索"并无二致，同样添附"网络暴力"的阴霾。简言之，"人肉开盒"其实就是"人肉搜索+网络暴力"的代名词。[1]在"人肉开盒"的背后同样存在"黑产"链，大量的公民个人信息存储于可供随时查询的"社工库"中，只要拥有被"开盒"者的社交账号，便可对应获得其手机号码、身份证号及照片、家庭关系等个人信息。在多个"社工库"群组中，"50元可查单人户口，400元查全家，500元查外卖地址、开房记录，2000元能通过手机号查定位……"，[2]犯罪分子通过非法采集、内鬼泄露、变造倒卖等手法获取个人信息数据库，为"人肉开盒"行动提供支持。可见，对于"人肉开盒"而言，"除了网络戾气、炫技心态等，违法成本低也是一大原因。"[3]

从实践来看，自媒体账号的"人肉搜索"还有可能被恶意利用。2008年10月，河南新乡某高校大一女生周某，被其前男友林某当街刺死。林某在"被分手"后起了杀机，但苦于寻找不到前女友，即在某知名网站发帖，编造"资助女生读书，但女生考入大学后失联"等谎言，发动网友助其"人肉搜索"；一些无知盲动的网民被成功利用，短短几天后，周某的详细学校、家庭住址、照片、手机号、QQ号甚至寝室号等信息就被"热心"网友公布出来，使林某顺利找到了周某下落，遂酿成惨案。[4]尽管事后参与"人肉搜索"的网友懊悔不已，但其助纣为虐、推波助澜的事实却已无法改变。

三、"人肉搜索"的典型事件

近年来，几乎每一起社会热点事件的背后都伴随着"人肉搜索"，而自媒

---

〔1〕 参见李思：《铲除"人肉开盒"必须"除恶务尽"》，载《今晚报》2023年12月10日，第2版。

〔2〕 刘胤衡等：《中央网信办剑指网络戾气整治　隐私被"开盒"，"不妥协"的他们选择反击》，载《中国青年报》2023年12月11日，第3版。

〔3〕 陈文杰：《整治"开盒"要重拳出击》，载《广州日报》2023年12月12日，第A4版。

〔4〕 参见张陶、杨嘉利：《女大学生命丧"人肉搜索"》，载《廉政瞭望》2009年第6期。

体言论平台的滥用对"人肉搜索"的愈演愈烈推波助澜。在"道德审判"的外衣下，网民的口诛笔伐及"恶搞"侮辱往往给当事者造成极大的身心创伤。

自媒体"人肉搜索"的部分典型案例

时间	案情简称	案情经过	搜索平台
2001 年某月	"微软代言人"案	某网友在猫扑网站贴出一张女子靓照，吹嘘该女子是自己的女友。随后，有网友指认此女子的真实身份"微软第一美女"，并贴出其大部分的个人资料。这一事件开创了真正意义上的"人肉搜索"的先例，从此一个被称为"人肉搜索"的互联网行动诞生。[1]	网站论坛
2006 年 2 月	虐猫事件	网民"碎玻璃渣子"公布了一组变态而残忍的虐猫视频截图，一名时髦女子用高跟鞋将小猫踩死。图片很快从猫扑传播到天涯、淘宝、QQ、新浪、搜狐、网易等各大论坛。网友"黑暗执政官"将虐猫女的头像制成"宇宙 A 级通缉令"，不少网友发愿捐出猫币、人民币悬赏捉拿"凶手"，连猫扑网官方也将赏金从 1000 元涨到 5000 元。不久，虐猫"嫌疑人"的名字、身份证号码、车牌号、地址甚至照片等信息被公布在猫扑、天涯、PCPOP 等各大论坛。最终，虐猫事件的涉事者被解除职务。[2]	网站论坛
2006 年 4 月	"铜须门"事件	网友在猫扑论坛上发帖，自曝妻子与魔兽世界麦服联盟"守望者"公会会长"铜须"在游戏中长期相处产生感情，并发生一夜情。同时，他公布了"铜须"的 QQ 号。随后，网友们报以极大同情，在魔兽游戏世界里组建了几百人的公会"守望慰问团"，对会长"铜须"集体声讨，并发出"江湖追杀令"，贴出"铜须"的姓名、电话、籍贯等信息，甚至其所在院校的校长也受到牵连。而整个事件的真实性未得到确认。[3]	猫扑论坛

---

〔1〕　参见韩丹东、刘金波：《国家网信办发布新规禁止开展"人肉搜索"等违法活动　为网民营造清朗网络空间》，载《法制日报》2020 年 1 月 6 日，第 4 版。

〔2〕　参见陈赛：《虐猫事件民间追缉令》，载《三联生活周刊》2006 年第 10 期。

〔3〕　参见《铜须门事件四环节被证伪　男主角生活未恢复正常》，载 http://news.enorth.com.cn/system/2006/06/08/001326318.shtml，最后访问日期：2024 年 9 月 8 日。

时间	案情简称	案情经过	搜索平台
2007 年 12 月	女白领"死亡博客"	北京女白领写下自己的"死亡博客",以自杀声讨出轨的丈夫王某及"第三者"。2008 年 1 月,"死亡博客"被网友转载到各大论坛且引发"人肉搜索",迅速公布王某及"第三者"的工作单位、电话、MSN 等信息,并号召其所在行业驱逐他们。王某因此遭到单位辞退,其他单位亦对其求职退避三舍;其父母住宅也被多次骚扰,甚至被网友在门口用油漆写下"逼死贤妻"等字样。2008 年 3 月,王某将"北飞的候鸟"、大旗网、天涯社区论坛三家网站告上法庭。2008 年 12 月,由"死亡博客"引发的网络暴力第一案在北京朝阳法院公开宣判。"北飞的候鸟"和大旗网被判侵犯了王某的名誉权及隐私权;天涯社区因及时删除了侵权帖子而未认定侵权。〔1〕	中文社区论坛
2013 年 5 月	浮雕涂鸦案	网友"空游无依"发了一条微博附图称,某中国游客将"到此一游"刻到埃及 3000 多年的神庙浮雕上,迅速引发热议,主题词就是中国游客素质。在其父母公开道歉后,网友"人肉搜索"穷追不舍,通过身份通网站、查询笔迹等层层渠道,最终将丁某的出生年月、微博账户及就读小学、初中信息等个人资料精确锁定并公之于众,甚至其母校小学的官网一度被黑。〔2〕	微博
2013 年 12 月	"花季少女投河"案	广东陆丰陆城某 18 岁高生到某服装店购物。不久,店主蔡某名为"格仔店 Amber 蔡"的微博上发布她购物时的监控视频截图,称截图中的女孩是小偷,请求网友曝光其个人隐私。微博下相关的评论多达 768 条,其中绝大部分评论充满了指责和侮辱。众多网友纷纷参与"人肉搜索"。很快,该高中生的个人信息,包括姓名、所在学校、家庭住址和个人照片均遭曝光。次日晚,高中女生因个人信息被曝光压力过大投河自杀。耐人寻味的是,当店主被刑拘后,网络又开始了新一轮对店主的"人肉搜索"。最终,蔡某以侮辱罪被判处有期徒刑一年。〔3〕	微博

〔1〕 参见《人肉搜索第一案宣判 网友败诉》,载《现代快报》2008 年 12 月 19 日,第 A10 版。

〔2〕 参见林野:《"埃及神庙浮雕现'到此一游'"追踪 涂鸦遭人肉 当事孩子母校官网被黑 南京一小学官网蹦出弹窗:某某到此一游;在埃及神庙浮雕涂鸦的学生,其母流泪道歉》,载《新京报》2013 年 5 月 27 日,第 A17 版。

〔3〕 参见周易:《网友热议少女因"人肉搜索"压力自杀事件——任意"人肉搜索",下一个受害者可能就是你我》,载《中国青年报》2013 年 12 月 19 日,第 7 版。

续表

时间	案情简称	案情经过	搜索平台
2014 年 6 月	地铁"咸猪手"案	上海地铁九号线，一名"咸猪手"男子摸女生大腿的视频及截图在微博上被"大 V"疯传，引起网友的愤慨和指责，并启动"人肉"搜索。"咸猪手"的个人信息很快曝光，其姓名、单位、手机号码、社保记录，甚至其家庭电话、妻子的个人信息及手机号码也被一一公布。最终，"咸猪手"因故意猥亵他人而被处以行政拘留，但其家庭却被不断骚扰。[1]	微博
2018 年 5 月	成都女司机被殴案	某男子张某殴打女司机卢某的行车记录仪视频引发舆论焦点。一开始，网友纷纷谴责男司机暴行。但随着张某的行车记录仪曝光，舆论随之反转，网友几乎开始为男司机抱打不平。事情的经过先是卢某突然违章变道，张某被逼急刹车，导致后座一岁孩子的脸碰在车窗上受到惊吓；后张某也别了一下卢某，但卢某继续追逐别车。此时，张某气不过才下车殴打女司机。随后，卢某在微博上也遭到人肉搜索，其身份证、生活照、婚恋情况、多次违章以及 68 次开房记录等个人信息均被公开。[2]	微博
2018 年 8 月	高铁霸座事件	某男乘客孙某因在高铁上霸座公开致歉，被处治安罚款 200 元，并限期限制购买火车票。霸座视频经曝光后引发众怒。微博博主"北京人不知道的北京事儿"以及微信朋友圈等平台发起"人肉搜索"，使孙某的姓名、手机号、微信号、就读学校、工作单位等信息很快被披露。还有网友根据这些信息，故意给孙某打电话、发短信、添加微信号、支付宝账号，并在验证信息中对其辱骂，导致其被曝光的手机号一直处于占线状态，微信号也一度因"操作过于频繁"而无法正常添加。此外，还有人通过被曝光的手机号登录其支付宝账号，导致其账号因密码错误需 3 小时后再登录或找回密码。[3]	微博、微信朋友圈

〔1〕 参见《上海地铁"咸猪手"男子被曝光 男子遭人肉后被行政拘留》，载 https://www.guancha.cn/society/2014_07_08_244776.shtml，最后访问日期：2024 年 9 月 8 日。

〔2〕 参见《成都女司机变道遭男司机暴打 行车记录仪曝光后舆论偏转 被打者遭"人肉"个人隐私曝光》，载《青年报》2015 年 5 月 6 日，第 A10 版。

〔3〕 参见杨凡等：《高铁占座男乘客视频致歉 男子工作单位被扒致多家单位发声明 因遭遇"人肉搜索"不敢出门 律师提醒"人肉"或侵犯隐私权》，载《北京青年报》2018 年 8 月 24 日，第 A10 版。

时间	案情简称	案情经过	搜索平台
2022 年 1 月	央视记者事件	一条"媒体评王冰冰遭人肉曝光隐私"的新闻登上热搜,部分网友在百度贴吧发布央视记者"王冰冰塌房"的言论,并曝光其大学英语四级考试成绩、疑似早年结婚现场照片以及博客日志内容等,指责其"学霸人设""清纯人设"为假象,引发热议。[1]	百度贴吧等平台

不难看出,发起与积极响应"人肉搜索"指令的网民往往打着"寻找真相""伸张正义"的幌子,无限放大与越界责罚他人过错,其性质无异于"执行一种私刑",结果却是使意在道德谴责的隐私搜索反而更严重地悖反了道德戒律,冠以正义之名的人身攻击反而更多地背离了正义要求。

四、"人肉搜索"的原因及规制

在"人肉搜索"过程中,搜索行动的发起者处于顶端,其发布的搜索倡议或指令成为引发链式反应的导火索;搜索行动的参与者则远程呼应,提供"人肉搜索"的关键信息,决定着行动趋向及侵权程度。基于网络的匿名性与集群性,隐私侵权的责罚感受性大大降低,再加上"道德审判"的自居心理,掺和泄露隐私与人身攻击的罪恶感便湮没在"羊群效应"中。"网民参与'人肉搜索'心理因素是复杂的,情感因素和从众行为在其中起到了很大的作用。"[2]

(一)民粹与极化效应

在自媒体时代,民粹主义挤压了大众传播的精英主义。作为一种社会思潮,民粹主义强调极端的平民化倾向,推崇普通民众的价值与理想,把平民化和大众化视为所有社会变革力量的最终来源。显然,自媒体的流行为民粹主义的自由表达提供了便利技术,但与此同时,博客、微博以及论坛的发帖、跟帖等信息却也不可避免地凸显非理性、偏激、盲目等表征。"当公民的知情

---

〔1〕 参见樊文扬:《央视记者王冰冰遭人肉曝光隐私,专家:据搜索结果诋毁属违法》,载 http://rsstoutiao.oeeee.com/mp/toutiao/BAAFRD000020220112643269.html,最后访问日期:2024 年 9 月 12 日。

〔2〕 赵云泽等:《中国社会转型焦虑与互联网伦理》,中国人民大学出版社 2017 年版,第 86 页。

权与隐私权相冲突时，问题就变得复杂，特别是当事态演变成网络上多数人对少数人的暴政时，群体行为的无序性就开始显现，涉及当事人及其利害关系人的基本人格尊严可能会受到伤害，与案件事实关系不大的纯粹个人私生活的信息也会被披露，其亲属及其相关人员的私人生活空间会受到不当的干扰。"[1]可以说，"人肉搜索和民粹主义在其思想行为本质上都属于是一种非常典型的群体极化现象，属于新媒体时代最易出现的受众群体传播问题。"[2]2018年6月，江苏南京一名幼童被泰迪狗咬破手指，其父童某与狗主人陈某交涉发生争执，童某一怒之下将泰迪狗摔死。随后，目击者将此发布至百度贴吧而引发网友声讨及"人肉搜索"；有人通过美团外卖等方式查到童某号码，各地的大量骚扰电话、诅咒短信接踵而至。尽管之后童某通过电视节目向公众致歉，并表示已与狗主人达成和解，但网友似乎并不买账，不仅号召食客不要到童某经营的饭店消费，甚至扬言威胁其在校读书的大儿子的人身安全。这种网暴指责附带"人肉搜索"让童某妻子备感恐惧而选择割腕自杀，后所幸获救。[3]无独有偶，2023年6月，四川大学女研究生怀疑某"地铁大叔"偷拍，在后者自证清白后，仍将事发视频上传社交平台；之后，因污蔑及其"咄咄逼人"的态度而遭到网暴及"人肉搜索"，其在社交平台发布的照片均被搜出。[4]

（二）隐私维权的困难

由于"人肉搜索"维权艰难，相当一部分受害人选择沉默或忍气吞声。有记者梳理了2001~2014年引爆舆论的十起"人肉搜索"案例，发现被"人肉"者采取法律手段追责的仅2例，委托律师发表声明的1例，其余7例受害者均未就信息泄露追责。[5]首先，责任主体的难以确定成为隐私维权的最

〔1〕康彬：《受众身份的转变与角色的突围——浅析新媒体时代的积极受众》，载《新闻知识》2013年第1期。

〔2〕章彦：《智者不役于媒：媒介化社会的理性传播与表达》，中国戏剧出版社2017年版，第169页。

〔3〕参见《幼童被咬父亲摔死泰迪遭网友"威胁"孩子妈妈割腕赔命》，载 https://society. huanqiu.com/article/9CaKrnK9KcV，最后访问日期：2024年8月26日。

〔4〕参见解鑫玉：《女研究生污蔑大叔反遭网暴：非黑即白思维不可取》，载 https://www.workercn.cn/c/2023-06-11/7872047.shtml，最后访问日期：2024年9月12日。

〔5〕参见程媛媛等：《十起人肉搜索案例仅两起追责　成都被打女司机个人信息被公开，其父报警；律师称责任主体难找、侵权危害难确定造成维权难》，载《新京报》2015年5月7日，第A15版。

大难点。"人肉搜索"通过网络"人传人"的方式进行，很多网民在短时间内将隐私信息一点一点地曝光出来，涉及侵权的责任主体较多。并且，限于技术困难，受害者往往不知如何查询发帖者的 IP 地址，更无法及时锁定侵权人。其次，侵权证据难以固定。由于论坛帖子可随时删除，因而很难在论坛上追本溯源。特别是受害人发起维权行动时，自媒体上的敏感信息会被迅速删除，从而给网络侦查带来困难。最后，隐私侵权的危害程度亦难评定。与现实生活中的侵权相比，网络空间的隐私传播所产生的侵权危害存在无限放大的可能，但确定具体的损害后果比较困难，需要兼顾信息内容、传播范围等因素综合评判。

（三）基于盈利的平台放任

在一些"人肉搜索"事件的背后，还隐藏着网络平台的盈利动机。一些自媒体平台为"人肉搜索"行动提供技术支撑，这种漠视与放纵的反应态度暗含了牟利企图；因为"人肉搜索"的发动及其引发的全网关注，无疑成为流量经济的增长点。在"人肉搜索"发起者与受害者的角力中，坐收渔翁之利的网络平台往往成为最大赢家。不难理解，对"人肉搜索"的规制是网络侵权乃至犯罪治理的一部分。除加强公民个人信息的自我保护、平台监管的责任意识、用户传播的伦理自律外，还应注重对"人肉搜索"的法律规制。就法律定性而言，自媒体账号的"人肉搜索"涉及民事侵权、治安处罚甚或刑事犯罪。根据《侵犯个人信息解释》，向特定人提供公民个人信息，通过信息网络或其他途径发布公民个人信息，以及未经被收集者同意，将合法收集的公民个人信息向他人提供的，均认定为"提供公民个人信息"。由于自媒体矩阵呈几何级增长速率，"人肉搜索"传播更广、危害更大，其非法披露个人隐私的行为往往达到"情节严重"程度，因而涉嫌侵犯公民个人信息罪。

第三节　直播平台的隐私泄露

作为时下热门的移动应用，手机直播已广泛渗透于社会生活的方方面面。随着游戏、娱乐直播以及户外直播的兴起，各个网络直播平台规模不断扩大，使大量网民成为实时直播的网络主播，并为随时分享兴趣爱好与互动评论热点事件提供条件。然而，与直播体量迅猛增长不相协调的是，直播空间的低俗、色情、版权侵害等乱象频仍。特别是直播平台的隐私侵权日益严重，其影响之大、波及之广已非传统隐私泄露所能比拟，因而亟待强化多方管控与合力规制。

一、公共场所的隐私权益

作为传媒技术革新的新事物，日渐兴起的网络直播满足了主播及受众的新奇体验，进一步扩展了信息传播渠道，但同时也给人格权益保护带来新的挑战。

（一）公共场所的直播入镜

在自媒体深刻改变生活的今天，现实空间与网络空间的隐私感知及保护需求不可同日而语。相较于规模庞大的网络受众而言，现实生活中个体周邻的"亲密"观众人数有限，某些不愿为人所知的私密信息通常局限于特定的人际范围。当个体选择将私人信息公布于一定的现实场合，虽视其自愿承担曝光风险，但由于现实生活中的曝光受众毕竟有限，且隐私信息在现实物理时空中的散播手段及程度同样有限，因而私人信息外泄的结果往往是可承受的。然而，这些信息一旦经由直播平台发往虚拟交际的网络空间，那么私人信息的曝光受众将可能由现实生活中的百千人瞬时扩充为网络空间中的亿万人。更关键的问题在于，这些私人信息将被计算机永久留存下来，使隐私泄露陷入长期持续状态。所以，几乎没有人不在意个体私密信息的网络散播，即使是在公共场所的陌生路人，通常也不愿意在不知情的情况下"被直播"进网络空间。

从内容属性来看，涉及个人领域的私密信息通常即为隐私。除自行公开或为促进公共利益而有必要披露以外，这些信息对于私权保护极具敏感性。即便是在公共空间，某些私人活动亦属于隐私范畴。所以，在公共场所针对私人活动的拍照或直播，若未经他人同意则属侵权。比如，在公共场所的哺乳行为属于私人活动，应被认定为隐私范畴；因为女性哺乳行为带有私密性，无论是在私人场所还是在公共场所，非经许可的直播皆侵犯隐私。然而，实践中妇女在公共场所哺乳被偷拍的事件时有发生。2015 年 12 月，北京地铁车厢内某妇女哺乳被人拍照，上传网络后遭到微博"大 V"的公开抨击，并引发网民支持者的口水战。[1]2017 年 7 月，湖南长沙某妇女在某餐馆包厢内给孩子哺乳时，遭隔壁包厢的餐馆员工偷拍；涉事店员解释拍摄是为了取证，避免食客浪费食材，事后该员工向被拍摄者道歉。[2]2019 年 7 月，山东济南某妇女在公交车上哺乳的情景被一名老人拍照，被指涉嫌侵权。[3]

由此，即使在公共场合的直播也可能涉嫌侵权。在户外直播中，若毫不相关的路人不经意间被迫"入镜"，并通过直播平台将其生活状态暴露给成亿万级的网民，同样可能损害被拍摄者的人格权益；因为周边路人未必均愿意被拍进直播视频，继而被超越时空的海量网民品头论足。所以，公共场合的视频主播应征求与尊重陌生路人的意愿，公共直播中的隐私保护以征得被拍摄者同意为必要条件。如果在线直播既非出于保障公共利益的需要，亦未征得第三方权利人的准许，那么互联网直播即可能构成隐私侵权。

（二）公共空间的直播规则

一般而言，公共空间的电子拍摄是出于对公共利益的保护与监督，因而新闻视频的公开报道和公安机关的治安监控属于针对公共场所的合法直播。随着自媒体直播技术的广泛应用，大量的"草根记者"与传统主流媒体的记者一样，穿梭于大街小巷进行节目采访。在法律未有禁止性规定的情况下，从业账号及用户享有现场直播的自由，但这种拍摄与直播以不违背公序良俗、不侵犯个人权益为限。即使是执法部门的公共监控系统，亦不得随意公布与传播监控画面。"普通的监控摄像头一般是用来保证安全，只有一小部分人有职权查看录像，不会向外传播。"[4]由此，出于安防管理需求所布设的监控视频，并不意味着可随心所欲以及无限度地公开，除非出于执法取证、打击犯罪等特定公共利益的需要，或者征得所有被拍摄者的同意。然而，自媒体平

---

〔1〕 参见刘玚：《博主批女子地铁给婴儿哺乳遭"拍砖"：拍摄者称"公共场所不该裸露性器官" 公益组织转发被"拍砖" 母乳专家称婴儿应按需喂养》，载《北京青年报》2015 年 11 月 30 日，第 A7 版。

〔2〕 参见曹伟、胡玲：《喂奶时有部手机正在偷拍 店员回应：避免顾客浪费食材；律师称涉嫌侵犯隐私和名誉权》，载《潇湘晨报》2017 年 7 月 22 日，第 A6 版。

〔3〕 参见天歌：《公交车哺乳被偷拍，板子该打谁身上》，载《九江日报》2019 年 7 月 12 日，第 A4 版。

〔4〕 李玲等：《教室、游泳池、按摩馆、成人用品店、诊所、酒店……你随时可能被直播 南都调查发现公共摄像头被用于网站直播，而被直播对象往往并不知情；专家称这涉嫌侵犯隐私权与肖像权》，载《南方都市报》2017 年 4 月 26 日，第 A11 版。

台所拥有的直播摄像头总量，意味着对社会电子监控系统的超大"增量"，也即网民的全天候直播已成为社会敞景式监控工程的一部分，因而同样必须遵守公共监控的规则。

应当说，所有的街头直播均应以不影响他人的交通出行等正常生活为原则，同时作出充分的明示与提醒。在非有意针对陌生人的户外拍摄中，即使是在公共场合进行直播亦应尽可能地避免将无关路人拍摄在内，除非征得被拍摄者的授权，否则即应采取面部图像遮挡等技术处理措施。任何未征得对方许可的拍照或拍摄均属于偷拍或强拍，严格地说均侵犯了被拍摄者的个人隐私。因为即使是在公共场合中的固定拍摄或反复跟拍，亦能暴露个体的日常生活与行踪轨迹，而这些信息很可能被滥用为犯罪侵害的工具。比如，上下班所路过的必经之地的直播、在酒店前台办理入住手续的直播、经常光顾的餐厅或超市的直播等画面，足可在一定程度上管窥个体的生活状态；而公共场合中恋人之间的亲昵举动、好友之间的亲密动作等已明显带有私密性质，尽管在现实生活中未吸引多大注意，但一经在网上直播则可能聚拢大量关注。

事实上，通过街头直播曝光他人隐私成为不少网络主播吸引流量的惯用手段。然而，"用镜头对准来往路人，并公开传播，不管在哪种场合，都必须取得本人同意，否则就是对肖像权的侵犯。"[1]在一家网吧做直播的网民，将其周围正在上网的其他网友亦拍摄"入镜"，因涉嫌侵犯隐私双方发生冲突。[2]拍摄者承认正在进行直播，但认为直播内容主要围绕其自身活动，可能在更换拍摄角度时无意中拍到了别人，并未针对其他网友特意拍摄。而被动"入镜"的网友则认为，自己的上网活动不想让更多的人知晓，尽管并非特意被直播但仍感觉隐私被剥夺。实际上，网吧虽属于公众场合，但若对他人的上网时间、地点等信息进行拍摄记录，甚至直播他人的聊天内容，同样可能造成私密信息外泄。所以，除非出于保护公共利益的需要，否则在线直播中路人的被动"出镜"，则至少有侵犯他人肖像权的嫌疑。特别是网络直播大多带有聚集粉丝流量、赚取点赞打赏的营利目的，这种赤裸裸的视频营销更构成对他人肖像权的典型侵害。若拍摄内容涉及个体私密信息，未经授权的在线

---

〔1〕　参见《直播兴起，如何更好地保护自身隐私?》，载《余姚日报》2024 年 8 月 2 日，第 7 版。

〔2〕　参见赵丽莉等:《小伙在网吧消费"被直播"起冲突　网络直播亟须法律来规范》，载《三秦都市报》2019 年 7 月 15 日，第 A5 版。

直播更会侵犯他人隐私权。

可见，无论拍摄是否有意针对路人进行"特写"，未经同意而径直将路人"入镜"的户外直播均可能涉嫌违法——除非出于保护公众利益的需要，如警示公共安全、检举贪腐案件、职权执法监督等。由此，直播商户收集、利用与公开消费者的任何信息均应仅限于与消费活动有关的用途，且应事先征得消费者的明确同意；特别是出于商业目的的视频直播更应审慎自律而有所约束，否则即无异于损人利己。即使商家在经营场所单方面张贴"直播告示"，亦不等于已征得消费者的明示同意，商户直播不能借此抗辩免责。"直播告示"似乎带有"霸王条款"的性质，若告示贴于店家门口，很多消费者可能不会选择进店；若消费者进店后才被告知直播，则进店情景其实已被直播出去。所以，在直播平台，商家账号或网民用户不管是否基于营利动机，若未经当事者允许擅自直播"恶搞路人"，则可能涉嫌侵权。

二、半私密空间的直播侵权

（一）教室直播

在直播平台上，多地校园或课堂监控画面的曝光一度引发热议。2017年4月，360公司"水滴直播"界面设有"教育、运动、宠物、商家、风景"等多个直播选项。其中，"教育"一栏拥有北京、江苏等多地280个直播台，且直播视频音画同步，大多为从幼儿园到高中毕业班，甚至包括课外辅导机构、才艺培训班的教室，也有走廊、食堂、操场、学生宿舍等场景。[1]而视频中正在看书、发呆或午睡的学生们对直播似乎并不知情，学生的一举一动均清晰可见。"上课打瞌睡，偷吃零食，换座位……当学生以为侥幸躲过了老师的监视，却不想这些画面早已被无数人看到。"[2]对准学生的摄像头持续不断地将教室情景同步至直播平台，全网观众可随意观看并实时评论，还

---

〔1〕 参见李玲等：《教室、游泳池、按摩馆、成人用品店、诊所、酒店……你随时可能被直播 南都调查发现公共摄像头被用于网站直播，而被直播对象往往并不知情；专家称这涉嫌侵犯隐私权与肖像权》，载《南方都市报》2017年4月26日，第A11版。

〔2〕 李玲等：《教室、游泳池、按摩馆、成人用品店、诊所、酒店……你随时可能被直播 南都调查发现公共摄像头被用于网站直播，而被直播对象往往并不知情；专家称这涉嫌侵犯隐私权与肖像权》，载《南方都市报》2017年4月26日，第A11版。

不时地给主播打赏。此外，还有不少辅导机构在直播群聊中推广课程及联系方式。

　　事实上，在熊猫、映客、陌陌、花椒等直播平台的用户协议中，均详细载明"不得未获他人允许，偷拍偷录他人，侵害他人合法权利"的约定条款。然而，日新月异的视频技术以及便捷多元的自媒体平台使网民参与直播的门槛极低，导致随心所欲的校园直播频频发生。2016 年 2 月，四川德阳某幼儿园教师在网上直播班上小朋友的上课与午休情况，引发各方关注。[1]2016 年9 月，天津某中学高三"网红"女生直播开学，有许多并不知情的同学被动"入镜"，且学校上课或课间活动内容被上传直播间。[2]校方声称并不支持该女生的直播行为，因其未考虑校内其他教师和学生主观感受，有侵犯隐私之嫌。2017 年 4 月，河南许昌某高中名为"2014 级高三（12）班"的直播间共获得 870 个点赞、近 200 人关注，有将近 3 万人观看。[3]从直播画面看到，正值课间休息，学生们在教室内自由活动，课桌上堆满了书本；到了晚上 8点，上晚自习的学生们仍在被直播。而在直播实时群聊区里，一条弹幕评论称："这个班级我看了两个月，谁和谁熟悉，谁和谁谈不来，还有谈恋爱的，我都知道。"[4]

　　尽管校园和教室也带有一定的公共性，但相较于完全的公共场所而言，校园和教室属于特定群体的活动场所，因而这些场所在更大意义上属于封闭或半封闭空间。"教室、自习室等封闭空间，相对公共场合而言具有私密性。学生在教室、自习室等私密场所中做出的各类行为，如看书、吃零食等均属于个人隐私。未经授权，老师将教室内情况公开在直播平台、使公众知悉，涉

---

　　[1]　参见徐小康、李思：《网络直播，法律之剑落在何处》，载《检察日报》2016 年 7 月 22 日，第 5 版。

　　[2]　参见赵蕾、金江歆：《高三女生直播开学被约谈　自称尝鲜　从操场直播到教室，有不知情的同学"入境"；学校劝导以学业为主；专家称直播平台需加强监管》，载《新京报》2016 年 9 月 4日，第 A13 版。

　　[3]　参见李玲等：《教室、游泳池、按摩馆、成人用品店、诊所、酒店……你随时可能被直播　南都调查发现公共摄像头被用于网站直播，而被直播对象往往并不知情；专家称这涉嫌侵犯隐私权与肖像权》，载《南方都市报》2017 年 4 月 26 日，第 A11 版。

　　[4]　参见李玲等：《教室、游泳池、按摩馆、成人用品店、诊所、酒店……你随时可能被直播　南都调查发现公共摄像头被用于网站直播，而被直播对象往往并不知情；专家称这涉嫌侵犯隐私权与肖像权》，载《南方都市报》2017 年 4 月 26 日，第 A11 版。

嫌侵犯未成年人隐私权。"[1]无论直播动机出于营利、扬名或为了与家长沟通，未经学生本人或其法定监护人授权，教师或学生擅自将校园或教室活动公开于直播平台的行为，违反了《民法典》《未成年人保护法》《未成年人网络保护条例》等规定，涉嫌侵犯被拍摄者的隐私权与肖像权。因此，被拍摄者可要求涉事直播者及相关的直播平台停止拍摄与删除视频，并可提起民事诉讼索赔；对未成年人隐私造成严重损害的，还可通过报警诉诸行政救济。

也就是说，校园与教室直播以征得学生或作为法定监护人的家长同意为限，不能以教学之名滥用监控权，从而掩盖侵犯他人隐私之实。若教室直播征得学生与家长的同意，则另当别论。在名为"笨笨程老师"的水滴直播间，河南许昌襄城县库庄二中的教室直播点击量达 2 万多人次。[2]班上学生大多为留守儿童，外出打工的家长们很乐意看到自己的孩子；在同步直播分享之前，"笨笨程老师"不仅会告知孩子们，也会在家长微信群里进行通知，使其能及时看到自己孩子的学习情况。这对学生学业成绩的提升与良好性格的养成都有帮助，事实上也没有哪个家长对直播分享提出异议。所以，网络直播若能善加利用，则有助于家长了解孩子的在校表现与学业差异，有助于处理日常管理中的矛盾纠纷，更便于教师同行之间更好地开展业务交流。此外，为监视考场秩序或录制课堂教学视频，在获取学生与家长知情同意的前提下，在线直播亦是允许的。

（二）的士直播

2016 年 8 月，一段"滴滴司机偷拍空姐直播"的视频在网络流传；截图弹幕显示，同时有 5 万人在线观看这段直播。该"滴滴司机"还有另一特殊身份，即"熊猫 TV"直播平台名为"主播三胖"的网络主播；在该直播间，共有超过 16 万网友订阅此账号，且直播间提示"主播三胖"每晚 11 点左右开始上线。[3]所以，该司机经常晚 11 点左右蹲守在首都机场空乘出口，专门接空姐订单；车后座总是放很多东西，借口让空姐坐在前排以便偷拍。司机

---

〔1〕参见左燕燕、刘经宇：《全国多地学校教室画面被直播　课堂日常画面可随意观看；律师称若未经授权则涉嫌侵犯学生隐私权》，载《新京报》2017 年 3 月 11 日，第 A13 版。

〔2〕参见左燕燕、刘经宇：《全国多地学校教室画面被直播　课堂日常画面可随意观看；律师称若未经授权则涉嫌侵犯学生隐私权》，载《新京报》2017 年 3 月 11 日，第 A13 版。

〔3〕参见王煜、龚晨霞：《滴滴司机专接空姐　偷拍网上直播　律师称其涉嫌侵犯他人隐私权，滴滴已对该司机即刻封禁》，载《新京报》2016 年 8 月 7 日，第 A8 版。

事先将摄像头隐藏在后视镜附近，其多次直播的内容正是在车内与空姐聊天的全过程。而作为乘客的多名空姐大多是在下班回家路上被偷拍，且大部分都身着航空公司的工作制服；这些空姐根本没意识到自己被偷拍直播，更不知晓其与司机聊天时的发言内容，在后台竟有如此多的观众观看。直到一次搭车时，某空姐看到司机用东西遮盖住了手机屏幕，下车时才发现司机原来在偷拍直播。东窗事发后，涉事司机在直播平台为"没经乘客同意的情况下擅自将聊天内容直播出去"而道歉；由于涉事公司"安置微型摄像头偷拍乘客隐私，上传网络直播，对乘客进行低俗诋毁、言语猥亵，受到多次投诉"[1]，滴滴公司对该司机"即刻封禁"。

显然，未经他人同意而将原本私密的聊天过程直播到网上，是一种典型的侵害隐私权和肖像权的行为。一般来说，肖像权的侵权认定以营利目的为前提；在网络直播室，通常会有粉丝关注主播并对直播视频进行"打赏"，且直播平台的粉丝流量亦可为主播带来不菲的广告收益。因此，该司机未经允许偷拍与直播乘客的行为，侵犯了乘客的肖像权。更何况，空姐大多穿着航空制服，在一定程度上还代表着航空公司的形象。特别是出租车内属于相对私密的空间，在车内与司机的聊天内容亦相对带有私密性质，所以该司机的偷拍直播行为更构成了对乘客隐私权的严重侵害。对于"滴滴"司机的偷拍直播行为，空姐乘客可提起民事侵权诉讼，要求其停止侵害、赔礼道歉、消除影响并赔偿损失；基于"滴滴"公司对下属司机的监管义务，应及时采取必要措施阻止相应侵权行为，否则亦需按过错程度承担侵权责任。同时，该行为还涉及行政处罚；根据《治安管理处罚法》的相关规定，对偷窥、偷拍、窃听、散布他人隐私的行为处以拘留或罚款。此外，对于网络用户利用网络服务实施的侵权，被侵权人有权通知网络服务提供者采取删除、屏蔽、断开链接等必要措施。所以，"熊猫 TV"等直播平台亦需及时采取必要措施，按受害人要求删除侵犯隐私的直播视频。

（三）私密空间的直播

2016 年 3 月，名为"笨笨笨狐狸"的女主播与男同伴一起前往重庆大学寻找女生宿舍，随后谎称上厕所携带摄像头混进女生宿舍，并对其闯进的女

---

[1] 参见王煜、龚晨霞：《滴滴司机专接空姐　偷拍网上直播　律师称其涉嫌侵犯他人隐私权，滴滴已对该司机即刻封禁》，载《新京报》2016 年 8 月 7 日，第 A8 版。

生宿舍进行全程直播。宿舍、澡堂等场所属于秘密空间，未经许可即进行直播无疑侵犯了他人的隐私权，逾越了道德与法律的边界。

相较于女生宿舍的直播，有的"猎奇"式直播更为恶劣。2016 年 8 月，河北馆陶某女子在该县公安局巡特警大队服药自杀。起因是其在一年多前的车内性活动被警务人员"围观"拍摄，所拍视频还被上传至网络；而受害女子一直向警方讨要说法未果，加之来自网上的谩骂羞辱，最终不堪压力服毒自尽。[1]毫无疑问，轿车属于相对私密的空间，在车内进行性活动并不违法。然而，个别执法人员动辄以涉嫌嫖娼为由，热衷对车内巡逻抓奸；特别是在尚未查明真相之时，即将当事人粗暴地拉出车外严加盘问，打着执法旗号对受害者多方羞辱；更有甚者，竟将所拍摄的涉及个人隐私的视频上传网络，俨然丧失了最基本的执法戒律与职业底线，严重背离了法治理念，损害了执法公信力。显然，辅警以执法为名拍摄个人隐私，故意羞辱受害人，并故意将所拍摄的车内性活动视频上传网络的行为造成了严重后果，已涉嫌侮辱罪和传播淫秽物品罪等罪名。对此，县公安局对巡特警大队长停止执行职务，并对拍摄与上传视频的辅警依法拘留。在此事件中，先是被"穿制服者"羞辱、消遣，后是个人隐私被网络曝光，然而事发后的很长一段时间内，肇事者却一直逍遥法外，最终逼迫受害女子以死抗争，表达难言的屈辱与愤怒。在自杀事件被媒体报道后，当地警方连夜立案、拘留，先前怠于追责的态度陡转。这一以自杀倒逼维权的过程，已然暴露出有关执法部门的渎职。

事实上，类似事件并非个案。2015 年 12 月，山东薛城警方承认，张某等辅警在巡逻期间发现有人在车内进行性活动，遂用手机拍摄并上传至网络，造成极其恶劣的影响，有关涉事人员遂被拘留。2016 年 6 月，某平台在线直播了在江苏宿迁"抓车震"的两段视频；有时该主播一个人忙不过来，还让朋友开车帮他一起直播，于是几人分头行动，寻找正在车内进行性活动的直播对象。在账号被封后，还利用新建小号继续直播。毋庸置疑，未经允许拍摄并在网上直播他人的性活动视频，属于性质恶劣的侵权行为，不仅严重侵犯了当事人的隐私权益，而且涉嫌侵犯公民个人信息罪、传播淫秽物品罪等

---

〔1〕 参见王煜：《不雅视频外泄女子自杀　涉事辅警被拘　河北馆陶县一辅警在执行巡逻任务时，擅自对车内男女录像；大队长停职；当地成立专案组立案调查》，载《新京报》2016 年 9 月 4 日，第 A15 版。

罪名。若上述直播行为基于牟利目的，则可能涉及传播淫秽物品牟利罪；若在直播过程中，伴有公然侮辱等有损人格情节的，还可能涉嫌侮辱罪。

三、直播平台的隐私责任

（一）水滴直播的隐私风波

显然，无节制的网络直播平台为侵权违法甚至犯罪预留了极大的潜在风险。2015 年，在名为"俺瞧瞧"的视频直播网站上，餐厅、商场、酒店大堂等公共场所的实时监控画面均可查看，云南、江苏、湖南等多地视频被 24 小时直播，甚至连国外的监控画面也能看到。该网站客服表示，其直播链接大多来自水滴直播、萤石直播、百度云直播等网站的公开视频转载。尽管"俺瞧瞧"网站在隐私泄露的舆论质疑声中最终关闭，但其他直播平台的隐私直播仍在继续。在萤石直播界面上，幼儿园、戒网瘾学校教室等均被上网直播；在爱耳目直播平台，老年公寓操作间、家政保姆店等也都有实时直播。[1]

2017 年 5 月，"水滴直播"被曝在线播放教室、游泳池、内衣店、医务室、诊所、酒店大堂等实时监控视频，甚至一些短租公寓室内这样较为私密的场所也被直播，而顾客对此却一无所知。水滴直播是 360 公司打造的视频生活直播秀平台，无需特别审核即可以一键开启直播间，通过视频直播可与全网观众分享与互动。360 公司开发了多款智能摄像机，方便用户查看家中的老人、孩子及宠物等的情况。当用户购买安装摄像机，下载手机 App 软件注册登录后，再选择"连接我的摄像机"，即可在手机上看到实时监控画面；通过申请公众账号并把链接发给对方，还可与他人共享监控画面。水滴直播同样基于此类智能监控设备，用户可选择开启智能摄像头的直播功能，则监控画面就进入了水滴直播平台，全网都可共享实时画面，且每个直播均有台号，方便用户与网民搜索。《一位 92 年女生致周鸿祎：别再盯着我们看了》的帖文指出，很多餐厅、网吧、健身馆的老板在用 360 智能摄像机进行店内直播，而且大多数"入镜"的消费者并不知情。在水滴平台的商家频道，有不少美

---

〔1〕　参见李玲等：《教室、游泳池、按摩馆、成人用品店、诊所、酒店……你随时可能被直播　南都调查发现公共摄像头被用于网站直播，而被直播对象往往并不知情；专家称这涉嫌侵犯隐私权与肖像权》，载《南方都市报》2017 年 4 月 26 日，第 A11 版。

甲店、盲人按摩及成人用品店都在实时直播。一家名为"技师学院医务室病房"的直播台关注人数为 2000 余人，共获得 14 万余次观看，且在直播群聊中有网友评论称"看监控跟看电视剧一样刺激"；另一名为"夏娃之秀内衣店"的直播被观看 8 万余次，这是位于甘肃白银的一家内衣实体店。[1]无论是公共场所还是私人空间，均可能置于在线直播、全民观看之下。"比如盲人按摩室、医院这样的地方，因为按摩、打针是治疗行为，属于一件比较私密的事情，当事人并不一定愿意把治疗过程公之于众。"[2]

针对消费者的精准监控，难免存在敏感信息的泄漏风险，如顾客的付账密码一经视频放大则可能被泄露。360 公司回应称，直播是智能摄像头的重要功能，但默认设置是关闭的；直播功能是否开启，完全由用户自主决定。水滴平台上的内容直播由实名注册用户登录后主动发起，且为避免错误操作导致隐私泄露，在最后直播前尚需用户几次确认。360 公司还要求直播用户必须尽到直播告知的义务，避免个人隐私的不当泄露，否则将被封禁；并且，用户需在直播区域设置明显提示，如张贴告示让顾客知晓正在直播。但即使单方面张贴了直播告知，亦非等同于征得消费者许可。商家张贴直播告示，实质上属于格式条款，不能排除消费者权利。只有商家对每一位顾客详细告知直播的时间、内容及可能出现的网友评论等才算是尽到告知义务，但这显然不现实。而事实情况却是，很多餐厅、网吧、健身房的直播现场根本无任何直播告示，当消费者得知"被直播"时，引发与商家的争吵冲突，而商家则将责任推给水滴平台。360 公司对此认为，顾客不知自己正被直播，则是因为商家未尽到告知提醒义务，由此在 360 公司与商家之间出现责任推诿。尽管《360 智能摄像机免责协议》要求用户"不得侵犯他人的肖像权、名誉权、隐私权、商业秘密或其他任何合法权益等。用户违反前述约定给国家或他人造成损害的，应自行承担全部责任。奇虎智能无需承担任何责任"；但是，这一单方的免责声明是无效的。如果隐私信息的直播侵权是显而易见的，水滴直

---

〔1〕 参见李玲等：《教室、游泳池、按摩馆、成人用品店、诊所、酒店……你随时可能被直播 南都调查发现公共摄像头被用于网站直播，而被直播对象往往并不知情；专家称这涉嫌侵犯隐私权与肖像权》，载《南方都市报》2017 年 4 月 26 日，第 A10~A11 版。

〔2〕 参见李玲等：《教室、游泳池、按摩馆、成人用品店、诊所、酒店……你随时可能被直播 南都调查发现公共摄像头被用于网站直播，而被直播对象往往并不知情；专家称这涉嫌侵犯隐私权与肖像权》，载《南方都市报》2017 年 4 月 26 日，第 A11 版。

播平台则不能以"视而不见"为由推脱责任；若私密信息通过直播平台传播出去，则直播平台与拍摄网民构成共同侵权。"如果网络摄像头的范围超出了自己的私人空间，把别人也摄录在内，并且未取得当事人同意，那么就可能侵犯了他人权利。"[1]即使在家庭监控等私人场所，若家庭成员中有不知情者，亦可能涉嫌侵权。基于智能监控终端的直播平台存在被恶意利用的可能，2017 年 12 月 360 公司主动宣布永久关闭水滴直播。

（二）青果平台的隐私泄露

"水滴直播"风波之后不久，"青果直播"步其后尘，同样是在用户不知情时曝光私密生活。在购买青果摄像头后，通过扫描二维码即可按照指引安装直播 App 及绑定手机，被摄像头监控的实时画面可轻松实现平台直播。而且，不需任何验证，只要打开青果 App 的直播栏目，就能清晰地看到其他用户的直播。然而，有青果摄像头的多名用户向媒体反映，自己在家的生活被放在网上同步直播。自 2017 年起，某上海用户家庭内部的私密生活即在青果平台在线直播，正对客厅的摄像头竟记录并直播了女主人从怀孕到哺乳的整个过程；"围观"的网友在评论区截图点评女主人坐在沙发上的哺乳行为，甚至出现不少露骨评论，而被直播的用户一家对此毫不知情。[2]原本用于全天候观察家中小孩、老人及宠物实时情况的青果摄像头，却成了曝光个人隐私的利器。上述个案并非孤立，除宠物、街景、风景和路面状况等直播内容外，青果平台还有不少门店、营业厅、服装店甚至家庭内部的直播视频。其中，家庭内部直播的观看人数最多，众多网友还会在弹幕区点评交流，甚至一些出格画面被截图贴在评论区。

继 360 水滴摄像头之后，青果摄像头的直播风险同样引发关注。《青果摄像机服务协议》载有关于用户隐私的内容，即用户将青果摄像机所拍摄的内容，通过本服务的分享类功能提供给特定或不特定的第三方时，应基于自身的谨慎判断，妥善保管和分发功能所产生的链接地址、二维码等，并自行承

―――――――――

〔1〕　参见李玲等：《教室、游泳池、按摩馆、成人用品店、诊所、酒店……你随时可能被直播 南都调查发现公共摄像头被用于网站直播，而被直播对象往往并不知情；专家称这涉嫌侵犯隐私权与肖像权》，载《南方都市报》2017 年 4 月 26 日，第 A11 版。
〔2〕　参见《女子在家哺乳遭直播，却毫不知情！平台辩称：我们小字提示了…》，载 https://news. dahebao. cn/dahe/appcommunity/1241308，最后访问日期：2024 年 9 月 27 日。

担因此造成的一切后果。据青果直播平台运营商介绍，直播权限分"完全开放"与"需要验证"两个选项；若用户同意直播则需手动勾选与确认"完全开放"选项，且直播画面会出现小字提示："所有人都可以在广场看到您的直播。"[1]然而，用户的勾选操作以及平台的"小字提示"，并不意味着征得了所有用户的真实同意，不能排除有些用户不了解摄像头使用功能、未注意到平台提示或误操作点击等情况。所以，直播平台预设的上述风控措施不能成为其规避侵权责任的理由，反而使用户直播蕴含了难以控制的隐私风险。因此，即便平台在征得直播同意时有"小字提示"，如果侵犯了用户的隐私，依然要承担侵权责任。当使用青果摄像头的用户隐私被悄然曝光于网络空间时，直播平台因未实际征得被拍摄者同意而仍须担责。青果平台承认，用户直播的操作说明并未获得所有用户的完全理解。在直播从默认的关闭状态设置为公开直播的操作步骤中，部分用户在没有理解公开直播真正含义的情况下，盲目设置了公开直播。与此同时，青果平台存在对直播画面与评论内容的检查审核漏洞。因此，青果直播平台对在该隐私事件中被波及的用户群体表示歉意，并于 2018 年 9 月宣布全面关闭直播服务并永久停止运营。不过，类似的直播平台并不止水滴、青果两家。继水滴直播、青果直播风波后，萤石直播等视频平台选择了观望。2017 年 12 月，萤石直播因视频平台升级调整，暂停受理用户发起的公开视频申请，并调整部分频道内容，下线部分视频。这或许可看作对隐私直播事件的某种回应措施。至少在直播技术尚不足以防控隐私泄露之时，类似的直播平台暂时进入休眠状态，不失为权宜之计。

四、自媒体直播的侵权诱因

在全民直播时代，社会的隐私保护意识并未跟上自媒体传播的发展速度，这势必导致隐私侵权现象进入高发期。

（一）直播的逐利动因

在全民直播时代，直播已不仅是年轻人的娱乐方式，同样是一些"网红"商家的谋利手段。比如，有的餐厅为扩大店面宣传而直播毫不知情的食客吃

---

[1] 参见《女子在家哺乳遭直播，却毫不知情！平台辩称：我们小字提示了…》，载 https://news.dahebao.cn/dahe/appcommunity/1241308，最后访问日期：2024 年 9 月 27 日。

相，引发网友围观；顾客在不知不觉中充当了直播的"群众演员"，成为商家博取关注、招揽生意的"道具"。[1]很少有顾客情愿自己的不雅吃相被网友大量转发，而商家的隐蔽直播违背了他人意愿，使其成为调侃、取笑的对象。然而，欺骗、愚弄消费者的视频直播一旦引起粉丝关注，则主播可能获利粉丝打赏；对一些公共镜头的直播亦有粉丝打赏。视频公开直播还能为商户进行免费的广告宣传，吸引更多的粉丝关注。山东无棣名为"小马哥的淘宝店直播"的主播称，视频分享"就是变相做广告"，其仓库监控视频有1000多人观看；安装摄像头不仅为监控仓库情况，更可顺便以直播作宣传。[2]而对于直播平台来说，一旦聚集大量人气，在粉丝流量的牵引下，直播平台可进行商业营销或植入广告，以此获取利润。可以说，对于商业逐利而言，视频直播的平台与网民可实现"双赢"。比如，在萤石平台上，商务推广的直播收费以直播点为最小单位进行计算，而一场直播消耗的直播点等于直播时长乘以最大同时在线观众数，支付总价即等于需要消耗的直播点乘以直播点的单价；比如，一场直播时长为2小时，最大同时在线观众数为100人，每个直播点的单价为10元的直播，就需要支付商业费用2000元。[3]由此，"自媒体空间的隐私侵犯行为已经不仅仅是基于窥探他人的好奇心，利益的驱使成为主要原因。"[4]

（二）违法成本较低

自媒体直播的即时性、低门槛、传播快等特点，使越来越多的网民加入直播行列。然而，面对频频发生的直播侵权事件，被拍摄者大多选择默认、漠视与放纵的态度。极低的违法成本加上较高的利润诱惑，共同驱使直播侵权愈演愈烈。一方面，隐私侵权的违法成本很低；另一方面，个人隐私的维权成本却很高。除互联网隐私侵权的民刑边界仍较为模糊外，受害者的诉讼

---

〔1〕　参见天歌：《对"侵权式直播"说不》，载《北京青年报》2019年5月6日，第A2版。

〔2〕　参见李玲等：《教室、游泳池、按摩馆、成人用品店、诊所、酒店……你随时可能被直播 南都调查发现公共摄像头被用于网站直播，而被直播对象往往并不知情；专家称这涉嫌侵犯隐私权与肖像权》，载《南方都市报》2017年4月26日，第A11版。

〔3〕　参见李玲等：《教室、游泳池、按摩馆、成人用品店、诊所、酒店……你随时可能被直播 南都调查发现公共摄像头被用于网站直播，而被直播对象往往并不知情；专家称这涉嫌侵犯隐私权与肖像权》，载《南方都市报》2017年4月26日，第A11版。

〔4〕　高斌：《我的信息谁做主：自媒体侵犯隐私权的法律规制研究》，中华工商联合出版社2023年版，第123页。

成本较高，且往往面临电子证据收集困难、赔偿标准难以精确计算等问题，这进一步助推直播侵权有恃无恐。

（三）低俗的偷窥欲望

在视频直播的背后，充斥着利益考量与欲望驱使。在无节制的直播画面中，潜藏的是低俗观众的无尽欲望。从商场、饭店到客厅，全方位的直播给别有用心的窥私者提供了"任意门"。在北京西城区一家涮肉店里，360 旋转摄像头对准一对年龄差较大的男女顾客；当女顾客向男顾客喂饭时，弹幕上飘起"那女的不会是小三吧"的评论。[1]浙江杭州某小区家庭视频直播显示，一男一女身穿睡衣在房间里活动，整个过程被拍得一清二楚，但这对男女似乎毫不知情；该视频下方标记已有"赞 145、关注 260、观看 23 129"。[2]由此，泄露个人私密视频直播或多或少迎合了一些受众的窥私欲望与恶俗趣味。

五、自媒体隐私直播的治理

可以说，360"水滴直播"事件集中反映出自媒体时代隐私权保护的重要意义。实际上，基于智能摄像系统的视频直播技术是一把"双刃剑"，360 监控摄像头的应用对于防范幼儿园"虐童事件"确有可取之处。然而，若不加限制地开启直播，无疑又会给隐私保护带来严重冲击。网络直播平台的规范与治理涉及多个职能部门，需要明确划分部门之间的职责权限，建立线上线下同步惩戒的联动执法机制。

首先，提升行业自律水平。作为新媒体形式的网络直播依旧没有摆脱流量经济的思维，行业与商家自律亦未能跟上流量增长的步伐。自媒体直播并非可以随心所欲、毫无节制，而必须审慎地把握道德与法律的尺度。根据北京市网络文化协会发起的《网络直播行业自律公约》，网络直播间必须做到以下要求：明确"水印"标识，视频内容存储时间不少于 15 天备查；所有主播

---

〔1〕 参见陈伟斌、黄小星：《90 后怒怼"水滴直播"侵犯隐私，钱报记者调查——杭州有商家直播顾客一举一动 律师表示其行为侵犯隐私权和肖像权；360 公司回应称一直有举措避免隐私不当泄露》，载《钱江晚报》2017 年 12 月 13 日，第 A2 版。

〔2〕 参见陈伟斌、黄小星：《90 后怒怼"水滴直播"侵犯隐私，钱报记者调查——杭州有商家直播顾客一举一动 律师表示其行为侵犯隐私权和肖像权；360 公司回应称一直有举措避免隐私不当泄露》，载《钱江晚报》2017 年 12 月 13 日，第 A2 版。

必须实名认证；对于播出涉政、涉枪、涉毒、涉暴、涉黄内容的主播，情节严重者列入黑名单；审核人员对平台直播内容进行 24 小时实时监管。应当说，这一公约对于强化商家和网民自律意识有积极的引导价值。其次，强化平台责任意识。网络直播作为分享经济的一部分，直播平台的责任不可或缺。"从侵权构成来看，安装启动监控探头，把视频上传到直播平台的商家是第一责任人，直播平台则构成帮助侵权。"〔1〕所以，直播平台对于被认定为侵权违法甚至犯罪的拍摄行为应予以制止和删除。2023 年 8 月，抖音公司发布《户外直播管理规范》，加强对直播账号及内容的管理，从严整治户外低俗直播乱象；针对低俗搭讪、恶俗"PK"及恶意炒作等行为（包括但不限于不经对方同意直接上前搭讪拍摄，并坚持追拍、偷拍；在直播"PK"中执行刺激性互动游戏，刻意制造低俗"PK"氛围；刻意在直播间制造矛盾对立，以叫嚣、约架等方式带动不良直播气氛，吸引用户线上或线下围观），平台不再进行警告等提示，而视严重程度直接进行短期或长期封禁。最后，用户亦需提高安全防范意识，选择正规商家购买监控摄像设备，并设置复杂密码并经常更换，避免家用摄像头对准隐私区域。

第四节　网络自媒体的色情报复

随着社交媒体的日趋普及，色情报复现象日益引发关注。鉴于色情报复构成对受害者隐私的严重侵犯，各国立法普遍注重规制社交网络的报复性色情传播行为。谷歌、脸书等媒体平台依托技术优势，亦加入对抗色情报复的行动。

一、网络色情报复的界定

所谓色情报复，是指基于报复动机，未经他人准许而将其裸照、不雅视频等涉及性内容的图像上传至网络，旨在引起不特定的多数人浏览与散播的行为。色情报复的主要目的在于，通过发布对方私密照、全裸照或性视频等隐私来发泄不满与仇恨情结，借以羞辱报复对方，使其陷入出丑难堪、焦虑

---

〔1〕　范天娇、李金鑫：《警惕监控摄像上传隐私被"围观"》，载《法制日报》2018 年 1 月 7 日，第 7 版。

惶恐甚至悔恨痛苦的境地。色情报复大多因情侣或配偶分手引起，一方出于报复动机而在对方不知情的情况下，即将其裸照或其他性私密视频发送给亲友或社交网络，意图引起大范围传播，以使对方羞于面对亲友、同事及生活环境，从而严重扰乱对方的正常生活。

作为双方关系交恶的仇视表现，色情报复无疑侵犯了受害者的隐私权益，不仅对受害者的人际交往与生活状态造成严重侵害，且往往对受害者造成极大的身心伤害，在极端情况下甚至诱发抑郁自杀。由此，色情报复后果严重，可能对受害者的工作、生活与身心健康产生长期的负面影响。伴随社交账号的广泛应用，网民对自媒体表达的滥用促使"艳照门"不再是明星专利，社会生活的普通人同样可能成为色情报复的受害者。在由电子数据构建的虚拟世界，任何亲密关系均存在被羞辱或敲诈的风险。然而，社交网络滋生的色情报复，并非简单的私密图片、视频传播的问题，而往往与侵犯公民个人信息、敲诈勒索、侮辱等违法犯罪相伴而生。比如，美国加州某色情报复网站允许网民匿名发布前交往对象的照片与视频，并配上受害者姓名、年龄、住址以及其他个人信息。该网站开办者同时经营另一个网站，并联系受害人，告知其若想删除私密图像，则必须支付相应报酬。2015 年 4 月，该网站开办者因盗窃身份信息和敲诈勒索被法庭判处 18 年监禁。[1] 由此，网络色情报复往往与传播淫秽物品、侵犯公民个人信息、敲诈勒索等违法犯罪纠合衍生。

二、色情报复的规制立场

基于色情报复的严重危害，各国普遍对其保持高压态势。多国立法均对色情报复持否定立场，甚至将色情报复行为入罪。在德国，某女子在与摄影师前男友分手后，要求删除为她拍摄的包括裸照及性图片等在内的所有照片。2015 年 12 月，德国联邦最高法院判令摄影师男友必须删除裸露、只着内衣和性活动前后的图像。这一判决确认情侣分手后有权要求对方删除交往时拍摄的私密照片，从而对阻遏复仇色情的蔓延带来了重大改善。法院认为，这些私密照片无疑仅限于私人用途，而不是用来公开或散播；即使摄影师无意公开或散播，其仍无权持有这些照片，因为持有这些照片即意味着摄影师对前

---

〔1〕 参见《美国男子开黄网发布万张艳照　被判处 18 年监禁》，载 http://www.xinhuanet.com/world/2015-04/05/c_127657814.htm，最后访问日期：2024 年 9 月 28 日。

女友仍有一定的控制权，可能会在未来进行威胁与恐吓。而且，这些照片的删除并不侵犯摄影师的艺术专业自由，因为这些照片的背景涉及私人关系，而艺术自由并非毫无边界。不过，摄影师男友可持有衣衫完整的出游照与合照等，这些照片并不涉及名誉损害。据此可以认为，私密照片的所有权随着双方恋情关系的结束而终止；若对方悄然备份了私密照片，一经发现则需担责。[1]

三、社交平台的过滤责任

色情报复的受害者时常抱怨，想从网络上清除私密照片非常困难，一些网站对删除照片的请求往往置若罔闻；有时候，删除请求的延迟回应反而引起更广泛的注意兴趣。显然，这是社交平台怠于履责的表现。

（一）平台的清理义务

一些平台认为，报复性色情图片侵犯个人隐私，属于情绪化的恶意攻击，只能让以女性为主的受害者受损，因此应将那些未经受害者同意的裸照视为与银行账号及署名等相类似的个人敏感信息。对于色情报复图片或视频的清理，社交网络平台责无旁贷。一旦私密照片或视频确认并非本人自愿上传，即应及时支持受害者的删除请求。不少网络平台已意识到色情报复的严重危害，着手管制此类行径。2015 年 3 月，推特平台明确禁止用户上传他人的私密照片和视频，除非征得本人同意；推特网站的信用安全小组全天候处理此类举报，若举报属实将即刻隐藏相关内容，并封掉违规者账号。同年 6 月，谷歌公司亦宣布根据报复性色情图片受害者的请求，将含有不雅照片或视频的网站链接从搜索结果中删除。

（二）平台的技术识别

尽管尚无智能技术能够精准分辨报复性色情图像和裸体艺术图片，但面对自媒体空间的海量图影信息，平台运营商难以雇请足够的人手进行人工监察。因此，对于阻止报复性色情传播而言，优化平台的智能识别技术仍是必要的。针对儿童虐待图像，微软公司曾开发"PhotoDNA"系统，通过寻找类似或相同的图片来自动检测违规图片，甚至还能检测出做过改动的图像；当

---

〔1〕 参见《德法院严打"复仇色情"：情侣分手后需删光裸照》，载 https://news. cri. cn/20151225/7d899945-dc2f-a05c-4c1b-41b8a200ae14. html，最后访问日期：2024 年 9 月 15 日。

儿童保护组织标示新的色情图像时，利用数据合并与共享技术，该系统也能对其及时定位。然而，面对非自愿的色情报复问题，Twitter 等社交媒体平台尚无有效的技术解决方案。专注提供游戏聊天服务的美国 Discord 公司指出，分享色情报复图片的活动已从"Anon-IB"等论坛转移到 Discord 游戏聊天平台，并蔓延至一些专属于特定大学、州或其他地点的聊天室。因此，Discord 公司愿与同行合作开发技术方案，来限制并最终铲除此类非法内容。[1]

近年来，Facebook 平台因存在报复性色情以及儿童色情图片等问题一直饱受指责。澳洲网络安全委员会曾调查发现，在当地 18~45 岁的女性群体中，1/5 是色情报复的受害者，而其中 53% 的个案发生在脸书平台。[2]作为全球性的大型社交网络，Facebook 平台阻止色情报复的责任可谓首当其冲。为此，脸书网站与澳洲政府合作，鼓励用户主动将自己的裸照或影像上传至脸书平台，用以保障用户免受其害。该项试验计划基于"相片配对技术"，任何曾在网络上与第三者分享色情照片的成年用户，均可主动向脸书呈交这些照片；只要用户将不想被曝光的裸照或私密照片透过脸书即时通信工具（Facebook Messenger）传送至自己账户，系统就会自动为每张照片进行编码，生成一个独一无二的数字指纹。当其他账号试图在 Facebook 和 Instagram 上传同一张照片时，人工智能系统即能自动识别出来并禁止其上传。实际上，该配对技术已用于禁止儿童色情与极端暴力内容的过滤系统。[3]在过去，Facebook 网站处理色情报复事件，一般仅是在收到用户举报后作删帖处理，而上述技术可从源头上禁止色情报复图像的流入。Facebook 团队发言人称，该技术算法还可用以检测尺寸大小调整过的图像或视频。为使该技术系统发挥作用，需要更多的用户或遭受过色情报复的受害者参与进来。尽管 Facebook 用户可自主选择是否参加计划，但该计划执行以用户先行将私密照片上传平台为前提；若平台不能很好地保护这些数据，则可能引发更大的灾难。Facebook 公司表示，用户上传的私密照片不会被保存，系统仅会将这些照片的数字代码储存下来，

---

〔1〕 参见《"色情报复"威胁大批女性 科技巨头们要如何解决?》，载 http://www.163.com/tech/article/DEMKIM7B00097U7R.html，最后访问日期：2024 年 9 月 8 日。

〔2〕 参见《脸书鼓励澳洲用户交出裸照 以免分手被放上网报复》，载 http://news.haiwainet.cn/n/2017/1109/c3541093-31173628.html，最后访问日期：2024 年 9 月 9 日。

〔3〕 参见《脸书鼓励澳洲用户交出裸照 以免分手被放上网报复》，载 http://news.haiwainet.cn/n/2017/1109/c3541093-31173628.html，最后访问日期：2024 年 9 月 9 日。

而有机会看到这些照片的仅是若干名经过特别训练的审核人员。

然而，"从统计数据来看，性犯罪的受害者很多都没那么放得开，或者不想暴露自己的脆弱性。"[1]即便平台不会保留照片副本，有些受害者仍不愿向平台提供私密照片。特别是 Facebook 公司曾被曝出"数据门"事件，数千万用户的隐私资料被另一数据分析公司非法窃取，Facebook 团队亦承认隐形数据被泄露的用户达 8700 万；随后，不少用户在网上一度发起卸载 Facebook 的运动。[2]由此，在"数据门"事件的阴影下，该项计划能否取得预期效果取决于广大用户的参与意向，而用户对平台的信任程度又决定了有多少人愿意将自己的裸照事先上传。可见，这一技术方案并非完美无瑕；Facebook 公司亦表示，目前的照片识别技术无法实现 100% 的准确率。事实上，微软、Google 和亚马逊等互联网平台也曾利用 AI 算法识别色情图像，亦未能达到很高的准确度。但无论如何，这一抵制色情报复的技术应用，体现了平台运营商的积极努力。为阻止色情照片的反复分享及可能衍生的威胁或勒索犯罪，社交网络平台应持续寻求精准识别技术的不断优化。

四、色情报复的立法禁令

从全球视野来看，色情报复已被多国立法评价为隐私侵权、行政不法乃至刑事犯罪。除对色情报复施以民事侵权救济以及行政处罚外，各国还适时将此类行为纳入刑事规制；不过，各国的刑事规制模式有所不同：有的国家另行通过新法案予以规制；有的国家则依据传统罪名定罪，如以色列立法规定对"复仇色情"以"性犯罪"的罪名起诉。

（一）国外的色情报复

在美国，大部分州均已立法把非自愿分享色情视频和图像的行为定性为刑事犯罪，但色情报复现象依然严重。2023 年 8 月，美国某男子将交往期间的前女友亲密照片上传社交媒体和成人网站，同时发送给前女友的家人和朋友，

---

〔1〕《"色情报复"威胁大批女性　科技巨头们要如何解决？》，载 http://www.163.com/tech/article/DEMKIM7B00097U7R.html，最后访问日期：2024 年 9 月 8 日。

〔2〕参见《Facebook 数据泄漏事件波及人数上升至 8700 万》，载 https://m.huanqiu.com/article/9CaKrnK7qgH，最后访问日期：2024 年 9 月 5 日。

被得克萨斯州法院裁定向前女友支付高达 12 亿美元赔偿金。[1]

在英国，色情报复事件正急剧增加。2015 年 2 月，据英格兰和威尔士地区八个警局的统计，在过去两年半中，有 149 起针对色情报复的指控。[2]色情报复受害者以女性居多，其中 2/3 不到 30 岁；加害者多为其前男友，男性受害者的数量约为女性的 1/8。[3]在赫特福德郡，某 40 多岁男子因将前女友的裸照发送给他人而受到警方警告；另有某 10 多岁男孩被控以在网上张贴裸照为要挟，敲诈其前女友。[4]事实上，利用手机等移动智能终端，色情报复侵害更容易实现。柴郡警方接获的报案称，某 12 岁女孩的裸照被发到脸书网站；某 13 岁女孩发现，自己的裸照及内衣照成了脸书网虚假账号的头像；北安普敦郡警方记录显示，有 13 名受害者的年龄在 11~19 岁之间；而高龄受害者亦不乏其人，某 61 岁男子和 67 岁女子分别向北安普敦郡警方报案称，其不雅照片被发布到网络上，发布者可能是他们曾经的伴侣。[5]为遏制色情报复发案，英国皇家检控署 2014 年 10 月发布《如何在现行法律框架内对"色情报复"提起诉讼》的指导政策；2015 年 2 月，英国议会还通过《刑事司法和法院法》，明确报复性色情行为属于刑事犯罪，行为人可能面临最高两年的监禁。

在日本，分手后将交往对象的裸照散布至网上的行为亦非鲜见。2014 年 11 月，日本众议院通过《隐私性图像记录提供受害防止法案》，旨在打击将私密裸照上传网络的色情报复。根据该法案规定，对于通过网络向不特定多数人提供特定拍摄或个人拍摄的性活动及类似性图像记录等行为，提供图像者将被处以 3 年以下徒刑或 50 万日元以下罚金；对出于扩散目的向特定人员提供图像记录的行为，则将处以 1 年以下徒刑或 30 万日元以下罚金。[6]日本福岛某

---

〔1〕 参见《公布前女友私照，美国男子因"色情报复"被判赔 87 亿》，载 https://news. ycwb. com/2023-08/17/content_52144175. htm，最后访问日期：2024 年 9 月 7 日。

〔2〕 参见《英刑法修正案生效 网络"色情报复"将被定罪》，载 http://www. chinanews. com/gj/2015/02-13/7061547. shtml，最后访问日期：2024 年 9 月 13 日。

〔3〕 参见张文智：《不雅照片和视频被肆意传播 英美日向"色情报复"宣战》，载《青年参考》2015 年 7 月 22 日，第 A7 版。

〔4〕 参见张文智：《不雅照片和视频被肆意传播 英美日向"色情报复"宣战》，载《青年参考》2015 年 7 月 22 日，第 A7 版。

〔5〕 参见张文智：《不雅照片和视频被肆意传播 英美日向"色情报复"宣战》，载《青年参考》2015 年 7 月 22 日，第 A7 版。

〔6〕 参见《日本众院通过打击"色情报复"法案》，载 http://japan. people. com. cn/n/2014/1119/c35467-26051493. html，最后访问日期：2024 年 8 月 29 日。

无业人员于 2015 年 1 月至 2 月在郡山市购物中心停车场分四次散发了约 130 张前女友的裸照和仅穿着部分衣服的照片，因违反上述法案遂被法院处刑，成为日本首例"色情报复"刑案。[1]另据警察厅统计，2015 年日本共接到 1100 多起有关"报复性艳照"事件的求助，其中受害者九成为女性，30 岁以下的受害者占到近六成，表明年轻女性成为主要的受害群体。[2]

（二）国内的色情报复

种种实践表明，色情报复已成为社交网络时代的共性问题。在自媒体应用日渐普及的我国，报复性色情图片的网络传播并不少见。2012 年 2 月，福建柘荣警方抓获恶意散发前女友裸照的浙江籍男子，因其不甘心"被分手"，即由爱转恨而将前女友的不雅照片上传 QQ，还邮寄给邻居、朋友等；照片在网上流传后，前女友及其家人万分羞愧，严重影响正常生活。[3]2018 年 8 月，江苏南京警方亦处置类似报案。某女青年在谈恋爱时将裸照发给男方，而后分手时，该男子出于报复，将裸照发到网上，并威胁称"敢报警就继续发"；警方表示，该行为侵犯公民隐私，情节严重的还可能涉嫌传播淫秽物品罪。[4]另据最高人民检察院第 34 批指导性案例，河北肃宁同村村民岳某与张某曾有过交往，在交往期间，岳某多次拍摄张某裸露身体的照片和视频。2020 年 2 月，张某与岳某断绝交往。岳某为报复张某及其家人，其通过微信朋友圈、快手 App 散布张某的裸体照片、视频连带侮辱性文字，并发送其家人。上述视频、照片的浏览量达到 600 余次，在当地迅速发酵；同时，岳某还多次通过电话、微信骚扰、挑衅张某的丈夫。张某备受舆论压力，不堪受辱而服毒身亡，而岳某最终因侮辱罪获刑。无独有偶，2021 年 10 月，江苏苏州某男子趁被害人睡着之际，偷拍显露被害人完整人脸信息的私密视频。因向被害人提出再次发生性关系遭拒，出于报复动机，遂将被害人的露脸私密

---

〔1〕 参见王欢：《日男子因涉嫌色情报复被判刑 系日本国内首例》，载 https://world.huanqiu.com/article/9CaKrnJLo3U，最后访问日期：2024 年 8 月 26 日。

〔2〕 参见《日本 1 年内发生千余起"不雅照"事件 受害者多为年轻女性》，载 https://news.cri.cn/2016-3-17/e67a9880-7377-b1f9-9e87-5086980f16f2.html，最后访问日期：2024 年 9 月 7 日。

〔3〕 参见李松、游兵林：《男子不满女友提分手 散发艳照为"复仇"》，载 http://www.chinanews.com/fz/2012/02-21/3687112.shtml，最后访问日期：2024 年 9 月 20 日。

〔4〕 参见《男子不满分手 在网上发前女友不雅照还妄想复合》，载 http://www.kankanews.com/detail/djQKDvV7bwO，最后访问日期：2024 年 8 月 24 日。

视频上传至境外色情网站，并为视频标注敏感性侮辱词汇；该视频被境外其他色情网站转载后点击量达2.3万余次，且在被害人的熟人之间传播。最终，法院判定该男子行为构成侮辱罪。[1]一般而言，色情报复的受害者大多是女性，但有时男性也会成为受害者。2016年2月，浙江杭州警方接到某男子报案称，其各种熟睡"裸照"被前女友上传散布到亲友手机、微信、QQ、微博中；因春节前刚和女友分手，前女友便利用其QQ号将"裸照"四处散发，殊不知该行为涉嫌侵犯他人隐私，可能面临拘留、罚款等行政处罚。[2]

五、色情报复的防范意识

在我国，色情报复的行为涉嫌侵犯个人隐私，依据侵害行为的不同情形分别涉及民事、行政与刑事责任。就刑事制裁而言，该行为涉嫌侵犯公民个人信息罪、传播淫秽物品罪、敲诈勒索罪、侮辱罪等系列罪名。除强化平台监管责任外，对色情报复的治理还应注重对报复者的惩戒教育以及对受害者的保护救济。对于色情报复者来说，应对其加强法治观念教育，确保"所有年轻人在学校里受到良好的性与恋爱教育，学会尊重他人、平等待人，并对相关法律有所了解"[3]。而对于色情报复的受害者而言，应对其加强自我保护宣教及维权支持。2015年2月，我国台湾地区民间组织妇女救援基金会建立名为"裸照外流不是你的错"的网络平台，为色情报复的受害者提供法律咨询。借助于类似平台，通过向女性群体提示私密照片可能上网外泄的潜在风险，使其知晓无论何时均应拒绝拍摄和留存各种私密图片或影像，如此一来，先行加强隐私保护意识可有助于色情报复的源头预防；而在遭受色情报复后，亦应使受害者知晓如何通过保存照片、视频截屏以及固定IP地址、发布时间、相关网址等记录来采集维权证据。此外，面对色情报复的图片或视频，呼吁民众遵守"不点阅、不分享、不下载、不谴责受害人"的原则，形成共同抵制色情报复的良好氛围亦是重要一环。

---

〔1〕参见丁国锋、罗莎莎：《将他人露脸隐私视频发黄网被认定犯侮辱罪　苏州检察依法全面保障"被网黄"女性人格权》，载《法治日报》2024年2月5日，第8版。

〔2〕参见陈雷、沈张黎：《分手后，前女友四处群发前男友裸照》，载《钱江晚报》2016年2月25日，第A8版。

〔3〕张文智：《不雅照片和视频被肆意传播　英美日向"色情报复"宣战》，载《青年参考》2015年7月22日，第A7版。

第五节　网络散布隐私的多元遏制

对于个人隐私的网络保护，我国构建起包括《中华人民共和国宪法》《民法典》《治安管理处罚法》《刑法》等在内的法律规范体系。2012 年 12 月，全国人大常委会《关于加强网络信息保护的决定》明确规定：国家保护能够识别公民个人身份和涉及公民个人隐私的电子信息；任何组织和个人不得窃取或以其他非法方式获取公民个人电子信息，不得出售或非法向他人提供公民个人电子信息。2017 年 6 月实施的《网络安全法》亦规定：任何个人和组织不得窃取或以其他非法方式获取个人信息，不得非法出售或非法向他人提供个人信息。

一、隐私侵权的民事归责

我国《民法典》明确规定公民享有名誉权和隐私权，禁止用侮辱、诽谤等方式损害公民名誉，且不得以刺探、侵扰、泄露、公开等方式侵害他人的隐私权。由此，"人肉搜索"不仅是不道德的行为，更属于侵犯隐私权的违法行为，也即通过自媒体网络散布他人隐私的行为构成民事侵权。2009 年引发社会关注的"蔡继明吧"案，即是隐私侵权的典型事件。政协委员蔡某呈交假日改革提案，建议变黄金周集中休假为分散休假，增加部分传统节日为法定节假日，全面推行带薪休假，引起社会关注。有网民在百度贴吧开设"蔡继明吧"，发表侮辱、诽谤文字及图片信息，蔡某手机号码、家庭电话等个人信息也被公布。蔡某曾委托梁某与百度交涉，但未予处理；梁某申请做"蔡继明贴吧"管理员，未获通过；梁某要求贴吧管理组删除侵权帖子，亦未获答复。2009 年 10 月，蔡某委托律师发送律师函，要求百度履行法定删除义务并关闭"蔡继明吧"；百度随即删除了"蔡继明吧"中涉嫌侵权的帖子。其后，蔡某起诉百度请求赔偿损失、关闭"蔡继明吧"、披露发布侵权信息的网络用户信息。在一审北京海淀法院看来，第一，立法并未课以网络服务商对帖子逐一审查的义务，故百度未违反注意义务。根据《互联网电子公告服务管理规定》，网络服务商仅需对电子平台上发布的涉嫌侵害私权的信息承担事前提示与事后监管义务，并提供权利人方便投诉的有效渠道。第二，蔡某要求百度提供侵权网络用户的个人信息，予以支持。第三，百度已删除侵权信息并采取屏蔽措施防止新的侵权信息发布，因而要求百度关闭涉诉贴吧于法无据，应允许公众通过各种渠道发表不同声音，只要不对蔡某本人侮辱及人身攻击即可。然而，北京市第一中级人民法院二审认为，百度公司在收到梁某投诉后未及时采取相应措施，直至蔡某委托发出正式的律师函，才采取删除信息等措施，在梁某投诉后和蔡某发出正式律师函这一时间段怠于履行事后管理的义务，致使网络用户侵犯蔡某的损害后果扩大，因此应承担相应侵权责任，最终判决百度公司赔偿蔡某精神抚慰金 10 万元。[1]

二、网络平台的保障义务

除加强公众的隐私保护意识外，社交网络平台对于公民隐私信息的防护亦负有重要责任。美国短视频应用平台"Musical. ly"因违反《美国在线儿童隐私保护法案》，未征得儿童家长同意，非法收集 13 岁以下儿童的姓名、电子邮件地址和其他信息，被美国联邦贸易委员会调查后与其达成和解，和解金达 570 万美元。[2]2022 年 6 月，美国参议院和众议院发布《美国数据隐私和保护法（草案）》（ADPPA）；2024 年 4 月，美国参议院和众议院又发布《美国隐私权法案（草案）》（APRA），这些隐私保护法案力图建立数据隐私和安全标准，为社交媒体巨头保护用户隐私施加更多压力。

在我国，《民法典》明确规定了网络平台的民事侵权责任，即网络用户、网络服务提供者利用网络侵害他人民事权益的，应承担侵权责任；网络用户利用网络服务实施侵权行为的，权利人有权通知网络服务提供者采取删除、屏蔽、断开链接等必要措施；网络服务提供者知道或应当知道网络用户利用其网络服务侵害他人民事权益，未采取必要措施的，与该网络用户承担连带责任。然而，在网络侵权违法事件激增的情势下，网络服务提供者往往以对侵权内容"不知情"为由适用"避风港原则"而规避责任。鉴于此，2020 年 12 月修正的《最高人民法院关于审理利用信息网络侵害人身权益民事纠纷案

---

〔1〕《利用信息网络侵害人身权益典型案例》，载《人民法院报》2014 年 10 月 10 日，第 3、4 版。

〔2〕 参见韩丹东、姜姗：《互联网时代未成年人信息泄露严重 专家建议 多措并举保障未成年人上网安全》，载《法制日报》2019 年 4 月 2 日，第 4 版。

件适用法律若干问题的规定》，确认了用户或服务商利用网络侵害隐私权的法律责任，并明确了网络服务提供者"知道或者应当知道"侵权事实的认定标准，从而为厘清网络隐私侵权的责任划分奠定了基础。与此同时，若网络平台怠于履行职责，还可能涉及行政和刑事责任。根据全国人民代表大会常务委员会《关于加强网络信息保护的决定》，公民发现泄露个人身份、散布个人隐私等侵害其合法权益的网络信息，或者受到商业性电子信息侵扰的，有权要求网络服务提供者删除有关信息或者采取其他必要措施予以制止。2013年7月工业和信息化部公布《电信和互联网用户个人信息保护规定》，亦明确电信业务经营者、互联网信息服务提供者应当采取措施防止用户个人信息泄露、毁损、篡改或者丢失。此外，国家网信办颁布一些自媒体规制文件同样明确了平台责任。根据2016年11月发布的《互联网直播服务管理规定》，互联网直播服务提供者应当保护互联网直播服务使用者身份信息和隐私，不得泄露、篡改、毁损，不得出售或者非法向他人提供。根据2017年5月公布的《互联网新闻信息服务管理规定》，互联网新闻信息服务提供者对用户身份信息和日志信息负有保密的义务，不得泄露、篡改、毁损，不得出售或非法向他人提供。另据2022年12月施行的《互联网跟帖评论服务管理规定》，对发布违法和不良信息内容的跟帖评论服务使用者，应采取警示提醒、拒绝发布、删除信息、限制账号功能、暂停账号更新、关闭账号、禁止重新注册等处置措施。由此，自媒体网络平台负有对涉嫌侵犯隐私的信息传播予以制止与删除的监管责任。

此外，根据《网络安全法》，未履行网络安全管理职责的违规者不但会受到行政处罚，如被责令暂停相关业务、关闭网站、吊销相关业务许可证或营业执照、企业或相关人员被处行政罚款等，若违规情节严重，还可依照《刑法》追究相应刑事责任。另据《侵犯个人信息解释》，网络服务提供者拒不履行法律、行政法规规定的信息网络安全管理义务，经监管部门责令采取改正措施而拒不改正，致使用户的公民个人信息泄露，造成严重后果的，应以拒不履行信息网络安全管理义务罪定罪处罚。

三、隐私散播的行政管制

早在1994年，国务院就发布了《中华人民共和国计算机信息系统安全保护条例》，随后又出台《计算机信息网络国际联网管理暂行规定》《计算机信息网络国际联网安全保护管理办法》《互联网信息服务管理办法》等行政法规，为保障网络信息安全奠定立法构架。随着自媒体的快速发展，近年来个人隐私信息被不断曝光于网络空间。为应对个人隐私网络泄露的风险，《电信和互联网用户个人信息保护规定》《互联网直播服务管理规定》《互联网论坛社区服务管理规定》《互联网用户公众账号信息服务管理规定》《互联网群组信息服务管理规定》《微博客信息服务管理规定》《互联网跟帖评论服务管理规定》等系列网络监管立法相继出台。例如，根据 2016 年 11 月发布的《互联网直播服务管理规定》，直播服务提供者、使用者不得利用网络直播服务从事危害国家安全、破坏社会稳定、扰乱社会秩序、侵犯他人合法权益、传播淫秽色情等法律法规禁止的活动，不得利用互联网直播服务制作、复制、发布、传播法律法规禁止的信息内容。

2021 年 8 月，全国人大常委会通过《个人信息保护法》，明确规定任何组织、个人不得非法收集、使用、加工、传输他人个人信息，不得非法买卖、提供或者公开他人个人信息。该法律成为包含自媒体在内的网络个人信息保护的基础法律，为规制社交平台的涉个人隐私不法活动提供了重要支撑。为加强对未成年人个人信息的保护，营造健康成长的良好网络环境，2019 年 8 月，国家网信办发布《儿童个人信息网络保护规定》，明确规定任何组织和个人不得制作、发布、传播侵害儿童个人信息安全的信息；网络运营者收集、使用、转移、披露儿童个人信息的，应以显著、清晰的方式告知儿童监护人，并应征得儿童监护人的同意。2023 年 9 月，国务院通过《未成年人网络保护条例》，规定网络服务提供者发现未成年人私密信息或未成年人通过网络发布的个人信息中涉及私密信息的，应及时提示，并采取停止传输等必要保护措施，防止信息扩散。据此，社交网络空间的未成年人隐私保护有了专门的立法依据。

此外，通过自媒体网络非法泄露与散播个人隐私亦属违法行为，而"人肉搜索"、直播隐私泄露以及色情报复等行为均在治安处罚之列。《治安管理处罚法》明确规定，偷窥、偷拍、窃听、散布他人隐私的，处以拘留、罚款。其中，对于一般的"人肉搜索"行为予以治安处罚，而对于造成他人自杀等严重后果的"人肉搜索"则应纳入刑事制裁。

四、隐私信息的罪名适用

在网络空间涉个人信息的违法犯罪日趋蔓延的情势下，我国《刑法》通过适时调整罪刑体系作出回应。2009 年 2 月通过的《中华人民共和国刑法修正案（七）》新增"出售、非法提供公民个人信息罪"和"非法获取公民个人信息罪"；2015 年 8 月通过的《刑法修正案（九）》将上述罪名统一合并为"侵犯公民个人信息罪"。根据《刑法》第 253 条之一，向他人出售或提供公民个人信息，情节严重的，构成侵犯公民个人信息罪；若将在履行职责或提供服务过程中获得的公民个人信息，出售或提供给他人，则予从重处罚。《侵犯个人信息解释》规定，向特定人提供公民个人信息，以及通过信息网络或其他途径发布公民个人信息的，应认定为"提供公民个人信息"。由此，通过信息网络或其他途径发布公民个人信息的"人肉搜索"、直播隐私泄露以及色情报复行为均纳入刑事评价，非法提供个人信息的此类行为一旦达到情节严重的程度，均可能涉嫌侵犯公民个人信息罪。

此外，通过网络非法披露个人隐私的行为还可能涉嫌侮辱罪、强制侮辱罪、传播淫秽物品罪、传播淫秽物品牟利罪等多项罪名，上述罪名在同一案件中还可能出现竞合情形。比如，2015 年 7 月，北京三里屯优衣库的不雅视频，最先在微博、微信朋友圈上传，借由自媒体的即时传播效应，迅速成为热点新闻事件。经查，该视频中的两名当事人在试衣间内发生性关系，并用手机拍摄了视频，之后，该视频在传递给微信朋友时流出，并被上传网络。最终，孙某因将淫秽视频上传至新浪微博，涉嫌传播淫秽物品罪被刑事拘留；其他三名涉案人员因传播淫秽信息被行政拘留。[1] 在此案中，视频上传行为既严重侵犯公民隐私，又严重破坏了社会风俗，根据当时的罪名规定，涉嫌非法提供公民个人信息罪与传播淫秽物品罪的竞合。再如，2017 年 5 月，被告人杨某与被害人"冰儿"在一款名为"完美世界"的网络游戏中"相识"并"结婚"。两人在游戏中以夫妻相称，且杨某向被害人索了多张裸照。同年 10 月，"冰儿"不愿再与杨某联系便将其拉黑，后者一直纠缠但均遭拒绝。同年 11 月，杨某为恐吓、报复"冰儿"，向两人均在的某 47 人微信群，两次发送被害人裸照并实施侮辱。广东深圳宝安区法院一审认定该行为构成强制

---

〔1〕　参见《优衣库不雅视频上传者被刑拘》，载《洛阳晚报》2015 年 7 月 20 日，第 B3 版。

侮辱罪，之后深圳中级人民法院维持了原审判决。[1]在本案中，该行为实则涉及侵犯公民个人信息罪、侮辱罪、强制侮辱罪、传播淫秽物品罪等多项罪名，因而本案定性存在一定争议，但结合本案实情，法院最终判定构成强制侮辱罪。另据《侵犯个人信息解释》，设立用于实施非法获取、出售或提供公民个人信息违法犯罪活动的网站、通讯群组且情节严重，应以非法利用信息网络罪定罪处罚；同时构成侵犯公民个人信息罪的，依照侵犯公民个人信息罪定罪处罚。

---

〔1〕 参见钟华、李磊：《公开传播女性身体隐私行为的定性》，载《人民法院报》2018年9月13日，第7版。

视频自媒体的色情传播

当前，短视频与直播平台的信息生产如火如荼，呈现出用户规模化、内容多元化、产业集群化的发展趋势。根据《第53次中国互联网络发展状况统计报告》，截至2023年12月，我国短视频用户规模为10.53亿人，占网民整体的96.4%；网络直播用户规模达8.16亿人，占网民整体的74.7%。其中，电商直播用户规模为5.97亿人，占网民整体的54.7%；游戏直播用户规模为2.97亿人，占网民整体的27.2%；真人秀直播用户规模为2.00亿人，占网民整体的18.3%。无论是传统的大众媒介，还是新兴自媒体，均将视频业务作为信息内容产销的战略支点，也即媒介传播正全面朝向智能视频化重塑与转型。基于视频信息传播的特定优势，在传统主流媒介与门户网站力推短视频与直播平台的同时，短视频制作及在线直播同样成为自媒体领域的"重头戏"。"各类短视频平台的发展颠覆了用户获取信息的方式和习惯，研究发现：短视频类自媒体用户活跃度较高，存在社会介入与社会参与的意愿基础；短视频作为新型传播形式，也具备作为新型社会治理模式的优越条件。"[1]不过，在视频自媒体的创新发展与风险管控的矛盾权衡中，视频自媒体的乱象丛生与色情传播成为亟待正视与消解的棘手问题。

---

〔1〕　孟艳芳、徐新苑：《颠覆与重构：短视频类自媒体参与新型社会治理的趋势研究》，载《新闻论坛》2022年第6期。

第一节　视频乱象与色情直播

在自媒体领域，短视频平台和直播平台可合称为视频自媒体。在视频、音频直播行业快速发展的同时，各种低俗乱象相伴而生，甚至成为滋生违法犯罪的温床。一些挑逗暗示、画面露骨甚至污秽不堪的直播内容，正在将视频自媒体推向口诛笔伐的风口浪尖。

一、视频自媒体的崛起

作为信息内容的视频呈现方式，短视频传播与直播相比门槛更低、内容更趋多元，但与受众粉丝的互动性不及直播模式。在智能移动通信技术的支撑下，短视频与直播模式不断交叉融合、共生发展，呈现"直播+短视频"与"短视频+直播"等媒介样态。前者以直播为主、短视频为辅，主打直播秀场，其盈利主要依靠直播间的礼物"打赏"以及小部分广告收入和衍生出的"一对一"式付费直播；后者则以短视频为主、直播为辅，重在打造优质视频内容，其盈利主要依靠广告收益，外加部分平台补贴或电商收益。

随着短视频的广泛应用，社交媒体的视频与音频等信息载体逐渐与文字、图片等传统载体分庭抗礼。"短视频最大的特点就是能够完整地把当时的场景展现在自己的社交圈子内。"[1]与传统视频生产方式相比，网络短视频制作与技术成本较低，但传播与分享却非常便捷，为网民用户随手拍摄新闻事件、随时记录生活瞬间提供了可能；特别是短视频可视可感，"不同的特效、声效、视频编辑功能，可以更好地满足人们的多元表达需求。"[2]同样地，带有强烈即时感的网络直播更进一步满足了受众面对面、随时随地、互动分享等交流需求，一经推出便受到网民的极力追捧，成为自媒体用户生活娱乐的新方式。2024年3月，第十一届中国网络视听大会发布的《中国网络视听发展研究报告（2024）》显示，截至2023年12月，我国网络视听用户规模达10.74亿，网民使用率达98.3%；全网短视频账号总数达15.5亿个，职业主播数量达1508万人，主要短视频平台日均短视频更新量近8000万，日直播

---

[1]　郑峰：《新媒体时代下网络微视频生态研究》，北京工业大学出版社2019年版，第121页。

[2]　郑峰：《新媒体时代下网络微视频生态研究》，北京工业大学出版社2019年版，第109页。

场次超过 350 万场。由此，网络视听作为"第一大互联网应用"的地位愈加稳固。另据上述报告，2023 年移动端网络视听应用人均单日使用时长为 187 分钟，超过 3 小时；其中短视频应用的用户黏性最高，人均单日使用时长为 151 分钟，短视频对受众的影响力由此可见一斑。

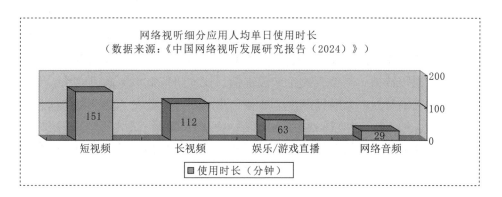

然而，与传统视频网站不同，自媒体短视频的商业模式呈现多元互通性。"最初是微视频搭载社交网站成长，到今天变成了建立专门的微视频平台，将传播微视频变成专门的社交手段，并且依靠微视频的传播，积累视频点击和评论人气也成就了一批网络主播。"[1]用户在观看短视频的同时，能随时切换到主播的直播平台、电商平台。也即，短视频平台更重视内容生产的社交性，粉丝与主播可实时互动；平台亦为用户提供了视频剪辑与美化、视频推广等服务支持，以及广告植入、粉丝打赏、电商推广、平台补贴等多元化的营利模式。[2]在流量变现的驱动下，视频自媒体可谓迅猛发展，涌现出抖音、快手、虎牙、斗鱼、花椒以及西瓜视频、好看视频等一大批较有影响的短视频平台。在用户规模不断接近"天花板"的情势下，基于激烈的行业竞争，视频自媒体运营商开始在细分领域深耕，其中网络游戏成为头部短视频平台的首选。诸多短视频平台开设直播窗口，以商业化方式召集、组织游戏主播直播市场上的热门游戏。网络游戏拥有广大的用户群体，用户黏性强、变现成功率高，为视频自媒体运营者带来了巨大商机。除电商游戏直播外，各大视

---

[1] 郑峰：《新媒体时代下网络微视频生态研究》，北京工业大学出版社 2019 年版，第 102 页。
[2] 参见郝天韵：《游戏短视频火热，谁为内容生产者"买单"》，载《中国新闻出版广电报》2019 年 10 月 10 日，第 7 版。

频平台还进一步向综艺、影视、音乐、动漫、文学等细分领域延伸，形成了短视频与众多内容品类协同发展的传播格局。

二、视频自媒体的乱象丛生

作为新兴的自媒体类型，网络直播在主体草根性、传受互动性、内容多元性、场景丰富性等方面独具优势。网络直播可实现主播与用户充分互动，观众既可留言评论，亦可赠送礼物"打赏"，甚至可与主播一起做游戏。相较于传统的视频转播，网络直播生产成本低、技术门槛低、传播速度快、变现能力强，特别是为广大网民提供了展示自我的平台，激发了受众参与信息传播的活力。近年来，"直播+教育""直播+公益""直播+扶贫""直播+非遗"等模式日臻成熟，网络直播的积极价值和社会效益日益凸显。然而，与视频行业的迅速发展极不相称的却是违禁直播的乱象频出。

（一）直播乱象的衍生

在"人人都是主播"的自媒体时代，主播用户素质的参差不齐致使各类网络直播泥沙俱下。曾因浮夸吃猕猴桃的视频爆红的"郭老师"，以怪异语调述说"郭言郭语"，竟靠着在直播中飙脏话、比划下流动作等低俗风格圈粉700多万，成为所谓的"头部网红"；然而，这种审丑路线突破了公序良俗的边界，终遭全网封杀。[1]在一些主播的连麦"PK"中，不仅脏话连篇、辱骂不断，而且五花八门的低俗惩罚无法直视，包括"跑步抖胸、现场脱内裤、将内裤塞进嘴里、喝超过身体负荷的水、大量吃辣酱等刺激性食品、用刺激性物品涂抹眼睛等。还有扮丑的、穿奇装异服的、虐杀小动物的……"[2]。一些短视频为吸粉引流，竟不惜以"残忍虐猫"收割流量，甚至明码标价让宠物救助人群"为猫续命"；然而，以猎奇享乐、博取关注为目的的虐猫视频，不仅加剧了网络戾气，而且伤害了公众情感。低俗、负能量的短视频或直播由此可见一斑，所谓的"土味"视频实则充斥着暴力、色情与扮丑。

实际上，在直播狂欢的背后，更折射着网络企业及用户对经济利润的角

---

〔1〕 参见王言虎：《"郭老师"被封，审丑式路线走不通了》，载《深圳特区报》2021年9月6日，第A6版。

〔2〕 参见韩丹东、王意天：《色情低俗负能量，网络短视频怎么了 网络主播靠负能量引流调查》，载《法治日报》2021年10月26日，第4版。

逐。网络直播市场巨大、利润丰厚，各个视频平台竞争激烈。从衣着暴露、做出性感动作到号称"线上打赏线下可约"，从连麦"PK"人身攻击到"离媛"等各类"媛"剧本，不少低俗短视频或直播的动因正是吸引流量。"对脏黑自媒体来说，有钱乃大，娱乐至死，可以无所不用其极。"[1]2019年，宁夏西吉网络主播"沙沟二哥"在直播中自称是县拆迁办人员，捏造"县政府已下文将对老虎沟居民区进行拆迁"，因扰乱公共秩序而被行政拘留；同年4月，宁夏海原某夫妇网上直播徒步赴海南三亚旅游，在行至湖北襄阳时为博取更多关注，自导自演地报假警称"手机在直播中被人抢走"，后被处以罚款。[2]当受众厌倦了"猎奇""反常识""标题党"等吸粉套路，他们便开始挑战新高度。为吸引粉丝关注，抽烟、卖珠宝、烧汽车、喝辣椒油、捅马蜂窝、吃蟑螂、给嘴唇扎洞等各种奇葩直播内容令人咋舌，甚至出现直播公益造假、直播跳楼等荒唐事件。

近年来，直播间低俗下作、乌七八糟的内容可谓屡见不鲜。快手"MC喊麦"网红主播"天佑""谈及色情，张口就来"，甚至在直播当中用说唱形式详细描述吸毒后的各种感受；而斗鱼网红主播"卢本伟"在直播时以不堪入耳的污言秽语，公然教唆粉丝骂人引发全网众怒。2018年8月，虎牙直播的主播"蛇哥"，因直播"妻子生产"吸引几十万人围观，最终遭平台封禁。2022年4月，名为"卷毛重头再来"的虎牙主播因屡次低俗直播，被平台永久封号。该主播为追逐流量而无下线地低俗直播，如喝洗脚水、用可乐浇淋私处、把女性踩在脚底以及在直播过程中无证驾驶机动车等。如此不堪入目的直播画面不仅令人作呕，而且涉嫌违法。[3]2022年7月，广东湛江两名网络游戏主播为向粉丝请假逃避直播，遂自编自导了被8名男子殴打的短视频，并将录制的视频发至粉丝群；因扰乱公共秩序，被处以行政拘留。[4]

无独有偶，2023年12月，湖南怀化警方发现某短视频平台上，有人组织湖南、江西籍等10名主播，在溆浦进行"直播PK"斗狠。依照约定的规则，

---

〔1〕　吴雪：《黑幕背后的"连锁反应"》，载《新民周刊》2018年第41期。

〔2〕　参见张亮：《严查造谣传谣　抵制低俗炒作——宁夏重拳治理"网红"失信》，载 https://www.cac.gov.cn/2019-06/17/c_1124634622.htm，最后访问日期：2024年9月28日。

〔3〕　参见《议论纷生　虎牙不能让恶俗主播一次次从头再来》，载《兰州晚报》2022年4月11日，第A15版。

〔4〕　参见《为请假雇8人殴打自己？主播造假必然"鸡飞蛋打"》，载 https://news.bjd.com.cn//2022/07/20/10120622.shtml，最后访问日期：2024年8月26日。

输方要接受赢方的惩罚，包括皮带殴打、跪地舔食、关笼当狗等侮辱性、暴力性惩罚，有时由胜利方提出，有时则由花钱打赏的粉丝决定。无论谁胜谁负，均是出于诱导粉丝付费，且斗狠越激烈，点赞和打赏就越多；胜的一方满足了观众猎奇、追求暴力的心理，输的一方则通过卖惨拉拢粉丝。为逃避平台监管，主播们使用各种"黑话"在不同平台之间来回引流，如将惩罚称为"才艺表演"，将要赖叫做"滚刀"，同时还将视频发往粉丝群或小号。[1]如此要狠斗勇的低俗戏目不仅使直播空间乌烟瘴气，而且严重误导受众价值观，最终涉事主播因扰乱公共秩序被处以行政拘留。

针对此类现象，国家网信办 2023 年"清朗·网络戾气整治"专项行动重点整治短视频、直播间的弥散戾气，严查主播通过逞勇斗狠、PK 饮酒、谩骂吐脏等行为涨粉引流，利用弹幕、连麦等功能进行人身攻击，甚至怂恿鼓动自杀自残等极端行为；针对部分主播逃避监管、借"小号"进行恶俗直播的行为，对其所有账号采取统一处置措施，情节恶劣的纳入黑名单。

（二）短视频的沉迷与打赏

《第 5 次全国未成年人互联网使用情况调查报告》指出，过去几年短视频应用在未成年人中广泛流行，其丰富的内容、短平快的方式、简单的操作以及根据兴趣推送的机制带来很强的吸引力；短视频未成年用户规模增长明显，其中抖音和快手等短视频平台成为未成年用户的主要聚集地。根据上述报告，经常看短视频的未成年网民比例从 2018 年的 40.5%增长至 2022 年的 54.1%，未成年人用户规模超过 1 亿，32.9%的未成年网民在过去一年曾使用抖音、快手、微信等拍摄并发布短视频；与此同时，视频平台已超越电视，成为当前未成年人获取信息的主要渠道，55.9%的未成年网民通过抖音、快手、B 站等视频平台获取新闻事件、重大消息，但仅有 47.3%的未成年网民会有意识地区分是官方发布还是自媒体发布，超过一半用户对此不具备鉴别意识或未想过此问题。在短视频平台上，受众内容的推荐同样基于"算法"模式。然而，对于新奇刺激或饶有兴趣的内容，连成年受众有时都难以自制，更何况辨识与自控能力较差的未成年受众了。特别是青少年沉迷网络短视频现象日趋严重，对适龄学生的学习生活及健康成长造成负面影响。《第 5 次全国未成年人

---

〔1〕 参见《直播 PK "斗狠"输了接受惩罚！湖南多名主播被拘留》，载 http://news.cnr.cn/native/gd/20240403/t20240403_526652167.shtml，最后访问日期：2024 年 9 月 1 日。

互联网使用情况调查报告》显示，51.8%的家长和69.9%的老师（主要为班主任）认为网络游戏、短视频造成的网络沉迷问题是当前最需要治理的未成年人互联网使用问题。

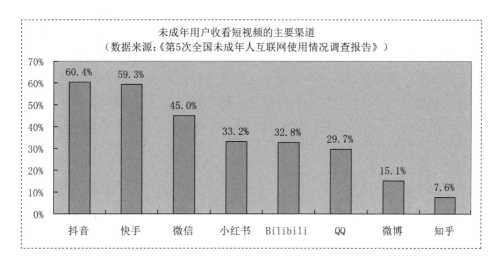

未成年用户收看短视频的主要渠道
（数据来源：《第5次全国未成年人互联网使用情况调查报告》）

更有甚者，一些不良短视频中的公然炫富、直播刷礼物等内容极易误导未成年人的价值观，而吃玻璃碴、虐待动物等偏激惊悚的画面则更易诱使未成年人误入歧途。在越来越多的青少年对日本动漫"二次元"文化的愈发追捧中，游走于灰色地带的"福利姬"应运而生。所谓"福利姬"是指仿穿动漫角色服饰、模仿"二次元人物"，通过展现大尺度照片或"软色情"视频聚拢人气或牟取利益的未成年少女。"希望长期加好友的小哥哥还请先投食噢""不买别加，口嗨勿扰"，这是"福利姬"在QQ、微博等平台自我介绍的常用语。在视频直播的疯狂逐利中，几乎所有靠新奇、惊愕博出位的"网红"都在用自身经历向未成年受众述说着"只要吸引眼球就可不劳而获"的人生哲理。某12岁女孩看到拍摄性感视频的成熟女性点击量很高，遂模仿自拍性感视频上传网络；"14岁荣升宝妈"的未成年少女，靠展示肚皮获得打赏；某农村年轻网民惊悚地直播生吃青蛙、老鼠全过程。[1]不少未成年人沉迷"抖音"等短视频平台，且为涨粉无所不用其极：某9岁女孩"抛媚眼""扮成熟"，模仿"网红"的浓妆艳抹与矫揉造作；某10岁女孩废寝忘食地练

────────────────

〔1〕 参见张国：《每一次双击都有回响》，载《中国青年报》2017年12月13日，第9版。

习"手指舞"，只为增加粉丝关注；某 11 岁女孩为涨粉专门购买视频作品；还有的模仿短视频夸张的成人化动作，刻意添加数十个广告群、兼职群等，每天乐此不疲地跟各种人群互动，甚至做起"生意"。[1]

同样地，几百个"玩命高空挑战"的短视频或直播在"火山小视频"被发布、打赏，而对于风险意识不足的青少年受众而言，极易引起冒险模仿。2017 年 11 月，各大直播、短视频平台的知名播主，作为所谓"极限运动第一人"的吴某，在攀爬高楼时不慎坠亡。在令人心惊肉跳的极限视频中，他有时单手挂在高层建筑的外壁；有时踏在"风火轮"上紧挨高楼边缘；有时甚至爬到高楼天线上，拿出自拍杆单手自拍。屏幕里是"万丈深渊"，屏幕后则是无数看客的猎奇围观，不时撺掇做出更惊险的动作；媒体将之形容为"死亡众筹"。[2]：双击、点赞、"666"、网红经济糅合在一起，让"死亡表演"化身狂躁血腥的网络角斗场。然而，"作死"秀却带来了滚滚流量，直播平台非但未阻止危险榜样，反而用之推介营销，可谓诱导和纵容了"死亡直播"。无独有偶，网红主播"办公室小野"因发布《饮水机煮火锅》等办公室花样美食制作视频而备受关注，并曾获得短视频最佳女主角奖和金色百万粉丝奖。然而，2019 年 8 月，山东枣庄两名女孩因模仿主播"办公室小野"在网上直播的"用易拉罐制作流行爆米花"短视频内容，结果在自制爆米花时引发酒精爆炸，造成一死一伤的惨剧。[3]

此外，在网络直播热潮中，打赏、带货作为主播的主要收入渠道，同样乱象频仍。与直播带货相比，靠观众刷礼物、"榜一"粉丝豪掷千金等手段"来钱更快"，因而更受主播青睐。为诱导粉丝跟风打赏，一些主播的"花样套路"频现。上海警方曾捣毁三个以女主播身份诱骗男子进入直播间，营造所谓"打赏 PK"氛围诈骗钱财的犯罪团伙；"像直播间的打赏'气氛组'，便是直播套路之一，很容易营造出一种争相打赏的环境，满足打赏者的攀比和虚荣心。"[4]另据报道，某"90 后"出纳甚至挪用 4826 万元公款，在一年

〔1〕 参见贺俊等：《未成年人沉迷抖音：为涨粉买视频发布，学大人化妆》，载《楚天都市报》2018 年 8 月 22 日，第 A4 版。

〔2〕 参见沈彬：《法律必须对"死亡直播"说不》，载《深圳特区报》2019 年 11 月 25 日，第 A2 版。

〔3〕 参见李静：《"办公室小野"团队已解散 经多次协商与烧伤女孩家属和解，工作室目前已关门》，载《齐鲁晚报》2019 年 9 月 20 日，第 A7 版。

〔4〕 参见白佳丽、刘惟真：《金额越来越高，纠纷越来越多……直播打赏该怎么管?》，载《皖江晚报》2021 年 12 月 10 日，第 7 版。

多的时间打赏主播 2000 多万元。[1]相比之下，由于未成年观众缺乏理性的金钱消费与理财观念，在面对视频主播的蛊惑时，其自控能力更易全面失守。在"网红"主播的诱引下，未成年粉丝高额打赏已非鲜见。根据央视《焦点访谈》2018 年 2 月对"重拳打击网络乱象"的报道，2017 年 5 月，河南许昌某 13 岁少年着迷快手平台上某主播所跳"鬼步舞"，10 天时间就给该主播打赏了 2.4 万元；2018 年 1 月，广东佛山某 9 岁女孩为打赏主播花掉 1.6 万元，该主播每次开播前都会发"小娃子，快来挂榜，涨人气"之类的信息进行诱导。对此，在 2019 年儿童节前夕，国家网信办统筹指导西瓜视频、好看视频等 14 家短视频平台，以及腾讯视频、爱奇艺、优酷等四家网络视频平台，统一上线"青少年防沉迷系统"，加上此前试点的抖音、快手、火山小视频 3 家平台，国内已有 21 家主要网络视频平台上线了"青少年防沉迷系统"。根据 2020 年 11 月《国家广播电视总局关于加强网络秀场直播和电商直播管理的通知》，平台应对用户每次、每日、每月最高打赏金额进行限制，且不得采取励用户非理性"打赏"的运营策略。

针对上述直播乱象，有关职能部门应出台立法规范以加强监管遏制。根据 2020 年 11 月《国家广播电视总局关于加强网络秀场直播和电商直播管理的通知》，平台应对用户每次、每日、每月最高打赏金额进行限制，且不得采取鼓励用户非理性"打赏"的运营策略。2021 年 2 月，国家网信办等多部门印发《关于加强网络直播规范管理工作的指导意见》，严禁网络直播平台为未满 16 周岁的未成年人提供网络主播账号注册服务，为已满 16 周岁未满 18 周岁的未成年人提供注册服务应征得监护人同意。该意见还规定，直播平台应向未成年人用户提供"青少年模式"，防范其沉迷网络直播，且不得向未成年人提供充值打赏服务；网络平台应建立直播打赏服务管理规则，明确平台向用户提供的打赏服务为信息和娱乐的消费服务，并应对单个虚拟消费品、单次打赏额度合理设置上限，对单日打赏额度累计触发相应阈值的用户进行消费提醒，必要时设置打赏冷静期和延时到账期；此外，网络主播亦不得接受未经其监护人同意的未成年人充值打赏。不过，有记者调查发现，一些直播平台并未执行上述规定，甚至存在纵容用户大额充值、"打赏"的

---

〔1〕　参见白佳丽、刘惟真：《金额越来越高，纠纷越来越多……直播打赏该怎么管？》，载《皖江晚报》2021 年 12 月 10 日，第 7 版。

现象。[1]2021 年 8 月，文化和旅游部印发《网络表演经纪机构管理办法》，要求网络表演经纪机构不得以虚假消费、带头打赏等方式诱导用户在网络表演直播平台消费，不得以打赏排名、虚假宣传等方式进行炒作；网络表演经纪机构应当加强对签约网络表演者的约束，要求其不得以语言刺激、不合理特殊对待、承诺返利、线下接触或交往，或者赠送包含违法内容的图片或视频等方式诱导用户在网络表演直播平台消费。另据 2022 年 6 月国家广播电视总局、文化和旅游部联合印发的《网络主播行为规范》，网络主播不得介绍或者展示自杀、自残、暴力血腥、高危动作和其他易引发未成年人模仿的危险行为，以及表现吸烟、酗酒等诱导未成年人不良嗜好的内容；不得通过有组织炒作、雇佣"水军"刷礼物、宣传"刷礼物抽奖"等手段，暗示、诱惑、鼓励用户大额"打赏"，引诱未成年用户"打赏"或以虚假身份信息"打赏"。不过，由于直播间的违规活动容易藏匿于海量信息之中，不论是平台监测还是执法监管均存在一定盲区；再加上部分立法规定在实践中并未完全执行到位，一些 App 所设置的青少年模式流于形式，致使主播诱惑打赏、"套路"充值以及未成年人绕开限制变相打赏等现象依然存在。

（三）视频直播的犯罪教唆

"网络直播平台本身是个工具，它的好坏取决于最后的社会效果。"[2]事实上，在杂乱无章的视频空间，短视频与直播平台亦被滥用为犯罪工具；基于非法传播的"破窗效应"，在线视频直播为犯罪教唆与示范、犯罪方法交流、违禁信息传递等不法活动提供了有力支点。

1. 谋杀犯罪的直播

在国外，利用社交网站上传谋杀视频甚至直播谋杀的事例并非罕见。2017 年 4 月，美国俄亥俄州克利夫兰市某男子在社交媒体脸书发布枪杀一名老人的视频；事发两小时后，脸书才撤下"杀人直播"，而视频内容和相关截图已被无数用户下载或转发。[3]就在该枪杀事件发生后一周多时间，泰国某

---

[1] 参见韩丹东、王晶：《有平台单笔可充值百万 "打赏"没上限无提醒 专家建议 给直播平台打赏限额抵制超额打赏》，载《法治日报》2024 年 3 月 23 日，第 4 版。

[2] 徐小康、李思：《网络直播，法律之剑落在何处》，载《检察日报》2016 年 7 月 22 日，第 5 版。

[3] 参见《"杀人直播"引发网民强烈反感 脸谱网承认监管不善》，载《京九晚报》2017 年 4 月 20 日，第 13 版。

男子在普吉岛以脸书直播其杀害未满一岁女儿以及自杀的视频，这又是一例脸书直播功能用于骇人的犯罪事件。在泰国直播杀人事件中，从视频上传到最后删除超过了 24 小时，点击量超过 30 万次。[1] 直播杀人和直播自杀对受众带来的心理冲击是不言而喻的，这引发人们对社交媒介平台监管责任的质疑，更重要的是还会诱发网民受众的模仿效应。泰国警方认为，此次直播杀人很可能是美国克利夫兰市直播杀人的翻版。

无独有偶，2019 年 3 月，新西兰克赖斯特彻奇市发生恐怖枪击事件。在袭击前几个小时，澳大利亚白人凶手在极右翼论坛"8chan"警告称，他将"发动攻击"，明确表示他将"播放整个过程"，并提供 Facebook 账号链接。仅几个小时后，枪手就在 Facebook 上发布了"谋杀直播"，新西兰两座清真寺的 49 人在众目睽睽之下被枪杀，凶残的直播画面长达 17 分钟。在推特账户上，除有很多极端言论及枪支照片外，该犯罪人还发布了 74 页的"谋杀供词"，阐述了其极端的政治立场及犯罪动机。[2] 新西兰警方在推特上发文，呼吁网友不要继续扩散这段视频。尽管脸书随后删除了枪手的疑似账号与视频，但曾承诺"规范暴力仇恨内容"的 Facebook、Twitter 和 YouTube 仍被推向舆论的风口浪尖，被指未足够履行监管职责。因为 Twitter 似乎并没有监控到枪手在其平台上发布的"谋杀供词"，而只是事后删除了账户；YouTube 虽表示将删除所有与枪手有关的视频，但事发后的相当长一段时间内仍有枪击视频片段在流传。

2. 其他犯罪的直播

在视频平台，包括暴力伤害犯罪在内的直播画面并非稀奇。2017 年 1 月，社交网站"脸书"上的一段视频直播震惊全美。在长达 30 分钟的画面中，芝加哥四名黑人青年残酷围殴某智障白人青年，还逼迫受害者与之一起咒骂候任总统特朗普及白人群体。受害者被捆住双手、用胶带封嘴，施暴者对其拳打脚踢，并把其头部按进马桶，甚至用刀割下其头发和头皮，视频中可清楚地听到受害者的呜咽声。[3] 不仅如此，一些直播平台竟公然将性侵犯罪场面

---

〔1〕 参见《脸书 10 天两现"杀人直播" 泰国男子勒死女儿后自杀》，载 http://news.youth.cn/gj/201704/t20170426_9585389.htm，最后访问日期：2024 年 9 月 6 日。

〔2〕 参见陈沁涵、黄钟方辰：《新西兰枪击案致 49 死 48 伤 嫌疑人曾发布反移民"自述书"，新西兰总理称该事件为有预谋的恐怖袭击；暂无中国公民伤亡报告》，载《新京报》2019 年 3 月 16 日，第 A15 版。

〔3〕 参见郑昊宁：《残酷施虐白人还直播 芝加哥 4 名黑人青年受审》，载 http://www.xinhuanet.com/world/2017-01/07/c_129435350.htm，最后访问日期：2024 年 9 月 7 日。

搬上屏幕。作为智能手机的应用程序，推特平台的 Periscope 软件可使用户通过账号进行直播。然而，2016 年 2 月，美国俄亥俄州某女子在目睹闺蜜遭强奸时，正是利用推特旗下的直播应用程序 Periscope，用手机进行"现场直播"。[1]无独有偶，2017 年 1 月，瑞典乌普萨拉市某公寓发生一起轮奸案，几名嫌犯在实施性侵的同时，还将整个过程在社交网站"脸书"的某个群组内进行视频直播；次日，发布"轮奸视频"的几名疑犯再次进行直播，胁迫受害人在镜头面前否认被强奸的事实，以此为其罪行"强行洗白"。[2]

3. 自杀直播

借助自媒体的即时分享功能，微博、微信公众号、直播间等渠道的自杀直播屡屡出现。2014 年 11 月，四川泸州青年曾某发微博晒图，因网恋失败、无人关心而直播烧炭自杀身亡的过程，引发全网关注。[3]2019 年 4 月，福建福州某 19 岁游戏主播通过微博直播烧炭自杀，后获警方解救。[4]同年 4 月，浙江海盐某女主播在向网友诉说感伤心情时越说情绪越激动，竟在直播中用刀划伤手背并向观众展示；其自称之所以这样出格，一方面是情绪使然，另一方面则是为博取眼球，试图吸引更多粉丝关注。[5]2021 年 10 月，四川成都女孩邹某在朋友圈发布流血照片和轻生文字直播自杀，民警赶到时其已服安眠药，后被成功解救。[6]诚然，自媒体平台的直播自杀违反了生命伦理，很容易成为受众模仿的不良样本。但是，受众的围观反应亦往往影响自杀结果：若及时报警，则可能使自杀者获救；若恶语相向，则可能强化自杀决意。2021 年 10 月，湖南株洲患有抑郁症的网红"罗小猫猫子"在某平台直播时喝农药自杀；好友称其并非真的想自杀，而仅是想挽回现任男友，但因直播

---

〔1〕 参见《美国女孩目睹闺蜜被强奸，用手机直播全程获刑》，载 http://m.people.cn/n4/2017/0326/c57-8638341.html，最后访问日期：2024 年 9 月 7 日。

〔2〕 参见黄云迪、刘皓然：《90 后"直播轮奸"震惊瑞典 脸谱被批监管不力》，载 https://world.huanqiu.com/article/9CaKrnK01WK，最后访问日期：2024 年 9 月 15 日。

〔3〕 参见蔡炳先：《泸州一青年因网恋失败在微博直播自杀，专家建议年轻人——遇事不要冲动，加强挫折教育》，载《三亚日报》2014 年 12 月 2 日，第 10 版。

〔4〕 参见吴臻等：《游戏主播微博直播自杀被救下 网友异地报警，福州警方找到他家，发现他封住卧室的门，还烧着一大铁盆的炭》，载《海峡都市报》2019 年 4 月 1 日，第 A2 版。

〔5〕 参见何家驹、汤静：《为"吸粉"，女主播竟直播"自残" 民警对她严肃批评，账号也被封停》，载《浙江法治报》2019 年 4 月 15 日，第 3 版。

〔6〕 参见田之路：《女孩朋友圈直播轻生 民警火速踹开房门将其救下》，载 https://www.thecover.cn/news/8240885，最后访问日期：2024 年 9 月 9 日。

间有人起哄"别炒作了""快喝吧"，为逞强遂喝下农药，后该网红自己拨打120，但仍抢救无效身亡。[1]显然，直播间观众的围观起哄悖德卑劣，折射出对生命的冷漠态度，往往成为主播自杀的"助燃剂"。在一众网民眼里，利用自媒体的自杀直播成为可供消遣娱乐的消费品，而围观取乐的"哄客"们毫无伦理底线，成为压垮自杀者的"最后一棵稻草"。

在对直播自杀围观评论的背后，显然是人气和流量的积聚。为此，一些无底线的主播竟将虚假自杀当作戏谑愚弄及营销吸粉的工具。2015年2月，某女博主在微博上发布了一张"割腕"的"血腥"照片，并称"生无可恋"，引发众多网友转发并四处呼救。但随后"剧情"发生反转，该博主称照片是"画的"，直播自杀竟是一场"恶作剧"。[2]2023年11月，西藏昌都主播永某为博取关注、吸粉引流，与同伴贡某商议虚构故事情节，自导自演，直播跳河自杀；在一个小时内，吸引1100余名网友围观，最终两人因扰乱公共场所秩序被处以行政拘留。[3]2019年6月，广东江门某女子为吸引粉丝，竟在直播平台上演"自残"戏码；因当晚心情无聊，便想用直播自残流血的新奇点子增长人气，遂将自己手指上之前不慎划破的伤口重新咬破，吸出伤口的血后营造血从嘴角流出的假象。[4]

（四）沦为行骗工具的直播

作为新型电商模式，近年来强势崛起的直播带货成为互联网经济的独特风景线。在全球经济复苏乏力、我国经济下行压力增大的背景下，逆势成长的直播带货却似乎蕴藏"无限魔力"，在拉动内需、振兴乡村、文化旅游等领域发挥着重要作用。根据2024年3月第十一届中国网络视听大会发布的《中国网络视听发展研究报告（2024）》，71.2%的用户因观看短视频或直播而购买过商品，53.7%的用户经常收看电商直播或直播带货，40.3%的用户认同短

〔1〕　参见《网红直播喝农药轻生去世　网友起哄"快喝吧"被封号，是否涉嫌教唆自杀?》，载《海南特区报》2021年10月18日，第A12版。

〔2〕　参见孙玉春、徐红艳:《女孩微博直播割腕　网友纷纷转发呼救　没想到，竟是一场恶作剧!》，载《现代快报》2015年2月11日，第F15版。

〔3〕　参见《自导自演直播跳河自杀?!　警方通报!》，载 https://wxb.xzdw.gov.cn/wlaq/zljg/2023 11/t20231129_419849.html，最后访问日期：2024年8月28日。

〔4〕　参见魏蒙:《广东江门查处一女子为"吸粉"直播自残案件》，载 https://news.hexun.com/2019-06-28/197671458.html，最后访问日期：2024年8月28日。

视频或直播已成为主要的消费渠道。从本质上说，直播带货即粉丝经济，产品或服务的营销效果往往取决于粉丝忠诚度。"直播平台带有强烈的内容属性，主播通过自己的独家技能、独特风格与用户建立起紧密的情感联系，进而在'其乐融融'中实现下单接单，这是直播带货得以实现的重要密码。"[1]

1. "摆拍"直播的"流量操盘"

在直播屏幕前，各路主播的"话术"套路、"秒抢"噱头不断刺激着网民的购物欲望。然而，在直播带货带来全新消费体验的同时，虚假宣传、欺诈营销、以次充好等问题同样屡见不鲜。例如，医疗美容领域的直播带货广告存在虚假宣传现象，农产品直播间展出"地里种出车厘子"等违反常识的小视频，不少主播在直播间宣称芝麻丸、蜂蜜等普通食品具有保健功效等。[2]2023 年，全国 12315 平台接收直播带货投诉举报同比增长 52.5%，近五年直播带货投诉举报量逐年上升，五年间增幅高达 47.1 倍。[3]另据 2023 年 4 月北京阳光消费大数据研究院发布的《直播带货消费维权舆情分析报告》，产品质量和虚假宣传成为直播带货的主要问题，其中虚假宣传占 37.82%。[4]与此同时，"卖惨"直播、"套路"助农、伪慈善等事件频频上演，一些主播及其背后的 MCN（Multi-Channel Network）机构无底线地博取流量，加剧了短视频平台乱象。"简单来说，MCN 是'网红经纪人'。"[5]MCN 熟悉平台规则、拥有推广优势，通过提供专业内容制作及视频剪辑服务支持博客账号运营，不仅帮助签约主播提高曝光度、扩大粉丝圈，还协助其与广告主、品牌方合作接洽。从初代的"孵化网红"到之后的自有品牌供应链，再到集聚主播矩阵、对接内容生产与受众需求，MCN 的发展顺应了电商营销的新态势，提升了直播经济的活跃度。

---

〔1〕 陈发宝等：《直播带货透析》，载《经济日报》2024 年 1 月 4 日，第 1、9 版。

〔2〕 参见刘欢：《直播带货乱象期待数字化监管治理　直播带货易出现虚假宣传、假冒伪劣、售后维权难等乱象，业内建议推动数字化监管手段》，载《新京报》2024 年 3 月 14 日，第 B8 版。

〔3〕 参见《市场监管总局发布 2023 年消费者投诉举报六大突出问题　直播带货投诉量 5 年间增幅高达 47.1 倍》，载《齐鲁晚报》2024 年 3 月 15 日，第 A2 版。

〔4〕 参见刘欢：《直播带货乱象期待数字化监管治理　直播带货易出现虚假宣传、假冒伪劣、售后维权难等乱象，业内建议推动数字化监管手段》，载《新京报》2024 年 3 月 14 日，第 B8 版。

〔5〕 参见任翀：《MCN 机构为网络账号提供支持助推电商发展，但"唯流量"的乱象亟待规范揭秘"点读机女孩"背后的"流量操盘手"》，载《解放日报》2024 年 3 月 29 日，第 5 版。

　　但是，在"唯流量论"的直播行业，一些 MCN 及其旗下的主播、博主们将"卖惨""审丑""Low"桥段等视为"流量密码"，为走上"视频直播——成为网红——接单带货"〔1〕的致富路而毫无下限。2022 年 8 月，网络主播"赵灵儿"和"凉山曲布"的"偶遇"视频迅速"走红"。此后，两人开始频繁直播带货，而面对网友质疑，其声称并无团队、资本运作及大公司包装；但随着警方深入调查，其背后的四川成都某传媒公司及其运营的制假售假产业链浮出水面。作为旨在变现利益的 MCN 机构，该公司为两名主播编排淳朴、善良的"人设"形象，并精心设计"创业""助农"等话术桥段博取眼球，进而孵化出粉丝量均超过 200 万的"赵灵儿""凉山曲布"两个"网红"账号。该团队还专门挑选当地无人居住的生产用房、破壁残垣等作为直播背景，打着"优质原生态""大凉山农特产品"等旗号，从成都、南京等地低价购入蜂蜜、核桃等农副产品进行直播带货，将假冒产品销售至全国 20 余个省份，销售额超千万元。2023 年 12 月，法院一审判决 MCN 公司法定代表人张某犯假冒注册商标罪和虚假广告罪，而"网红""赵灵儿"和"凉山曲布"同样因虚假广告罪获刑。〔2〕可见，从前端打造"人设"、孵化"网红"，到中端创作剧本、仿真拍摄，再到末端"苦情"营销、供应产品，虚假"摆拍"直播的背后已然形成一条完整的"灰产"链。

　　无独有偶，2024 年 3 月，网红"凉山孟阳""凉山阿泽"及其幕后的运营团队因低价购入非凉山农副产品，并在抖音平台直播带货时，对商品进行虚假宣传并大量销售，同样被认定构成虚假广告罪。作为孵化上述两个"网红"账号的 MCN 机构，四川成都另一文化传媒公司利用外界对凉山穷苦闭塞的刻板印象在短视频平台虚构"人设"，而主播通过事先设定好"悲惨身世""励志创业"等剧本摆拍"吸粉"，随后利用网民粉丝的同情和善良在线售卖"大凉山特色农产品"。期间，该 MCN 机构雇佣网络"水军"在直播间制造"爆款"、抢单假象诱导消费者购买，以此为套路非法牟利超千万元。〔3〕其实，"凉山孟阳"所在家庭多年前已脱贫，视频拍摄的破旧房屋乃是村中早已废弃

　　〔1〕　参见陈发宝等：《直播带货透析》，载《经济日报》2024 年 1 月 4 日，第 9 版。

　　〔2〕　参见江龙：《编造人设孵化网红　设计剧情号称助农　多名百万粉丝网红获刑》，载《成都商报》2023 年 12 月 30 日，第 4 版。

　　〔3〕　参见吴光于、周以航：《"贫苦善良女孩"卖"原生态农产品"？揭秘直播卖惨背后黑色链条》，载《新华每日电讯》2024 年 3 月 27 日，第 5 版。

的农舍，而所谓的"原生态农产品"则大多来自成都的批发市场。类似"假助农、真坑农"的虚假"摆拍"不断上演，被网友调侃为"相同的配方、熟悉的味道"，但在这些直播骗局的背后，一些 MCN 团队的"流量操盘"却严重透支了网民信任、扰乱了网络生态、逾越了法律底线。2023 年，四川凉山重拳整治自媒体直播乱象，处置 346 个违规账号，永久关闭"摆拍卖惨"的"云南波波""山村老人"等 82 个账号，永久关闭"虚假助农"的"赵灵儿""凉山曲布""凉山孟阳"等 15 个账号，其中包括 5 个粉丝量达 200 万以上的账号。[1]

此外，在流量利益的驱使下，虚构"约架"的"摆拍"直播同样变成了流行剧本。仅 2023 年，全国多地出现主播为涨粉吸量而虚假"约架"的案件，甚至有主播为营造噱头而在直播时不惜渲染管制刀具。在湖北襄阳，同为某平台主播的"师徒"二人为涨粉吸量而合谋演绎"反目成仇约架互殴"的剧本，因涉嫌寻衅滋事被处行政拘留；2023 年 5 月，云南昭通四名主播为使直播账号迅速涨粉、获取更多"打赏"，合谋约架直播，通过互相挑衅及殴打引发大量围观，遂被警方行政拘留；同年 6 月，某平台两名"网红"先按剧情设计在直播间故意言语挑衅，后前往线下地点约架，并邀约他人前来助威、"撑场面"，吸引近万网友线上、线下围观，遂被河南郑州警方行政处罚；同年 6 月，广东化州警方披露当地两伙"网红"为吸引眼球、赚取流量而直播约架，其共谋策划"以抢女朋友而约架互殴"为题材，先通过某视频平台直播"约架"，后在线下佯装打架，以便获得更多的流量关注，最终亦被处以行政拘留。[2] 2023 年 7 月，湖南长沙主播罗某等三人为变现流量，按照事前编造的剧本，在直播时发布侮辱性言语并播出暴力冲突画面，误导大批网友围观评论，因扰乱公共秩序而被行政拘留。[3] 无独有偶，2024 年 2 月，四川阆中某"网红"伙同他人策划了一场"约架"，编排了殴打、逃跑、又追逐殴打的刺激剧情，还专门挑选偏僻黑暗、"氛围感十足"的某路段作为直播场

---

[1] 参见江龙：《编造人设孵化网红　设计剧情号称助农　多名百万粉丝网红获刑》，载《成都商报》2023 年 12 月 30 日，第 4 版。

[2] 参见屈畅、张一帆：《多名主播为流量虚构"直播约架"被拘　公安部提醒此类行为造成恶劣影响时受到法律惩戒》，载《北京青年报》2023 年 6 月 20 日，第 A6 版。

[3] 参见韩飏、刘胤衡：《断章取义、歪曲事实、拼凑剪辑、假扮卖惨、张冠李戴甚至造谣惑众……　流量至上的"自媒体"该"凉凉"了》，载《中国青年报》2023 年 7 月 28 日，第 3 版。

地，整个表演持续约 36 分钟，造成恶劣的社会影响，遂被处以行政拘留。[1]

2. 骗局横生的直播间

在以直播为名行诈骗之实的犯罪中，视频直播间明显扮演了犯罪工具的角色。2016 年 8 月至 9 月，快手平台主播"杰哥"杨某和"黑叔"刘某，带领网友先后多次到四川凉州布拖县境内的山区，借公益之名召集贫困老人和小孩，以给他们发放物资（毛巾、香皂、大米、肉、水果等物）和少量钱为诱惑，发给老人和小孩 200 元至 2000 元不等的人民币，并全程进行摄像和照相，拍摄完后将钱收回，只给部分老人和小孩 20 元至 200 元不等的钱物。随后，主播"杰哥"和"黑叔"将所拍摄的发放钱物的视频上传到"快手"平台进行直播，并在直播时告诉粉丝为其刷礼物，并承诺将礼物兑现为现金后，就去买东西送给那些需要的人，以求"慈善上有粉丝的一份爱心"。最终，两人均因诈骗罪获刑。[2]在直播间的骗局中，类似的吸金套路可谓屡见不鲜。2022 年 3 月，某平台女主播与"男运营"作为诈骗"搭档"，均被判构成诈骗罪；每晚 9 时至次日凌晨 3 时，女主播在直播间利用设置的虚假拍摄地点，吸引定位地点附近的"游客"刷礼物并添加微信好友，之后再运用"软色情"、性暗示等手法，以与对方谈恋爱、约见面等为诱饵，持续诱骗对方在直播平台大量刷礼物。[3]2021 年 4 月，上海警方还侦破一起以"直播 PK"为幌子的电信网络诈骗案，其骗术套路是：先由搭讪"聊手"营造有过感情受挫经历的"人设"，再以"剧本杀"激发保护欲、培养亲昵关系，在博取信任后谎称应聘"豆角"平台的女主播；之后，谎称平台安排应聘的两名女主播"连麦 PK"，按照"五场三胜制"录用收获礼物较多的一方，如此一来女主播竭力怂恿受害人打赏充值。但实际情形却是，"豆角"平台的礼物数据均由犯罪分子幕后控制，无论受害人充值多少，一方女主播均会暂时落后，以此诱骗各自的受害人充值"打擂台"。[4]

---

〔1〕 参见《网红何某等 6 人被抓！警方通报细节》，载 https://jubao.xzdw.gov.cn/zxdt/202402/t20240229_445521.html，最后访问日期：2024 年 8 月 28 日。

〔2〕 参见江龙：《给村民发钱直播后收回 哄骗粉丝刷礼物献爱心 提现 40 余万，伪慈善主播获刑》，载《成都商报》2017 年 9 月 8 日，第 5 版。

〔3〕 参见许沛洁：《网络女主播"软色情"诈骗 法院判处 17 名被告人 6 年至 1 年不等有期徒刑》，载《兰州晚报》2022 年 3 月 22 日，第 A8 版。

〔4〕 参见忻文轲、潘高峰：《"网恋"剧本引向直播充值……上海警方一路捣毁两个诈骗团伙》，载 https://new.qq.com/rain/a/20210507A03TYZ00，最后访问日期：2024 年 9 月 2 日。

此外，利用视频直播煽惑受害人投资理财、线上培训、跨境贸易等案例亦非鲜见。2018 年 10 月，网络主播石某、李某通过在视频平台讲课、发布交易策略等方式发展网络"水军"，并通过"水军"诱骗客户进行大宗商品及股指交易，以此赚取非法盈利，遂被上海警方以涉嫌非法经营罪刑事拘留。[1] 2020 年 11 月，"网红""辛巴"对某款"即食燕窝"作直播推广，强调该商品的"燕窝含量足、功效好"，但后经检测该商品仅是"糖水"，"辛巴"遂改口称所售卖产品实为"燕窝风味饮料"，最终其因作出引人误解的商业宣传而受到处罚。[2] 自 2022 年以来，浙江宁波奉化某犯罪团伙以直播教学为幌子引流行骗，其在短视频平台打着虚假项目的幌子，先以刷单形式炮制短期获利的假象，后逐步诱导客户至"亦学有道"直播平台购买在线课程，进而骗取大额培训费，涉案金额高达 1 亿多元。[3] 可以说，利用视频直播行骗的类似案件在实践中不断上演，凸显视频自媒体直播对诈骗犯罪的支点效应。

针对各种直播营销乱象，2022 年 3 月，国家互联网信息办公室、国家税务总局、国家市场监督管理总局印发《关于进一步规范网络直播营利行为促进行业健康发展的意见》，规定网络直播平台和发布者不得对生产经营主体及商品功能、质量、来源、销售状况、用户评价等进行虚假或引人误解的商业宣传；同时，严禁利用直播平台销售假冒伪劣产品；不得在知道或者应当知道直播带货委托方或其他第三方存在违法违规或高风险行为的情况下，仍为其推广、引流；不得通过造谣、虚假营销宣传、自我打赏等方式吸引流量、炒作热度，诱导消费者打赏和购买商品。

三、视频平台的色情秀场

随着移动客户端的日趋普及，微博、微信群及朋友圈等"微领域"以及网络短视频和直播平台渐成淫秽色情戏目的演播秀场。有的网民借助即时通信工具、在线支付工具对存有淫秽色情视频的网盘账号非法交易；还有的网

---

〔1〕 参见何易：《上海警方整治违法违规自媒体 十三人被行政刑事处罚》，载《文汇报》2019 年 1 月 11 日，第 2 版。

〔2〕 参见《直播间售卖的燕窝是"糖水"？处罚通报来了!》，载《株洲晚报》2020 年 12 月 24 日，第 A12 版。

〔3〕 参见王春等：《团伙以直播教学为幌子引流行骗》，载《法治日报》2023 年 8 月 23 日，第 6 版。

民通过手机应用程序的"阅后即焚"功能传播淫秽色情图片，用户点击浏览后便自动消失，从而为举报核查设置了障碍；更有一些微博、微信、QQ 账号以演员、模特、"网红"等身份非法发布卖淫招嫖信息。必须承认的是，"在网络空间几乎没有设置任何障碍阻止好奇的未成年人访问粗俗的赤裸裸的色情内容。"[1]可以说，视频自媒体空间的色情传播对未成年受众的危害尤甚。

（一）群聊空间的色情分享

不争的事实是，通过微信聊天群、QQ 群等即时通信群组传播淫秽色情信息或借此牟利的非法活动早已屡见不鲜。酒吧销售安某眼看别人在朋友圈卖东西赚钱，自己也在微信群里聚集粉丝、招揽生意。2014 年 9 月，安某开始利用微信向好友发送色情视频积累人气。为更快地提升销售业绩，安某专门创建了"开心茶馆"微信群，不遗余力地发布了 200 多个色情视频；微信群瞬间"爆棚"，成员最多时达到 240 多人，酒吧生意亦水涨船高。最终，安某因涉嫌传播淫秽物品罪被警方刑事拘留。[2]2015 年 2 月，福建石狮某酒店女经理夏某为拉拢客户，建立"绿岛小夜曲"微信群，并上传发布大量的淫秽视频与图片；在拉客户入群后，群人数有近 500 人。本意原是让顾客多关照酒店生意的特殊营销手段，无疑已涉嫌传播淫秽物品罪，夏某随即被批捕。[3]2015 年 5 月，浙江苍南警方接到举报称，有人通过微信朋友圈发布大量淫秽视频，让其家人深陷其中不能自拔。经侦查发现，这些淫秽视频均来自同一微信群，发布者主要是该群群主。令人意外的是，犯罪嫌疑人金某竟是一名 26 岁的女子。2014 年底，金某在微信上偶然接触到淫秽视频。此后，为寻求刺激、好玩，金某不满足于观看别人所发视频，而专门创建了微信群，将 200 余部淫秽视频上传"分享"，吸引 100 多人入群。为活跃群里气氛，金某还制定了群规：凡是新人进群必须发 3 部视频，或拉一名女性进群，或在群里发

---

〔1〕 ［美］理查德·斯皮内洛：《铁笼，还是乌托邦——网络空间的道德与法律》，李伦等译，北京大学出版社 2007 年版，第 52 页。

〔2〕 参见牛伟等：《微信群里发黄片　小心最后蹲大牢　宁波网警昨日通报，有个小伙发了 200 多条色情视频，现已被刑拘　这是宁波首例通过微信群传播淫秽物品罪案例，警方称发黄色视频超 40 条就构成犯罪》，载《钱江晚报》2015 年 3 月 20 日，第 N5 版。

〔3〕 参见郑明：《微信群传播淫秽视频　女经理开辟另类营销渠道　石狮市公安局破获传播淫秽物品案》，载《人民公安报》2015 年 7 月 22 日，第 2 版。

红包。最终，金某因涉嫌传播淫秽物品罪被警方刑拘。[1]

（二） 自媒体的色情衍生

最初，网络色情传播大多集中于论坛社区，采取会员注册模式，免费或收费向会员提供淫秽视频观看或下载服务；色情社区针对论坛管理员、版主、会员国、游客等不同身份，分别设置相应的访问权限，鼓动网民注册或付费浏览内容；会员不仅可在论坛上留言互动，还可上传分享淫秽图片或视频。在韩国"N号房"事件中，社交平台Telegram的加密聊天室向26万会员提供付费观看女性遭受性剥削的视频，连同受害者的出生日期、电话号码及家庭住址等个人信息一并泄露，充斥侮辱、虐待的画面被当成娱乐节目，甚至性侵过程还通过在线直播全程共享；"N号房"创始人曾在聊天时透露，其在社交网络寻找上传过大尺度影像的女性，并设法胁迫她们拍摄性虐视频。[2]

伴随网信、公安及文化执法等部门对色情网站的整治清理以及针对色情搜索链接的技术屏蔽，色情论坛的运营受到大幅限制。随着网络自媒体的兴起，色情传播开始大举向微博、微信群或QQ群以及视频直播平台迁移，不仅以往售卖"福利视频"的论坛网站纷纷推出智能App应用，而且色情传播还进驻微信公众号、移动云盘等平台非法牟利。在微博、微信聊天或QQ群、论坛、贴吧等网络平台，时常可见兜售淫秽色情内容的非法链接或推送广告；卖方或者直接发送淫秽视频，或者提供观看、下载链接，或者事先将淫秽内容存储在百度云、"115网盘"等"云存储"平台，为买方出示下载密码。2015年5月，央视《焦点访谈》"揭秘社交App淫秽色情乱象"节目指出，刷微博有时可刷出除了"不露脸"几乎哪里都可以露的"美女"图片，所谓的"福利视频"却跟福利本身毫无关系。在一些图片或视频中，贴有微博、微信或QQ联系方式，甚至在视频中还有人把联系方式写在身上，用身体推销。一旦通过微信或QQ成为会员后，这些账号就开始进行淫秽小说、图片、黄色视频和色情陪聊等一系列的非法交易，还会通过微信和QQ对"会员"

---

〔1〕 参见李杨慈等：《这两名女子可真够"彪悍" 26岁女子在微信群里发布200多部淫秽视频 群规要求新人须发3部视频或拉1名女性进群或发群红包 目前涉嫌传播淫秽物品罪被刑拘》，载《温州商报》2015年6月2日，第8版。

〔2〕 参见江山：《26万人围观的"N号房"是什么》，载《中国青年报》2020年3月25日，第6版。

分级管理收费，等级高低按一个月到一年的"会籍"长短来区分。所有交易往来都通过电子支付完成，单次交易额从几百到上千不等，每个"黄色朋友圈"里通常都有几百人。不同于传统色情网站"一对多"的传播方式，淫秽色情信息在微博、微信、QQ等进行"分享、转发"的基础上可以迅速实现"几何式"增长。也就是说，一旦这些信息进入自媒体空间，即被不断地复制分身，就像病毒一样扩散，不仅污染了整个网络环境，更直接危及未成年人的身心健康。据该《焦点访谈》节目报道，辍学中学生缪某在实施强奸的当天早上及前一天晚上，还在QQ群里连续收到两部淫秽视频，其向警方供认，正是因为脑海中全是视频中的淫秽内容，才促使其犯下强奸罪行；警方发现，缪某收到的淫秽视频来自某QQ群体，创建这个QQ群的群主竟然是一名15岁的初二学生，而这个QQ群的117名会员中，几乎全都是在校中学生，或是刚刚辍学的未成年人。

令人咋舌的是，在大量涉黄微博账号中竟然不乏经实名认证的"加V"用户。从表面看，经身份认证的用户所发内容不仅没有违规之处，反而还经常"关注"公益事业。据上述《焦点访谈》节目调查，所谓"关注公益事业"不过是幌子，该账号经常请粉丝关注其小号，而小号就专门用来发布赤裸裸的淫秽视频。这样，即使小号被不停地被微博管理员扣分冻结，却丝毫不影响大号运行；在一年时间里，该"加V"大号就迅速积攒了9万多名粉丝；"大号作掩护，小号传淫秽，大小号之间互为宣传，保持粉丝不掉队"，已成为在微博发布淫秽色情信息的"潜规则"，导致大量涉黄账号"大号日行一善，小号天天散黄"的乱象。

（三）直播间的色情表演

在"小牛直播"平台，一些女主播要么裸露身体敏感部位，要么赤裸裸地进行色情表演。而"嘿秀直播"的常见情形是，女主播在直播间搔首弄姿，而屏幕上不断滚动着观众的各种"打赏"留言；女主播根据受众用户送出的虚拟礼物或受关注度来决定裸露隐私的部位及程度。穿着暴露的女主播先是在直播间要求观众"送10张电影票"或"送1辆跑车"，承诺做出大尺度举动。按照直播平台的"礼物"充值标准，"10张电影票"约需要支付10元，而"1辆跑车"约100多元。随后女主播表示，若观众送出某些高价"带钻"

礼物，则可加主播微信，声称可以"送福利"。[1]另据2018年2月央视《焦点访谈：重拳打击网络乱象》披露，在"泛果直播"平台，女主播在唱歌、跳舞等表演之后，会引导会员对其"打赏""刷礼物"；在赏金达到一定金额后，就会把这些会员拉入专门的直播包间或微信群，赤裸裸地直播涉黄表演；短短3个月时间，"泛果"平台就拥有了68万多名注册会员，通过付费观看在线淫秽直播的人员有20多万人；在短短40天内，通过微信、支付宝对直播平台充值金额高达1300多万元。

由此，色情直播的常见伎俩是，主播会引导观众付费加入微信聊天群或QQ群，在更隐秘的空间更直接地进行淫秽色情活动；除裸露身体隐私部位外，有的主播甚至在群内公然直播性行为。此类主播一般在晚上或凌晨进行直播，整个直播过程持续20~30分钟，其一般不以营利为目的，在直播过程中也没有和用户交流，主要通过这种表演方式获得关注。[2]无独有偶，2017年2月，被告人张某、夏某经事先商量，由夏某在"蜜色""蜜桃"等直播平台上以挑逗性的动作发布色情广告，言明加微信并发送50元红包后，即可加入QQ群观看淫秽直播；张某通过多个微信账号收取30元至218元不等的"会员费"，并组织"会员"进入QQ群。随后，二人通过在线视频方式，供群内网友观看性活动实时直播。自2017年2月至5月上旬，先后组织90余人进群观看，非法获利12 000余元。[3]

在作为主流直播的"斗鱼"平台，涉黄乱象亦未曾间断。2016年1月，斗鱼TV主播"放纵不羁123"在线直播"性行为"不雅视频，使该直播间人气迅速攀升；管理员在第一时间将直播封停，并向警方报案。[4]2016年2月，斗鱼主播"郭mini"在直播期间突然脱掉衣服，随后该不雅视频被网友转载到新浪微博并引发热议；因直播间涉嫌提供含宣扬淫秽、暴力、教唆犯罪

〔1〕 参见张雅等：《躲避检查 涉黄直播转战QQ群：报价进行色情表演直播平台称将对主播进行封号》，载《北京青年报》2016年7月28日，第A7版。

〔2〕 参见徐小康、李思：《网络直播，法律之剑落在何处》，载《检察日报》2016年7月22日，第5版。

〔3〕 参见张纵华、杨灵友：《组织在线实时观看淫秽行为的性质认定》，载《人民法院报》2017年12月28日，第7版。

〔4〕 参见韩雪枫：《斗鱼TV回应"直播造人"：已将主播信息交给警方》，载http://www.bjnews.com.cn/news/2016/01/10/390992.html，最后访问日期：2024年9月30日。

等内容，"斗鱼"公司多次受到处罚。[1]在全国"扫黄打非"办的牵头协调下，一些涉黄直播平台被取缔。2020年1月，江西万年警方侦破一起利用未成年人色情直播牟利案，犯罪团伙组织多名未成年人主播在直播平台进行淫秽表演，收取"房卡费"和观众打赏，主播则以未成年人为主，性质极其恶劣。[2]2020年10月，引发关注的"男主播直播强奸初一女生"案告破；据云南文山警方通报，网传视频内容系某色情直播团伙为牟取非法利益在四川、广西等地组织淫秽直播表演，而案中的"初一女生"，实为成年女性。[3]2022年7月，黑龙江哈尔滨某女主播在直播间通过"加微信、看福利"等隐晦语言诱导观众刷礼物，而所谓的"福利"实为自己录制或通过其他渠道获取的淫秽视频。[4]2023年1月，江西吉安法院宣判一起特大传播淫秽物品牟利案，该犯罪团伙利用"番茄社区""黄瓜"等境外上线搭建的色情直播平台进行淫秽表演，吸引大量观众付费观看；期间，还制作了主播成长秘籍，向主播传授吸引付费打赏的直播技巧。[5]

（四）色情直播的产业链

现如今，直播平台的色情交易已发展为成熟的黑色产业链。以App社交应用作为伪装，发布"软色情"图片及视频成为"福利姬"的色情引流模式。2018年5月，浙江杭州警方跨10余省捣毁"九月久""七色（小公举）""PR社"三个"美少女直播"涉黄App。[6]"福利姬"的运营者不仅直接售卖"软色情"图包、音频、视频及"好友位"牟利，吸引"客户"入群、入会且在线购买群组转发或云盘存储的淫秽色情资源，甚至线上色情资

〔1〕 参见陈丽君：《融资与丑闻共存　危机四伏的斗鱼》，载《北京商报》2016年6月20日，第D1版。

〔2〕 参见黄锦军：《全国7起网络直播典型案件被通报》，载《江西日报》2020年7月16日，第2版。

〔3〕 参见金贻龙：《涉黄直播平台调查　网络赌博平台藏身境外服务器　从搭建平台、招揽入会、运营分成，再到躲避监管，色情直播平台已经有了自己的产业分工和变现模式，同时，大多数色情直播都与网络赌博共存；警方加大打击力度》，载《新京报》2020年11月2日，第A10版。

〔4〕 参见史天一：《女主播直播"发福利"打开一看竟有淫秽视频》，载《生活报》2022年7月30日，第4版。

〔5〕 参见刘弯、彭小宁：《直播平台进行付费色情表演　江西吉安11名被告人传播淫秽物品牟利被判刑》，载《人民法院报》2023年1月11日，第3版。

〔6〕 参见韩丹东等：《线上靠售卖图包音视频等挣钱　线下通过援交从事色情服务　福利姬软色情交易黑幕调查》，载《法制日报》2019年2月12日，第4版。

源的售卖还会向线下交易延伸。而发布色情群组链接广告的群主、吧主以及社交 App、网站等第三方中介还会坐收"引流"佣金，由此形成了色情微传播的产业链条。这些涉黄直播平台的组织架构由平台管理层、"家族长"及主播组成，平台管理层负责客服工作、资金结算和技术维护；"家族长"负责招募主播进行淫秽色情表演。主播们让用户以赠送礼物的形式对其进行打赏，一般 1 份礼物的花费在几十元到上千元之间。这些收益由平台管理层、"家族长"和主播按比例分成，涉案金额达数百万元。[1]

在无国界的网络空间，依托先进的媒介通信技术甚至出现了跨国跨境的色情直播。2017 年 12 月，湖南郴州警方发现嫌疑人金某在名为"直播 VIP 福利群"的微信群大范围传播淫秽视频，其在微信群上传淫秽视频非法牟利的同时，还利用微信推销"桃花岛宝盒"等具有直播、云播功能的聚合直播平台。经查，"桃花岛宝盒"由犯罪嫌疑人吴某、陈某等人开发，该聚合平台非法聚合了 100 余个涉黄直播站点，通过组织真人淫秽直播表演、播放淫秽视频进行牟利，直播人员高达数万人，每日观看的人数逾百万。该平台聚合了国内以及日本、俄罗斯、美国、印度、菲律宾等国数量巨大的女主播进行淫秽传播。该平台组织架构主要分为组织层、技术层、运营层、推广层、家族长、女主播等类型；其中，组织层、技术层和运营层为核心团队。而涉黄直播站点运营者通过购买直播技术、租用服务器搭建平台，招揽直播人员到站点内进行淫秽表演。这些涉黄直播站点接受任意年龄段网民加入成为会员，用户通过微信、支付宝或 QQ 钱包进行充值观看。主播通过向用户索要"跑车、飞机、火箭"等虚拟礼品牟利，违法获利按 6∶2∶2 的比例分配给主播、家族长和平台运营团队。同时，该聚合平台还直接传播淫秽视频，通过微信、QQ 将手机 App 客户端下载地址发给用户，诱导用户购买。除传播淫秽视频牟利外，该犯罪团伙还利用聚合平台开设赌场，代理赌博网站开设赌场获利，在平台内直播网络赌场，吸引观众加入微信群进行投注赌博。湖南郴州检方以涉嫌传播淫秽物品牟利罪、组织淫秽表演罪批捕近 50 名犯罪嫌疑人，涉案金额达 3.5 亿元。[2]

---

〔1〕 参见徐佳、庞振煦：《杭州抓获涉黄直播平台犯罪嫌疑人 93 名》，载《人民公安报》2018 年 6 月 15 日，第 2 版。

〔2〕 参见洪克非：《摧毁淫秽表演直播平台百余个，抓获涉案人员 163 名 国内最大跨国涉黄直播平台被端》，载《中国青年报》2018 年 8 月 21 日，第 5 版。

另据调查，"从搭建平台、招揽入会、运营分成，再到躲避监管，色情直播平台已经有了自己的产业分工和变现模式，同时，大多数色情直播都与网络赌博共存。"〔1〕在百度贴吧平台，曾有记者获得某色情网站的链接，其聚合了十余款色情软件的下载地址，而大部分软件的下载次数均超过9万，在随机下载并注册登录"秀色直播""橙子直播"等三款App软件后，发现尽是色情淫秽画面。2020年10月，四川广安警方捣毁同样勾连网络赌博的某色情直播平台；该平台集网络色情与赌博为一体，涵盖63名女主播，注册用户2万余名，平台充值金额超3亿元人民币。〔2〕而在名为"玫瑰"的某款App上，涉黄直播与博彩游戏混为一体，不仅运营人员可通过后台随意设置彩票游戏的赔率，而且该系统服务器均位于境外，一旦遭遇稽查则会清除数据。不论是"玫瑰"App，还是"秀色直播""橙子直播"平台，其注册与隐私协议均指向英属维尔京群岛的一家公司，而且这三款App的界面设计和服务功能、游戏种类均高度一致，系统经常出现闪退或无法打开的情况。无独有偶，2023年8月，山东济宁警方破获一起利用网络跨境赌博、传播淫秽物品案，该犯罪团伙通过直播间诱引违法人员充值打赏，涉案平台获利5亿多元。〔3〕

（五）"不雅视频"的上传

2015年7月，"优衣库试衣间"不雅视频案引发色情低俗信息炒作不断，而微博、微信朋友圈等自媒体成为该不雅视频"病毒式"流散的主平台。〔4〕除一些网站跟风炒作外，部分企业微博、公众号亦借此进行低俗"搭车"营销，更有非法账号借助"优衣库"这一关键词在微博、论坛、贴吧等平台售卖淫秽色情视频资源、推广境外色情网站；之后，甚至还出现了一系列次生不雅视频案件。在"优衣库试衣间"不雅视频事件曝光之后，2015年7月，

〔1〕 参见金贻龙：《涉黄直播平台调查　网络赌博平台藏身境外服务器　从搭建平台、招揽入会、运营分成，再到躲避监管，色情直播平台已经有了自己的产业分工和变现模式，同时，大多数色情直播都与网络赌博共存；警方加大打击力度》，载《新京报》2020年11月2日，第A10版。

〔2〕 参见金贻龙：《涉黄直播平台调查　网络赌博平台藏身境外服务器　从搭建平台、招揽入会、运营分成，再到躲避监管，色情直播平台已经有了自己的产业分工和变现模式，同时，大多数色情直播都与网络赌博共存；警方加大打击力度》，载《新京报》2020年11月2日，第A10版。

〔3〕 参见吕光社等：《济宁侦破一起网络跨境赌博传播淫秽物品大案》，载《大众日报》2023年8月21日，第3版。

〔4〕 参见张松超：《不雅视频的狂欢，个人权利多么脆弱》，载《中国青年报》2015年7月16日，第2版。

浙江嵊州再现 1 分 15 秒的不雅视频。男女主角说着嵊州方言，旁边的拍摄者蔡某亦参与交谈且发出嬉笑。在用手机拍摄不雅视频后，蔡某将其保存在手机内。在"优衣库"事件发酵后，黄某想到了蔡某手机上的视频，便趁蔡某不注意，偷偷将该视频通过微信发给其女友裘某。随后，裘某将视频发给朋友王某，王某又转发给朋友袁某，之后逐步传播开来，最终致使该视频在嵊州市民的微信朋友圈中流传。事后，涉案男女主角及蔡某因制作淫秽物品被处行政拘留，裘某、王某因传播淫秽信息亦被处行政拘留，而黄某、袁某则因涉嫌传播淫秽物品罪被刑事拘留。[1]而在 2015 年 8 月，四川成都网民洪某又将一段在九眼桥河边拍摄的不雅视频上传微博，引发大量围观，造成不良的社会影响，后警方依法采取强制措施。[2]无独有偶，2024 年 2 月，为博取关注、吸引流量，达到带货牟利的目的，"网红"女主播"安琪儿"等人在广东广州海底捞餐饮店包厢用餐期间，做出不雅动作拍摄低俗视频并上传网络；经查，几人还曾拍摄多部淫秽视频及图片在网络传播，遂被警方刑事拘留。[3]

可以说，系列不雅视频在自媒体空间的接连出现，折射出网民用户期许通过上传分享视频博取更多关注的模仿效应，典型印证了社交媒体对犯罪传播的支点作用。"很多网友在不雅视频面前所表现出来的饥渴与狂欢，无疑给这些传播不雅视频的人们客观上传递了可以包容、甚至纵容的心态。从客观效果上来看，这种心态反过来给这些人毫无顾忌地传播不雅视频壮了胆。"[4]特别是在成都九眼桥不雅视频事件的帖文中，各种"求种子"的呼声依然高涨。"这种看似调侃的背后，其实折射出的是一些人对于不雅视频趋之若鹜的渴求，是对不雅视频不被允许传播的某种不屑。可以说，这种基本价值观的凌乱，一定程度上造成了传播者在法治面前的判断混乱。因此，解决不雅视频传播的屡禁不绝问题，首先应该解决民众社会对于不雅视频的基本观念问

---

〔1〕 参见郭荣、苗丽娜：《嵊州不雅视频七涉案人员归案》，载《钱江晚报》2015 年 7 月 29 日，第 A9 版。

〔2〕 参见唐奇、梁梁：《女子传播九眼桥不雅视频　目前已被警方采取强制措施》，载《成都商报》2015 年 8 月 6 日，第 16 版。

〔3〕 参见《女网红在海底捞包间拍摄不雅视频，警方通报：刑拘 4 人！》，载 https://web.shob-server.com/news/detail? id＝717383，最后访问日期：2024 年 9 月 19 日。

〔4〕 刘雪松：《谁在为前赴后继的不雅视频壮胆》，载《钱江晚报》2015 年 8 月 7 日，第 A24 版。

题。如果没有社会对于不雅视频齐声喊打的基本价值立场，而是在所谓的人性与本能上各自取舍，那么，法治想要达到的打击效果，就会降低折扣。"[1]

（六）色情自媒体的整体弥漫

2018 年 11 月，央视《焦点访谈》"自媒体　要自律不要自戕"节目指出，低俗色情已成为自媒体乱象之一。为制造刺激、吸引眼球、增加流量，有的自媒体甚至发布色情低俗的内容。某微信公众号充斥着"火辣舞蹈，太激动""制服诱惑""性感美女私密写真"等标题，各种美女穿着裸露、搔首弄姿的视频画面不堪入目；而在新浪微博上，某账号发布了一系列男子裸露身体的图片，甚至还有账号竟然发布涉及青少年的低俗图片。从实践情形看，淫秽色情内容的传播并非仅限于微博、微信朋友圈、视频直播间等自媒体平台，而且已弥漫于论坛、贴吧、语音直播等几乎所有类型的自媒体空间。

首先，语音社交平台的"泛黄"趋势日渐明显。"语音社交是指以语音为主要交流手段，通过移动终端 APP 实现交友、信息传输、交流分享等功能。"[2]从用户体验看，语音社交比文字社交更加生动有趣，比图片及视频社交的隐私性更高、门槛更低，更能传达真实情绪。2024 年 3 月，第十一届中国网络视听大会发布的《中国网络视听发展研究报告（2024）》显示，截至 2023 年12 月，网络音频、网络音乐总作品量超过 2.7 亿。在规模庞大的网络视听内容中，语音平台日渐成为社交热点。在"当红"的语言直播间，20~29 岁的听众群体占网络听众总数的 38.08%，有 47% 的"90 后"曾为良莠不齐的网络音频节目付费。[3]然而，随着网络音频市场的扩张，语音社交平台用词轻佻甚至打色情擦边球的现象开始蔓延。[4]特别是视频直播平台的色情活动遭到遏制后，类似乱象悄然向音频直播平台转移。一些音频平台纷纷标榜为电台听歌、声音交友，但实际却打着语音交友的幌子行色情交易之实。在"绯

---

〔1〕刘雪松：《谁在为前赴后继的不雅视频壮胆》，载《钱江晚报》2015 年 8 月 7 日，第 A24版。

〔2〕《违法低俗内容充斥平台，对未成年用户没有设限　治"连麦"乱象，该出重拳了!》，载《人民日报海外版》2019 年 8 月 23 日，第 8 版。

〔3〕参见刘峣：《对 26 款违法违规音频平台，采取了约谈、下架、关停服务等处罚　网络音频：先正音，才好听》，载《人民日报海外版》2019 年 7 月 8 日，第 8 版。

〔4〕参见《违法低俗内容充斥平台，对未成年用户没有设限　治"连麦"乱象，该出重拳了!》，载《人民日报海外版》2019 年 8 月 23 日，第 8 版。

闻语音""鱼丸空间""KK交友""小耳朵语聊"等语音社交平台，均有主播在聊天室内通过性暗示、打色情擦边球方法怂恿听众"刷礼物"，宣称提供语音色情"订制服务"，甚至提出"线下邀请"。[1]音频主播的软色情、性暗示同样是为了更多的流量利益。尽管一些语音平台推出音频监测系统，对网络音频内容进行智能识别。但音频识别不具有直观性，对人工监控依赖度较高，审查具有一定难度。目前，很多网络音频平台还没有建立起成熟的内容监管体系。[2]

其次，利用论坛传播淫秽内容的犯罪仍时有发生。2018年底，河北衡水警方侦破"萝莉吧论坛"传播淫秽物品牟利案。经查，2018年5月，嫌疑人周某建立"萝莉吧论坛"网站并担任管理员，其将从网上下载的淫秽色情视频，上传至网站不同版块，网民付费后可在线观看或下载；而嫌疑人毕某、单某则通过发卡平台，为周某传播淫秽视频提供代收费服务；另外几名嫌疑人刘某等在明知"萝莉吧论坛"系淫秽网站的情况下仍为其推广。"萝莉吧论坛"网站内存有淫秽视频160余个，发卡平台网站内存在淫秽视频250余个，随后，警方将上述犯罪团伙悉数拘捕。[3]

再次，利用百度贴吧等渠道散布色情内容的不法活动亦不乏其人。2019年1月，北京市"扫黄打非"办部署文化执法部门查处百度某贴吧传播淫秽色情漫画案。经查，2014年4月至2019年1月期间，百度贴吧频道的"强制绝顶装置吧"提供含有宣扬淫秽色情内容的网络漫画，足以诱发未成年人违反社会公德甚至模仿违法犯罪。北京市文化执法部门遂责令百度公司限期改正，并处行政罚款2万元；随后，百度删除涉案漫画并关闭相应贴吧。[4]

此外，在网络文学创作平台亦出现了低俗色情内容。根据《第53次中国互联网络发展状况统计报告》，截至2023年12月，我国网络文学用户规模达5.20亿人，占网民总体的47.6%。面临激烈的市场竞争，部分网络文学写手

---

〔1〕 参见刘峣：《对26款违法违规音频平台，采取了约谈、下架、关停服务等处罚 网络音频：先正音，才好听》，载《人民日报海外版》2019年7月8日，第8版。

〔2〕 参见刘峣：《对26款违法违规音频平台，采取了约谈、下架、关停服务等处罚 网络音频：先正音，才好听》，载《人民日报海外版》2019年7月8日，第8版。

〔3〕 参见郄建荣：《重拳查处百度某贴吧传播淫秽色情漫画等7起"黄非"案件 扫黄打非部门将整治校园周边文化环境》，载《法制日报》2019年2月26日，第8版。

〔4〕 参见郄建荣：《重拳查处百度某贴吧传播淫秽色情漫画等7起"黄非"案件 扫黄打非部门将整治校园周边文化环境》，载《法制日报》2019年2月26日，第8版。

为追求点击量，通过低俗内容吸引读者，导致在网络文学创作领域出现了"打色情擦边球"的现象。2019 年 7 月，北京、上海"扫黄打非"办联合有关部门分别对晋江文学城、番茄小说、米读小说运营企业进行约谈，要求针对传播网络淫秽色情出版物等问题进行严肃整改。[1]

第二节　网络色情微传播的诱因

网络色情的微传播可谓各有所需，有的出于娱乐目的，随意在好友之间非法转发；有的出于牟利动机，提供色情链接付费观看或收取会员费；有的则出于商业营销，借助色情视频聚拢人气、招揽生意，推销微商产品。"微视频所传播的内容的负面性往往是现实社会的折射，很多问题产生的根源不在网络本身，而是现实社会问题的延伸反映。"[2]涉世未深的"福利姬"之所以沉陷粉丝文化，除自身心智不成熟的原因外，亦与家庭、学校教育的缺失有关。可以说，色情牟利是自媒体生态圈严重失范的集中映现，短视频与直播平台的各类无序乱象对淫秽信息的流散发挥了"破窗"效应，而色情微传播反过来又加剧了视频直播的生态失衡。

一、涉黄直播的营利动机

尽管短视频与直播平台监管保持高压态势，但利益驱使下的色情传播等乱象仍屡禁不止。"直播行业的乱象涉及心理、社会、经济等多方面因素，但说到底，还是为了牟利。"[3]为在新媒体经济中分得红利，网络主播可谓使出浑身解数。主播收入大多来自观众打赏、广告植入，因而需要很高的粉丝量。"在大部分都在使用的秀场模式下，有亮点的直播平台还能稍微盈利。但同质化严重、缺乏优质的内容产出以及粉丝对于平台的黏性难以持续等都导致这一平台的收入缺乏稳定性和可持续性。"[4]直播平台和主播之所以铤而走险，

---

〔1〕参见张鹏禹：《缺少严格把关与审核　质量差版权问题颁发　网络文学：向涉黄说"不"》，载《人民日报海外版》2019 年 8 月 2 日，第 8 版。

〔2〕郑峰：《新媒体时代下网络微视频生态研究》，北京工业大学出版社 2019 年版，第 13 页。

〔3〕马成涛：《网络直播　请收起"任性"》，载《安徽日报》2019 年 8 月 27 日，第 10 版。

〔4〕陈丽君：《融资与丑闻共存　危机四伏的斗鱼》，载《北京商报》2016 年 6 月 20 日，第 D1 版。

归根结底还是为了吸引受众眼球、追求与变现流量。"看似是互联网问题，实际上是全社会的问题，在资本家眼中，并没有什么成年与未成年之分，因为，他们获利的欲望已远远超出了道德底线。"〔1〕

为吸引流量，一些自媒体账号竭力猎奇、不择手段，不惜助长焦虑、撩动情绪，制造对立、误导受众，传递错误的价值观；更有不少主播为吸引粉丝大打"擦边球"，离奇怪诞、低俗色情刺激、惊悚的直播画面层出不穷。2019 年 6 月，湖北武汉某情侣模仿网上"很吸引人注意"的"恶搞"视频，为寻求刺激将动物粪便和人的屎尿混合，由一人随机选择路人朝其泼洒污物，另一人负责拍摄录像。警方查证该情侣类似作案已有 5 起，两人随后因涉嫌寻衅滋事被刑事拘留。〔2〕无独有偶，2019 年 7 月，安徽庐江身材超胖、扮相夸张的某女子，因在找工作时屡屡碰壁，遂入驻快手平台做起女主播；为"吸粉"涨人气，该女主播开始扮丑搞怪，与陌生男子搭讪甚至"强吻过路老人"，遂被警方行政拘留。〔3〕

根据 2024 年 3 月央视《焦点访谈》"揭开造假视频的'画皮'"节目报道，利用摆拍制作和技术生成虚假短视频的现象可谓屡见不鲜；尽管国家网信办有关立法要求对非真实、虚构或摆拍视频进行标注，但为增加"作品"的惊奇感使之冲上热搜榜，视频发布者往往刻意模糊"摆拍"与"真实"的界线；比如，在 2023 年 7 月一则"和闺蜜吃饭遭陌生男子要求陪酒"的短视频中，"摆拍"团队成员分工明确，视频仅拍摄三次、前后大概仅用了三十分钟，就炮制出这样一条引发广泛热议的"火爆"视频。无独有偶，2024 年 1 月，一条"211 毕业男子被裁瞒着妻子送外卖"的短视频登上微博热搜，短时间内该话题阅读量超 8000 万。〔4〕

〔1〕 吴雪：《黑幕背后的"连锁反应"》，载《新民周刊》2018 年第 41 期。

〔2〕 参见《监拍：情侣为拍"恶搞"视频向路人泼粪》，载 http://www.bjnews.com.cn/wevideo/2019/07/07/600273.html，最后访问日期：2024 年 9 月 7 日。

〔3〕 参见常诚、陈旭：《街头直播强吻大爷的女主播道歉，涉事短视频平台已将其封号》，载 https://www.thepaper.cn/newsDetail_forward_4048042，最后访问日期：2024 年 8 月 31 日。

〔4〕 参见赖世伟：《男子被裁瞒妻送外卖？屡禁不止的摆拍需"一记重锤"》，载 https://news.qq.com/rain/a/20240129A098CS00，最后访问日期：2024 年 8 月 28 日。

自媒体账号摆拍的部分热点事件

时间	地点	热点事件	案情简述
2023 年 2 月	安徽阜阳	遭遇家暴〔1〕	抖音号"阜阳敏姐"与其前夫共同拍摄遭家暴视频，并谎称报警。
2023 年 8 月	山东青岛	户外直播时遭绑架并被威胁"活埋"〔2〕	快手头部主播"二驴的"在户外直播时，遭多名男子闯入并被绑在车上，还在随后争执中传出要被"活埋"的惊悚言论。经查，该视频为自导自演。
2023 年 8 月	湖南怀化	深夜女外卖员送餐下楼后发现车被偷〔3〕	身穿黄色外卖工作服的女子在发现车被偷后，随后做出"跳脚、倒地、捶地、大哭"一系列连贯动作；经查，该视频系网民周某等三人策划拍摄的虚构故事。
2024 年 1 月	重庆市	孕妇在公园征婚〔4〕	网购假孕肚道具乔装孕妇，自导自演相亲场景。
2024 年 1 月	陕西宝鸡	保安徒手接坠楼婴儿〔5〕	利用布娃娃道具，对以往事件的翻拍。
2024 年 3 月	四川成都	编造感情纠纷摆拍〔6〕	编造"男女感情纠纷"，在街头故意推搡、辱骂，引发围观、交通拥堵。

　　同样地，网络微空间的色情文化之所以畅行不衰，亦是别有用心者的利欲熏心所致。为满足低俗猎奇的受众心理，基于暴利追逐的淫秽色情传播大行其道。并非"COSPLAY"动漫文化催生了色情互动，而是色情文化套用了

---

〔1〕　参见《女子与前夫摆拍家暴并在直播时谎称报警，阜阳官方：正取证处置》，载 https://news. cctv. com/2023/02/25/ARTI3oEuqzyYCir2uFGIMdE9230225. shtml，最后访问日期：2024 年 8 月 25 日。

〔2〕　参见黄寿赓：《起底网红"二驴"为博流量无下限，直播时编造剧本还曾涉嫌售假，如今被无限期封禁》，载《齐鲁晚报》2023 年 8 月 22 日，第 A3 版。

〔3〕　参见《究竟谁在网购假外卖服？》，载《西宁晚报》2023 年 10 月 12 日，第 A13 版。

〔4〕　参见张超：《"自媒体"追求流量不能无底线》，载《四川日报》2024 年 1 月 18 日，第 1 版。

〔5〕　参见佘宗明：《摆拍"保安徒手接坠楼婴儿"：借善的名义走向善的反面》，载《成都商报》2024 年 1 月 30 日，第 3 版。

〔6〕　参见《成都警方：7 人编造感情纠纷摆拍被行政罚》，载 http://www.ce.cn/xwzx/gnsz/gdxw/202403/18/t20240318_ 38937329. shtml，最后访问日期：2024 年 8 月 28 日。

"二次元"的外衣,因为在"COSPLAY"的背后是毫无底线的逐利动机。随着网络直播竞争白热化,仅靠唱歌、聊天等直播"标配"已很难博取关注,再加上直播平台的准入门槛与违法成本较低,在利润诱使与监管不足的助推下,直播平台的刷量造假、买粉作弊、低俗夸张等乱象不断涌现。"涉黄、代打、侵权、欠薪等一系列丑闻的背后是行业的恶性竞争,而买粉、买观众、刷榜、低价买虚拟货币等则暴露了这一行业的'虚火'现象,这也让视频直播的运作机制、商业模式弊端都逐渐暴露出来。"〔1〕

二、微传播的技术支撑

自媒体的即时性、交互性、节点性等传播特性,为网络微空间淫秽色情信息的循环扩散提供了支撑。"无限性链接、瞬时复制与粘贴、海量收纳储存、临时屏蔽、一对多的加密扩散、网页或网站设立的零成本等技术手段,为淫秽色情信息的非法生产与传播提供了便利条件,使得网络淫秽色情等有害信息呈增多和蔓延之势。"〔2〕尽管微信聊天群、QQ群等私密社交以及未设信息发布功能的第三方App软件,并不属于严格的自媒体范畴,但由于微博、微信聊天群或QQ群、微信公众号及朋友圈、论坛、贴吧以及移动客户端等各类媒介应用彼此交织嵌合,已形成"你中有我,我中有你"的媒介矩阵,因而各类网络媒介往往对淫秽色情等违禁信息的流转散播相互支撑。"这促进了淫秽色情媒体与其受众间的双向互动,用户可以轻而易举地成为自媒体,参与并推动网络淫秽色情信息的传播过程,与信息发布者共建色情世界。色情论坛通过建立会员发原创帖、上传色情小说、影音视频等奖励积分、奖励网站金币以提升浏览论坛权限的制度,鼓励会员创作、上传淫秽色情信息是这种双向互动的典型。"〔3〕

此外,还存在技术运用漏洞原因。网络云盘存储服务商为推广品牌、扩大市场占有率,在"私密存储"基础上过度强化"分享"功能,从而使大量淫秽内容尤其是色情视频得以藏匿、中转,并在微博、微信、论坛等平台上

〔1〕 陈丽君:《融资与丑闻共存 危机四伏的斗鱼》,载《北京商报》2016年6月20日,第D1版。

〔2〕 黄瑚主编:《网络传播法规与伦理教程》,复旦大学出版社2018年版,第108页。

〔3〕 黄瑚主编:《网络传播法规与伦理教程》,复旦大学出版社2018年版,第120页。

反复传播，难以根除。

三、色情互动的隐蔽化

为逃避严厉打击，微空间的色情传播比以往更为隐蔽了，这着实增加了监管难度。据 2015 年 5 月央视《焦点访谈》"贩黄盯上手机屏"节目调查，大量淫秽信息的发布者利用在线监测人员的工作时间差玩起了"换马甲"把戏。某微信账号利用朋友圈，每天 21 点开始发布新内容，次日上午 10 点前便删除，散布淫秽视频的对象超过了 5000 人。尽管有用户连续一个月向微信官方团队多次举报，但回应却是"暂未认定举报对象有违规行为"。在"嗨秀"直播平台上，涉黄内容集中出现在晚间 9 点至凌晨时段，且这些群在白天即被解散或被清空群文件。[1] 况且，涉黄直播表演人员都是采取现场直播方式，而且淫秽表演情节大部分是点断式、非连续性，证据稍纵即逝。因带有社交功能的手机 App 应用数量庞大，相应的监管措施似乎跟不上 App 应用规模的迅速扩张，再加上淫秽信息"易容术""阅后即焚"所致取证难度大、监管不及时等原因，使色情微传播管制频现漏洞。

目前，平台监测技术大多是基于"关键字"的智能识别，而移动第三方 App 应用在手机、平板设备等终端上的违规内容却很难被识别出来。为逃避监管，发布在微博上的淫秽视频大多通过第三方手机应用 App 分享上线，并通过程序设计使其仅能在手机客户端播放；而在电脑端，无论是微博还是这些应用的自有链接均都显示"找不到该视频"或干脆不显示，但这些视频的手机端播放量却一直在增长。也就是说，这些视频社交 App 应用虽在电脑端删除淫秽链接，但却在手机端为大开"后门"，导致色情内容继续在微空间流传。更何况，若非实际点击浏览，单从名字、功能介绍等表面来看，很难发现微空间隐藏的色情秘密。比如，在一组看似正常的"COSPLAY（服饰扮演动漫角色）"图片的最后，附上一两张带着色情暗示的"福利照"，已成为色情包装的惯用手段；这些照片往往留有 QQ 号、微博 ID 等水印，以便受众粉丝联系入群，付费下载或在线观看淫秽内容。在微信号、QQ 号搜索以及微博、百度贴吧等平台对暗含色情信息的"免费看""萝莉""福利"关键词予

---

〔1〕　参见张雅等：《躲避检查　涉黄直播转战 QQ 群：报价进行色情表演直播平台称将对主播进行封号》，载《北京青年报》2016 年 7 月 28 日，第 A7 版。

以屏蔽后，随即出现了"福 X 利 X 群 X""福 X 利""果聊"等名称"变种"，甚至不惜使用拼音音节来代替汉字，以规避针对敏感词的智能识别。这些通讯群组含有大量的淫秽内容链接或在线色情直播，但却因使用"隐语"交流而往往逃过了智能监测与平台查封。

为逃避实时监测，色情直播平台的经营者不断"更名换姓"，变换站点名称、图标、下载地址、服务器等另起炉灶。在湖南郴州"12·28"传播淫秽物品牟利案中，聚合直播平台的核心人员均使用非本人身份信息（身份证、手机、银行卡、U盾）进行伪装，并且定期更换上述信息。同时，核心人员内部使用境外聊天软件进行勾连，IP 地址都进行了伪装。核心团队之外的其他团队分布较广，不直接与核心团队进行联系，团队之间均通过微信、QQ 等社交软件进行联系，彼此不见面，不实名沟通。为规避打击，聚合直播平台的顶层代理利用第三方发卡平台进行线上批发卡密，而发卡平台一般搭建在国外机房中，追踪难度非常大。[1]

四、网络平台的漠视放纵

从盈利模式来看，直播平台依靠网红主播扩大影响，主播依托直播平台汇聚粉丝人气，两者可谓相得益彰、相互烘托。由于主播与平台的流量利益一致，流量越大主播与平台的分成就越可观，所以平台对主播为涨粉而不择手段的行径存在默许纵容的可能，甚至对突破道德与法律底线的直播内容漠视放任。据虎牙平台某主播称，其直播收益分别被虎牙平台和"招募培养主播"的白金公会提成 50% 和 35%；也就是说，大部分收益被平台运营方瓜分。[2]为赚取更多的个人收益，视频主播不惜逾越道德与法律底线，一心只为吸引粉丝、聚集人气。

五、网民法制观念的淡薄

从实践案例来看，一些涉罪用户的法制观念淡薄，对违法传播色情的行为性质认识不清。在 2015 年青海德令哈市"7·20"网络传播淫秽物品案，

---

〔1〕 参见洪克非：《摧毁淫秽表演直播平台百余个，抓获涉案人员 163 名 国内最大跨国涉黄直播平台被端》，载《中国青年报》2018 年 8 月 21 日，第 5 版。

〔2〕 参见吴雪：《黑幕背后的"连锁反应"》，载《新民周刊》2018 年第 41 期。

某犯罪嫌疑人并未意识到罪行性质，辩称："我们没有打架，没有杀人放火，没盗窃，没抢劫，就发了几张图片，就把我们抓起来？"[1]无独有偶，2015年福建石狮传播淫秽物品的某酒店女经理亦悔恨称："其实我只是想让顾客多关注一下我们酒店的生意，没想到会造成这么严重的后果。"[2]

第三节　视频自媒体的色情规制

在网络视频、音频直播平台，任何主播的扬名均不应以牺牲他人利益为代价，更不能违背公序良俗与法律规则。"如果一个社会已经提供了足够平等的扬名机会，而某些个人欲巧取豪夺以博出位，则理应受到道德的谴责乃至法律的制裁。"[3]也即视频直播要有基本底线，并非所有内容均可直播。根据网络直播服务管理的有关规定，通过网络表演、网络视听节目等提供互联网直播服务的，应依法取得相关资质。针对视频自媒体的色情传播等乱象，网信、经信、广电、公安等职能部门应加强联动监管，将微博、微信、论坛、贴吧及移动 App 客户端等媒介一体纳入全网监测系统。

一、媒介素养与行业自律

近年来，网络直播服务迅猛发展，且年轻用户多、社会影响大。各大直播平台和网络主播应恪守道德与法律底线，自觉抵制和防范低俗"恶搞"、暴力色情、赌博欺诈等违法行为，为广大网民特别是青少年受众营造风清气正的网络直播空间。

首先，视频自媒体的乱象整治需着力提高网络主播的媒介素养，引导视频内容的传播风向积极转型。2016 年 9 月，国家新闻出版广电总局下发《关于加强网络视听节目直播服务管理有关问题的通知》，明确要求直播节目不得含有立法禁止的内容，并自觉抵制内容低俗、过度娱乐化、宣扬拜金主义和崇尚奢华等问题。2016 年 11 月，国家网信办颁布《互联网直播服务管理规

---

〔1〕　参见赵洪甲、德期道玛：《"7·20 网络传播淫秽物品案"背后的反思》，载《柴达木日报》2015 年 9 月 14 日，第 2 版。

〔2〕　参见郑明：《微信群传播淫秽视频　女经理开辟另类营销渠道　石狮市公安局破获传播淫秽物品案》，载《人民公安报》2015 年 7 月 22 日，第 2 版。

〔3〕　夏德元：《成名与扬名》，载《解放日报》2013 年 6 月 14 日，第 19 版。

定》（以下简称《直播规定》），要求直播发布者在进行直播时提供符合法律法规要求的直播内容，用户在参与直播互动时应文明互动、理性表达。从实践来看，视频直播门槛过低、主播素养参差不齐是导致乱象丛生的重要原因。为促进短视频与直播行业规范发展，有必要适度提高网络直播的门槛。比如，设立考试认证制度，考察主播的主持业务素养，引导主播持证上岗，既保证视频直播的专业性，又保证直播内容的绿色健康。[1]

其次，视频自媒体的自律进化亟待发挥行业协会的引导作用。根据国家网信办《直播规定》，鼓励支持相关行业组织制定行业公约，加强行业自律，建立健全行业信用评价体系和服务评议制度，促进行业规范发展。2016 年 12 月，文化部印发《网络表演经营活动管理办法》（以下简称《表演办法》），规定网络表演行业的协会、自律组织等要主动加强行业自律，制定行业标准和经营规范，开展行业培训，推动企业守法经营。2012 年 7 月，中国网络视听节目服务协会通过了《中国互联网视听节目服务自律公约》，旨在推动视听行业规范发展，引导视听媒体以身作则，自觉规制网络视频的传播乱象。该协会成立于 2011 年 8 月，包括人民网、新华网、中国网络电视台、优酷、新浪、腾讯等多家缔约单位；该公约倡导不得传播渲染暴力、色情、赌博、恐怖等危害未成年人身心健康、违背社会公德、损害民族优秀文化传统的互联网视听节目，且缔约单位应履行互联网视听节目服务开办者的主体责任，对网民上传的含有违法违规内容的视听节目应予删除。2016 年 7 月，中国作协网络文学委员会与中国音像与数字出版协会数字阅读工作委员会共同发起《网络文学行业自律倡议书》，对于规范与净化自媒体平台的文学创作环境提供指引。2018 年 11 月，由中国演出行业协会网络表演（直播）分会牵头，组织腾讯研究院、虎牙、花椒、斗鱼、映客等多家企业共同编写的《网络表演（直播）内容百不宜（2018 版）》面向业内发布，其对违法内容的传播划出了"红线"，针对性与可操作性较强，对于约束视频主播行为起到了积极作用。2019 年 1 月，中国网络视听节目服务协会发布《网络短视频平台管理规范》以及《网络短视频内容审核标准细则》，共同规范网络视频传播秩序。前者作为约束网络短视频的行业规范，要求平台播出的所有短视频，经对标题、

---

〔1〕 参见马成涛：《网络直播　请收起"任性"》，载《安徽日报》2019 年 8 月 27 日，第 10 版。

简介、弹幕、评论等内容审核后方可播出，具体涉及"标题简介弹幕评论均应审核""建立违法违规上传账户名单库""未经授权不得删改视听作品及片段""确保落实账户实名制管理制度"等内容；后者作为短视频内容的 100 条标准规范，明确规定了网络短视频不得出现的各项内容，为视频平台的实际审核人员提供了内容审核的具体标准。应当说，上述指导准则与行业规范对于营造健康有序的网络视频、音频直播环境具有重要的支撑意义。

二、视频平台的监控责任

对于短视频及直播平台的有害内容传播，网络平台的监管责任不容推卸。然而，目前视频平台运营商普遍存在依法办网意识不强、社会责任缺失、信息监管不到位、账号审核把关不严等突出问题。对此，2018 年 8 月，国家"扫黄打非"办等部门联合公布《关于加强网络直播服务管理工作的通知》，要求网络直播服务提供者落实用户实名制度，加强网络主播管理，建立主播黑名单制度，健全完善直播内容监看、审查制度和违法有害内容处置措施。特别是网络接入服务提供者应按照要求建立内容审核、信息过滤、投诉举报处理等相关制度，建立"7×24"小时应急响应机制。

首先，网络短视频及直播平台运营商应强化对视频、音频内容的审核监管责任。自媒体平台应积极落实信息内容管理的主体责任，关闭违法违规账号和淫秽色情"微话题"，及时将涉嫌违法犯罪的线索上报有关部门；同时，应采取有效措施加强内部管理，力求对视频内容的审核把关"责任到人"。从网络监管立法来看，视频平台主体责任的督促落实不断重申。根据国家网信办《直播规定》，直播服务提供者应落实主体责任，建立直播内容审核平台，根据直播的内容类别、用户规模等实施分级分类管理，对图文、视频、音频等直播内容加注或播报平台标识信息，对互联网新闻信息直播及其互动内容实施"先审后发"管理；直播服务提供者应加强对评论、弹幕等直播互动环节的实时管理，配备相应管理人员。另据《表演办法》规定，网络表演经营单位应建立内部巡查监督管理制度，对网络表演进行实时监管。可见，针对视频自媒体的低俗色情等乱象，网络平台的内容审核与实时监管属于法定义务。

其次，对于发布违规内容的主播及观众用户，平台应采取删除内容、限制权限、封禁账号等惩戒措施。根据《直播规定》，直播服务提供者应对违反法律法规和服务协议的直播服务使用者，视情形采取警示、暂停发布、关闭账号等处置措施。另据 2019 年 11 月国家网信办等部门联合印发的《网络音视频信息服务管理规定》（以下简称《音视频规定》），音视频信息服务提供者应在与使用者签订的服务协议中明确双方权利和义务；对违反法律法规及服务协议的使用者采取警示整改、限制功能、暂停更新、关闭账号等处置措施。与此同时，平台还应加强对违规违法主播的黑名单管理。根据《直播规定》，直播服务提供者应建立直播发布者信用等级管理体系，提供与信用等级挂钩的管理和服务，并应建立黑名单管理制度，对纳入黑名单的直播服务使用者禁止重新注册账号。2022 年 3 月，国家网信办、国家税务总局、国家市场监督管理总局印发《关于进一步规范网络直播营利行为促进行业健康发展的意见》，同样要求网络平台加强直播账号分级分类管理，对违规账号采取警示提醒、责令限期改正、限制账号功能、暂停账号使用、永久关闭账号、禁止重新注册等处置措施。

最后，平台还应注重运用技术识别与过滤手段加强对直播内容的实时监测，依托技术创新来强化对有害视频内容的审核、屏蔽及清除；同时，辅以必要的人工审核，以弥补技术监控手段的不足。特别是在明知视频直播含有违法内容时，必须及时采取屏蔽、删除等处置措施。根据 2010 年 1 月公布的《最高人民法院、最高人民检察院关于办理利用互联网、移动通讯终端、声讯台制作、复制、出版、贩卖、传播淫秽电子信息刑事案件具体应用法律若干问题的解释（二）》，利用包括自媒体在内的网络平台建立主要用于传播淫秽电子信息的群组，涉嫌传播淫秽物品罪；网站建立者、直接负责的管理者明知他人制作、复制、出版、贩卖、传播的是淫秽电子信息，允许或者放任他人在自己所有、管理的网站或者网页上发布，涉嫌传播淫秽物品罪或传播淫秽物品牟利罪。

三、视频自媒体的行政管控

从立法文件看，多部网络行政监管立法均明确规定了视频自媒体传播的禁止事项。国家网信办《直播规定》要求直播服务提供者及使用者不得利用网络直播服务从事传播淫秽色情等活动，不得利用网络直播服务制作、复制、发布、传播法律法规禁止的信息内容。《表演办法》亦明确规定网络表演不得含有以下内容：宣扬淫秽、赌博、暴力或教唆犯罪，表演方式恐怖、残忍、暴力、低俗，摧残表演者身心健康的；以虐待动物等方式进行表演。国家网信办等部门颁布的《音视频规定》同样明确禁止利用网络音视频信息服务及相关信息技术传播网络谣言、淫秽色情等违法内容。

（一）加强失信黑名单管理

针对视频、音频自媒体乱象及涉罪传播，网信、文化执法以及"扫黄打非"办等部门应强化对网络平台的约谈、专项整治、限期整改、依法取缔等监管举措，责令平台对违规违法账号采取限制、封停直至永久关闭等措施，并引导网络平台及视频、音频自媒体运营者加强行业自律，同时注重提升视频或音频主播及观众用户的媒介素养。各级网信等职能部门应建立主播约谈及线下培训机制，定期联合公安、文化、市场监管等部门举办网络主播培训班，普及《互联网直播服务管理规定》等立法规范，同时要求主播签订《规范网络行为承诺书》。针对直播间观众在屏幕下方发表的言语挑衅、污言秽语等评论，要求主播负责屏蔽、清理有害信息；同时，直播平台的审核人员加强实时监控，对违规观众记录信用扣分，直至在扣尽时将其列为禁入直播间的黑名单。此外，不仅要对违法违规的网络主播建立黑名单制度，亦需针对怠于履责、放纵不法的直播平台设立黑名单。根据《表演办法》，原文化部负责全国网络表演市场的监督管理，建立统一的网络表演警示名单、黑名单等信用监管制度。

（二）直播乱象的专项整治

近年来，移动直播交友日益受到网民用户特别是未成年用户的青睐。然而，一些杂乱无章的短视频及直播平台充斥着各类乱象甚至色情交易产业链，不仅污染了网络直播空间，而且严重败坏了社会风气。在视频直播行业发展初期，平台基于对用户规模与流量的考量，对各种乱象容易变相地放纵。所以，在网络直播行业尚无足够的自我净化能力时，行政管制对于营造规范有序的网络视频空间是至关重要的。对此，网信等职能部门应坚持标本兼治、管建并举，在进行集中整治的同时，既鼓励直播平台创新发展，又推动视频行业规范发展，支持主流媒体生产更多网民喜闻乐见的优秀视频、音频内容，引导广大网民积极参与优质视频、音频创作活动。

为积极引导直播平台和网络主播传播"正能量",网信等职能部门针对自媒体直播乱象不断加大整治力度。2019 年 6 月,为遏制语音直播行业乱象、督促平台落实主体责任,国家网信办会同有关部门,针对网络音频乱象启动专项整治行动,依法对"吱呀""Soul""语玩""一说 FM"等 26 款传播历史虚无主义、淫秽色情内容的违规音频平台,分别采取约谈、下架、关停服务等阶梯制处罚。[1]2021 年 1 月,由于个别主播在直播中存在性挑逗、性暗示和抽烟、说脏话等行为,部分直播间评论弹幕存在低俗内容,个别主播直播的游戏未经审批且含有血腥、暴力、恐怖等内容,部分主播和用户通过微信号、二维码等方式引流从事非法活动,以及平台存在"宣扬淫秽、赌博、暴力或者教唆犯罪"的内容等原因,抖音公司受到北京文化执法部门的约谈及顶格罚款。[2]2022 年 7 月,国家网信办等部门开展专项整治行动,严查利用"网红儿童"牟利以及让未成年人做出不雅姿势、性暗示动作吸引流量,利用社交软件、群组、同城频道等对未成年人进行性引诱、教唆未成年人拍摄裸露视频图片、实施网络猥亵等行为,并集中清理以未成年人为形象创作的色情小说、漫画内容,以及学习类 App 和版块的色情低俗及其他导向不良内容。在国家网信办"清朗·2023 年春节网络环境整治"专项行动中,重点整治借低俗着装、露骨动作等方式,打造"酒店媛""景点媛""雪媛""农媛""外卖媛"等各类低俗人设,进行炒作引流的问题。2024 年国家网信办"清朗·网络直播领域虚假和低俗乱象整治"专项行动,重点整治七类突出问题:通过摆拍场景等方式,制作"扮穷""卖惨"内容博眼球;通过渲染商品"功效"等方式,在直播带货中进行虚假宣传;虚构直播"相亲"嘉宾身份,炒作婚恋话题;主播刻意展示发布"软色情"内容;通过深夜付费直播躲避监管,隐蔽传播低俗色情信息;直播低俗搭讪,实施恶俗"PK"行为,无底线挑战公众审美;在直播时传播虚假科普信息,混淆视听。

(三) 鼓励网民积极举报

动员广大网民用户积极提供视频、音频直播平台的违法线索,无疑是发

---

〔1〕 参见胡林果:《聊天能赚钱,声音变生意?警惕语音社交 APP 成"黑网"》,载《新华每日电讯》2019 年 8 月 2 日,第 14 版。

〔2〕 参见《传播淫秽色情低俗信息,"抖音"被顶格处罚》,载《人民法院报》2021 年 1 月 12日,第 5 版。

现与处置不法内容传播的有效途径。根据国家网信办《直播规定》，互联网直播服务提供者应自觉接受社会监督，健全社会投诉举报渠道，设置便捷的投诉举报入口，及时处理公众投诉举报。《表演办法》亦规定，网络表演经营单位应建立健全举报系统，主动接受网民和社会监督，并要配备专职人员负责举报受理，建立有效处理举报问题的内部联动机制。另据《音视频规定》，网络音视频信息服务提供者应自觉接受社会监督，设置便捷的投诉举报入口，公布投诉、举报方式等信息，及时受理并处理公众投诉举报。

（四）违禁内容的治安处罚

根据《治安管理处罚法》规定，制作、运输、复制、出售、出租淫秽的书刊、图片、影片、音像制品等淫秽物品或者利用计算机信息网络、电话以及其他通讯工具传播淫秽信息，处以拘留、罚款；同时，规定，有下列行为之一的从重处罚：对于组织播放淫秽音像、组织或者进行淫秽表演、参与聚众淫乱活动的行为从重处罚。另外，明知他人从事上述活动，仍为其提供条件的，依照上述规定处罚。由此，通过微博、微信朋友圈或 QQ 群、短视频平台、视频或音频直播平台以及论坛、贴吧等网络自媒体传播淫秽物品或组织淫秽表演，构成行政违法行为，应施以相应的行政处罚；情节严重的，还将触犯刑律。

四、视频色情的刑事治理

从实践罪案来看，通过微博、微信、视频直播等媒介平台传播淫秽信息，较之以往的色情社区论坛等形式更具有隐蔽性，其传播影响面更广、危害后果更难以预估。面对网络"微空间"的色情泛滥之势，同样有必要加强对淫秽色情信息传播的刑事治理。2004 年 9 月，"两院"公布《关于办理利用互联网、移动通讯终端、声讯台制作、复制、出版、贩卖、传播淫秽电子信息刑事案件具体应用法律若干问题的解释》。据此规定，利用互联网、移动通讯终端以及利用聊天室、论坛、即时通信软件、电子邮件等方式制作、复制、出版、贩卖、传播淫秽电子信息，涉嫌制作、复制、出版、贩卖、传播淫秽物品牟利罪或者传播淫秽物品罪。

根据《刑法》第 363 条第 1 款，以牟利为目的，制作、复制、出版、贩卖、传播淫秽物品的，构成制作、复制、出版、贩卖、传播淫秽物品牟利罪。

据此，以牟利为目的，在网络直播平台制作与传播淫秽视频的行为涉嫌该罪。因为直播平台上的虚拟礼物与观众"打赏"可折算为现金价值，显然属于刑法意义上的"牟利"。《刑法》第 364 条第 1 款规定，传播淫秽的书刊、影片、音像、图片或其他淫秽物品，情节严重的构成传播淫秽物品罪；《刑法》第 364 条第 4 款规定，向不满十八周岁的未成年人传播淫秽物品的，从重处罚。第 364 条第 2 款、第 3 款规定，组织播放淫秽的电影、录像等音像制品的，或者制作、复制淫秽的电影、录像等音像制品组织播放的，构成组织播放淫秽音像制品罪。另据《刑法》第 365 条规定，组织进行淫秽表演的，构成组织淫秽表演罪。

据此，若以牟利为目的进行淫秽色情直播，构成传播淫秽物品牟利罪；若非以牟利为目的而进行淫秽色情直播仍构成传播淫秽物品罪，只不过后者比前者量刑相对较轻。若涉及性活动的直播具有一定表演性质，比如组织多名主播在同一直播间进行淫秽表演，组织者还可能涉嫌组织淫秽表演罪。当然，并非所有的主播裸露行为均涉嫌犯罪。《刑法》所称淫秽物品，是指具体描绘性行为或露骨宣扬色情的诲淫性的书刊、影片、录像带、录音带、图片及其他淫秽物品；有关人体生理、医学知识的科学著作不是淫秽物品，并且包含有色情内容的有艺术价值的文学、艺术作品亦不视为淫秽物品。也就是说，直播内容是否定性为淫秽色情，取决于主播裸露的部位及程度，若单纯地露腿、露肩则不宜界定为淫秽色情，但属于低俗失德或违规违法行为。由此，色情直播乱象的治理任务并非全都交由刑法完成，对于趣味低下、媚俗下作但尚未达到涉罪程度的传播内容则交由行业自律或行政处罚予以前置性规制。

自媒体涉罪传播的立体规制

事实表明，网络自媒体传播的涉罪风险不容小觑。从抄袭洗稿到流量造假，从低俗营销到炮制谣言，从暴力攻讦再到直播诈骗，自媒体的犯罪支点效应不断显现。"虽然网络传播是无序、混沌、初始条件敏感、无法预测的，但是由于复杂网络本身的拓扑性质，从本质上来说，网络传播是可控的。"〔1〕2016 年 4 月，习近平总书记在主持召开网络安全和信息化工作座谈会上指出，互联网不是法外之地，要坚决打击利用网络鼓吹宗教极端主义、宣扬民族分裂思想、教唆暴恐活动以及进行人身攻击与欺诈、散布色情材料、兜售非法物品等行为，决不能任其大行其道；同时，要加强网络空间治理和内容建设，为广大网民特别是青少年营造风清气正的网络空间。

第一节 自媒体涉罪规制的基本立场

2018 年 11 月，央视《焦点访谈》"自媒体 要自律不要自戕"节目指出：自媒体从业规则并不成熟，良莠不齐、混淆视听的信息正在污染网络空间。尽管自媒体信息发布的门槛降低了，但这并不意味着自媒体可以为所欲为、不讲规则。自媒体不是任何人想编就编、想抄就抄、想喷就喷的法外之地，其必须尊重事实、理性传播，严守法律与道德底线。

---

〔1〕 朱海松：《碎片化传播：网络舆论背后的传播规律与认知方法》，机械工业出版社 2020 年版，第 19 页。

一、网络言论自由的限度

在民主社会里，公共决策需要民众参与，而网络发言则是汇聚公共意见的最佳方式。"在就某项公共事务做出决策之前，任何人，不管其年龄、性别、种族、党派，也无需缴纳任何费用，都可以发表自己的看法。……即使是少数网民的意见，也可以供决策者参考。此外，网络言论自由是对司法与政府官员的最好监督方式。"[1]

然而，我国宪法虽规定了言论自由，但不得损害国家、社会、集体利益和其他公民的合法权利，也即言论自由并非"为了保障毫无规矩的健谈者"[2]。简言之，法律并非保护一切言论。学者张明楷指出："如果某种言论是被宪法与刑法所禁止的类型，公民就没有发表这种言论的自由。或者说，发表这类言论的行为完全可能构成犯罪。"[3]例如，涉嫌侮辱、诽谤、欺诈，损害商业信誉、泄露商业秘密，教唆他人犯罪、传授犯罪方法，宣扬色情、恐怖主义，以及煽动分裂国家、颠覆国家政权、民族仇恨、实施恐怖活动、暴力抗拒法律实施等言论即为宪法与刑法所禁止。

不过，公民针对公共事务所阐发的言论应予特别保护。"宪法规定言论自由的核心目的在于鼓励公民就公共事务发表言论，所以，阻止、妨碍公民就公共事务发表言论的行为就是违反宪法的行为。"[4]虽然"直接煽动'暴力反抗'的言论应当受到惩罚，但对于仅仅是批评政府政策的言论——无论委婉还是露骨，都不在此列"[5]。随着民主观念深入人心，一些网民从不同角度针对公共管理的批评恰是行使民主权利的表现。"民主的真谛就在于各种不同立场自由交锋，社会在这个过程中形成多数意见，进而决定国家的基本制度、机构与法律。"公安部 2009 年 4 月《关于严格依法办理侮辱诽谤案件的通知》指出："部分群众对一些社会消极现象发牢骚、吐怨气，甚至发表一些偏激言论，也在所难免。"

---

〔1〕 张明楷：《网络诽谤的争议问题探究》，载《中国法学》2015 年第 3 期。

〔2〕 [英] 杰弗里·马歇尔：《宪法理论》，刘刚译，法律出版社 2006 年版，第 217 页。

〔3〕 张明楷：《言论自由与刑事犯罪》，载《清华法学》2016 年第 1 期。

〔4〕 张明楷：《网络诽谤的争议问题探究》，载《中国法学》2015 年第 3 期。

〔5〕 [美] 安东尼·刘易斯：《言论的边界：美国宪法第一修正案简史》，徐爽译，法律出版社 2016 年版，第 35 页。

基于信息流转的壁垒及不对称，网民往往难以获知全部真相，所以在对公共事务的全民讨论中，"自由的言论不可避免地掺杂着错误，因此如果想赋予公众的言论以自由清新的空气，那就必须对于一些错误的言论同样给予保护。'对官员名誉的不经意损害和报道中信息的偏差应该给予同样的宽容，这些都不应成为压制言论自由的理由'。"[1]若一概要求网民在掌握全部真相后才能发表言论，则体现不出言论自由的宪法价值，更不利于鼓励民众参与公共事务。"正是因为对公共事务的自由讨论会存在错误表述，一般人也会意识到自由讨论中对公众人物可能存在的不实言论或者错误表述。既然如此，公众人物的名誉就不会受到明显的贬损；即使针对公众人物的不实言论或者错误表述可能对公众人物的名誉造成了一定影响，也不可能达到值得科处刑罚的程度。"[2]

美国学者米克尔约翰把言论区分为公言论和私言论，前者即指与统治事务有关、公民参与自治过程的言论，后者是指与统治事务和自治过程无关的言论。[3]这两种言论在美国宪法上的待遇不同：公言论受第一修正案的保护——即使国会也不能立法予以限制；私言论受第五修正案保护——经正当程序可施加限制。依此而言，"在公共领域必须营造一个宽松的政治环境，以保障公民能够充分自由地表达其政治观点，哪怕是发表不满的和过激的言论，而在私人领域，法律则必须以保护公民私生活的不可侵犯性为宗旨。"[4]也就是说，当言论指向他人的私生活时，发言者必须对涉及私人领域的内容承担自我审查的责任。因此，"对待言论的法律立场应该是双向的：对公共言论应严加保护，因为它是警惕利益权衡的'权利'；对私人言论应当从严限制，以保护其影响到的人格法益或者公共利益。"[5]

事实上，言论自由与谣言控制存在一定的紧张关系，遏制谣言可能扼杀正常舆论。"对于谣言的态度容易陷于两难，从而导致人们对于谣言责任的争论一直非常对立，不可调和：要么是坚持言论自由权神圣不可侵犯，反对对

---

[1] ［英］约书亚·罗森伯格：《隐私与传媒》，马特等译，中国法制出版社 2012 年版，第 174页。

[2] 张明楷：《网络诽谤的争议问题探究》，载《中国法学》2015 年第 3 期。

[3] 参见［美］亚历山大·米克尔约翰：《表达自由的法律限度》，侯健译，贵州人民出版社 2003 年版，第 82 页。

[4] 周安平：《公私两域谣言责任之厘定》，载《法制与社会发展》2015 年第 2 期。

[5] 姜峰：《言论的两种类型及其边界》，载《清华法学》2016 年第 1 期。

谣言苛以责任；要么是坚持公民人格权不得侵犯，而要求对谣言进行严厉打击。"[1]究其原因，其实是混淆了公共领域与私人领域的言论界限。针对公共领域的言论享有较多的自由权，即使是批判性言论亦可免于追责。但是，"发生于私人领域中的言论，即纯粹为有关私人生活的言论，或说私人性，则与言论自由没有关联。"[2]比如，网民发起的人格诽谤和隐私泄露，就不能免于苛责。

由此可见，"公共言论应当遵守伦理与法律上的四项原则，即：真实原则、怀疑原则、善意原则、尊重私权原则。"[3]同样地，自媒体运营者及网民用户虽可就公共事务畅所欲言，但其言论自由仍存在必要限度，也即自由发帖的前提必须是遵守公序良俗及必要自律，禁止发表欺诈、谣言及侮辱中伤等违法言论。

二、用户身份的实名制

一直以来，网民用户的平台注册究竟采取匿名制还是实名制存在争议。根据《个人信息保护法》，所谓匿名是指个人信息经过处理无法识别特定自然人且不能复原。匿名性意味着网民仅通过注册虚拟名称即可在线参与信息传播活动，网络平台依据用户注册账户根本无法查询与追踪其真实身份。与匿名制相对应的是实名制，网络平台要求用户注册真实的个人信息，并依此完全掌控对用户身份的精准识别。实际上，匿名制与实名制各有优劣：前者有利于网络言论自由，却蕴含失控风险；后者虽有利于约束网络行为，却可能泄露个人隐私且使言论积极性受挫。

（一）匿名制的利弊

在网络拟态环境中，信息主体的完全匿名性使网民的身份识别仅能依靠 IP 地址等硬件代码，根本无法将其网络活动与身份特征关联起来；尽管在电子空间进行着类似现实生活中的"面对面"交流，但彼此都戴着"人格面具"。

---

〔1〕 周安平：《公私两域谣言责任之厘定》，载《法制与社会发展》2015 年第 2 期。
〔2〕 周安平：《公私两域谣言责任之厘定》，载《法制与社会发展》2015 年第 2 期。
〔3〕 王娟娟：《微博言论的自由与规制》，载《法学杂志》2012 年第 12 期。

一方面，"匿名性可能不是人类最基本的善，但它肯定是一个次级善，因为对身处某些环境的某些人来说，匿名措施对实现其理性的生活计划，促进人类繁荣来说极其重要。在某些情况下，行使自由特别是表达自由权确实需要匿名性的支持。除非是言说者或作者可以选择保持匿名，否则，自由表达的机会会因为各种各样的理由而荡然无存，他可能被迫在某些敏感问题上保持沉默。因此，没有匿名性的好处，自由的价值将会受到限制。"[1]换言之，匿名性对于完全的自由表达而言无疑是一种"积极工具"。

另一方面，匿名性也存在充当网络破坏活动"保护伞"的明显缺陷。"它可能被想借助匿名通信密谋犯罪的罪犯和恐怖分子滥用。它也可以使胆小鬼粗鲁地通信，或者不负责任地诽谤他人，而这样做又几乎不可能被司法机关逮住。匿名性对泄露商业秘密或侵犯其他知识产权法也是有用的。总的来说，如果秘密和匿名被过度使用或不当使用，那么它们对社会来说是没有任何益处的。"[2]可以说，网络活动的匿名性消解了伦理感受性与规则约束力，因减低违法犯罪的成本而滋生侥幸心理支配下的大量冒险行动，网络谣言、暴力、色情等涉罪传播无不与主体匿名性有关。"由于各种原因，计算机犯罪难以得到有效遏制，其中一个很重要的事实就是很难确定计算机犯罪者的真实身份。"[3]

（二）实名制的抉择

尽管匿名制存在弊端，但完全实名制亦非理想模式。"在网络空间，要求所有的交易和活动都必须验证身份，以此来禁止匿名言论，这在开放的民主社会里所付出的代价实在太高。匿名性的丧失将会大大削弱在网络空间引起强烈共鸣之声音的力量。因此，在这方面管理者必须谨慎行事。"[4]因此，用户匿名抑或实名的抉择，需要在规范网络秩序与保障言论自由之间寻

〔1〕〔美〕理查德·斯皮内洛：《铁笼，还是乌托邦——网络空间的道德与法律》，李伦等译，北京大学出版社 2007 年版，第 68 页。

〔2〕〔美〕理查德·斯皮内洛：《铁笼，还是乌托邦——网络空间的道德与法律》，李伦等译，北京大学出版社 2007 年版，第 69 页。

〔3〕〔美〕斯蒂芬·E. 巴坎：《犯罪学：社会学的理解》，秦晨等译，上海人民出版社 2011 年版，第 413~414 页。

〔4〕〔美〕理查德·斯皮内洛：《铁笼，还是乌托邦——网络空间的道德与法律》，李伦等译，北京大学出版社 2007 年版，第 69 页。

求平衡。

网络世界并非法外空间，同样对言论传播与信息秩序有着较高要求。在韩国，网络实名制可能泄露隐私、限制言论的担忧虽一直存在，但近年来亦通过执行《信息通信网法施行令修正案》等方式，尽可能地增加与扩大实名制网站。在当前网络乱象及涉罪传播频现的情势下，我国采择网络实名制以规范网民行为、强化用户自律实属无奈之举，具有一定的现实正当性。2004年5月，中国互联网协会发布的《互联网电子邮件服务标准（征求意见稿）》首次提出实名制，要求用户向电子邮件服务商提交真实资料。2005年7月，腾讯公司对QQ群创建者和管理员实行实名登记，这一举措拉开了中国全面推行网络实名制的序幕。2006年10月，国家信息产业部曾提出实行博客实名制，但反对声音高涨。2007年8月，《博客服务自律公约》鼓励博客实名制。2008年2月，《人民公安报》刊文称在全国推广版主实名制。2011年12月，北京市公布微博管理新规，提出任何组织或个人注册微博客账号均应使用真实身份。由此，网络注册实名制的要求亦延伸至自媒体领域。

从立法文件看，我国采择网络自媒体用户实名制的立场。根据《关于加强网络信息保护的决定》《网络安全法》《未成年人网络保护条例》《互联网新闻信息服务管理规定》，网络服务提供者、网络运营者、互联网新闻信息服务提供者应要求用户提供真实身份信息。根据《互联网用户账号名称管理规定》《互联网用户公众账号信息服务管理规定》，互联网信息服务提供者、公众账号信息服务平台应对用户进行基于移动电话号码、身份证件号码或者统一社会信用代码等方式的真实身份信息认证。《即时通信工具公众信息服务发展管理暂行规定》《互联网直播服务管理规定》《互联网论坛社区服务管理规定》《互联网群组信息服务管理规定》《微博客信息服务管理规定》《网络音视频信息服务管理规定》《互联网跟帖评论服务管理规定》等规范性法律文件均规定，网络服务提供者按照"后台实名、前台自愿"的原则，对网络服务使用者进行真实身份信息认证。

所谓"后台实名、前台自愿"，并不要求网民一律使用真实姓名，而仅要求其在平台注册时，登记真实的姓名、身份证号、电话等个人信息。也就是说，网民仍可在网络空间自由使用各类昵称等自命名，用户身份信息的实名认证仅限于后台注册。显而易见，在"后台实名、前台自愿"模式下，用户的实名认证构成个人身份信息的可溯源头，一旦需要核实、确认某用户身份，该用户个人信息即可轻易获取。由此，"后台实名、前台自愿"模式实际上将网民的虚拟身份和现实身份捆绑在一起，在本质上属于网络实名制。2021年9月，国家网信办发布《关于进一步压实网站平台信息内容管理主体责任的意见》，要求平台加强账号注册管理，落实真实身份信息登记要求，清理"僵尸号""空壳号"，强化名称、头像等账号信息合规审核及公众账号主体资质核验，确保公众账号名称和运营主体业务相匹配。2023年10月，多家社交网络平台引导拥有50万或100万以上粉丝的头部自媒体账号进行"前台实名"，主要针对社会时事、财经、军事、法律、医疗等专业领域的"大V"账号要求其展示真实的姓名或企业注册信息。"这是鼓励创作者真实表达，为用户提供优质、真实内容的倒逼手段，是文责自负、言责自负的约束机制。"[1]从长远来看，该举措有利于强化头部自媒体从业者的责任意识，阻遏裹挟偏激情绪、撕裂群体认知、诱骗粉丝打赏等乱象。

（三）"网络身份证"的应用

如上所言，完全实名制可能引发网民发言与舆论监督的"寒蝉效应"，为此应以用户身份可查验制替代完全的实名注册制。也就是说，在常规情况下，所有用户的真实注册信息均由智能系统自动存储，后台网络管理人员非经严格的审批授权，根本无法接触这些身份信息；仅当出现违法取证或涉罪侦查等必要需求时，经网信、公安等部门共同授权，才能由平台人工有针对性地调取用户注册信息。由此，用户身份可查验制可视为实名制的升级版，"二者都旨在建立网络虚拟身份和物理真实身份之间的联系，改变网络身份的虚拟性和易变性导致的网络违法犯罪行为难追踪追责现象。"[2]尽管可查验制与完全实名制具有等同的约束效果，但其更能最大限度地减少对言论自由的挫伤。

具体而言，可通过公安部网站为每一适龄网民发放唯一的"网络身份识别码"，使其在平台注册账号时，均以虚拟的"网络身份证"代替现实的"居民身份证"；平台服务商则通过网络身份信息比对系统，向公安部网站请

---

〔1〕 吴迪：《头部自媒体前台实名，让影响力与责任感同在》，载《工人日报》2023年11月2日，第5版。

〔2〕 张新宝：《从隐私到个人信息：利益再衡量的理论与制度安排》，载《中国法学》2015年第3期。

求核实注册信息。如此一来，用户真实注册信息仅保存在公安部电子信息系统中，且限于正当事由才可受理针对用户真实注册身份的查验申请，这样既可最大限度地维持用户的匿名状态，又可为追查违法犯罪提供可行路径。实际上，类似做法在实践中已有尝试。2012 年，美国政府有关部门研发网络身份验证系统，当用户登录脸书、推特等账号时，无需使用前台昵称和密码组合，而是使用统一的"网络身份证"。同样地，我国公安部也已自主研发"网络身份证（eID）"技术，建立起全国唯一的"公安部公民网络身份识别系统"，并开始"网络身份证"技术的应用试点。[1]

三、社交媒体管控的域外经验

从全球范围看，社交媒体已成为最具影响力的互联网应用，其正在重组新的信息传播格局，更深刻改变着用户的思维习惯及生活方式。近年来，以美国脸书、推特等为代表的社交媒体凭借海量的信息数据、庞大的用户群体、迅捷的传播矩阵，勾勒出社会化媒介网络"新世界"。西方各国对社交媒体的监管体系日渐成熟，主要通过立法规范、政策指引、行政监控、平台履责等举措推动社交媒体有序发展。

首先，各国普遍依托立法规范加强社交媒体管控。美国 2015 年先后出台《网络安全信息共享法案》《打击恐怖主义使用社交媒体法》，前者允许私营企业将其用户信息与国土安全部共享，后者对涉恐信息传播予以阻截。在欧洲，对社交媒体的信息内容亦加强立法监管。2018 年，欧盟执行《通用数据保护法》这一严厉的用户隐私保护法律；同年，欧洲理事会通过《视听媒体服务指令》修正案，要求禁止激起种族、性别、宗教与国家之间的仇恨。在英国，2003 年《通信法》禁止通过公共通信网络发送对他人具有严重攻击性或具有不雅、淫秽或具有威胁性的信息；2023 年 10 月，正式出台《在线安全法案》，旨在删除和防止恐怖主义、剥削儿童、仇恨犯罪或欺诈等非法内容。在俄罗斯，同样注重摒除社交媒体的有害信息。2014 年 5 月，俄罗斯总统签署"知名博主新规则法"，禁止知名博主利用网页传播恐怖、色情、暴力等信

---

〔1〕 参见《公安部建公民网络身份识别系统　网络身份证或将实现》，载 https://www.chinanews.com/gn/2014/11-08/6761972.shtml，最后访问日期：2024 年 9 月 18 日。

息；[1]2019 年 3 月，再签署规制互联网虚假新闻传播的有关法令，禁止冒充可靠消息。2022 年 6 月，《日本刑法典》修正案获得通过，对网上侮辱、诽谤等行为提高法定刑；同年 10 月，修订后的《网络服务提供者责任限制法》开始施行，为快速有效地处理网络暴力案件提供依据。法国 2023 年 6 月亦通过立法，禁止网络博主宣传烟草、赌博等商品和服务，成为首个针对博主商业行为立法的欧洲国家。意大利通信管理局同样出台监管措施，规定网络博主必须对其发布的所有广告性质帖子和视频进行明确标注，并遵守儿童保护措施。

其次，设立专门的网络媒体监管机构。早在 2009 年初，美国国土安全部就着手设立"社交网络监控中心"，专门监控脸书、推特等社交平台信息；自 2010 年 6 月起，国土安全部的各地指挥中心已开始对社交网站、公共论坛、博客、留言板等进行常规监控。在俄罗斯，内务部特种技术措施局专门应对网络媒体的信息风险，接受网民对不良信息与程序的举报，而内务部网络监控中心主要负责监控推特、脸书等社交平台。

再次，强化社交媒体平台的自我监管。近年来，西方国家明显加强了对媒体平台控制用户信息的履责督饬及失职惩戒。2017 年 3 月，欧洲消费者保护部门要求脸书、谷歌和推特等公司加强用户信息把关，使之更积极地预防、侦测与移除暴力、仇恨及涉恐内容，如其未能充分履责将面临重罚。2017 年 6 月，德国议会通过《社交媒体基本权利保护管理法》，同样要求平台加强履责。2019 年 4 月，英国内政部等发布《在线社交媒体平台行为准则》和《网络危害白皮书》，要求强化社交网络平台的自我监管，同时成立一个独立监管机构，授权其可以对违法社交平台开具巨额罚单、关闭网页，甚至追究公司高管的个人责任。2019 年 5 月，加拿大针对网络假新闻及仇恨言论发布全新的《数字宪章》，旨在加强社交媒体监管，惩处传播仇恨、暴力极端主义或犯罪内容的数字平台。几乎在同一时间，新加坡国会也通过《防止网络假信息和网络操纵法案》，政府可强制刊登假信息的网络平台更正信息或撤下假新闻，不遵守规定的网络平台可被判罚款 100 万新元。[2]2023 年 11 月，联合国

---

〔1〕 参见范伟国、胡晓光：《记者调查：俄罗斯"净网"护儿童身心健康》，载 http://www.xinhuanet.com/world/2016-03/09/c_1118278615.htm，最后访问日期：2024 年 9 月 9 日。

〔2〕 参见张宇：《世界各国社交媒体管控经验及对我国启示》，载 https://www.secrss.com/articles/13529，最后访问日期：2024 年 9 月 5 日。

教科文组织发布名为《数字平台治理准则：通过多利益相关方参与方式保障言论自由和信息获取》的行动计划，呼吁对社交平台的虚假信息和仇恨言论加强监管。2024 年 3 月，意大利竞争管理局指控 TikTok 公司未采取足够措施阻止"法式疤痕"挑战游戏传播。该游戏兴起于法国 TikTok 平台，而后在意大利高中生中风靡；在视频中，许多青少年猛揪脸上皮肤形成淤青，似乎表现自己经历一场激烈打斗；当地警方警告称，"法式疤痕"可能带来面部暂时或永久性的毁容。对此，竞争管理局指责 TikTok 的指导方针未充分考虑青少年认知不成熟、难以区分现实与虚构、喜欢跟风模仿等特点。[1]

最后，力倡网络信息传播的技术治理。已达成共识的是，社交媒体监管不能仅依靠立法约束及政府行动，更要依托技术治理以实现"以网治网"。美国情报机构一直关注社交媒体最新监控技术的应用，比如利用预先配置的"网络刮刀（sociospyder）"软件，大量收集微博、视频、帖子、聊天点播等信息，提升了对社交网络不同目标实施监控、绘制用户关系图等能力。此外，媒体平台亦不断推出信息审查的技术措施。比如，美国在线照片共享服务商"照片墙（Instagram）"推出自动评论过滤器，用以屏蔽内容与视频中的攻击性评论。

第二节　网络传播伦理与媒介素养

在自媒体的野蛮生长期，由于对这一新生事物缺少风险预判，失范与不法成为草根化革新与风险防控趋于失调的特定映像。"互联网的传播方式，打破了近 200 年来基于现代传媒工业形成的新闻规范，平衡表达、多信源交叉求证、媒体表达中立态度等原则，在愤怒、惊悚引爆传播井喷的算计之下似乎变得一文不值。"[2]2016 年 4 月，习近平总书记在主持召开网络安全和信息化工作座谈会上强调："办网站的不能一味追求点击率，开网店的要防范假冒伪劣，做社交平台的不能成为谣言扩散器，做搜索的不能仅以给钱的多少

---

〔1〕 参见肖潇：《再被意大利罚款一千万，TikTok 为何总被欧洲监管针对？》，载 https://www.21jingji.com/article/20240318/herald/f875b7fafdb7c64dcce30c26839fc49a.html，最后访问日期：2024 年 9 月 8 日。

〔2〕 王化：《自媒体"不小了"，该立的规矩赶快立起来》，载《新华每日电讯》2018 年 10 月 26 日，第 15 版。

作为排位的标准。"〔1〕

一、信息传播的伦理本位

"自由和自由表达是最基本的人权，但是，这些权利和其他权利只有在相互尊重、共同接受某些道德规范的情况下才能合理地行使。这些共同接受的道德规范就是所谓的公共道德。"〔2〕坚守自媒体传播的伦理立场，提升网民用户的道德水准，对于实现自媒体传播的"正能量"不可或缺。"网络空间的终极管理者是道德价值而不是工程师的代码。"〔3〕可见，自媒体空间的治理不能一味依赖行政强制，对监管手段的倚重容易导致公权力滥用。"网络伦理必须依靠弹性的道德来约束，社会控制的力度需要恰当拿捏。控制过度就会牺牲个人利益，控制过弱则会使个人权利膨胀，导致网络空间失序。问题的关键在于如何进行合理划界，明确网络行为的底线和上限。"〔4〕在自媒体场域，网民用户的道德约束极易弱化，从而在不经意间即逾越伦理底线。由此，自媒体传播伦理的重建需要强调责任、规则与底线意识，设定与传播伦理相匹配的行为准则，引导从业门户确立"内容为王"的经营理念。

二、网络自媒体的自我净化

任何虚拟社区的可持续运行必然需要伦理支撑，行业戒律与道德准则承担了重要的网络治理功能，体现了社会力量的自组织能力。"由于虚拟世界是以成员之间的'归属感'为基础的，因此即便是不成文规则也会产生较为刚性的约束效果。"〔5〕可以说，发挥网络伦理的基础功用，强化信息传播的行业自律，乃是完善自媒体生态治理的必由之路。2016 年 9 月，美国脸书和推特公司加入旨在减少假新闻的"初稿联盟"。该组织由 30 余家媒体和信息技术

---

〔1〕《习近平在网信工作座谈会上的讲话全文发表》，载 http://www.xinhuanet.com/politics/2016-04/25/c_1118731175.htm，最后访问日期：2024 年 9 月 25 日。

〔2〕［美］理查德·斯皮内洛：《铁笼，还是乌托邦——网络空间的道德与法律》，李伦等译，北京大学出版社 2007 年版，第 63 页。

〔3〕［美］理查德·斯皮内洛：《铁笼，还是乌托邦——网络空间的道德与法律》，李伦等译，北京大学出版社 2007 年版，第 44 页。

〔4〕赵云泽等：《中国社会转型焦虑与互联网伦理》，中国人民大学出版社 2017 年版，第 96 页。

〔5〕何明升：《中国网络治理的定位及现实路径》，载《中国社会科学》2016 年第 7 期。

企业组成，涵盖《纽约时报》《华盛顿邮报》、法新社和美国有线电视新闻网等多家知名媒体，并创立一套自愿执行的网络新闻行为规范，以期过滤虚假信息，提高社交平台的新闻质量；同时，成立协作验证平台，供联盟成员辨别可疑信息，如谷歌新闻实验室与优兔网站合作对用户上传的视频进行核实等。[1]

在我国，健全行业规范与伦理准则亦有助于自媒体联盟实现自我净化。换言之，通过强化行业自律，自媒体门户及从业人员可对不良信息进行自我过滤、甄别与主动清除，从而改善信息传播秩序。比如，BBS 的"版主"、QQ 群的"群主"、博客的"博主委员会"以及微博的社区委员会等，均属于自我净化的执行者。BBS 版主负责管理某一版块，行使帖子置顶、删除、修改、封存以及加精华帖、奖励分数、批量管理等权力。版主制是早期 BBS 论坛探索自净功能的产物，虽然效果有限但却不失为一大进步。2012 年 5 月，新浪微博与用户共同制定《新浪微博社区公约（试行）》《新浪微博社区管理规定（试行）》《新浪微博社区委员会制度（试行）》。这是国内首个微博社区公约，成为自媒体自律管理的有益尝试。2014 年 6 月，我国首个"自媒体公约组织"在北京宣布成立，60 余家自媒体成员共同发布了《自媒体公约》，对规范自媒体传播活动提供了指引性文件。此后，全国各地自媒体联盟机构纷纷效仿签署自媒体公约倡议书或发布自媒体自律公约，为规范自媒体行业的良性发展提供助力。可以说，行业自律对自媒体净化发挥着中流砥柱的作用，有必要组建自媒体行业联盟，制定行业自律公约，自觉抵制网络低俗违法之风。

三、行业协会的中坚作用

基于网民言论的自由表达权，依靠行政强制与立法规制并不能解决所有问题，反而招致滥用公权力压制言论之嫌。无疑，立法规定是自媒体传播的底线，但在施加法律干预之前，道德自律与行业引导对于自媒体的规范发展仍有较大的施展空间。

为长远发展计，网络自媒体应有明确的行业自律准则，从而为规范化运

---

[1] 参见王逸君：《脸书和推特加入反网络假新闻联盟"初稿联盟"》，载 http://www.xinhua-net.com//world/2016-09/16/c_ 129283021. htm，最后访问日期：2024 年 9 月 2 日。

营提供指引。《网络安全法》《数据安全法》《未成年人网络保护条例》等法律法规，《儿童个人信息网络保护规定》《网络信息内容生态治理规定》《互联网信息服务算法推荐管理规定》《互联网用户账号信息管理规定》等部门规章，以及《即时通信工具公众信息服务发展管理暂行规定》《互联网直播服务管理规定》《互联网论坛社区服务管理规定》《互联网群组信息服务管理规定》《微博客信息服务管理规定》《网络音视频信息服务管理规定》《互联网用户公众账号信息服务管理规定》《互联网弹窗信息推送服务管理规定》《互联网跟帖评论服务管理规定》等规范性法律文件，均明确规定加强行业自律和网络安全保护，要求制定行业公约，建立健全行业信用等级评价和服务评议制度，督促会员单位履行社会责任，促进行业健康发展。例如，依据《网络安全法》，国家支持网络运营者之间在网络安全信息收集、分析、通报和应急处置等方面进行合作，提高网络运营者的安全保障能力；有关行业组织建立健全本行业的网络安全保护规范和协作机制，加强对网络安全风险的分析评估，定期向会员进行风险警示，支持、协助会员应对网络安全风险。再如，《网络信息内容生态治理规定》鼓励行业组织发挥服务指导和桥梁纽带作用，引导会员单位增强社会责任感；建立完善行业自律机制，制定网络信息内容生态治理行业规范和自律公约；开展网络信息内容生态治理教育培训和宣传引导工作，提升会员单位、从业人员治理能力，增强全社会共同参与网络信息内容生态治理意识；推动行业信用评价体系建设，依据章程建立行业评议等评价奖惩机制，加大对会员单位的激励和惩戒力度，强化会员单位的守信意识。

　　无论是自媒体运营者还是网民用户，均应遵守行规戒律及行为准则，恪守信息传播的真实、中立、客观原则。行业协会通过颁行系列自律公约，对于强化内部管理发挥重要作用。例如，2014年8月，中国电信等多家互联网企业签订《抵制移动智能终端应用传播淫秽色情信息自律公约》，倡导加大技术研发投入，增强对色情信息的辨别能力。2019年11月《中国新闻工作者职业道德准则》再获修订，强调新闻工作者恪守职业道德，做到网上网下"一个标准、一把尺子、一条底线"，同时要求抵制低俗内容和有偿新闻，不渲染凶杀、暴力、色情，报道新闻不夸大、不缩小、不歪曲事实，禁止虚构或制造新闻，不干预司法审判活动，不揭个人隐私及诽谤他人等。该准则体现了对自媒体从业者的规范引导，为新时代行业协会更好地发挥引领作用指明方向。

网络传播行业协会发布的部分自律公约及倡议示例表

公布时间	公布机构	公约或倡议文本	相关内容摘要
2001 年 12 月	中国互联网协会	《中国互联网行业自律公约》	明确网络信息服务的自律义务，即不发布危害国家安全、社会稳定、违法及迷信、淫秽等有害信息，对用户在网站发布信息进行监督，引导用户文明使用网络，增强网络道德意识。
2004 年 6 月	中国互联网协会	《互联网站禁止传播淫秽、色情等不良信息自律规范》	网站不得登载和传播淫秽、色情等信息，不渲染、不集中展现关于性暴力、性犯罪、性绯闻等新闻信息。
2004 年 12 月	中国互联网协会	《搜索引擎服务商抵制违法和不良信息自律规范》	搜索引擎服务商不得以任何方式主动收录、链接含有淫秽、色情等不良信息的网站、网页。
2007 年 8 月	中国互联网协会	《博客服务自律公约》	博客服务提供者与用户签订协议，保证微博用户不传播淫秽、造谣、诽谤、侮辱、侵害知识产权信息以及其他违法和不良信息。
2011 年 5 月	中国互联网协会	《关于抵制非法网络公关行为的自律公约》	抵制损害他人商业信誉的不正当竞争行为，抵制操纵网络舆论、非法牟利行为，抵制庸俗、低俗、媚俗之风。
2012 年 4 月	中国互联网协会	《抵制网络谣言倡议书》	抵制网络谣言，不为网络谣言提供传播渠道，信息发布必须客观真实、文责自负，并提高从业人员对网络谣言的辨别能力。
2012 年 11 月	中国互联网协会	《互联网搜索引擎服务自律公约》	抵制淫秽、色情等违法和不良信息通过搜索引擎传播，不利用机器人协议进行不正当竞争，抵制盗版等侵权行为。
2019 年 1 月	中国网络视听节目服务协会	《网络短视频内容审核标准细则》	明确网络短视频内容审核的基本标准，规定网络短视频不得出现的 21 类、100 项具体内容。
2019 年 7 月	中国互联网协会	《用户个人信息收集使用自律公约》	收集个人信息应征得用户同意；涉及个人身份、生物识别等敏感信息的，应征得用户明示同意，不得通过一揽子授权的方式获取用户同意，不以默认、捆绑、停止安装使用等手段强迫用户授权。

续表

公布时间	公布机构	公约或倡议文本	相关内容摘要
2019 年 12 月	中国广播电视社会组织联合会	《共建清朗网络生态倡议书》	鼓励平台使用者生产原创真实、富有正能量的优质内容；健全信息发布、跟帖评论审核及网络谣言、"黑产"线索处置等制度；从算法干预、运营推荐等方面全方位构建青少年健康生态。
2020 年 7 月	中国网络社会组织联合会等	《共建未成年人"清朗"网络空间倡议书》	面向未成年人建立有针对性的内容审核机制，制作发布优质网络文化内容，打击色情、低俗、暴力、恐怖、诈骗和谣言等违法和不良信息。
2022 年 7 月	中国网络空间安全协会	《个人信息保护自律公约》	签约单位处理个人信息遵循最小必要、诚实信用等原则，采取技术措施等保障不满十四周岁未成年人等用户个人信息安全。
2024 年 4 月	中国网络视听节目服务协会等	《加强行业自律　打造健康生态倡议书》	MCN 机构及从业人员恪守网络传播底线，向虚假内容和"唯流量论"说"不"；健全网络主播入驻、培训、业务评分档案和"红黄牌"管理等规范。

　　不容否认，网络行业协会或自发性社团组织对自媒体传播的规范化发挥中坚作用。据此，网络行业协会应发挥规劝与督饬作用，厘定媒介传播的奖惩法则，既扶持优良门户，亦对违规从业者施以失信曝光等惩戒。一方面，对悖德违规的网络门户施以必要谴责，彰显行规戒律的训诫威力，比如对被暂停执业的网媒记者、被限制发行的电子书刊、被责令整顿的自媒体平台进行违规公示，或提出惩戒建议，以增加不良传播的社会成本。另一方面，扶持优良的媒介门户，评选树立一些优秀典范，以此引导形成清朗有序的行业共识。比如，公众号"三联生活周刊"设置科技、娱乐、生活等不同板块，每一板块均遵循信息传播的严谨原则，供给颇具价值的新闻内容，读者黏度较高，越来越多的受众成为其忠实粉丝。此外，一些行业组织发起的倡议活动对于改善传播生态亦有积极意义。例如，2019 年 4 月由中国互联网发展基金会等机构主办的"阳光跟帖"行动推进会在京召开，重申阳光、理性的跟帖理念；同年 12 月，年度网络诚信大会在陕西西安举行，并签署《共同抵制网络谣言承诺书》，为营造诚实守信的网络空间持续提供助力。

四、从业门户的媒介素养

毋庸讳言，自媒体信息传播的自由权与道义责任相伴而生。"自媒体平台所有者及其从业人员社会影响力、感染力有多大，承担的网络传播责任就有多大。提高自媒体人素养，是行业治理现代化的关键所在。"[1]无论是意见领袖，还是草根记者，"其自身的质量水平直接影响着各类舆情事件的产生态势、发展趋势、最终结局和社会影响力，在很大程度上决定着整个信息生态的质量状况。"[2]由此，自媒体运营者与网民用户提升自身的媒介素养，增强信息传播的专业能力，实为建构媒介生态的题中之义。

然而，"现在很多自媒体财经报道充其量只能算得上是演绎，根本不是新闻，更多是添油加醋的八卦，细节都经不起推敲。……但读者就是喜欢这类文章，给了自媒体妄加揣测和评论的底气。"[3]这无疑昭示出自媒体运营者及广大受众薄弱低下的媒介素质。"网络时代网民获得信息能力的有限性与信息的无限性的冲突关系，需要网民个体以成熟理性精神自我把关。"[4]所以，培育自媒体传播精英，提高自媒体传播从业者的专业水准，并着力提高运营者、用户及受众的媒介素养，成为规范自媒体运行的重要途径。"公众缺乏媒介素养的现实，使得受众对媒介道德规范认知比较模糊，自律意识薄弱，对媒介的表征和建构能力也缺乏足够的判断和警惕。"[5]所以，自媒体人必须着力提升媒介素养，增强专业水准与责任意识。自媒体运营者及网民用户无疑拥有"媒介人"身份，扮演着信息传播主体的角色。既然隶属媒介主体，就要力求提升媒介素养，坚守信息传播的价值立场，遵循"内容至上"的传播法则。要想"从千万数量级新媒体中脱颖而出，没有雕琢内容的金刚钻，没有在专业

---

〔1〕 马双军：《利益相关者视角下自媒体社会责任的困境与进路》，载《山东社会科学》2021 年第 4 期。

〔2〕 吴隆文、傅慧芳：《微传播时代多元主体信任关系的解构与重构》，载《学习与实践》2019 年第 1 期。

〔3〕 金姬：《地产自媒体敲诈勒索触目惊心：有公号年入千万》，载《新民周刊》2018 年第 41 期。

〔4〕 常锐：《群体性事件的网络舆情及其治理研究》，中国社会科学出版社 2015 年版，第 176 页。

〔5〕 于秀：《论自媒体新闻信息传播的负效应及对策》，载《传媒》2017 年第 10 期。

性上宽不可及的'护城河'，是万万不行的"〔1〕。

　　对于传播学专业的高等人才培养而言，高校普遍开设新闻伦理与素养方面的课程；连新闻专业人才尚需提升媒介素养，更不用说自媒体从业者及网民用户了，其更应接受新闻伦理与素养教育，也即全民传播时代的媒介素养已成为全民必修课。在自媒体空间，网民用户是最基本的行为主体和组成单元。然而，"部分网友知识的贫瘠和素质的低下是导致目前网络戾气越发严重的主要原因。"〔2〕相比之下，西方发达国家历来重视公众的媒介素养。1978年，美国教育部举办全美"电视、书本与教室"研讨会，强调媒介素养教育的重要性。20 世纪 70 年代，阿巴拉契亚州立大学还开设了全美首例网络媒介素养教育课程；教师通过引导批判各种网络现象，提高学生的网络安全意识及公民责任感。目前，很多网络媒介素养教育课程已成为知名的国际培训项目。〔3〕为提高公众特别是青少年的网络安全意识及判断能力，新加坡把公众网络健康教育视为长期的战略任务。为此，政府专门成立不同层级的公众教育与网络健康使用指导机构。比如，互联网家长顾问小组为家长提供长期培训，协助指导未成年人辨识性地使用网络；跨部门的网络健康指导委员会由社会与家庭发展部、资讯通信发展管理局、媒体发展局、健康促进委员会等部门组成，旨在加强青少年网络健康教育；媒介认知委员会则主要提供公众教育项目，帮助公众能负责任地参与网络活动。〔4〕

　　在我国，自媒体网民素质培育缺乏社会力量的支持，数以亿计的博客、微博用户游离于社会组织之外，难以提升媒介素养。域外经验表明，"通过记者协会、编辑协会、微博用户协会等发达的社会组织提供的媒介素养教育能使大众充分利用媒介资源完善自我。"〔5〕鉴于此，我国亦应动员和发挥网络媒介联盟及社会行业组织的力量，提升自媒体从业者及用户的责任意识，使其有能力清晰地分辨信息良莠，避免不良信息的生产与散播。据此，一些互联

〔1〕　鲁阳：《人民网评：唯利是图的自媒体可以休矣》，载 http://opinion. people. com. cn/n1/2018/1025/c1003-30362522. html，最后访问日期：2024 年 9 月 3 日。

〔2〕　周曼、郭露：《自媒体时代的网络暴力群体极化效应成因研究：结构方程模型的证据分析》，载《江西师范大学学报（哲学社会科学版）》2021 年第 4 期。

〔3〕　参见孔晓清：《狙击网络谣言，美国有什么招》，载《解放日报》2015 年 8 月 24 日，第 5 版。

〔4〕　参见刘恩东：《新加坡网络监管与治理的组织机制》，载《学习时报》2016 年 8 月 25 日，第A2 版。

〔5〕　王刚：《自媒体伦理漫谈》，中国言实出版社 2017 年版，第 142 页。

网立法明令通过发挥行业组织的作用，提高网络信息从业者及用户的媒介素养。比如，《未成年人网络保护条例》专章规定了"网络素养促进"，要求开展未成年人网络素养教育，培养网络安全及法治意识，增强对网络信息的获取和分析判断能力；《互联网论坛社区服务管理规定》要求提高论坛社区服务从业人员的职业素养；而《网络音视频信息服务管理规定》同样要求提高网络音视频信息服务从业人员的职业素养。

第三节　自媒体平台的责任担当

毋庸置疑，自媒体网络平台对信息传播的涉罪乱象负有不可推卸的责任。媒介平台是信息传播的重要关口，若控制得力则可最大限度地降低有害信息的传播风险。针对自媒体涉罪乱象，除呼吁从业者恪守规则外，平台应担负足够的监管责任，不仅要强化注册审核环节，对违规账号及时采取限制发布、暂停更新、关闭账号、永久封禁等惩戒措施，更需依托智能算法技术强化对用户内容的过滤与筛查。

一、网络平台的监管责任

面对网络自媒体的涉罪传播，平台服务商显然不能置身事外。在各国加强社交媒体监管的当下，网络平台的主体责任颇受重视，督饬自媒体平台充分履责成为网络空间治理的必选项。

（一）平台履责的普遍关注

在网络仇恨、歧视言论及谣言流行的情势下，一贯崇尚言论自由的西方国家同样关注网络生态治理。受欧洲难民危机的影响，德国社交媒体的仇恨言论成为激化种族矛盾的风险因素；数十万网民通过推特、脸书等平台发表排斥难民的仇外言论，且有愈演愈烈之势。实际上，德国素来对网络持严管态度，早在1997年就颁行意在规制互联网的《多媒体法》，此后《刑法典》《信息自由法》《公共秩序法》《信息自由和传播服务法》等法律法规也均有网络谣言治理等条款。然而，"在假新闻泛滥、社会共识撕裂、政治极化、排外及群体歧视问题日益严重的今天，跨国互联网公司作为经济全球化的最大

受益者却没有自觉承担起足够的社会责任。"〔1〕

　　为阻截诸如教唆自杀、威胁、侮辱、煽动仇恨等言论散播，德国政府2015年曾与脸书、推特、谷歌公司达成协议，要求网络平台承诺在发现后24小时内删除不良言论。但事实却是，社交平台似乎并未充分履行义务；面对用户投诉，一些平台运营商往往处理缓慢、懈怠履责甚至不作为。为厘定媒体平台的监管职责，德国议会通过《社交媒体基本权利保护管理法》，敦促脸书、推特、优兔等网络平台对其用户内容进行管制。该法案对在德国境内提供内容服务的社交媒体设定严苛责任。这项针对网络平台的监管法案自2018年1月正式实施，使德国成为首个以立法限制社交媒体不当言论的国家。〔2〕这一法案明示了社交媒体的上报职责、违法内容处理方式、处罚金条例等内容，适用于德国境内注册用户超过200万人的营利性网络社交平台。根据该法案，用户可对违法内容填写表单进行举报，而社交平台必须在接到用户举报24小时内删除明显违法的内容，锁定用户名且对其存档。对于违法性质不明的举报内容，则必须在七日内删除或锁定账号，并与司法部协商延缓处理。每季度收到超过100条用户举报的社交平台，还有义务向司法部上报处理情况。用户除向平台举报内容外，还可向司法部直接举报社交平台的信息处理不当行为。司法部推出在线表格，供网民投诉平台对举报的处理不力。多次违反规定的社交平台将面临最高5000万欧元的罚金。联邦司法部是该法案的官方执行机构，内政部、经济与能源部、交通与数字设施部等部门则主要承担配合执法的角色。〔3〕

　　在德国，社交平台删除非法信息被视为自我审查，司法部不会直接参与删除或屏蔽不法言论。然而，自法案生效以来，媒介平台既有合规的言论封禁，亦有疑似误删的情形。因为事实陈述和观点表达的分野往往不甚清晰，而重罚规则下的社交平台可能对那些模糊性的用户言论给予过度删禁。这意味着平台的内容监管要以不良信息的精准甄别为前提，非经专业鉴定的过度封堵反而引发压制言论的新争议。也就是说，自媒体言论自由的规制应在维

---

〔1〕　史安斌、张卓：《德国社交媒体管理法的挑战与探索》，载《青年记者》2018年第13期。

〔2〕　参见史安斌、张卓：《德国社交媒体管理法的挑战与探索》，载《青年记者》2018年第13期。

〔3〕　参见史安斌、张卓：《德国社交媒体管理法的挑战与探索》，载《青年记者》2018年第13期。

护网络公共秩序与最大程度地保障自主权利之间寻求平衡。

（二）平台责任的立法强化

在我国，几乎所有的互联网立法均强调网络平台的监管责任。比如，《网络信息内容生态治理规定》要求平台履行信息内容管理主体责任，建立信息内容生态治理机制，健全用户注册、账号管理、信息发布审核、跟帖评论审核、版面页面生态管理、实时巡查、应急处置和网络谣言、黑色产业链信息处置等制度；再如，《互联网新闻信息服务管理规定》要求新闻信息服务提供者健全信息发布审核、公共信息巡查、应急处置等管理制度，具有安全可控的技术保障措施，同时应审核用户开设的公众账号信息、资质、范围等情况。2021 年 9 月，国家网信办发布《关于进一步压实网站平台信息内容管理主体责任的意见》，旨在督导网站平台作为信息内容管理第一责任人充分履职，要求聚焦各类网络乱象，着力破解信息内容管理失范、效果不彰等问题。根据该意见，平台应强化新闻信息稿源管理，禁止未经许可的主体提供相关服务，转载新闻信息时，不得歪曲、篡改标题原意和新闻信息内容，保证新闻来源可追溯；同时，规范话题设置，严防蹭热点、伪原创、低俗媚俗、造谣传谣、负面信息集纳等恶意传播行为。

此外，全国人大常委会《关于加强网络信息保护的决定》《网络安全法》等法律均设置了平台监管义务，《刑法》甚至增设了"拒不履行信息网络安全管理义务罪"以对抗平台监管的懈怠渎职。也就是说，我国刑法创制了针对网络平台监管职责的罪刑模式，拒不履行网络安全管理义务可能涉嫌犯罪。《刑法》第 286 条之一规定了"拒不履行信息网络安全管理义务罪"，即网络服务提供者不履行法律、行政法规规定的信息网络安全管理义务，经监管部门责令采取改正措施而拒不改正，致使违法信息大量传播，或者用户信息泄露造成严重后果，或者刑事案件证据灭失，情节严重等情形的构成本罪。根据 2019 年 9 月通过的《最高人民法院、最高人民检察院关于办理非法利用信息网络、帮助信息网络犯罪活动等刑事案件适用法律若干问题的解释》，"监管部门责令采取改正措施"是指网信、电信、公安等依照法律、行政法规的规定承担信息网络安全监管职责的部门，以责令整改通知书或其他文书形式，责令网络服务提供者采取改正措施；同时，认定"经监管部门责令采取改正措施而拒不改正"，应综合考虑监管部门责令改正是否具有法律、行政法规依据，改正措施及期限要求是否明确、合理，网络服务提供者是否具有按照要求采取改正措施的能力等因素进行判断。

不过，从司法裁判来看，拒不履行信息网络安全管理义务罪在实践中几无适用，导致该罪名有虚设与空置之嫌。原因在于，立法对信息安全管理的平台义务界定不明，导致罪刑边界认定不清，"拒不履行"的情节程度把握不准，涉罪电子证据的固定与提取缺乏足够的可操作性，从而使该罪名目前仅更多地彰显一种督促与警醒意义。为有效发挥该罪名的规制作用，立法应进一步分类细化平台履责内容，厘定平台拒不履责的认定程式；关键在于"把握好拒不履行信息网络安全管理义务罪的合理适用边界，不应完全否定该罪立法的必要性和正当性"[1]。

二、信息平台的责任厘定

毫无疑问，网络平台服务提供者将对媒介传播的规范进阶扮演着重要角色。在社交媒体时代，由网站主办者引领的门户式信息传播转变为以网民用户为主导的自媒体信息传播，"网络运营者在网络社会交往中的角色定位正向为网络用户提供信息交流的平台场所，并保障此平台正常运行所需要的安全性和稳定性方面转变。"[2]

（一）删禁不良信息的法定义务

一般认为，网络平台服务商应在合理范围内承担内容监管责任。国外法律实践大多否定平台服务商对用户内容的预先审查与主动过滤义务。美国1998年《数字千年版权法》较早确立了著名的"避风港"规则，即网络服务提供商难以有效审查全部信息，当涉嫌侵犯著作权时，只要能证明不存在恶意，并及时删除侵权信息或断开相关链接，则不承担赔偿责任。当然，若侵权事实显而易见，就像红旗飘扬一样显眼，网络服务商则不能"视而不见"，以不知晓侵权来推脱责任。这一例外规定称为"红旗"规则。[3]尽管该法案最初仅针对网络版权问题，但经过政府与网络平台的双方博弈，"避风港"规

---

〔1〕　皮勇：《论新型网络犯罪立法及其适用》，载《中国社会科学》2018年第10期。
〔2〕　王思源：《论网络运营者的安全保障义务》，载《当代法学》2017年第1期。
〔3〕　参见刘艳红：《无罪的快播与有罪的思维——"快播案"有罪论之反思与批判》，载《政治与法律》2016年第12期。

则已成为衡量平台责任的一般性原则。欧盟法院 2011 年某判例同样否认了平台服务商对网络非法内容的过滤与监控义务，并明确不得强制网络服务平台植入信息过滤系统，理由在于内容过滤系统会严重侵犯网络服务商的经营自由，且成本过于昂贵。[1]

我国《民法典》规定了"网络侵权责任"，即网络用户、网络服务提供者利用网络侵害他人民事权益，应承担侵权责任。具体而言，网络用户利用网络服务实施侵权行为，权利人有权通知网络服务提供者采取删除、屏蔽、断开链接等必要措施；网络服务提供者接到通知后，应当及时将该通知转送相关网络用户，并根据构成侵权的初步证据和服务类型采取必要措施；未及时采取必要措施的，对损害的扩大部分与该网络用户承担连带责任。可见，我国对网络平台服务商的民事责任认定亦限于"避风港"规则之下"被动失职"，并未附加主动过滤与清除侵权信息的强制义务。然而，一旦平台服务提供者"明知"侵权事实，那么清除违法信息就成为不容规避的法定义务；"因为它所处的特殊地位（为网络信息安全提供技术支持），决定了由其采取删除、屏蔽、断开连接等补救措施，不仅行之有效，而且可谓是'举手之劳'。"[2]

根据全国人大常委会《关于加强网络信息保护的决定》，网络服务提供者发现违禁信息时应即停止传输该信息，采取消除等处置措施；另据《网络安全法》，网络运营者发现违禁信息时应即停止传输该信息，采取消除等处置措施，防止信息扩散；国务院修订的《互联网信息服务管理办法》规定，信息服务提供者发现其网站传输的信息明显属于禁止传播的内容时，应即停止传输；《未成年人网络保护条例》亦规定，网络产品和服务提供者发现违禁信息，应即停止传输，采取删除、屏蔽、断开链接等处置措施，防止信息扩散。可见，上述法律法规均否认了网络平台对不良信息予以"主动发现"的法定义务，因为立法要求采取紧急处置措施的前提仅是"发现"，并未明确要求"主动发现"，不排除在接到网民举报或平台实时监测而发现违禁信息并采取处置措施的情形。相应地，国家网信办颁行的系列立法规范基本上亦遵循这一

---

〔1〕 参见涂龙科：《网络内容管理义务与网络服务提供者的刑事责任》，载《法学评论》2016 年第 3 期。

〔2〕 刘艳红：《无罪的快播与有罪的思维——"快播案"有罪论之反思与批判》，载《政治与法律》2016 年第 12 期。

立法思路。其中，《互联网新闻信息服务管理规定》《网络信息内容生态治理规定》《互联网信息服务算法推荐管理规定》《互联网用户账号信息管理规定》《互联网论坛社区服务管理规定》《微博客信息服务管理规定》《网络音视频信息服务管理规定》《互联网用户公众账号信息服务管理规定》《互联网跟帖评论服务管理规定》等立法文件，均同样规定当平台服务者"发现"违禁信息时应及时采取处置措施；而《即时通信工具公众信息服务发展管理暂行规定》《互联网用户账号名称管理规定》更是简明地将平台责任归为"及时处理"。

可见，互联网立法并未对平台服务提供者附加对不良信息的"主动发现"义务，对于删禁不良信息主要限于"被动履责"。如此一来，创新优化对不良信息的智能筛查技术以及鼓励网民积极举报，对平台参与自媒体空间治理而言显得尤为重要。

（二）主动审查的道义责任

基于网络平台信息的海量性，强制要求平台服务商主动审查全部用户信息不仅成本巨大，且难以做到，所以若对其附设事先或事后主动审查用户信息的法定义务可能导致难以执行的困局。若附加事先审查义务可能导致网络运营负担过重，且有碍于自媒体言论的自主性与即时性；若附加事后审查义务，同样可能增加巨额成本。据此，国外立法大多并未要求平台服务商主动过滤用户信息，而仅要求对违禁信息及时删除；也即平台服务商的报告、删除义务乃是被动义务，未强制附加主动审查、监控的义务。然而，这不意味着平台服务商完全可对用户信息怠于审查；在对违法信息的被动处置义务已为多个立法所确认的情况下，基于平台自身的监管责任与技术优势，对用户信息的主动过滤虽非法定义务，但却是不容推卸的道义责任。也就是说，平台服务商应最大限度地担负起对用户信息主动审查的社会责任，尽可能地将违法信息屏蔽或剔除。

值得一提的是，基于特定自媒体空间信息内容的特殊性，部分立法规范对网络平台附加了特定信息传播的前置把关和实时监测义务。一方面，确立平台对用户信息的"先审后发"原则。根据《互联网新闻信息服务管理规定》，新闻信息服务提供者应健全信息发布审核、公共信息巡查、应急处置等信息安全管理制度；另据《互联网直播服务管理规定》，直播服务提供者应对互联网新闻信息直播及其互动内容实施先审后发管理；同样地，《互联网跟帖评论服务管理规定》亦要求跟帖评论服务提供者对新闻信息提供跟帖评论服务建立先审后发制度。这些前置把关规定体现了对新闻信息内容的特殊监管，对涉新闻类媒体账号附加了更高义务。另一方面，要求平台对信息内容履行"实时监测"职责。比如，《网络信息内容生态治理规定》要求服务平台对网络信息内容实时巡查，《互联网直播服务管理规定》要求服务提供者加强对评论、弹幕等直播互动环节的实时管理，《互联网论坛社区服务管理规定》和《互联网跟帖评论服务管理规定》亦要求服务提供者建立健全实时巡查等安全管理制度。严格来说，对用户信息的"实时监测"有别于对不良信息的"主动发现"，前者仅是后者的一种手段，而后者是前者的可能结果。所以，立法文件对平台明示"实时监测"仍不意味着设定"主动发现"义务；因为一旦设定"主动发现"义务，即预示着平台必须主动识别不良信息，只要平台仍存在不良信息就至少表明该"主动发现"义务未完全履行。作为一种结果状态，要求平台主动地发现所有不良信息并不现实。由此，"实时监测"的义务仅隐含了平台主动地"去发现"不良信息的要求，并未要求平台达到"主动发现"所有不良信息的事实状态；这一规定与其他立法规范所要求的"发现后删除"的规定并不冲突，也即若平台在实时监测过程中发现不良信息，则应及时采取处置措施。

由此，立法不仅要求平台"发现"违禁信息后必须及时处置，而且通过对一些自媒体平台设定前置把关或实时巡查义务，督饬平台更为主动地参与到信息控制环节，这契合鼓励平台主动监测与审查信息的立法意旨。

（三）网络平台的管控优势

作为网络平台的架构者与控制者，平台运营商显然具有其他任何组织所不能比拟的管理优势与技术支撑，因而"对网络服务提供者科以较高的管理义务并无不当。在网络空间中，真正意义上受个人支配的私人空间几乎不存在，而网络服务的提供者在其所提供的网络服务的范围内具有较强的支配力：它能决定是否提供服务以及提供何种服务"[1]。平台服务商依其设定的信息规则，直接管理媒介传播活动，与用户可谓共生互利，其对用户信息特别是跨区域的涉罪传播管控能力是"条块式"行政监管所不及的，"如果不要求其

---

[1] 齐文远、杨柳：《网络平台提供者的刑法规制》，载《法律科学（西北政法大学学报）》2017年第 3 期。

承担必要的管理义务，那么其就有可能成为网络犯罪的帮凶，因此，从法理上讲网络服务提供者不应当是中立的。"[1]

由此，平台不能仅限于充当"消极守夜人"的角色，更应在社会责任的层面主动担负平台信息的净化任务。他们"在提供平台服务的过程中不但获取了大量经济利益，而且基于自身的地位对于网络安全隐患具有特殊的控制力，因此将其从网络风险的责任主体中排除有违法律的一般公平理念"[2]。事实上，一些平台运营商的收益盈利的确丰厚，但信息审查的主动性往往不足，其理应承担的监管责任明显与高额红利不相匹配。因此，基于信息安全管理义务，网络服务提供者有责任呈现清洁、安全的信息。网络平台服务提供者应由"幕后"走向"前台"，传播内容的常态管控实为其不容推卸的责任。

三、平台监测与隐私保护的平衡

必须指出，自媒体平台应主动承担信息过滤与筛选职责，特别是大型自媒体平台服务商更应如此。由于移动通信信息数量庞大，对电信服务商附加对所有信息的审查义务并不现实；更关键的是，移动通信信息大多属于私密信息，若要鉴别信息性质就势必了解信息内容，所以移动通信信息的筛查必定涉及侵犯隐私。网络自媒体的信息同样是海量的，单靠人工审核也难以尽数识别，仍需先进的智能技术作为支撑。然而，自媒体信息审查与移动通信信息明显不同，因为平台服务商仅能监测与筛查公开发表的言论、图像、视频及相关链接，不会公然涉足隐私。当然，带有半公开、半私密性质的微信朋友圈较为特殊，因微信朋友圈带有一定的私密性，因而强制过滤信息抑或涉嫌侵犯隐私，对此应以鼓励朋友圈用户举报作为替代。在美国，相关立法要求所有公司都要举报有虐童嫌疑的网络信息。当谷歌公司发现休斯顿某用户 Gmail 账户中含有儿童色情图片后，揭露了该用户信息并致其遭警方逮捕。谷歌公司声称将"主动识别儿童色情信息且从搜索引擎中予以删除"作为自身职责，但却引发隐私保护与非法信息举报的冲突争议。[3]这是因为，平台

---

〔1〕　皮勇：《论网络服务提供者的管理义务及刑事责任》，载《法商研究》2017 年第 5 期。

〔2〕　王思源：《论网络运营者的安全保障义务》，载《当代法学》2017 年第 1 期。

〔3〕　参见张翔：《谷歌举报用户 Gmail 暗藏儿童色情图片网络隐私引关注》，载 http://intl. ce. cn/specials/zxxx/201408/06/t20140806_3302245. shtml，最后访问日期：2024 年 9 月 1 日。

在探查非法信息的过程中，若信息发布载体的公共或私人属性缺乏行之有效的区分机制，则很难确保信息监测不涉及个人隐私。

由此，平台监测需设法在表达自由与隐私保护之间取得平衡；"个人隐私信息涉及社会公共利益时，就不得不以牺牲个人隐私权为代价。"[1]这意味着平台的信息监测首先要区分自媒体的空间属性，完全带有公共性的信息空间均应纳入审查范围；其次，信息审查还要兼顾经济效益与技术可行性。实际上，权衡信息监控与隐私保护是一个"两难"问题，若涉及图片、语音、视频等"变种"信息甄别则更为棘手，而缓解办法是尽可能地发挥智能技术系统的自主识别功能。鉴于智能机器不会即刻涉及隐私，故可通过平台协议告知用户，系统后台有智能监测系统 24 小时运转；一旦用户发布的信息被系统识别且达到与敏感或关键词库的高频匹配，则机器先自动将此信息"匿名"提交给人工审核，以进行更为准确的人工判定；如若判定为违法信息，则再由机器"按图索骥"将用户的实名登记及其他个人信息提交给人工审核者。这一方式既可对用户保持一定的威慑压力，亦能在一定程度上规避隐私泄露问题。可见，创新低本高效的诊断与屏蔽技术是未来网络空间治理的发展方向。

四、社交平台的技术升级

美国学者斯皮内洛指出："通过法律和规范来控制技术一直是一个徒劳无益的举措，而用技术'矫正'技术一直更为有效。法律制度很难禁止色情在互联网上的传播，但是，过滤下流信息的屏蔽软件却要成功得多。"[2]种种实践表明，对自媒体的涉罪乱象施以技术管控往往事半功倍。2018 年 8 月，习近平总书记在出席全国宣传思想工作会议时指出，要科学认识网络传播规律，提高"用网治网"水平，使互联网这个最大变量变成事业发展的最大增量。以技术中立而论，"技术是无偏见的，它不会使一种行为高于另一种行为。技术仅仅是一种工具而已，它不会以任何明显的方式损害人类自由，或决定人

---

〔1〕 高斌：《我的信息谁做主：自媒体侵犯隐私权的法律规制研究》，中华工商联合出版社 2023 年版，第 139 页。

〔2〕 ［美］理查德·斯皮内洛：《铁笼，还是乌托邦——网络空间的道德与法律》，李伦等译，北京大学出版社 2007 年版，第 1 页。

类的命运——这种强大的力量是用于善的目的，还是用于恶的目的，取决于人类。"[1] 在自媒体空间，平台运营方需要借助技术为信息传播注入伦理因素，而从技术更新升级入手改善传播秩序可谓低成本、高回报的捷径。

由此，自媒体平台应着力技术升级，优化不良信息的自动识别与屏蔽机制，通过"智能代码"过滤来防范信息空间的涉罪风险。况且，传播影响越广、受众规模越大，媒介平台的社会责任就越重。衡量自媒体平台运营商的成功与否，不能仅看用户保有量和流量变现的利润额，更要看平台自我净化技术的成熟度以及在多大程度上有效承担了社会责任。所以，平台运营商应致力于提升科技治理能力，通过高新技术手段强化内部把关与过滤能力，提高违法信息的识别和曝光率，最大程度地消融自媒体的犯罪支点。实践表明，强大、精准的技术支持能对涉罪信息传播起到阻截与消弭作用，从而为自媒体传播的规范化保驾护航。"对于 SNS、微博等自媒体平台而言，通过防火墙或者专业监控软件可以大大提高网站工作人员的效率，及时发现色情、暴力或者侵犯他人合法权益的文字、图片、视频等信息，并及时进行屏蔽或删除处理，避免这些不良信息在网络中大范围传播。"[2] 此外，利用区块链技术或可实现对违法信息的源头追溯。"区块链系统中的数据层主要涉及区块、链式结构、哈希数值以及时间戳等技术要素，这些技术要素可以记录应用场景数据的完整历史，能够提供数据的源头和定位，任何数据都可以通过区块链全过程进行溯源。"[3] 由于区块链系统以块链结构为数据存储模式，其依托数据传输的多方维护及安全保障技术，实现了数据的可溯源以及难以篡改。

由于自媒体平台的信息是海量的，单纯依靠人工逐一辨别真伪优劣难以实现。依托智能筛选技术，平台可识别与限制用户帖文的敏感词、违禁词，从而对信息发布施加形式审查。自媒体过滤技术主要用于微博、博客、论坛社区等平台的信息"校正"，其工作原理是预设若干目标关键词，网民用户发表的帖文内容一旦含有这些目标关键词，帖子便被系统识别与截留，或被转到人工审查。虽然目标词库越来越多，但总有一些不良内容通过"改头换面"

---

〔1〕　［美］理查德·斯皮内洛：《铁笼，还是乌托邦——网络空间的道德与法律》，李伦等译，北京大学出版社 2007 年版，第 8 页。

〔2〕　王刚：《自媒体伦理漫谈》，中国言实出版社 2017 年版，第 148~149 页。

〔3〕　王小军：《技术纠偏：基于区块链的自媒体平台治理研究》，载《新闻传播》2023 年第 9 期。

变相地逃避稽查，也即智能过滤系统"无法实时、无遗漏地发现全部违法信息，如果违法内容信息被使用了隐藏技术、非通用语言和密码技术等，那么很难被有效发现和监管。"[1]这实际上体现了技术防护与突破拦截之间的博弈，因而平台的过滤技术需要不断升级，以应对不良信息的阻截漏洞。况且，机器过滤难免存在识别僵化、遗漏"伪装"信息甚至"误伤"正当信息等不足，这就需要人工审查作为补充。例如，美国脸书公司在全球雇佣众多职员，依照规则手册来审查过滤用户信息，判定平台上的仇恨言论与假消息。[2]在此意义上，针对自媒体用户发布的不良信息，平台运营商应设置以智能过滤为主、辅以人工甄别审核的程式。从立法来看，诸多自媒体监管法律已明确要求通过技术管控与人工审核来强化平台责任。比如，《互联网跟帖评论服务管理规定》不仅要求平台服务商创新跟帖评论管理方式，研发使用跟帖评论信息安全管理技术，同时要求配备与服务规模相适应的审核编辑队伍，提高审核编辑人员的专业素养；《互联网论坛社区服务管理规定》亦要求网站审核编辑人员的数量和能力要与服务规模相适应，以解决审核人力不足和质量不高的问题。2021年9月，国家网信办发布《关于进一步压实网站平台信息内容管理主体责任的意见》，要求平台加大信息内容审核人员数量和比例，完善人工审核制度，进一步扩大人工审核范围；同时，建立违法违规信息样本库动态更新机制，分级分类设置，定期丰富扩充，提升技术审核效率和质量。

第四节　涉罪自媒体的行政管控

无疑，自媒体传播的涉罪乱象对行政管制提出严峻挑战。部分自媒体营销号的利益驱动无可厚非，但资本运营不应违背公序良俗与法律规则。对于"打家劫舍"的"黑公关"、暗含"黄赌毒"的"鸡汤文"、渲染绯闻隐私的"人性掘金"、消费逝者的"人血馒头"、瞒天过海的"软文"推广，以及只问报酬、不问是非的低俗营销等乱象，仅靠道德自律与行业引导显然难以奏

---

〔1〕　皮勇：《论网络服务提供者的管理义务及刑事责任》，载《法商研究》2017年第5期。

〔2〕　参见张宇：《世界各国社交媒体管控经验及对我国启示》，载 https://www.secrss.com/ articles/13529，最后访问日期：2024年9月5日。

效，因而行政监管与刑事制裁是必要的。自媒体行政管控要立足媒介传播规律，力求在公权力与私权利之间寻求平衡，既要强化"内容为王"的评价体系，引导自媒体运营者依法逐利，更要通过严格执法明确"红线"，对不法活动保持高压态势。

一、媒介生态的立法支撑

针对自媒体的不法乱象，《网络安全法》《未成年人网络保护条例》《互联网视听节目服务管理规定》《互联网直播服务管理规定》等系列立法因应出台，为网信等职能部门加强自媒体监管提供明确的立法依据。其中，国务院修订的《互联网信息服务管理办法》，针对不良信息传播明确了基本禁令；国家网信办颁布的《即时通信工具公众信息服务发展管理暂行规定》，标志着自媒体进入规范管理阶段；鉴于用户仿冒账号乱象突出，《互联网用户账号名称管理规定》针对微博、博客、论坛、贴吧等注册或使用的账号名称加以规范；《网络安全法》则从根本上填补了我国网络信息安全基本法的缺位，对于完善自媒体治理迈出重要一步；《互联网新闻信息服务管理规定》将微博、博客、论坛、公众号、直播等纳入一体监管，明令网络新闻信息从业者应取得相应资质，这意味着向自媒体新闻报道的无序乱象开出一剂"猛药"；因部分论坛存在血腥、色情、虚假广告等违规运营，《互联网论坛社区服务管理规定》首次明确论坛服务经营必须恪守法律及商业道德；鉴于以群组为工具的违法犯罪日渐增多，《互联网群组信息服务管理规定》及时出台；一些微博客服务商责任意识不强，技术管理措施不到位，致使歧视、谣言、传销、赌博等有害信息扩散，《微博客信息服务管理规定》明确了主体责任、实名认证、分级管理及行业自律等内容；而《网络音视频信息服务管理规定》的颁行，用以应对音视频领域的不法风险；《网络生态治理规定》则首次规定信息服务平台应设立生态治理负责人，表明对不良信息从严监管的立场；新修订的《互联网用户公众账号信息服务管理规定》，要求公众账号不得从事未经许可或超越许可范围提供新闻信息采编发布等服务；《网络主播行为规范》则细致规定了主播不得从事宣扬淫秽、赌博、吸毒，渲染暴力、血腥、恐怖、传销、诈骗，教唆犯罪或传授犯罪方法，暴露侦查手段，展示枪支、管制刀具等行为；随着跟帖评论服务成为自媒体平台的"标配"，新修订的《互联网跟帖评论服务管理规定》直指散布谣言或污言秽语等乱象，从而为强化跟帖评论监管提供支撑。

网络自媒体行政监管的部分立法示例表

立法性质	颁行机构	施行时间	立法名称	部分内容撮要
法律	全国人大常委会	2017年6月	《网络安全法》	任何个人和组织不得利用网络从事宣扬恐怖主义，传播暴力、淫秽色情信息，编造、传播虚假信息，以及侵害他人名誉、隐私、知识产权等活动；不得设立用于实施诈骗，传授犯罪方法，制作或销售违禁物品、管制物品等违法犯罪活动的网站、通讯群组，不得利用网络发布涉及实施诈骗，制作或者销售违禁物品、管制物品以及其他违法犯罪活动的信息。
法律	全国人大常委会	2021年11月	《个人信息保护法》	任何组织、个人不得非法收集、使用、加工、传输他人个人信息，不得非法买卖、提供或者公开他人个人信息；个人信息处理者不得公开其处理的个人信息；处理敏感个人信息应当取得个人的单独同意。
行政法规	国务院	2011年1月	《互联网信息服务管理办法》	信息服务提供者不得制作、复制、发布、传播颠覆国家政权，破坏国家统一、损害国家荣誉和利益，煽动民族仇恨、民族歧视，宣扬邪教和封建迷信，散布谣言、淫秽、色情、赌博、暴力、凶杀、恐怖或教唆犯罪以及侮辱或诽谤他人等信息。
行政法规	国务院	2024年1月	《未成年人网络保护条例》	任何组织和个人不得通过网络以文字、图片、音视频等形式，组织、教唆、胁迫、引诱、欺骗、帮助未成年人实施违法犯罪行为；网络游戏、网络直播、网络音视频、网络社交等网络服务提供者应采取措施，防范和抵制流量至上等不良价值倾向，不得设置以应援集资、投票打榜、刷量控评等为主题的网络社区、群组、话题，不得诱导未成年人参与应援集资、投票打榜、刷量控评等活动，并预防和制止其用户诱导未成年人实施上述行为。

续表

立法性质	颁行机构	施行时间	立法名称	部分内容撮要
部门规章	国家广播电影电视总局、信息产业部	2008年1月	《互联网视听节目服务管理规定》	互联网视听节目不得含有危害国家安全、泄露国家秘密，煽动民族仇恨、歧视，宣扬邪教、迷信，扰乱社会秩序、破坏社会稳定，诱导未成年人违法犯罪和渲染暴力、色情、赌博、恐怖活动，侮辱或者诽谤他人，侵害公民个人隐私，危害社会公德等内容。
	国家新闻出版广电总局、工业和信息化部	2016年3月	《网络出版服务管理规定》	网络出版物不得含有宣扬邪教、迷信，散布谣言，宣扬淫秽、色情、赌博、暴力或者教唆犯罪，侮辱或者诽谤他人，危害社会公德或者民族优秀文化传统，诱发未成年人模仿违反社会公德和违法犯罪行为，恐怖、残酷等妨害未成年人身心健康，以及披露未成年人个人隐私等内容。
	国家网信办	2017年6月	《互联网新闻信息服务管理规定》	通过互联网站、应用程序、论坛、博客、微博客、公众账号、即时通信工具、直播等形式，提供互联网新闻信息服务，应取得新闻信息服务许可，禁止未经许可或者超越许可范围开展互联网新闻信息服务活动；新闻信息服务提供者和用户不得制作、复制、发布、传播法律、行政法规禁止的信息内容。
		2020年3月	《网络信息内容生态治理规定》	网络信息内容生产者应防范和抵制下列不良信息：使用夸张标题，内容与标题严重不符；炒作绯闻、丑闻、劣迹等；不当评述自然灾害、重大事故等灾难；带有性暗示、性挑逗等易使人产生性联想；展现血腥、惊悚、残忍等致人身心不适；煽动人群歧视、地域歧视等；宣扬低俗、庸俗、媚俗内容；可能引发未成年人模仿不安全行为和违反社会公德行为、诱导未成年人不良嗜好等。网络信息内容生产者、服务使用者和服务平台不得通过人工方式或者技术手段实施流量造假、流量劫持以及虚假注册账号、非法交易账号、操纵用户账号等行为。
	国家网信办、工业和信息化部、公安部、国家市场监管总局	2022年3月	《互联网信息服务算法推荐管理规定》	算法推荐服务提供者不得向未成年人推送可能引发未成年人模仿不安全行为和违反社会公德行为、诱导未成年人不良嗜好等可能影响未成年人身心健康的信息，不得利用算法推荐服务诱导未成年人沉迷网络。

立法性质	颁行机构	施行时间	立法名称	部分内容撮要
部门规章	国家网信办	2022年8月	《互联网用户账号信息管理规定》	互联网个人用户注册、使用账号信息，含有职业信息的，应与个人真实职业信息相一致，不得假冒、仿冒、捏造政党、党政军机关等以及新闻网站、报刊社、广电机构等新闻媒体的名称、标识；不得以损害公共利益或谋取不正当利益等为目的，故意夹带二维码、网址、邮箱、联系方式等，或者使用同音、谐音、相近的文字及符号等；不得含有名不副实、夸大其词等可能使公众受骗或产生误解的内容。
规范性文件	国家网信办	2014年8月	《即时通信工具公众信息服务发展管理暂行规定》	即时通信工具服务使用者应签约承诺遵守法律法规、社会主义制度、国家利益、公民合法权益、公共秩序、社会道德风尚和信息真实性等"七条底线"；除新闻单位、新闻网站以及取得互联网新闻信息服务资质的非新闻单位开设的公众账号外，其他公众账号未经批准不得发布、转载时政类新闻。
		2015年3月	《互联网用户账号名称管理规定》	任何机构或个人注册的互联网用户账号名称，不得散布谣言、淫秽、色情、赌博、暴力、凶杀、恐怖或教唆犯罪，以及侮辱或诽谤他人；互联网信息服务提供者对冒用、关联机构或社会名人注册账号名称的应予注销。
		2016年12月	《互联网直播服务管理规定》	直播服务提供者及使用者不得从事危害国家安全、扰乱社会秩序、传播淫秽色情等活动，不得利用直播服务制作、复制、发布、传播违禁信息内容；直播服务提供者应建立直播内容审核平台，对互联网新闻信息直播及其互动内容实施先审后发管理；直播服务提供者应建立黑名单管理制度，对纳入黑名单的直播服务使用者禁止重新注册账号。
		2017年10月	《互联网论坛社区服务管理规定》	互联网论坛社区服务提供者应与用户签订协议，明确用户不得利用论坛社区服务发布、传播违禁信息；论坛社区服务提供者及其从业人员，不得通过发布、转载、删除信息或者干预呈现结果等手段，谋取不正当利益。

立法性质	颁行机构	施行时间	立法名称	部分内容撮要
规范性文件	国家网信办	2017年10月	《互联网群组信息服务管理规定》	互联网群组信息服务提供者应制定并公开管理规则和平台公约，与使用者签订服务协议；根据群组规模类别，分级审核群组建立者真实身份、信用等级等建群资质；不得利用互联网群组传播违禁信息内容。
		2018年3月	《微博客信息服务管理规定》	微博客服务提供者向社会公众提供互联网新闻信息服务，应取得互联网新闻信息服务许可；微博客服务提供者应建立健全辟谣机制，发现谣言应主动采取辟谣措施；不得利用微博客发布、传播违禁信息内容。
	国家网信办、文化和旅游部、国家广播电视总局	2020年1月	《网络音视频信息服务管理规定》	任何组织和个人不得制作、发布、传播煽动颠覆国家政权、危害政治安全和社会稳定、网络谣言、淫秽色情，以及侵害他人名誉权、肖像权、隐私权、知识产权和其他合法权益等信息内容；网络音视频信息服务提供者和使用者不得利用基于深度学习、虚拟现实等的新技术新应用制作、发布、传播虚假新闻信息。
	国家网信办	2021年2月	《互联网用户公众账号信息服务管理规定》	公众账号生产运营者不得从事未经许可或者超越许可范围提供新闻信息采编发布等服务，操纵利用多个平台账号生成虚假流量数据，利用突发事件煽动极端情绪，编造虚假信息、歪曲事实真相，以有偿发布、删除信息等手段敲诈勒索，以虚假身份注册或假冒、盗用他人账号，违规批量注册、囤积或者非法买卖公众账号，以及利用公众号制作、复制、发布违法信息等不法活动。
		2022年9月	《互联网弹窗信息推送服务管理规定》	互联网弹窗不得推送绯闻隐私、奢靡炫富、审丑扮丑等不良信息及以恶意翻炒为目的关联某一话题集中推送相关旧闻；不得设置诱导用户沉迷、过度消费等算法模型以及利用算法实施恶意屏蔽信息、过度推荐等；不得针对未成年人用户进行画像，向其推送可能影响身心健康的信息；不得以弹窗信息推送方式呈现恶意引流跳转的第三方链接、二维码等信息，以及通过弹窗信息推送服务诱导用户点击，实施流量造假、劫持。

续表

立法性质	颁行机构	施行时间	立法名称	部分内容撮要
规范性文件	国家网信办	2022年12月	《互联网跟帖评论服务管理规定》	对发布违法和不良信息内容的跟帖评论服务使用者，应采取警示提醒、拒绝发布、删除信息、限制账号功能、暂停账号更新、关闭账号、禁止重新注册等处置措施；对未尽到管理义务导致跟帖评论环节出现违法和不良信息内容的公众账号生产运营者，应采取警示提醒、删除信息、暂停跟帖评论区功能直至永久关闭跟帖评论区、限制账号功能、暂停账号更新、关闭账号、禁止重新注册等处置措施。

总体来看，随着自媒体规模与体量的野蛮扩张，在媒介乱象丛生、涉罪传播屡禁不止的情势下，系列立法的出台弥补了监管规则的空白，明确了分级管理、违规约谈、警示整改以及限制功能、暂停更新、关闭账号等惩戒制度，这对于促进自媒体传播的规范化、强化媒介平台的监管责任、阻截违法信息的肆意散播等发挥了中流砥柱的作用。然而，现行立法在一定程度上存在"头痛医头、脚痛医脚"的困局，亟需着眼全局予以顶层设计。部分内容仍过于粗疏，针对不同类型媒介传播行为的责任划分不清，导致一些追责性条款在实践中的操作性不强。而且，管控网络自媒体传播的多部立法在内容上存在交叉与重叠，致使不同职能部门监管执法的尺度把握不尽一致。尽管国务院授权国家网信办负责对全国互联网信息内容的监管执法，但从规范性质来看，多数立法文件属于部门规章或规范性法律文件，效力层级相对较低。鉴于社交网络媒介的普及应用以及自媒体失范对社会生活各个领域的重大影响，有必要适时提升自媒体监管立法的效力等级。

二、分类分级管理

由于自媒体种类繁多、传播功能取向不一，因而涉罪治理需要秉持分类分级的理念，即针对不同类型的自媒体区分内容领域、传播层级、功能定位等方面，分别细化相应的监管条款。国家网信办在接受央视《焦点访谈》栏目采访时表示，网络行政部门对自媒体实行分级分类管理、属地管理和全流程管理，并持续开展自媒体专项整治活动，依法依规从严惩处违法违规账号。

从针对微博、公众号、直播等不同领域的自媒体监管立法来看，对网络用户信息的分类分级管理模式已获得立法确认。例如，《互联网信息服务算法推荐管理规定》《互联网直播服务管理规定》《互联网群组信息服务管理规定》《微博客信息服务管理规定》等立法规范均确认了分类分组管理原则，《互联网用户公众账号信息服务管理规定》《互联网跟帖评论服务管理规定》等文件则要求建立用户分级管理制度。依据上述规定，网络平台应区分自媒体账号的身份资质、专业能力及辐射范围，实施分类备案和分级标识，并分别赋予相应的信息发布授权，在信息采集、发布与转发等方面匹配相应的限制措施。比如，对于以发布新闻资讯为主的账号附设相对严格的从业资质，提高新闻传播的准入门槛，确保新闻信息的采集与生产符合媒介伦理；而对于娱乐类、社交类账号则可适当放宽平台入驻标准，在账号注册、帖文发布、粉丝互动等方面相对从宽。在网信部门的指导下，平台服务商应对运营团队及入驻用户分别评定信用等级，其发文权限要与自身传播能力及信用等级相对称。自媒体运营门户及用户积累的信用等级越高，发文数量等限制就越少；每当出现发布有害信息的不良记录时，其信用等级积分便相应扣减；在长期保持良好的信用记录时，则可获得晋级资格及更多的发文权限。

根据 2023 年 7 月国家网信办《关于加强"自媒体"管理的通知》，网站平台应当及时发现并严格处置"自媒体"违规行为。对制作发布谣言，蹭炒社会热点事件或矩阵式发布传播违法和不良信息造成恶劣影响的"自媒体"，一律予以关闭，纳入平台黑名单账号数据库并上报网信部门。对转发谣言的"自媒体"应采取取消互动功能、清理粉丝、取消营利权限、禁言、关闭等处置措施；对未通过资质认证从事金融、教育、医疗卫生、司法等领域信息发布的"自媒体"，亦应采取取消互动功能、禁言、关闭等处置措施。此外，网络平台还应对从业者的营利权限作出规制，以限制违规行为获利、增加违法犯罪的成本。根据上述通知，"自媒体"申请开通营利权限的，需三个月内无违规记录；账号主体变更的，自变更之日起三个月内，网站平台应暂停或不得赋予其营利权限——营利方式包括但不限于广告分成、内容分成、电商带货、直播打赏、文章或短视频赞赏、知识付费、品牌合作等。与此同时，网站平台对违规自媒体采取禁言措施的，应同步暂停其营利权限，时长为禁言期限的两至三倍；对打造低俗"人设"、违背公序良俗的网红形象，多账号联动蹭炒社会热点进行恶意营销等"自媒体"，网站平台应取消或不得赋予营利权限。

三、专项整治行动

近年来，全国各级网信、公安、文化及"扫黄打非"工作小组办公室等部门围绕自媒体的突出问题，紧锣密鼓地开展系列专项整治行动，对网络自媒体的涉罪传播频频亮剑。例如，每年开展系列"净网"或"清朗"专项整治行动，对于清理整顿自媒体的暴力、色情、欺诈、非法交易等不良信息发挥关键作用。2021 年"清朗·暑期未成年人网络环境整治"专项行动，严禁 16 岁以下未成年人出镜直播，严查炒作"网红儿童"的行为，禁止诱导未成年人打赏，防止炫富拜金、奢靡享乐、卖惨审丑等现象对未成年人形成不良导向；清理在线课程中色情低俗、血腥暴力等不良内容，散布暴力血腥、暗黑恐怖、教唆犯罪等内容的"邪典"视频，以及利用儿童形象制作的"软色情"表情包；严查教唆诱导未成年人自杀约死、拍摄交易色情低俗视频的群组账号；整治诱导未成年人应援集资、高额消费、投票打榜、互撕谩骂、拉踩引战、刷量控评等行为，严防网络不良文化扭曲青少年价值观。2022 年，全国网信系统累计清理违法和不良信息 5430 余万条，聚焦网站平台首页首屏、热搜榜单、热门话题、PUSH 弹窗等重点位置版块，清理淫秽色情、低俗庸俗、血腥暴力等违法和不良信息。[1] 在 2022 年"清朗"系列专项行动中，执法部门处置 680 余万个账号，下架 2890 余款 App、小程序，解散关闭 26 万个群组、贴吧。[2] 同样地，"清朗·2023 年春节网络环境整治"专项行动严肃处置存在炒作劣迹行为史、刻意扮丑等问题的网红博主，查处炫耀服刑经历、美化服刑生活的所谓"励志网红"；同时，清理借"天价年夜饭""天价年终奖""瀑布式压岁钱""巨额红包""顶级豪宅""天价彩礼"等刻意炫耀奢侈生活的图文视频信息，处理恶意炒作隐形炫富、故意攀比等问题。2024 年 4 月，国家网信办开展"清朗·整治自媒体无底线博流量"专项行动，聚焦自媒体"造热点""蹭热点"以及炮制虚实混杂的"信息陷阱"等突出问题，包括摆拍发布涉及国内外时事、社会民生等领域的虚假事件，拼

---

[1] 参见《2022 年全国网信系统累计清理 违法和不良信息 5430 余万条》，载《广安日报》2023 年 3 月 1 日，第 3 版。

[2] 参见刘欣：《国家网信办部署 2023 年"清朗"系列专项行动 重拳整治"自媒体"乱象等网络生态突出问题》，载《法治日报》2023 年 3 月 31 日，第 5 版。

凑剪接网络视频图片，以假乱真、以旧为新欺骗公众；假冒热点事件当事人、亲属或相关人员发布信息，片面选取争议或负面词汇，炮制"标题党""震惊体"话题；编造苦情故事制造卖惨"人设"，迎合低俗需求制造炫富"人设"，挑战公众认知底线制造审丑"人设"；运用煽情化表达手法，配以抓人眼球的标题和封面，滥发"新黄色新闻"等。

应当说，各级执法职能部门对自媒体乱象的持续整治可谓卓有成效，自媒体空间的传播风气得到明显改善。在新媒介业态下，为流量利益而不择手段的自媒体必定付出惨重代价。自媒体空间治理不仅需要完善立法支撑，更需严格的执法保障。随着规范自媒体运营的行政立法渐成体系，对于媒介乱象及涉罪传播的防控与惩戒虽具备相对充足的法律依据，但关键在于如何结合自媒体传播实情严格落实执法要求，实现有法必依、执法必严以及尽可能地统一执法标准与惩戒尺度，如此更能凸显互联网立法的规制实效。

四、违法黑名单管理

在自媒体监管趋严的背景下，无良账号的封禁早已屡见不鲜。然而，自媒体乱象的跌宕起伏及屡禁不止，意味着媒介空间治理的反复性与长期性。一些被查禁的门户账号一度"痛改前非"，但当打击"风头一过"，即重整旗鼓"死灰复燃"。究其原因，其拥有一套对抗稽查与逃避监管的自保模式。常见的情形是，在大号被封禁之后，很快通过开设小号、粉丝引流等方式"重出江湖"，甚至在被封禁之前"未雨绸缪"预先运营小号，以备大号关闭后"复活"之用。这已成为无良自媒体惯用的蛰伏手段，因为小号关注度和违法举报量均相对较小，非法运营者通常可借此暂避风头。

随着直播行业的整治力度不断加大，一些违规账号相继被封禁。一旦主播被封禁，往往出现视频下架、公开致歉、整改教育等"避风"操作掩人耳目，然而未过多久即会出现"转世"小号。在某低俗直播间，一名女主播对粉丝说："自己已被多次封号，封号后会在小号继续直播，欢迎粉丝加其小号。"[1]2017年6月，"毒舌电影"微信公众号被封，而在该账号被封仅17

---

[1]　参见韩丹东、王意天：《色情低俗负能量，网络短视频怎么了　网络主播靠负能量引流调查》，载《法治日报》2021年10月26日，第4版。

天后，又注册"sir 电影"和"毒 sir 放映室"微信公众号恢复正常运营，"涉黄""重口恶趣味"等内容风格未见收敛，反而变本加厉；原号拥有百万粉丝的"金融八卦女"，迁移到以前"豢养"的小号上躲避风头，阅读量少则几千、多则上万；就连更名后的"严肃八卦"，同样"豢养"名为"严肃饭圈观察"的小号，以备不测。[1]

由此，账号被关停的部分主播"另辟蹊径"以身试险，往往以改用小号在国内平台直播、转战海外直播平台或开公司直播带货等方式，仍活跃于直播市场。例如，主播"红花会贝贝"在深夜直播剁手并展示断指，随后被平台禁播，不过其拥有 23 万关注的微博小号仍然活跃，后续还发布新歌；主播"乔碧萝殿下"因"不慎操作露出真容"而走红，后平台查实系策划炒作，将其直播间永久封停，之后其通过个人微博向粉丝公布小号"@沉小月姬Lee"，并通过该小号在 B 站、酷狗、酷我等平台改成语音直播，甚至尝试在海外电子游戏平台 Twitch 上露脸直播，聚集 6500 余名关注者；而"社会摇"的领衔主播"牌牌琦"在被平台永久封禁后，因进入黑名单无法露脸，就在其女友的个人小号"江北靓女"直播间，使用变声器规避平台监管，化身户外主播，观看量达到六万多。[2]无独有偶，2018 年 1 月，"同住拼房"这款主打"酒店床位共享"并能提供"异性拼床"服务的小程序被曝光。所谓"异性拼床"，实为以色情为噱头招揽客户；一周后，"同住拼房酒店共享床位"小程序上线，运营者声称暧昧广告全部下线，新版本会关闭异性拼房功能，但次日就被微信官方暂停服务，原因是"涉及低俗、性暗示或色情信息"。6 月，"睡睡酒店拼房沙发客"小程序再次上线，用户此次不用注册和审核，花 1 分钱就能获得拼房客户的电话信息；不久，该小程序再次被暂停服务。因小程序之路走不通，"同住拼房"就转战公众号，运营者先后注册"同住拼房号""睡睡同住""同住睡睡"等多个公众号，这些账号无一例外也被封杀。8 月，"同住拼房"通过已荒废大半年的微博表示，"同住拼房"的同版"睡睡"App 正式上线。经测试发现，"睡睡"软件的"异性拼床"功能依然存在，只是变得更为隐蔽了。由此，曾因涉黄屡遭封禁的"同住拼

---

〔1〕 参见吴雪：《黑幕背后的"连锁反应"》，载《新民周刊》2018 年第 41 期。

〔2〕 参见诸未静：《被封禁主播悄然"还魂"？有人上小号、海外平台开播，有人开公司带货》，载《南方都市报》2020 年 8 月 16 日，第 GA5 版。

房"换了个"马甲",再度复活。[1]

基于网络监管的"抽丝剥茧",不法自媒体账号被查禁后,往往不甘消退而想方设法"借尸还魂"。因为同一从业者或用户在不同平台上可同时开设多个账号,从而为不法门户不断变换身份提供了可能。如此一来,不仅账号违法成本过低,而且针对违法乱象的打击治理亦难以奏效。所以,针对违规自媒体的惩治必须"对人不对号",要求用户在注册时绑定身份证号作为主体身份的唯一识别;同时,建立失信黑名单制度,一旦该网民被列入黑名单,则通过用户身份认证共享系统,使其他自媒体平台亦能阻拦其入驻。换言之,在惩处无良自媒体时,不能仅"对号不对人";既要"对号",即对违规账号采取限号、封号等措施,更要"对人",即通过完善从业人员或网民用户的黑名单制度,对于严重突破底线的涉罪传播全网限制或剥夺主体准入资格。

事实上,《互联网新闻信息服务管理规定》《互联网直播服务管理规定》《互联网群组信息服务管理规定》《互联网用户公众账号信息服务管理规定》《互联网跟帖评论服务管理规定》等立法,均已明确要求网络信息平台服务提供者将失信与违法用户纳入黑名单管理。比如,《互联网新闻信息服务管理规定》要求国家和地方网信办建立互联网新闻信息服务网络信用档案,建立失信黑名单和约谈制度;《互联网跟帖评论服务管理规定》则要求根据用户跟帖评论的信用等级确定服务范围及功能,对严重失信的用户列入黑名单,并禁止其通过重新注册账号等方式使用跟帖评论服务。再如,根据《互联网直播服务管理规定》,直播服务提供者应建立黑名单管理制度,对纳入黑名单的直播服务使用者禁止重新注册账号,并及时向所在地省、自治区、直辖市网信办报告;省、自治区、直辖市网信办应建立黑名单通报制度,并向国家网信办报告。2021年9月,国家网信办发布《关于进一步压实网站平台信息内容管理主体责任的意见》,要求完善平台社区规则,编制违法和不良信息清单目录,建立用户信用记录和评价制度,同时加大违法违规账号处置力度,建立黑名单账号数据库,严防违法违规账号"转世"。

此外,修订后的《互联网用户公众账号信息服务管理规定》还要求互联网用户公众账号信息服务提供者对同一主体在同一平台注册公众账号的数量

---

[1]　参见张旭:《"异性拼房"涉黄屡屡被封　换"马甲"后卷土重来》,载 http://www.chinanews.com/cn/cj/2018/09-06/8619696.shtml,最后访问日期:2024年9月6日。

合理设定上限。据此，以往的"多开小号"受到严格限制；即使是小号，平台亦加强对主体身份的审核认证，大号被封用户的一些小号亦不断被查封。在系列专项整治行动中，网信部门适时约谈自媒体平台，强调进一步完善黑名单制度，且要求平台之间协同行动，绝不允许被处置的问题账号用小号"重生"、跨平台"转世"。这表明，在经历最初的草莽创业与野蛮生长后，涉罪传播等乱象得到相当程度的遏制，自媒体严管日趋常态化。2023 年 7 月，国家网信办《关于加强"自媒体"管理的通知》，进一步要求平台规范账号运营，即网站平台应严格执行"一人一号、一企两号"账号注册数量规定，严禁个人或企业操纵自媒体账号矩阵传播不良信息；平台应禁止自媒体账号集纳负面信息、翻炒旧闻旧事、蹭炒社会热点事件、消费灾难事故，不得以防止失联、提前关注、故留悬念等方式，诱导用户关注其他账号；平台还应加强"自媒体"账号信息核验，防止被依法依约关闭的账号重新注册。该通知系国家网信办首次完整地呈现针对自媒体的监管举措，进一步彰显严惩自媒体传播乱象的立场。

五、主流媒体的引领优势

基于自媒体的传播多点化、信源分散化、内容碎片化等特性，其信息内容的可信度远不如传统主流媒体。但是，由于自媒体对新闻事件反应敏捷、传播迅速，其信息内容往往能够迅速抢占舆论制高点。一旦谣言等不良信息散播开来，基于受众先入为主的认知判断，事后辟谣存在难度。所以，"尽管网络具有一定的自我净化功能和信息多维验证能力，但仍然需要专业化负责任的媒介组织的新闻资讯报道。尤其是在突发事件发生的情况下，在社会恐慌情绪扩散的情况下，大众媒体权威、专业、及时的信息披露能力是其他信息传播节点无法比拟的。"[1]应当承认，信息传播并非纯粹的经济行为，不能完全依赖市场自身调节，因而大众传媒在澄清事实、厘定真相及引导受众价值认知等方面依然具有显著优势。

2019 年 1 月，习近平总书记在主持中央政治局第十二次集体学习时强调，要加快推动媒体融合发展，使主流媒体具有强大传播力、引导力、影响力、公信力，形成网上网下同心圆，使全体人民在理想信念、价值理念、道德观

---

[1] 隋岩：《群体传播时代：信息生产方式的变革与影响》，载《中国社会科学》2018 年第 11 期。

念上紧紧团结在一起，让正能量更强劲、主旋律更高昂。据此，传统主流媒体应着眼信息传播的时效规律，在与自媒体新闻传播的争锋中获得先机，使符合主流价值观的信息传播占据主动。与此同时，传统媒体应积极借鉴自媒体传播优势，开辟微博、微信公众号等新型传播渠道，对容易混淆视听的信息作出权威报道。例如，"网信中国"和"网信上海"作为国家和上海网信办的官方微信公众号，为及时回应与澄清网络舆情事件，提供了权威的信息发布渠道。从媒介融合趋势来看，传统媒体与自媒体应扬长避短、共生互补，形成积极向上的媒介偏向与舆论合力。

六、网络治理的公众参与

广大网民用户既是自媒体信息的传播者、使用者，更是不良信息的观察者、监督者。由于网民信息活动深植于自媒体网格化矩阵内部，因而对有害信息的发现、识别与监督具有特定优势。事实上，动员网民积极举报违法线索，已成为全球社交媒体的普遍做法，如脸书、推特等社交网站均推出 24 小时在线举报平台。根据情境预防原理，受众监视有助于提高犯罪曝光率、增强不法者的风险感知。鉴于网民举报的积极性不足，平台应采取激励措施提升公众参与度。面对浩繁海量的媒介信息，若我国网民受众皆能主动地参与对自媒体运营生态的监督以及对违禁信息线索的举报，则自媒体涉罪传播的治理效率将极大提升。国家网信办强调指出，对自媒体的分级分类、属地化及全流程管理需要社会各界的认同与支持，自媒体的清理整顿及有序发展更需全体网民的共同参与。

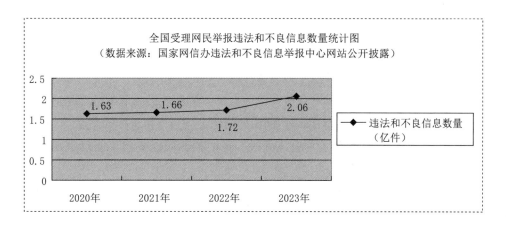

全国受理网民举报违法和不良信息数量统计图
（数据来源：国家网信办违法和不良信息举报中心网站公开披露）

为此，网信部门呼吁社会各界及广大网民共同参与网络生态治理，积极向各级违法和不良信息举报中心或相关职能部门举报违法线索。事实上，诸多网络监管立法均明确了网民用户对不良信息的投诉权利，并要求信息服务平台畅通受理公众举报的渠道。例如，《网络安全法》规定，网络运营者应建立网络信息安全投诉、举报制度，公布投诉、举报方式等信息，及时受理并处理有关网络信息安全的投诉和举报；《未成年人网络保护条例》规定，网络产品和服务提供者、个人信息处理者、智能终端产品制造者和销售者应建立便捷、合理、有效的投诉、举报渠道，及时受理并处理公众投诉、举报；根据《互联网新闻信息服务管理规定》，新闻信息服务提供者应建立社会投诉举报渠道，设置便捷的投诉举报入口，及时处理公众投诉举报；另据《网络信息内容生态治理规定》，信息内容服务平台应在显著位置设置便捷的投诉举报入口，公布投诉举报方式，及时受理处置公众投诉举报并反馈处理结果。此外，《儿童个人信息网络保护规定》《互联网信息服务算法推荐管理规定》《互联网用户账号信息管理规定》《互联网直播服务管理规定》《互联网论坛社区服务管理规定》《互联网群组信息服务管理规定》《微博客信息服务管理规定》《网络音视频信息服务管理规定》《互联网用户公众账号信息服务管理规定》《互联网弹窗信息推送服务管理规定》《互联网跟帖评论服务管理规定》等立法文件，均明确网络平台应设置公众投诉、举报渠道并及时受理处置。

总之，依据信息传播的违法性质，自媒体规制呈现"阶梯化"策略，即轻微失范由新闻伦理约束，违法传播施以行政惩戒，涉嫌犯罪的追究刑事责任。自媒体涉罪传播的刑事规制，主要表现为与各种乱象相对应的罪名体系。针对自媒体的犯罪支点或工具效应，施以刑事治理是必要的，如此确能在一定程度上对不法之徒起到警戒之效。不过，破解自媒体与违法犯罪的深层关联是刑事手段无法单独完成的任务，也即对自媒体传播乱象不宜一味采取重刑主义。事实上，未着手化解诱发自媒体涉罪传播的矛盾动因，而仅强调苛严的外部强制，未必能达到治本之效。所以，自媒体信息传播的刑事治理是迫不得已的最后手段，"刑法在应对网络空间中的问题上应当保持谦抑的态度。"[1]必须指出，在当前自媒体发展"突飞猛进"的时期，职能部门不能仅坐视其规

---

[1] 苏青：《网络谣言的刑法规制：基于〈刑法修正案（九）〉的解读》，载《当代法学》2017年第1期。

模疯狂膨胀，而更应着力提升自媒体的行业质量。2018 年 4 月，习近平总书记在全国网络安全和信息化工作会议上强调，要提高网络综合治理能力，形成党委领导、政府管理、企业履责、社会监督、网民自律等多主体参与，经济、法律、技术等多种手段相结合的综合治网格局。相应地，"网络信息之治理有赖于一套能够协同政府、行业和社会等多方力量的综合性机制。"[1]也就是说，自媒体受众要提高媒介素养，避免庸俗趣味；新闻行业组织要强化伦理自律与价值引导；自媒体运营者要坚持"内容为王"，避免同质化；自媒体平台要强化用户信息监管，自觉承担社会责任；职能部门要加强对违法犯罪的行政惩戒及刑事治理。一言以蔽之，自媒体生态治理是行业规范发展的必然要求，其涉罪防控亟待通过用户自律、行业引导、平台尽责、行政监管以及刑事规制等多方力量齐抓共管与协同并举。

---

〔1〕　尹建国：《我国网络信息的政府治理机制研究》，载《中国法学》2015 年第 1 期。

结　语

　　网络自媒体传播是一把"双刃剑"，既可为社会与文化发展带来"正能量"，亦可充当违法犯罪的支点或工具。"和其他技术一样，决定新媒体技术社会功能的因素不是技术，而是使用新媒体技术的个人或群体。"〔1〕依此而论，过分苛责日新月异的通信技术并不明智，刻意打压自媒体的体量增长同样走向极端。在新旧媒体融合发展的背景下，作为社情舆论的重要承载场，自媒体传播已成为现代信息社会不可逆转的时代潮流。自媒体勾勒出一个新型的信息世界，不仅社交媒体成为生活方式的一部分，而且自媒体运营亦成为传媒经济新的增长点。由传统媒体与自媒体共生共建的复合传播系统，足以对受众的价值观念与行为模式产生深刻影响。

　　任何一种社会机制在达到理想状态之前，都将艰难地度过它的磨合期。作为新兴媒介形态，在自媒体的草创及野蛮生长期必然伴随各种乱象。可以预见，未来几年媒介创新与致罪风险并存的新常态仍将持续。作为对新型传播构造的回应，法律规制力求处于保护创新与降低风险的张力之间。一些违法犯罪经集中整治后，虽一度收敛直至沉寂，但仍需警惕死灰复燃，对可能出现的犯罪"变种"以及涉罪传播的"回潮"更需提防。应当承认，网络自媒体的涉罪规制绝非一蹴而就，而必然带有复杂性与长期性。如何权衡自媒体创新发展与传播生态之间的矛盾，亟待在立法与政策层面不断地与时俱进。然而，自媒体传播虽兼具正负效应，但总体而言明显"利大于弊"。问题的关键不在于规模剧增的自媒体瓜分了大众传媒多大市场，而在于如何有效规范

---

〔1〕　蒋晓丽等：《连接与互动——新媒体新论》，中国社会科学出版社 2016 年版，第 147 页。

自媒体运营，使之在"喧嚣"过后复归理性，进而扬长避短、优势互补，更好地服务于良善价值文化的引导与传播。

种种迹象表明，不良信息的媒介呈现对犯罪传播及犯罪技能的改善责无旁贷。况且，媒体与犯罪的相关性绝非止于提示榜样；作为社会教化的强大公器，传媒在长期的潜移默化中对受众特别是未成年受众的认知图式产生重要的"涵化"效应。更何况，作为信息传播载体，媒介本身即可被滥用为犯罪工具。如果说，拥有严格把关机制的大众传媒尚且可能对犯罪示范、传播以及不良价值观诱导产生推波助澜的作用，那么把关机制失灵或低效的自媒体在流量变现的驱使下，则更容易沦为犯罪喉舌、支点与工具；相比大众传媒，自媒体对犯罪滋生的"催化"作用显然有过之而无不及。诸多案例印证了侮辱诽谤、淫秽视频、广告诈骗、涉恐教唆等违法犯罪，均可借由自媒体达成目的或放大效果。自媒体之所以与违法犯罪邂逅"不解之缘"，既与即时性、节点式、碎片化等传播特质有关，更与媒介与犯罪的关联规律认识不足、信息传播管制乏力以及社会失德的网络渗透等因素密切相关。

不争的事实是，自媒体传播的规范化、有序化、理性化乃是整个网络空间治理的重要一环，自媒体内容净化工程对于改良媒介生态、维护传播秩序、确保网络安全而言意义重大。网络有道义，言论有边界，自媒体从来都不是任性妄为的法外之地。针对网络自媒体的无序乱象，伦理重构与行业自律虽有功效，但仅靠"自我进化"显然并不"受用"，有必要为网络自媒体勒紧立法准绳，以外部强力熨平传播失范的褶皱。自媒体涉罪传播的治理实为涵盖媒介素养、行业自律、平台履责、行政监管以及刑事规制等协同并举的系统工程，仅依托单一规制措施实难奏效。这意味着自媒体空间治理在致力于媒介资源分配更合理、信息传播机制更规范的目标下，媒介生态重构与犯罪控制策略更紧密地与整体社会机制联结在一起。从这个意义上说，自媒体与犯罪的关联阻断隶属旨在促进积极文化传播的社会道德与法治改良规划，因而构成社会现代化转型的推动力量。

参考文献

一、著作类

1. ［美］戴安娜·克兰:《文化生产:媒体与都市艺术》,赵国新译,译林出版社 2001 年版。

2. ［意］切萨雷·龙勃罗梭:《犯罪人论》,黄风译,中国法制出版社 2005 年版。

3. ［美］B. R. 赫根汉、马修·H. 奥尔森:《学习理论导论》,郭本禹等译,上海教育出版社 2011 年版。

4. ［日］大谷实:《刑事政策学》,黎宏译,法律出版社 2000 年版。

5. ［法］埃米尔·迪尔凯姆:《自杀论》,冯韵文译,商务印书馆 1996 年版。

6. ［美］尼古拉·尼葛洛庞帝:《数字化生存》,胡泳、范海燕译,海南出版社 1997 年版。

7. ［英］安德鲁·查德威克:《互联网政治学:国家、公民与新传播技术》,任孟山译,华夏出版社 2010 年版。

8. ［美］尼尔·波兹曼:《娱乐至死》,章艳译,广西师范大学出版社 2004 年版。

9. ［英］韦恩·莫里森:《理论犯罪学——从现代到后现代》,刘仁文等译,法律出版社 2004 年版。

10. ［美］E. H. 萨瑟兰:《白领犯罪》,赵宝成等译,中国大百科全书出版社 2008 年版。

11. ［德］乌尔里希·齐白:《全球风险社会与信息社会中的刑法:二十一世纪刑法模式的转换》,周遵友等译,中国法制出版社 2012 年版。

12. ［意］加罗法洛:《犯罪学》,耿伟、王新译,中国大百科全书出版社 1996 年版。

13. ［美］理查德·斯皮内洛:《铁笼,还是乌托邦——网络空间的道德与法律》,李伦等译,北京大学出版社 2007 年版。

14. ［美］斯蒂芬·E. 巴坎:《犯罪学:社会学的理解》,秦晨等译,上海人民出版社 2011 年版。

15. ［英］理查德·道金斯：《自私的基因》，卢允中等译，吉林人民出版社 1998 年版。

16. ［美］奥尔波特等：《谣言心理学》，刘水平等译，辽宁教育出版社 2003 年版。

17. ［美］卡斯·R·桑斯坦：《谣言》，张楠迪扬译，中信出版社 2010 年版。

18. ［美］罗纳德·德沃金：《认真对待权利》，信春鹰、吴玉章译，中国大百科全书出版社 1998 年版。

19. ［美］凯斯·桑斯坦：《网络共和国：网络社会中的民主问题》，黄维明译，上海人民出版社 2003 年版。

20. ［法］加布里埃尔·塔尔德：《模仿律》，［美］埃尔希·克鲁斯·帕森斯英译、何道宽译，中国人民大学出版社 2008 年版。

21. ［法］加布里埃尔·塔尔德：《传播与社会影响》、［美］特里·N·克拉克编，何道宽译，中国人民大学出版社 2005 年版。

22. ［英］杰弗里·马歇尔：《宪法理论》，刘刚译，法律出版社 2006 年版。

23. ［美］安东尼·刘易斯：《言论的边界：美国宪法第一修正案简史》，徐爽译，法律出版社 2016 年版。

24. ［英］约书亚·罗森伯格：《隐私与传媒》，马特等译，中国法制出版社 2012 年版。

25. ［美］亚历山大·米克尔约翰：《表达自由的法律限度》，侯健译，贵州人民出版社 2003 年版。

26. 王玲宁：《社会学视野下的媒介暴力效果研究》，学林出版社 2009 年版。

27. 胡泳：《信息渴望自由》，复旦大学出版社 2014 年版。

28. 刘文帅：《自媒体控制：研究与反思》，载四川省社会科学院新闻传播所课题组：《新媒体反思》，四川大学出版社 2017 年版。

29. 孙铁成：《计算机网络法律问题》，载《法学前沿》编辑委员会编：《法学前沿》（第3辑），法律出版社 1999 年版。

30. 蒋晓丽等：《连接与互动——新媒体新论》，中国社会科学出版社 2016 年版。

31. 朱海松：《微博的碎片化传播——网络传播的蝴蝶效应与路径依赖》，广东经济出版社 2013 年版。

32. 孟伟等：《理解新媒体》，中国广播影视出版社 2018 年版。

33. 彭兰：《网络传播概论》，中国人民大学出版社 2012 年版。

34. 袁尚青：《"后真相"语境下的网络舆情事件——网民情绪化传播现象研究》，河南人民出版社 2022 年版。

35. 章彦：《智者不役于媒：媒介化社会的理性传播与表达》，中国戏剧出版社 2017 年版。

36. 赵云泽等：《中国社会转型焦虑与互联网伦理》，中国人民大学出版社 2017 年版。

37. 王命洪主编：《自媒体传播》，高等教育出版社 2018 年版。

38. 王刚：《自媒体伦理漫谈》，中国言实出版社 2017 年版。

39. 何煜雪：《社会化媒体语境下青少年群体的身份认同发展困境》，载四川省社会科学院新闻传播所课题组：《新媒体反思》，四川大学出版社 2017 年版。

40. 熊皇：《移动互联网语境下的网络谣言——动因、传播机制与治理策略》，河南人民出版社 2021 年版。

41. 常锐：《群体性事件的网络舆情及其治理研究》，中国社会科学出版社 2015 年版。

42. 郭春镇：《自媒体时代网络传言的法律治理研究》，厦门大学出版社 2021 年版。

43. 黄瑚主编：《网络传播法规与伦理教程》，复旦大学出版社 2018 年版。

44. 郑德梅：《新媒体时代的生存》，山东人民出版社 2015 年版。

45. 丁汉青、刘念：《情绪：网络空间研究的新向度》，中国国际广播出版社 2023 年版。

46. 高斌：《我的信息谁做主：自媒体侵犯隐私权的法律规制研究》，中华工商联合出版社 2023 年版。

47. 郑峰：《新媒体时代下网络微视频生态研究》，北京工业大学出版社 2019 年版。

二、论文类

1. 匡文波：《自媒体时代圈群文化新特征》，载《人民论坛》2020 年第 Z2 期。

2. 邓新民：《自媒体：新媒体发展的最新阶段及其特点》，载《探索》2006 年第 2 期。

3. 张鸿飞、李宁：《自媒体的六种商业模式》，载《编辑之友》2015 年第 12 期。

4. 隋岩：《群体传播时代：信息生产方式的变革与影响》，载《中国社会科学》2018 年第 11 期。

5. 余珊珊：《自媒体时代微信公众号的口碑传播模式解读——以微信公众号"新华社"为例》，载《东南传播》2019 年第 2 期。

6. 夏德元：《数字时代电子媒介人的崛起与出版新视界》，载《学术月刊》2009 年第 9 期。

7. 夏德元：《媒介化社会隐私权保护面临的新挑战》，载《新闻记者》2012 年第 1 期。

8. 陈进华、张寿强：《论自媒体传播的公共性及其道德底线》，载《江海学刊》2012 年第 6 期。

9. 马长山：《智能互联网时代的法律变革》，载《法学研究》2018 年第 4 期。

10. 吴隆文、傅慧芳：《微传播时代多元主体信任关系的解构与重构》，载《学习与实践》2019 年第 1 期。

11. 涂晓娜：《微博在新闻报道中的应用及影响力分析》，重庆大学 2012 年硕士学位论文。

12. 靖鸣、臧诚：《微博对把关人理论的解构及其对大众传播的影响》，载《新闻与传播研究》2013 年第 2 期。

13. 薛冰华：《微博客传播新闻信息的优势和局限性》，载《新闻界》2010 年第 5 期。

14. 胡雨晗：《自媒体时代公众参与新闻传播的"蝴蝶效应"》，载《新闻论坛》2019 年第

1 期。

15. 张爱军、刘仕金：《折叠社会自媒体底层关怀的政治社会学分析》，载《学习与探索》2022 年第 12 期。

16. 应琛：《如何"管出"自媒体的百花齐放？》，载《新民周刊》2018 年第 41 期。

17. 邹倩：《自媒体传播犯罪新闻的伦理问题研究——从"南京富二代杀妻"案说起》，华中师范大学 2014 年硕士学位论文。

18. 张聪：《微信自媒体舆论场域中"阶层固化"议题的传播研究》，载《东南传播》2019 年第 3 期。

19. 朱巍：《互联网流量经济背景下的自媒体治理》，载《青年记者》2021 年第 7 期。

20. 汤景泰、王楠：《议题博弈与话语竞争：自媒体传播中的风险放大机制》，载《陕西师范大学学报（哲学社会科学版）》2019 年第 1 期。

21. 陈世华：《以假乱真与去伪存真：自媒体欺骗行为的表征及其治理》，载《学习与实践》2022 年第 6 期。

22. 常燕民：《自媒体传播的乱象与规避》，载《新闻爱好者》2015 年第 8 期。

23. 邱馨：《班杜拉的交互决定论与微博的"暴力流感"》，载《新闻界》2015 年第 10 期。

24. 吴雪：《黑幕背后的"连锁反应"》，载《新民周刊》2018 年第 41 期。

25. 代玉梅：《自媒体的传播学解读》，载《新闻与传播研究》2011 年第 5 期。

26. 赵鼎新：《微博与政治公共空间》，载《上海采风》2012 年第 7 期。

27. 李玉琦、马学红：《"被算计的人"：自媒体时代下算法技术对人的异化问题》，载《东南传播》2023 年第 11 期。

28. 陈世华、汪旭：《自媒体命名：乱象与规范》，载《河南大学学报（社会科学版）》2021 年第 1 期。

29. 魏永征：《对一起轰动全国的强奸案信息传播的法律盘点》，载《新闻界》2013 年第 18 期。

30. 叶铁桥：《自媒体再自由也要有底线》，载《新闻界》2015 年第 22 期。

31. 于秀：《论自媒体新闻信息传播的负效应及对策》，载《传媒》2017 年第 10 期。

32. 周曼、郭露：《自媒体时代的网络暴力群体极化效应成因研究：结构方程模型的证据分析》，载《江西师范大学学报（哲学社会科学版）》2021 年第 4 期。

33. 吴忠民：《社会焦虑的成因与缓解之策》，载《河北学刊》2012 年第 1 期。

34. 罗锦烨：《自媒体平台"洗稿"行为的判定与规制路径探析》，载《长春师范大学学报》2023 年第 3 期。

35. 陈江江：《自媒体时代传播思维的异化与净化》，载《传媒》2019 年第 8 期。

36. 陈力丹：《不能再搞"媒介审判"》，载《新闻界》2013 年第 22 期。

37. 王啸洋：《自媒体犯罪报道的呈现与伦理反思》，载《新闻知识》2021 年第 1 期。

38. 封安波：《论转型社会的媒体与刑事审判》，载《中国法学》2014 年第 1 期。

39. 时斌：《编造、故意传播虚假恐怖信息罪的制裁思路——兼评刑法修正案（九）相关条款》，载《政法论坛》2016 年第 1 期。

40. 马婕：《新媒介时代对传统把关人的重新审视》，载《编辑之友》2011 年第 4 期。

41. 吉卫华、杜丽婷：《从微博看自媒体时代信息把关的变化》，载《东南传播》2010 年第 12 期。

42. 赖寄丹、李丹：《反转新闻的自媒体议程设置弊端及应对》，载《海南大学学报（人文社会科学版）》2020 年第 2 期。

43. 何明升：《中国网络治理的定位及现实路径》，载《中国社会科学》2016 年第 7 期。

44. 宣刚、严海艳：《乱象与规制：自媒体传播名誉侵权的实证分析》，载《湖北社会科学》2022 年第 7 期。

45. 刘宪权：《网络犯罪的刑法应对新理念》，载《政治与法律》2016 年第 9 期。

46. 周洁、黄祺：《从 8 岁坑到 80 岁，不良自媒体如何侵蚀你的生活》，载《新民周刊》2018 年第 41 期。

47. 周意珉：《Web2.0 技术在"伊斯兰国"崛起中的作用及影响》，载《和平与发展》2015 年第 4 期。

48. 付晓楠、王宏玉：《利用自媒体的诈骗犯罪及其防控对策——基于 498 起案件的分析》，载《江苏警官学院学报》2022 年第 2 期。

49. 古丽阿扎提·吐尔逊：《"东突"恐怖势力个体特征及其发展趋势评析》，载《现代国际关系》2014 年第 1 期。

50. 张明楷：《言论自由与刑事犯罪》，载《清华法学》2016 年第 1 期。

51. 应琛：《被自媒体毒害的青少年》，载《新民周刊》2018 年第 41 期。

52. 贺天忠、甘庆超：《论视像暴力对受众的异化性误导》，载《湖北社会科学》2010 年第 2 期。

53. 陈小英：《"咪蒙"的红与黑——从咪蒙爆款文章看其价值观》，载《新闻战线》2018 年第 3 期。

54. 王灿发：《突发公共事件的谣言传播模式建构及消解》，载《现代传播（中国传媒大学学报）》2010 年第 6 期。

55. 禹菲：《自媒体传播中的道德情感：舆情动员与治理逻辑》，载《河南师范大学学报（哲学社会科学版）》2022 年第 6 期。

56. 伍德志：《谣言、法律信任危机与认知逻辑》，载《法学评论》2015 年第 5 期。

57. 孙万怀、卢恒飞：《刑法应当理性应对网络谣言——对网络造谣司法解释的实证评估》，载《法学》2013 年第 11 期。

58. 杨征军等：《利用互联网散布虚假信息行为如何适用法律》，载《人民检察》2015 年第

6 期。

59. 李彪、潘佳宝：《自媒体时代虚假新闻的话语空间生产与修辞研究——基于 2010-2018 年的 81 个虚假新闻文本的分析》，载《新闻大学》2020 年第 4 期。

60. 王煜：《起底"自媒体政治谣言"：如何叫醒装睡的人?》，载《新民周刊》2018 年第 41 期。

61. 许加彪、成情：《自媒体时代的区块链技术与网络谣言治理》，载《当代传播》2021 年 第 2 期。

62. 刘艳红：《网络时代言论自由的刑法边界》，载《中国社会科学》2016 年第 10 期。

63. 许玉镇、肖成俊：《网络言论失范及其多中心治理》，载《当代法学》2016 年第 3 期。

64. 徐祖澜：《网络反腐的谣言困局与法治出路》，载《法制与社会发展》2015 年第 6 期。

65. 姚寓泾：《自媒体时代谣言特点及治理对策》，载《中国报业》2023 年第 2 期。

66. 吴颖：《从乔任梁事件看新媒体传播的网络暴力》，载《新闻采编》2016 年第 6 期。

67. 俞飞：《预防网络欺凌的国际经验》，载《方圆》2015 年第 18 期。

68. 周安平：《公私两域谣言责任之厘定》，载《法制与社会发展》2015 年第 2 期。

69. 王娟娟：《微博言论的自由与规制》，载《法学杂志》2012 年第 12 期。

70. 林怡：《自媒体时代下的网络暴民》，载《传播与版权》2017 年第 8 期。

71. 尹寒、杨军：《试论自媒体时代网络舆论群体极化及其引导机制》，载《湖北社会科 学》2023 年第 2 期。

72. 赵远：《"秦火火"网络造谣案的法理问题研析》，载《法学》2014 年第 7 期。

73. 杨柳：《"诽谤信息转发 500 次入刑"的法教义学分析——对"网络诽谤"司法解释质 疑者的回应》，载《法学》2016 年第 7 期。

74. 孟艳芳、徐新苑：《颠覆与重构：短视频类自媒体参与新型社会治理的趋势研究》，载 《新闻论坛》2022 年第 6 期。

75. 张明楷：《网络诽谤的争议问题探究》，载《中国法学》2015 年第 3 期。

76. 靖鸣、江晨：《网络删帖行为及其边界》，载《新闻界》2017 年第 7 期。

77. 刘文杰：《被遗忘权：传统元素、新语境与利益衡量》，载《法学研究》2018 年第 2 期。

78. 魏永征、贾楠：《21 世纪案为由头：新闻敲诈的刑事制裁分析》，载《新闻界》2014 年 第 20 期。

79. 金姬：《地产自媒体敲诈勒索触目惊心：有公号年入千万》，载《新民周刊》2018 年第 41 期。

80. 徐明：《大数据时代的隐私危机及其侵权法应对》，载《中国法学》2017 年第 1 期。

81. 张新宝：《从隐私到个人信息：利益再衡量的理论与制度安排》，载《中国法学》2015 年第 3 期。

82. 屠振宇：《财产申报制度中的隐私权保护》，载《法商研究》2011 年第 1 期。

83. 范为：《大数据时代个人信息保护的路径重构》，载《环球法律评论》2016 年第 5 期。

84. 袁彬：《"人肉搜索"的刑事责任主体及其责任模式选择》，载《政治与法律》2014 年第 12 期。

85. 张陶、杨嘉利：《女大学生命丧"人肉搜索"》，载《廉政瞭望》2009 年第 6 期。

86. 陈赛：《虐猫事件民间追缉令》，载《三联生活周刊》2006 年第 10 期。

87. 康彬：《受众身份的转变与角色的突围——浅析新媒体时代的积极受众》，载《新闻知识》2013 年第 1 期。

88. 姜峰：《言论的两种类型及其边界》，载《清华法学》2016 年第 1 期。

89. 马双军：《利益相关者视角下自媒体社会责任的困境与进路》，载《山东社会科学》2021 年第 4 期。

90. 史安斌、张卓：《德国社交媒体管理法的挑战与探索》，载《青年记者》2018 年第 13 期。

91. 皮勇：《论新型网络犯罪立法及其适用》，载《中国社会科学》2018 年第 10 期。

92. 王思源：《论网络运营者的安全保障义务》，载《当代法学》2017 年第 1 期。

93. 刘艳红：《无罪的快播与有罪的思维——"快播案"有罪论之反思与批判》，载《政治与法律》2016 年第 12 期。

94. 涂龙科：《网络内容管理义务与网络服务提供者的刑事责任》，载《法学评论》2016 年第 3 期。

95. 齐文远、杨柳：《网络平台提供者的刑法规制》，载《法律科学（西北政法大学学报）》2017 年第 3 期。

96. 王小军：《技术纠偏：基于区块链的自媒体平台治理研究》，载《新闻传播》2023 年第 9 期。

97. 皮勇：《论网络服务提供者的管理义务及刑事责任》，载《法商研究》2017 年第 5 期。

98. 苏青：《网络谣言的刑法规制：基于〈刑法修正案（九）〉的解读》，载《当代法学》2017 年第 1 期。

99. 尹建国：《我国网络信息的政府治理机制研究》，载《中国法学》2015 年第 1 期。

三、报纸类

1. 史安斌：《新闻事实让位于情感、观点与立场 "后真相"冲击西方新闻舆论生态（思潮之思）》，载《人民日报》2017 年 11 月 3 日，第 7 版。

2. 杜园春、杨万淑：《八成受访者对自媒体发布内容持怀疑态度 净化网络空间 74.5% 受访者认为必须遏制自媒体乱象》，载《中国青年报》2023 年 7 月 28 日，第 3 版。

3. 王蔚：《10 多个教育公众号被暂停更新 市网办会同市教委责令其全面深入整改》，载

《新民晚报》2018年11月2日，第14版。

4. 钱一彬、吴姗：《低俗吸睛　洗稿盛行　数据掺水　自媒体要挤"逐利泡沫"》，载《人民日报》2017年5月18日，第14版。

5. 张英：《严惩"洗稿"行为，勿让劣币驱逐良币》，载《三湘都市报》2021年1月14日，第A2版。

6. 《短视频数量暴增质量堪忧　谁在给劣质短视频加持流量？》，载《北京晚报》2023年7月25日，第9版。

7. 孙震：《PX词条拉锯战引社会关注　理性争论是我们该补的一课》，载《中国青年报》2014年4月10日，第7版。

8. 刘峣：《抄袭造假败坏生态　低俗拜金透支信任　自媒体需撇去泡沫上正轨》，载《人民日报海外版》2017年8月4日，第8版。

9. 王化：《自媒体"不小了"，该立的规矩赶快立起来》，载《新华每日电讯》2018年10月26日，第15版。

10. 高路：《转发点赞锦鲤，结果成待宰羔羊》，载《钱江晚报》2018年10月14日，第A16版。

11. 申鹏等：《网络营销号乱象调查》，载《南方都市报》2017年12月22日，第11版。

12. 王攀等：《一些"教你带货"课程藏骗术，小心"精准被套"》，载《新华每日电讯》2024年3月14日，第5版。

13. 《批量盗用并上传视频以骗取奖励　系国内首例骗取自媒体补助案　恶意骗自媒体补助　警方打掉诈骗团伙》，载《北京青年报》2018年3月27日，第A8版。

14. 汪彦等：《网发"英雄帖"要"干大事、赚大钱"　6男子淮安涉嫌绑架罪受审》，载《扬子晚报》2016年3月25日，第A8版。

15. 燕妮、曹宇阳：《跨省犯罪"完美落网"》，载《邯郸日报》2017年8月18日，第6版。

16. 王拓、胡挺：《北大女生自杀事件后"浪迹情感"PUA大厦　唰一下走红　轰一声倒塌　起底创始人和他的"产业"：曾融资2000万美元，豪言到纳斯达克敲钟》，载《成都商报》2019年12月16日，第4版。

17. 杨涛：《网络煽动暴力会让暴戾蔓延》，载《中国青年报》2013年10月17日，第2版。

18. 张淳艺：《"神棍"自媒体被判赔的三重警示》，载《北京青年报》2019年4月11日，第A2版。

19. 《山寨微信、高仿APP、"AI算命"、"赚钱"APP　这些互联网乱象整治得如何了？》，载《十堰晚报》2019年12月17日，第A18版。

20. 《中央网信办"亮剑"　13条硬核措施加强"自媒体"管理　压实网站平台信息内容

管理主体责任》，载《上海证券报》2023 年 7 月 11 日，第 4 版。

21. 《直播间售卖野生兰花？从源头开始治理》，载《检察日报》2023 年 2 月 16 日，第 6 版。

22. 《警惕多渠道传播的网络"杀猪盘"》，载《科普时报》2019 年 7 月 12 日，第 6 版。

23. 《你狂刷礼物给女主播，聊天的却是"抠脚汉"　警方破获一起特大"直播平台"类电诈案，184 人被抓》，载《三湘都市报》2021 年 1 月 15 日，第 A6 版。

24. 《美女主播以"奔现"为由索要打赏　江苏南京建邺警方打掉一个网络直播诈骗团伙》，载《法治日报》2022 年 7 月 20 日，第 6 版。

25. 《团伙"流水线式诈骗"粉丝打赏冲榜　安徽天长警方侦破利用直播平台实施诈骗案件》，载《法治日报》2022 年 7 月 20 日，第 6 版。

26. 《眼见为实？当心 AI 诈骗》，载《每日新报》2023 年 5 月 25 日，第 A1 版。

27. 《通州法院法官以案释法警示 AI 侵权犯罪行为　警惕 AI 换脸拟声技术诈骗》，载《新京报》2023 年 7 月 21 日，第 A8 版。

28. 《有人 10 分钟被骗 430 万元　"AI 诈骗潮"需高度警惕》，载《京江晚报》2023 年 6 月 9 日，第 8 版。

29. 《虚拟数字人火爆出圈　能否推动 AI 企业摆脱亏损局面》，载《中国经营报》2022 年 7 月 18 日，第 31 版。

30. 林斐然、王丹：《36 公益组织联名举报百度发虚假广告　称百度诱导患者遭受医疗诈骗；百度称网络营销医疗机构都须具备〈医疗机构执业许可证〉》，载《新京报》2016 年 1 月 15 日，第 A20 版。

31. 涂重航等：《贴吧管理权混战：删发帖背后钱作怪　删、发帖成贴吧灰色利益地带，商业化合作方为牟名利掏钱"买权"变吧主》，载《新京报》2016 年 1 月 15 日，第 A21 版。

32. 赵晨：《恐怖组织利用社交媒体"杀人诛心"　网络空间已成国际反恐新阵地》，载《光明日报》2017 年 6 月 14 日，第 14 版。

33. 《防控恐怖主义及极端思想传播　欧美国家强化互联网监管措施》，载《人民日报》2016 年 1 月 11 日，第 21 版。

34. 潘从武：《新疆处理多起煽动民族仇恨传播宗教极端思想案　10 人获刑 4 人受到行政处罚》，载《法制日报》2013 年 6 月 21 日，第 2 版。

35. 陈国友等：《合肥首罚微信公众号发虚假广告　涉案公众号被没收广告费并罚款 4125 元》，载《安徽商报》2018 年 3 月 13 日，第 8 版。

36. 《发布虚假违法广告　2 家微信公众号被罚 1 万多元》，载《宁波晚报》2018 年 4 月 4 日，第 A13 版。

37. 王晓：《币圈大会爱披区块链外衣　监管部门持续高压打击虚拟币炒作》，载《21 世纪经济报道》2018 年 8 月 23 日，第 3 版。

38. 李丹丹、黄蕾：《潘功胜：坚决打击遏制虚拟货币交易、ICO 融资》，载《上海证券报》2018 年 8 月 23 日，第 1 版。

39. 杰文津等：《"忽悠" 粉丝投保，"无良" 保险自媒体 "割韭菜"》，载《新华每日电讯》2018 年 10 月 25 日，第 3 版。

40. 《网络短视频行业蓬勃发展，应重视青少年不同程度的沉迷问题　别让孩子的时间这样流失》，载《人民日报》2019 年 5 月 17 日，第 19 版。

41. 刘峣：《对 26 款违法违规音频平台，采取了约谈、下架、关停服务等处罚　网络音频：先正音，才好听》，载《人民日报海外版》2019 年 7 月 8 日，第 8 版。

42. 徐玢：《"自杀游戏" 真能控制人的心理吗？》，载《科技日报》2017 年 5 月 25 日，第 5 版。

43. 赵蕾、金江歆：《高三女生直播开学被约谈　自称尝鲜　从操场直播到教室，有不知情的同学 "入镜"；学校劝导以学业为主；专家称直播平台需加强监管》，载《新京报》2016 年 9 月 4 日，第 A13 版。

44. 《3 岁女童被喂到 70 斤当吃播赚钱？广州妇联介入调查》，载《株洲日报》2020 年 8 月 26 日，第 A3 版。

45. 蔡晓辉：《要 "可爱的儿童"，不要借以牟利的 "网红儿童"》，载《河北日报》2021 年 12 月 23 日，第 7 版。

46. 周韵曦：《当 "儿童网红" 成为现象级　父母如何当好 "数字家长"？》，载《中国妇女报》2021 年 2 月 22 日，第 5 版。

47. 《系列视频因粗口等问题，被广电总局要求下线整改　papi 酱再更新，一句脏话都没了》，载《深圳都市报》2016 年 4 月 19 日，第 A14 版。

48. 《"内涵段子" 被永久关停》，载《深圳都市报》2018 年 4 月 11 日，第 A8 版。

49. 《"太原 12 级地震" 视频带有勒索病毒？别信！老谣言蹭上新热点》，载《南阳晚报》2017 年 5 月 19 日，第 W9 版。

50. 袁猛：《借疫情炮制网络爆文，实则彻头彻尾的谣言　这群 "网络水军" 平均 19 岁，操纵了 35 个公众号》，载《浙江法制报》2020 年 3 月 24 日，第 12 版。

51. 戚金城、肖波：《深圳中院重判刷量侵权行为　首用 "证据妨碍排除规则"，破解知识产权维权 "举证难"》，载《深圳特区报》2021 年 4 月 7 日，第 A4 版。

52. 郭颖：《5 月 "科学流言榜" 发布　肉松是棉花做的？这是谣言！》，载《青年报》2017 年 6 月 2 日，第 A8 版。

53. 秦丹：《自媒体乱象必须净网整治》，载《新民晚报》2019 年 1 月 11 日，第 2 版。

54. 《自媒体要 "嗨" 得正》，载《人民日报海外版》2019 年 3 月 29 日，第 8 版。

55. 徐霄桐：《成都警方 46 分钟辟谣 "公交被劫持"》，载《中国青年报》2013 年 8 月 22 日，第 3 版。

56. 毛丽君：《41 个微信公众号被处置　13 人被查处　上海将持续高压严管自媒体乱象》，载《新民晚报》2019 年 1 月 11 日，第 2 版。

57. 任翀：《"英语退出小学舞台""核酸筛查要收费"？这些谣言多出自商业机构的自媒体为啥故意曲解？真假背后有利益链》，载《解放日报》2022 年 8 月 19 日，第 6 版。

58. 郭国彬：《蹭热度造谣言，该打！》，载《石狮日报》2024 年 1 月 31 日，第 4 版。

59. 田思倩：《一条"新政"谣言掀起上海房市一场大浪》，载《人民法院报》2017 年 2 月 20 日，第 7 版。

60. 《一房产销售人员传播网络谣言　被海口警方依法作出罚款处理》，载《海南特区报》2020 年 1 月 20 日，第 A13 版。

61. 《神木民众因谣言聚集　4 名嫌疑人传谣被拘》，载《市场星报》2013 年 7 月 17 日，第 17 版。

62. 范跃红、邓俊：《一只白猫引发的"风暴"　浙江东阳：办理个案并推动动物演员安全管理》，载《检察日报》2023 年 2 月 15 日，第 4 版。

63. 陈力丹：《关注新媒体的"自净化"能力——进一步反思"抢盐风波"和如何有效制止流言》，载《文汇报》2011 年 3 月 29 日，第 5 版。

64. 卢国强：《借炒作网红"夜宿故宫"推广 APP　3 人被行政拘留》，载《潮州日报》2017 年 5 月 19 日，第 2 版。

65. 《热点事件发生后有人假装当事人开直播　有人"打擦边球"引流　自媒体无底线蹭流量风气几时休》，载《法治日报》2024 年 2 月 24 日，第 4 版。

66. 程思琪、陈一飞：《看似"人工智能"，实则"人为陷阱"：揭开借助 AI 技术实施诈骗的新套路》，载《新华每日电讯》2024 年 3 月 14 日，第 5 版。

67. 孔晓清：《狙击网络谣言，美国有什么招》，载《解放日报》2015 年 8 月 24 日，第 5 版。

68. 王旭明：《"躲猫猫"为何成当年网络第一热词》，载《现代快报》2012 年 5 月 29 日，第 16 版。

69. 朱传球：《"秦火火"一审被判 3 年表示不上诉》，载《京九晚报》2014 年 4 月 18 日，第 9 版。

70. 周人杰：《善用法治利剑严惩网络暴力》，载《人民日报》2023 年 12 月 1 日，第 5 版。

71. 王瑞锋、贾世煜：《警方：初中生发帖散播谣言被刑拘　甘肃张家川县警方称，其严重妨害社会管理秩序，涉嫌寻衅滋事被立案侦查》，载《新京报》2013 年 9 月 21 日，第 A11 版。

72. 任冠青：《你的情绪是不是被"朋友圈幻觉"利用了》，载《中国青年报》2020 年 3 月 25 日，第 2 版。

73. 纪玉：《造谣骗流量被判刑，该！》，载《新民晚报》2021 年 5 月 7 日，第 3 版。

74. 李强：《微博扬言"炸建委"女歌手、作家吴虹飞被拘》，载《郑州晚报》2013 年 7 月 26 日，第 A32 版。

75. 杨涛：《不批捕扬言制造事端者体现刑法谦抑》，载《羊城晚报》2013 年 10 月 14 日，第 A2 版。

76. 《女子贴吧问"是否发生命案"被拘　警方解释依法处理》，载《京九晚报》2013 年 9 月 2 日，第 9 版。

77. 孙秀萍等：《匿名上网造成缺少约束　网上宣泄加剧人言可畏　网络人身攻击成世界公害》，载《环球时报》2010 年 5 月 12 日，第 7 版。

78. 《英国王妃屡遭网络暴力　王室发布"社交媒体指南"应对》，载《海南特区报》2019 年 3 月 8 日，第 A16 版。

79. 李锋：《广告童星之死引发社会关注　澳大利亚民众声讨网络暴力》，载《人民日报》2018 年 1 月 15 日，第 22 版。

80. 王冲：《网络暴力酿成单亲妈妈崔真实之死　政府拟立法深化网络实名制　明星自杀震撼韩国　朝野激辩网络监控》，载《中国青年报》2008 年 10 月 8 日，第 5 版。

81. 刘天红：《拒绝网络性别暴力　"键"证对她的善意》，载《中国妇女报》2019 年 10 月 22 日，第 6 版。

82. 李炜娜：《女星 5 年不敢看留言　李敖被讥"满脸豆花"　台湾网络霸凌　逼死人无"法"管》，载《人民日报海外版》2015 年 4 月 27 日，第 3 版。

83. 刘洋：《被骂"汉奸"　周杰伦获赔 8 万》，载《新京报》2016 年 2 月 12 日，第 A7 版。

84. 张淑玲：《被冒名发文污蔑淘宝　王健林获赔 7.5 万》，载《京华时报》2016 年 3 月 15 日，第 A13 版。

85. 《"7·23"动车事故，铁道部赔偿外籍旅客近两亿　李某某非李双江亲生　雷锋生活奢侈，全套高档行头　这些很火的谣言，背后都有个"秦火火"》，载《现代快报》2013 年 8 月 22 日，第 F11 版。

86. 李海蒙：《祖安文化》，载《南都晨报》2020 年 7 月 17 日，第 A6 版。

87. 李凯旋、孙庆玲：《"祖安文化"，网络语言中的"隐秘角落"》，载《中国青年报》2020 年 9 月 14 日，第 5 版。

88. 刘鹏：《"穷游"不值得提倡》，载《黄山日报》2015 年 5 月 16 日，第 3 版。

89. 潘璐、黄小星：《她不满 24 岁，被保研华师大，大年初二——因粉色头发被网暴的杭州女孩走了》，载《钱江晚报》2023 年 2 月 21 日，第 A2 版。

90. 陈晨：《刘学州被网暴案开庭，两千私信触目惊心　家属：不要赔偿，希望网暴者付出法律代价，网暴悲剧不再上演》，载《齐鲁晚报》2023 年 2 月 14 日，第 A3 版。

91. 高芳等：《网红"管管"自杀　家属索赔 180 余万　家属认为其遭网暴提起刑事自诉，庭审中被告人坚持"不认罪、不调解"》，载《半岛都市报》2023 年 8 月 2 日，第

A16 版。

92. 刘胤衡、崔丽：《别让"受害者变施暴者" "施救"困在网络戾气里的未成年人》，载《中国青年报》2023 年 12 月 11 日，第 3 版。

93. 陈慧娟：《惩治网暴 维护公众安全感秩序感》，载《光明日报》2023 年 8 月 15 日，第 7 版。

94. 彭彩彬：《别让键盘一再成伤人利器》，载《齐鲁晚报》2022 年 4 月 12 日，第 A6 版。

95. 《英国哈里王子夫妇退出社交媒体》，载《大同晚报》2021 年 1 月 12 日，第 10 版。

96. 《法律为武器 自律是关键 多国治理网络谣言不手软》，载《人民日报》2015 年 11 月 2 日，第 22 版。

97. 刘慧：《新加坡通过新法案加强网络治理》，载《人民日报》2023 年 8 月 3 日，第 17 版。

98. 周情：《2024 年公安部将开展打击整治网络谣言专项行动》，载《工人日报》2023 年 12 月 25 日，第 3 版。

99. 《刷量控评非法获利逾 50 万》，载《潇湘晨报》2023 年 10 月 21 日，第 A5 版。

100. 许一凡：《挤挤微信公号"营销水分"》，载《人民日报》2016 年 10 月 27 日，第 23 版。

101. 《公众号刷量拿掉"遮羞布" 谁是这些骗局"接盘侠"?》，载《郑州日报》2016 年 10 月 13 日，第 3 版。

102. 戚金城、肖波：《深圳中院重判刷量侵权行为 首用"证据妨碍排除规则"，破解知识产权维权"举证难"》，载《深圳特区报》2021 年 4 月 7 日，第 A4 版。

103. 周萍英：《女子组织"网络水军" 帮人删帖控评：犯罪窝点被警方一锅端 涉案资金达 4900 余万元》，载《楚天都市报》2023 年 4 月 1 日，第 A2 版。

104. 陈宏军等：《"有偿删帖"非法，"删帖费"被收缴》，载《人民法院报》2023 年 4 月 11 日，第 6 版。

105. 卢义杰、成婧：《从定性为"谣言"，到改口称是"不实传言" "高压泵深井排污"争议溯源》，载《中国青年报》2013 年 9 月 11 日，第 11 版。

106. 刘奕湛：《有偿删帖有偿炒作——"网络水军"违法犯罪活动调查》，载《郑州日报》2018 年 2 月 5 日，第 3 版。

107. 韩忠林：《组团抵制 能"刹"住自媒体乱象吗》，载《河南商报》2023 年 8 月 29 日，第 A7 版。

108. 栾雨石：《让人工智能成为辟谣新工具》，载《人民日报海外版》2019 年 4 月 10 日，第 8 版。

109. 《网络无疆 言论有界》，载《光明日报》2018 年 11 月 6 日，第 4 版。

110. 《限时删除不良信息 确保净化网络言论 德国强化社交网络管理》，载《人民日报》2015年12月26日，第3版。

111. 张建：《与时俱进的教育是另一种救援》，载《大连日报》2017年4月12日，第3版。

112. 杜玉全、岳依桐：《金钱下的"做号江湖"一人10个号 每篇5分钟 月入3万多》，载《成都商报》2017年4月11日，第5版。

113. 陈丽君：《融资与丑闻共存 危机四伏的斗鱼》，载《北京商报》2016年6月20日，第D1版。

114.《微信公开阅读量 催生"刷量"生意：不少淘宝网店提供"代刷"服务，图文阅读10元可刷1000条，原文阅读10月可刷100条，分享转发30元可刷100条》，载《海峡都市报》2014年7月29日，第A19版。

115. 申志民：《百度3员工"有偿删帖"被刑拘 公司一相关负责人表示事发后当事人已被开除；公司将对非聘用人员的吧主行为进行约束》，载《新京报》2012年8月5日，第A23版。

116. 韩轩、晨炜：《江苏首破"原创发帖型网络水军"案：发千余虚假文章和视频 非法获利59万》，载《现代快报》2019年10月15日，第A10版。

117. 柳姗姗：《朋友圈刷票：谁在做造假这单"生意"》，载《工人日报》2017年10月28日，第5版。

118.《"刷量"被曝光 公众号造假成产业链 海都记者调查发现，微信后台升级后，刷阅读量软件被屏蔽，但很多自媒体改用人工"刷量"，难监管》，载《海峡都市报》2016年10月3日，第T01版。

119.《"谣言公司"造谣传谣获利百万 武汉警方查获号称"中国最大的网络推广网站"的特大网络造谣团伙，参与炒作"高压泵地下排污"》，载《新京报》2013年9月1日，第A11版。

120. 张驰、樊晓慧：《通过借势造势达到营销目的 涉案金额高达800余万元 天津侦破首例"网络水军"删帖案》，载《法制日报》2018年7月27日，第8版。

121. 白岭：《网络水军能载舟也能覆舟》，载《安阳日报》2010年6月17日，第6版。

122. 蒋光祥：《打击自媒体黑公关不能手软》，载《证券时报》2018年11月2日，第A8版。

123.《恶意炒作滋事 疯狂敲诈敛财——起底网络大V陈杰人》，载《人民日报海外版》2018年8月17日，第3版。

124. 乌梦达等：《有企业要给上百个自媒体交保护费 揭秘自媒体"黑公关"》，载《新华每日电讯》2018年10月26日，第5版。

125. 王伟等：《在微信公众号"爆料"企业负面信息，宣称"钱不到账，文章不撤"，多家企业被讹 利用自媒体有偿删帖敲诈企业，判刑!》，载《工人日报》2024年8月

15 日，第 6 版。

126. 王茂程、温小龙：《对青少年网络霸凌 迫使其花钱删帖 光明警方打掉一网络敲诈勒索涉恶团伙》，载《深圳特区报》2020 年 6 月 10 日，第 A9 版。

127. 和光：《爆黑料只为"有偿删帖"，是对孩子的新型网络欺凌》，载《新京报》2021 年 3 月 26 日，第 A2 版。

128. 温婧：《"谣言"风暴中的加多宝 加多宝称纯属无稽之谈 但加多宝转型能否带来质变尚需时日》，载《北京青年报》2016 年 11 月 7 日，第 A12 版。

129. 杨霄、丁倩：《郑州同城速递市场硝烟四起，价格战、资源战后再现"黑公关" "友商"频暗袭 UU 跑腿拍案起》，载《大河报》2017 年 9 月 20 日，第 AⅠ12 版。

130. 顾金华：《喜来稀肉吃出异物？监管部门介入调查》，载《青年报》2017 年 8 月 4 日，第 A10 版。

131. 屠心凯：《京东阿里双陷"黑稿"罗生门》，载《长江商报》2017 年 11 月 27 日，第 A18 版。

132. 徐佳鸣、吴美璇：《腾讯、头条纷争背后 "黑公关"疑云》，载《南方周末》2018 年 7 月 5 日，第 4 版。

133. 王琼飞：《浅析〈反不正当竞争法〉第十一条商业诋毁认定要件——以虎牙公司与斗鱼公司"黑公关"纠纷事件为例》，载《中国市场监督报》2020 年 9 月 24 日，第 A3 版。

134. 余建华等：《网络直播编造事实"抹黑"同业公司 浙江义乌市法院：构成商业诋毁，诋毁者应道歉并赔偿》，载《人民法院报》2023 年 8 月 8 日，第 3 版。

135. 《坚决查处新闻敲诈 规范新闻传播秩序》，载《信阳日报》2014 年 4 月 2 日，第 3 版。

136. 喜悦、崔文佳：《严惩新闻队伍中的"害群之马"》，载《经济日报》2014 年 4 月 1 日，第 16 版。

137. 梁晓晨、李良勇：《冒充记者敲诈勒索多人获刑》，载《京九晚报》2023 年 2 月 23 日，第 2 版。

138. 辛戈：《不给钱就曝光？两名假记者敲诈勒索多个企业被抓》，载《山西晚报》2023 年 11 月 7 日，第 5 版。

139. 《自媒体博主把控评做成生意获刑 3 年 造谣诽谤敲诈勒索有偿删帖一条龙，非法获利近 30 万元》，载《潇湘晨报》2023 年 2 月 25 日，第 A6 版。

140. 方菡、清惠：《"微博第一案"，谁是最后赢家？》，载《人民法院报》2011 年 10 月 31 日，第 3 版。

141. 杨召奎：《发现一起，查处一起 多个账号集纳企业负面信息"要合作"被关闭》，载《工人日报》2023 年 8 月 2 日，第 4 版。

142. 《缺乏常识的"塑料紫菜"谣言为何会蔓延?》，载《如东日报》2017年6月10日，第2版。

143. 金余燕：《警惕自媒体黑公关"劣币驱逐良币"》，载《齐鲁晚报》2018年10月29日，第A2版。

144. 何勇海：《自媒体搞"黑公关"，损人真能利己?》，载《工人日报》2018年10月30日，第3版。

145. 王心禾：《自媒体敲诈勒索，法律不能姑息》，载《检察日报》2018年10月24日，第4版。

146. 刘慎良：《三只松鼠被取消IPO审核 目前尚有10起未了结诉讼 三只松鼠IPO被谁"拖后腿"》，载《北京青年报》2017年12月14日，第A14版。

147. 史卫平等：《5家微信公众号发负面消息强迫交易 5人同获刑 二审维持原判》，载《苍梧晚报》2019年4月15日，第3版。

148. 程媛媛等：《十起人肉搜索案例仅两起追责 成都被打女司机个人信息被公开，其父报警；律师称责任主体难找、侵权危害难确定造成维权难》，载《新京报》2015年5月7日，第A15版。

149. 《华南虎照片可能改自一幅年画 四川网友发帖说，周正龙拍的虎和他家年画极像 除了耳朵不一样，别的地方都像，连纹路都一样 周正龙表示：有什么事当面讲，我还有事，不想解释这个事情 有专家认为，有99%的可能是同一只老虎》，《郑州晚报》2007年11月17日，第A10版。

150. 陈钢、梁娟：《"华南虎照片事件"水落石出——造假者周正龙已涉嫌诈骗罪被依法逮捕 陕西13名官员因这一事件被处理》，载《洛阳日报》2008年6月30日，第3版。

151. 《抽"天价烟"的周久耕获刑11年 周久耕当庭哭了：事情因网络而起，但我是自首 他还说，受贿没有侵害国家集体利益》，载《郑州晚报》2009年10月12日，第A17版。

152. 《受贿百万元 "日记门"局长韩峰判13年》，载《郑州日报》2010年12月15日，第3版。

153. 屈旌：《明星谴责虐待动物者遭报复 不能让为非作歹者逍遥法外》，载《楚天都市报》2023年6月5日，第A10版。

154. 王烨捷：《北京一在校小学生因采访中一句"很黄很暴力"惹火烧身 一些网友因此启动"人肉搜索" 谁侵害了13岁少女的隐私权》，载《中国青年报》2008年1月9日，第2版。

155. 雷希颖：《别让青少年身处"人人自危"的网络环境》，载《中国青年报》2015年7月31日，第1版。

156. 李思：《铲除"人肉开盒"必须"除恶务尽"》，载《今晚报》2023 年 12 月 10 日，第 2 版。

157. 刘胤衡等：《隐私被"开盒"，"不妥协"的他们选择反击》，载《中国青年报》2023 年 12 月 11 日，第 3 版。

158. 陈文杰：《整治"开盒"要重拳出击》，载《广州日报》2023 年 12 月 12 日，第 A4 版。

159. 韩丹东、刘金波：《国家网信办发布新规禁止开展"人肉搜索"等违法活动　为网民营造清朗网络空间》，载《法制日报》2020 年 1 月 6 日，第 4 版。

160. 《人肉搜索第一案宣判　网友败诉》，载《现代快报》2008 年 12 月 19 日，第 A10 版。

161. 林野：《"埃及神庙浮雕现'到此一游'"追踪　涂鸦遭人肉　当事孩子母校官网被黑　南京一小学官网蹦出弹窗：某某到此一游；在埃及神庙浮雕涂鸦的学生，其母流泪道歉》，载《新京报》2013 年 5 月 27 日，第 A17 版。

162. 《成都女司机变道遭男司机暴打　行车记录仪曝光后舆论偏转　被打者遭"人肉"个人隐私曝光》，载《青年报》2015 年 5 月 6 日，第 A10 版。

163. 杨凡等：《高铁占座男乘客视频致歉　男子工作单位被扒致多家单位发声明　因遭遇"人肉搜索"不敢出门　律师提醒"人肉"或侵犯隐私权》，载《北京青年报》2018 年 8 月 24 日，第 A10 版。

164. 刘珜：《博主批女子地铁给婴儿哺乳遭"拍砖"：拍摄者称"公共场所不该裸露性器官"　公益组织转发被"拍砖"　母乳专家称婴儿应按需喂养》，载《北京青年报》2015 年 11 月 30 日，第 A7 版。

165. 曹伟、胡玲：《喂奶时有部手机正在偷拍　店员回应：避免顾客浪费食材；律师称涉嫌侵犯隐私和名誉权》，载《潇湘晨报》2017 年 7 月 22 日，第 A6 版。

166. 天歌：《公交车哺乳被偷拍，板子该打谁身上》，载《九江日报》2019 年 7 月 12 日，第 A4 版。

167. 周易：《网友热议少女因"人肉搜索"压力自杀事件——任意"人肉搜索"，下一个受害者可能就是你我》，《中国青年报》2013 年 12 月 19 日，第 7 版。

168. 李玲等：《教室、游泳池、按摩馆、成人用品店、诊所、酒店……你随时可能被直播　南都调查发现公共摄像头被用于网站直播，而被直播对象往往并不知情；专家称这涉嫌侵犯隐私权与肖像权》，载《南方都市报》2017 年 4 月 26 日，第 A11 版。

169. 《直播兴起，如何更好地保护自身隐私?》，载《余姚日报》2024 年 8 月 2 日，第 7 版。

170. 赵丽莉等：《小伙在网吧消费"被直播"起冲突　网络直播亟须法律来规范》，载《三秦都市报》2019 年 7 月 15 日，第 A5 版。

171. 徐小康、李思：《网络直播，法律之剑落在何处》，载《检察日报》2016 年 7 月 22 日，第 5 版。

172. 左燕燕、刘经宇：《全国多地学校教室画面被直播　课堂日常画面可随意观看；律师称若未经授权则涉嫌侵犯学生隐私权》，载《新京报》2017 年 3 月 11 日，第 A13 版。

173. 王煜、龚晨霞：《滴滴司机专接空姐　偷拍网上直播　律师称其涉嫌侵犯他人隐私权，滴滴已对该司机即刻封禁》，载《新京报》2016 年 8 月 7 日，第 A8 版。

174. 王煜：《不雅视频外泄女子自杀　涉事辅警被拘　河北馆陶县一辅警在执行巡逻任务时，擅自对车内男女录像；大队长停职；当地成立专案组立案调查》，载《新京报》2016 年 9 月 4 日，第 A15 版。

175. 天歌：《对"侵权式直播"说不》，载《北京青年报》2019 年 5 月 6 日，第 A2 版。

176. 陈伟斌、黄小星：《90 后怒怼"水滴直播"侵犯隐私，钱报记者调查——杭州有商家直播顾客一举一动　律师表示其行为侵犯隐私权和肖像权；360 公司回应称一直有举措避免隐私不当泄露》，载《钱江晚报》2017 年 12 月 13 日，第 A2 版。

177. 范天娇、李金鑫：《警惕监控摄像上传隐私被"围观"》，载《法制日报》2018 年 1 月 7 日，第 7 版。

178. 张文智：《不雅照片和视频被肆意传播　英美日向"色情报复"宣战》，载《青年参考》2015 年 7 月 22 日，第 7 版。

179. 丁国锋、罗莎莎：《将他人露脸隐私视频发黄网被认定犯侮辱罪　苏州检察依法全面保障"被网黄"女性人格权》，载《法治日报》2024 年 2 月 5 日，第 8 版。

180. 陈雷、沈张黎：《分手后，前女友四处群发前男友裸照》，载《钱江晚报》2016 年 2 月 25 日，第 A8 版。

181. 《利用信息网络侵害人身权益典型案例》，载《人民法院报》2014 年 10 月 10 日，第 3、4 版。

182. 韩丹东、姜姗：《互联网时代未成年人信息泄露严重　专家建议　多措并举保障未成年人上网安全》，载《法制日报》2019 年 4 月 2 日，第 4 版。

183. 《优衣库不雅视频上传者被刑拘》，载《洛阳晚报》2015 年 7 月 20 日，第 B3 版。

184. 钟华、李磊：《公开传播女性身体隐私行为的定性》，载《人民法院报》2018 年 9 月 13 日，第 7 版。

185. 王言虎：《"郭老师"被封，审丑式路线走不通了》，载《深圳特区报》2021 年 9 月 6 日，第 A6 版。

186. 韩丹东：《色情低俗负能量，网络短视频怎么了　网络主播靠负能量引流调查》，载《法治日报》2021 年 10 月 26 日，第 4 版。

187. 《议论纷生　虎牙不能让恶俗主播一次次从头再来》，载《兰州晚报》2022 年 4 月 11 日，第 A15 版。

188. 郝天韵：《游戏短视频火热，谁为内容生产者"买单"》，载《中国新闻出版广电报》2019年10月10日，第7版。

189. 贺俊等：《未成年人沉迷抖音：为涨粉买视频发布，学大人化妆》，载《楚天都市报》2018年8月22日，第A4版。

190. 张国：《每一次双击都有回响》，载《中国青年报》2017年12月13日，第9版。

191. 沈彬：《法律必须对"死亡直播"说不》，载《深圳特区报》2019年11月25日，第A2版。

192. 李静：《"办公室小野"团队已解散　经多次协商与烧伤女孩家属和解，工作室目前已关门》，载《齐鲁晚报》2019年9月20日，第A7版。

193. 白佳丽、刘惟真：《金额越来越高，纠纷越来越多……直播打赏该怎么管?》，载《皖江晚报》2021年12月10日，第7版。

194. 韩丹东、王晶：《有平台单笔可充值百万　"打赏"没上限无提醒　专家建议　给直播平台打赏限额抵制超额打赏》，载《法治日报》2024年3月23日，第4版。

195. 《"杀人直播"引发网民强烈反感　脸谱网承认监管不善》，载《京九晚报》2017年4月20日，第13版。

196. 陈沁涵、黄钟方辰：《新西兰枪击案致49死48伤　嫌疑人曾发布反移民"自述书"，新西兰总理称该事件为有预谋的恐怖袭击；暂无中国公民伤亡报告》，载《新京报》2019年3月16日，第A15版。

197. 蔡炳先：《泸州一青年因网恋失败在微博直播自杀，专家建议年轻人——遇事不要冲动，加强挫折教育》，载《三亚日报》2014年12月2日，第10版。

198. 吴臻等：《游戏主播　微博直播自杀被救下　网友异地报警，福州警方找到他家，发现他封住卧室的门，还烧着一大铁盆的炭》，载《海峡都市报》2019年4月1日，第A2版。

199. 何家驹、汤静：《为"吸粉"，女主播竟直播"自残"　民警对她严肃批评，账号也被封停》，载《浙江法制报》2019年4月15日，第3版。

200. 《网红直播喝农药轻生去世　网友起哄"快喝吧"被封号，是否涉嫌教唆自杀?》，载《海南特区报》2021年10月18日，第A12版。

201. 孙玉春、徐红艳：《女孩微博直播割腕　网友纷纷转发呼救　没想到，竟是一场恶作剧!》，载《现代快报》2015年2月11日，第F15版。

202. 陈发宝等：《直播带货透析》，载《经济日报》2024年1月4日，第1、9版。

203. 刘欢：《直播带货乱象期待数字化监管治理　直播带货易出现虚假宣传、假冒伪劣、售后维权难等乱象，业内建议推动数字化监管手段》，载《新京报》2024年3月14日，第B8版。

204. 彭传刚：《市场监管总局发布2023年消费者投诉举报六大突出问题　直播带货投诉量

5 年间增幅高达 47.1 倍》，载《齐鲁晚报》2024 年 3 月 15 日，第 A2 版。

205. 任翀：《MCN 机构为网络账号提供支持助推电商发展，但"唯流量"的乱象亟待规范 揭秘"点读机女孩"背后的"流量操盘手"》，载《解放日报》2024 年 3 月 29 日，第 5 版。

206. 江龙：《编造人设孵化网红 设计剧情号称助农 多名百万粉丝网红获刑》，载《成都商报》2023 年 12 月 30 日，第 4 版。

207. 吴光于、周以航：《"贫苦善良女孩"卖"原生态农产品"？揭秘直播卖惨背后黑色链条》，载《新华每日电讯》2024 年 3 月 27 日，第 5 版。

208. 屈畅、张一帆：《多名主播为流量虚构"直播约架"被拘 公安部提醒此类行为造成恶劣影响将受到法律惩戒》，载《北京青年报》2023 年 6 月 20 日，第 A6 版。

209. 韩飏、刘胤衡：《断章取义、歪曲事实、拼凑剪辑、假扮卖惨、张冠李戴甚至造谣惑众…… 流量至上的"自媒体"该"凉凉"了》，载《中国青年报》2023 年 7 月 28 日，第 3 版。

210. 许沛洁：《网络女主播"软色情"诈骗 法院判处 17 名被告人 6 年至 1 年不等有期徒刑》，载《兰州晚报》2022 年 3 月 22 日，第 A8 版。

211. 江龙：给村民发钱直播后收回 哄骗粉丝刷礼物献爱心 提现 40 余万，伪慈善主播获刑》，载《成都商报》2017 年 9 月 8 日，第 5 版。

212. 《上海警方整治违法违规自媒体 十三人被行政刑事处罚》，载《文汇报》2019 年 1 月 11 日，第 2 版。

213. 《直播间售卖的燕窝是"糖水"？处罚通报来了!》，载《株洲晚报》2020 年 12 月 24 日，第 A12 版。

214. 王春等：《团伙以直播教学为幌子引流行骗》，载《法治日报》2023 年 8 月 23 日，第 6 版。

215. 牛伟等：《微信群里发黄片 小心最后蹲大牢 宁波网警昨日通报，有个小伙发了 200 多条色情视频，现已被刑拘 这是宁波首例通过微信群传播淫秽物品罪案例，警方称发黄色视频超 40 条就构成犯罪》，载《钱江晚报》2015 年 3 月 20 日，第 N5 版。

216. 郑明：《微信群传播淫秽视频 女经理开辟另类营销渠道 石狮市公安局破获传播淫秽物品案》，载《人民公安报》2015 年 7 月 22 日，第 2 版。

217. 李杨慈等：《这两名女子可真够"彪悍" 26 岁女子在微信群里发布 200 多部淫秽视频 群规要求新人须发 3 部视频或拉 1 名女性进群或发群红包 目前涉嫌传播淫秽物品罪被刑拘》，载《温州商报》2015 年 6 月 2 日，第 8 版。

218. 江山：《26 万人围观的"N 号房"是什么》，载《中国青年报》2020 年 3 月 25 日，第 6 版。

219. 张雅等：《躲避检查 涉黄直播转战 QQ 群：报价进行色情表演直播平台称将对主播

进行封号》，载《北京青年报》2016 年 7 月 28 日，第 A7 版。

220. 黄锦军：《全国 7 起网络直播典型案件被通报》，载《江西日报》2020 年 7 月 16 日，第 2 版。

221. 金贻龙：《涉黄直播平台调查 网络赌博平台藏身境外服务器 从搭建平台、招揽入会、运营分成，再到躲避监管，色情直播平台已经有了自己的产业分工和变现模式，同时，大多数色情直播都与网络赌博共存；警方加大打击力度》，载《新京报》2020 年 11 月 2 日，第 A10 版。

222. 史天一：《女主播直播"发福利"打开一看竟有淫秽视频》，载《生活报》2022 年 7 月 30 日，第 4 版。

223. 刘弯、彭小宁：《直播平台进行付费色情表演 江西吉安 11 名被告人传播淫秽物品牟利被判刑》，载《人民法院报》2023 年 1 月 11 日，第 3 版。

224. 张纵华、杨灵方：《组织在线实时观看淫秽行为的性质认定》，载《人民法院报》2017 年 12 月 28 日，第 7 版。

225. 韩丹东等：《线上靠售卖图包音视频等挣钱 线下通过援交从事色情服务 福利姬软色情交易黑幕调查》，载《法制日报》2019 年 2 月 12 日，第 4 版。

226. 徐佳、庞振煦：《杭州抓获涉黄直播平台犯罪嫌疑人 93 名》，载《人民公安报》2018 年 6 月 15 日，第 2 版。

227. 洪克非：《摧毁淫秽表演直播平台百余个，抓获涉案人员 163 名 国内最大跨国涉黄直播平台被端》，载《中国青年报》2018 年 8 月 21 日，第 5 版。

228. 吕光社等：《济宁侦破一起网络跨境赌博传播淫秽物品大案》，载《大众日报》2023 年 8 月 21 日，第 3 版。

229. 张松超：《不雅视频的狂欢，个人权利多么脆弱》，载《中国青年报》2015 年 7 月 16 日，第 2 版。

230. 郭荣、苗丽娜：《嵊州不雅视频七涉案人员归案》，载《钱江晚报》2015 年 7 月 29 日，第 A9 版。

231. 唐奇、梁梁：《女子传播九眼桥不雅视频 目前已被警方采取强制措施》，载《成都商报》2015 年 8 月 6 日，第 16 版。

232. 刘雪松：《谁在为前赴后继的不雅视频壮胆》，载《钱江晚报》2015 年 8 月 7 日，第 A24 版。

233. 《违法低俗内容充斥平台，对未成年用户没有设限 治"连麦"乱象，该出重拳了!》，载《人民日报海外版》2019 年 8 月 23 日，第 8 版。

234. 郄建荣：《重拳查处百度某贴吧传播淫秽色情漫画等 7 起"黄非"案件 扫黄打非部门将整治校园周边环境》，载《法制日报》2019 年 2 月 26 日，第 8 版。

235. 张鹏禹：《缺少严格把关与审核 质量差版权问题频发 网络文学：向涉黄说

"不"》，载《人民日报海外版》2019 年 8 月 2 日，第 8 版。

236. 马成涛：《网络直播　请收起"任性"》，载《安徽日报》2019 年 8 月 27 日，第 10 版。

237. 黄寿赓：《起底网红"二驴"　为博流量无下限，直播时编造剧本还曾涉嫌售假，如今被无限期封禁》，载《齐鲁晚报》2023 年 8 月 22 日，第 A3 版。

238. 《究竟谁在网购假外卖服》，载《西宁晚报》2023 年 10 月 12 日，第 A13 版。

239. 张超：《"自媒体"追求流量不能无底线》，载《四川日报》2024 年 1 月 18 日，第 1 版。

240. 佘宗明：《摆拍"保安徒手接坠楼婴儿"：借善的名义走向善的反面》，载《成都商报》2024 年 1 月 30 日，第 3 版。

241. 赵洪甲、德期道玛：《"7·20 网络传播淫秽物品案"背后的反思》，载《柴达木日报》2015 年 9 月 14 日，第 2 版。

242. 夏德元：《成名与扬名》，载《解放日报》2013 年 6 月 14 日，第 19 版。

243. 胡林果：《聊天能赚钱，声音变生意？警惕语音社交 APP 成"黑网"》，载《新华每日电讯》2019 年 8 月 2 日，第 19 版。

244. 《传播淫秽色情低俗信息，"抖音"被顶格处罚》，载《人民法院报》2021 年 1 月 12 日，第 5 版。

245. 吴迪：《头部自媒体前台实名，让影响力与责任感同在》，载《工人日报》2023 年 11 月 2 日，第 5 版。

246. 刘恩东：《新加坡网络监管与治理的组织机制》，载《学习时报》2016 年 8 月 25 日，第 A2 版。

247. 《2022 年全国网信系统累计清理　违法和不良信息 5430 余万条》，载《广安日报》2023 年 3 月 1 日，第 3 版。

248. 刘欣：《国家网信办部署 2023 年"清朗"系列专项行动　重拳整治"自媒体"乱象等网络生态突出问题》，载《法治日报》2023 年 3 月 31 日，第 5 版。

249. 诸未静：《被封禁主播悄然"还魂"？有人上小号、海外平台开播，有人开公司带货》，载《南方都市报》2020 年 8 月 16 日，第 GA5 版。

250. 《〈网络执行法〉元旦起全面生效　对社交平台实行更严格监管　德国重拳打击网络非法言论》，载《人民日报》2018 年 1 月 4 日，第 21 版。

251. 肖菁：《受害姑娘选择刑事自诉：绝不退缩，绝不和解》，载《钱江晚报》2020 年 12 月 14 日，第 A3 版。

四、电子文献类

1. 萧雨：《消息称小红书 2023 年首次盈利　IPO 前景不明》，载 https://i.ifeng.com/c/8

YEeqeLu5aN.

2. 韩煦：《中国"网事"三十年豹变　那些关键词》，载 http://news. enorth. com. cn/system/ 2024/04/20/055999672. shtml.

3. 《微博发布 23 年 Q4 及全年财报　全年总营收 125. 15 亿元》，载 https://finance. huanqiu. com/article/4GyyBBB6xaw.

4. 《抖音成为全球最大独角兽公司，价值 1. 56 万亿》，载 https://baijiahao. baidu. com/5? id = 1796020619285749710&wfr = spider&for = pc.

5. 《谷歌举报用户 Gmail 暗藏儿童色情图片网络隐私引关注》，载 http://intl. ce. cn/ specials/zxxx/201408/06/t20140806_ 3302245. shtml.

6. 《民办中芯学校致歉并承诺整改　家长痛批部分自媒体不实内容》，载 https://china. huanqiu. com/article/qCakrnkeo30.

7. 余承君：《"信息泡沫"不会持久》，载 https://www. thepaper. cn/newsDetail_ forward_ 16 59078.

8. 顾维：《人民网评：让自媒体空间回归健康有序》，载 http://opinion. people. com. cn/n1/ 2018/1026/c1003-30365069. html.

9. 舒圣祥：《自媒体"黑公关"，企业不能既恨又养》，载 https://hlj. rednet. cn/c/2018/10/ 26/4760225. htm.

10. 《俩男子网聊策划了一件"大事"，准备到南京"动手"，还没下火车就……》，载 https://www. 163. com/dy/article/EOSVJOA405345ARG. html.

11. 《记者报道温州弃房遭"网络追杀"　警方已介入调查》，载 https://www. guancha. cn/ economy/2013_ 10_ 16_ 178858. shtml.

12. 《"暴走漫画"在"今日头条"侮辱董存瑞　网友：这是挑衅英烈保护法》，载 http:// news. youth. cn/sh/201805/t20180516_ 11622174. htm.

13. 《四川一女子穿着暴露、戴红领巾捕鱼拍视频，被荣县警方行拘 12 日》，载 https:// www. jfdaily. com/news/detail? id = 143656.

14. 《散户们长点心吧！证券节目主持人廖英强操纵股票被证监会罚没 1. 29 亿》，载 https://www. shobserver. com/news/detail? id = 88507.

15. 《当心！高仿微信公众号"钓鱼"诈骗!》，载 http://www. xinhuanet. com/politics/2019- 08/12/c_ 1124865113. htm.

16. 《央视：今日头条无视监管，竟做起这种"黑勾当"!》，载 https://www. rmzxb. com. cn/c/2018-03-30/2011147. shtml.

17. 《习近平在网信工作座谈会上的讲话全文发表》，载 http://www. xinhuanet. com/politics/ 2016-04/25/c_ 1118731175. htm.

18. 叙岚、王海：《"纳吧"的前世今生——警惕网上黑恶势力绑架青少年》，载 http://

pinglun. youth. cn/tptt/201507/t20150728_6932253. htm.

19. 刘塍岳：《清除网上黑恶势力事关国家安全》，载 http://pinglun. youth. cn/ttst/201508/
t20150803_6954666. htm.

20. 伍力：《网传"成都火车站数十警察勾结小偷"，涉事公众号道歉》，载 https://sichuan.
scol. com. cn/scol_ sc_ m/201806/56297202. html.

21. 赖芳杰：《造谣索桥断裂致死伤 都江堰和青城山无故"躺枪" 男子被拘 10 日》，载
https://www. sc. gov. cn/10462/10464/13722/2017/2/23/10414892. shtml.

22. 宋慧：《南昌高楼大火，多人梦中被火化？视频中分明听到说外语》，载 https://www.
shobserver. com/news/detail？id＝52121.

23. 吕子豪、于俊意：《雄县公安：传播"雄安新区补偿标准"谣言者行拘 10 日》，载 ht-
tps://www. chinanews. com. cn/sh/2017/05-20/8229325. shtml.

24. 《福州仓山发生重大航空器安全事故？警方回应来了》，载 http://www. piyao. org. cn/
20240418/749c620a24f84c44a60c0a8ac8e73c31/c. html.

25. 《人民热评："广州地铁遭受恐怖袭击"？刑拘造谣者之后仍需深挖》，载 https://toutiao.
xzdw. gov. cn/pl/202310/t20231013_ 404937. html.

26. 《十个微信公众号转发肯德基使用怪鸡文章 被判侵权》，载 http://www. chinanews.
com/sh/2016/02-04/7747172. shtml.

27. 郑子愚：《共享单车坐垫上惊现"艾滋针"？这个谣言有点损》，载 http://m. people.
cn/%2Fn4%2F2017%2F0525%2Fc120-9017044. html.

28. 《自媒体造谣"伊利董事长被带走" 两作者分别获刑》，载 http://news. sina. com. cn/
2018-10-24/doc-ihmuuiyw7602589. shtml.

29. 《最新研究显示社交网络上真相往往被谣言击败！为什么假新闻传播力如此强？》，载
https://www. jfdaily. com/news/detail？id＝82139.

30. 张涛甫：《咪蒙，是一种什么"毒"》，载 https://www. jfdaily. com/news/detail？id＝49684.

31. 王丽丽：《新加坡通过〈防止网络假信息和网络操纵法案〉》，载 https://www. cac.
gov. cn/2019-05/09/c_ 1124472431. htm.

32. 《为牟取利益，捏造传播欺凌短视频，济南警方赴浙抓获5人》，载 https://www. qlwb.
com. cn/detail/22128592. html.

33. 《为涨粉造谣"大理8岁男孩被老师暴打跳楼"！网警：罚》，载 https://www. ccwb.
cn/web/info/20240125175858JGAUFT. html.

34. 《强迫相亲，非法拘禁？资中一网红卖惨引流被拘！》，载 https://www. scnjnews. com/
content/2024-03/27/content_ 6590697. html.

35. 谢洋：《警方辟谣动车印"玉林狗肉节欢迎你"：恶意炒作》，载 http://finance. people.
com. cn/n1/2016/0621/c1004-28464329. htm.

36. 赖隽群、马本现：《为博眼球，自编自演"绑架"直播！8名男子获刑》，载 http://www. gxnews. com. cn/staticpages/20200602/newgx5ed61924-19584381. shtml.

37. 《网民错发交通事故死亡人数被拘　宿州砀山公安致歉》，载 http://society. people. com. cn/n/2013/0830/c229589-22751130. html.

38. 张磊：《男子微博扬言"银川出大事了"被拘留》，载 https://news. sina. com. cn/c/2013-09-12/095028197753. shtml.

39. 《澳大利亚的网络监管》，载 http://media. people. com. cn/n/2013/1002/c14677-23097991. html.

40. 《日本22岁女摔跤手去世　疑因遭受网络暴力自杀　政府加速相关立法》，载 https://world. huanqiu. com/article/3yORdihKlYB.

41. 《武汉"校内被撞倒致死"的小学生母亲坠楼身亡　曾受网暴"围攻"》，载 http://www. 21jingji. com/article/20230602/herald/1830998b06604c0d909c67a97c633259. html.

42. 《四川两男子直播平台闹矛盾线下斗殴，一人中刀身亡》，载 https://newscdn. hndnews. com/hb/html/mobile/427745. html.

43. 《线上"争宠"，线下"约架"，这两拨人真"刑"!》，载 https://society. huanqiu. com/article/4Bu1OrJveBR.

44. 李警锐：《各国重拳打击网络暴力：折断伤人"无影剑"》，载 https://ww. cac. gov. cn/2015-04/17/c_1114997585. htm.

45. 《网络暴力升级　美国怎么管？"封号"能解决吗》，载 http://www. xinhuanet. com/world/2015-06/18/c_127926420. htm.

46. 《联合国调查显示三分之一年轻人曾遭遇网络霸凌》，载 http://www. xinhuanet. com/world/2019-09/05/c_1124963966. htm.

47. 叶健：《公号刷量警示：勿让泡沫诱导资本"脱实向虚"》，载 https://www. gov. cn/xinwen/2016-09/29/content_ 5113709. htm.

48. 《美13岁女孩遭遇社交网站网络暴力自杀》，载 https://tech. sina. com. cn/i/2008-11-20/15262592731. shtml.

49. 张凌云：《德阳女医生自杀之后 I 谁是网络暴力的受害者？》，载 https://www. jfdaily. com/news/detail？id=153253.

50. 倪雅丽：《澳童星自杀引发澳社会对儿童网络暴力讨论》，载 http://news. china. com. cn/live/2018-01/17/content_39029792. htm.

51. 信莲：《欧洲人权法院：网站对用户留言负有责任》，载 http://world. chinadaily. com. cn/2015-06/18/content_21042038. htm.

52. 田颖：《德国警方开展打击网络暴力行动》，载 http://www. xinhuanet. com/world/2019-06/06/c_1124593207. htm.

53. 《德男子网上发表排外言论遭处罚》，载 http://www.xinhuanet.com/world/2015-08/22/c_1116339533.htm.

54. 林书修、龚翠玲：《微信公号刷量黑幕 虚假阅读量"10 万+"仅售 1800 元》，载 https://news.fznews.com.cn/dsxw/20161018/58058f98a81bc_4.shtml.

55. 《从公众号到直播 自媒体缘何成为泡沫高发地？》，载 http://finance.china.com.cn/roll/20161001/3927312.shtml.

56. 吴喆华：《微信公众号刷阅读量工具失灵 大 V 公众号阅读量骤减》，载 http://china.cnr.cn/xwwgf/20160930/t20160930_523173484.shtml.

57. 王歆悦：《刷点击工具失灵，微信大号现原形：部分公号阅读量缩水 50 倍》，载 https://www.thepaper.cn/newsDetail_forward_1536661.

58. 张立：《根治网络刷票乱象要从断其来路开始》，载 https://comment.scol.com.cn/html/2018/06/011012_1708766.shtml.

59. 《起底电信诈骗 朋友圈投票存骗局 警方视频揭秘》，载 http://tv.cctv.com/2016/05/28/VIDEfOoGiPAx3ctwcjOR1oyR160528.shtml.

60. 李红梅：《微信刷票乱象，还需猛药治》，载 http://news.bandao.cn/news_html/2017/10/20171030/news_20171030_2776221.shtml.

61. 董剑飞等：《湖北蕲春破获"有偿删帖案" 涉 22 个省市近 2000 人》，载 http://www.chinanews.com.cn/fz/2015/05-13/7271732.shtml.

62. 张淑玲：《凤凰网编辑收钱删帖获刑 5 年 删改文章过万》，载 https://www.rmzxb.com.cn/c/2015-06-07/512921.shtml.

63. 邓海健：《自媒体"黑公关"造锅能力从何而来》，载 https://guancha.gmw.cn/2018-10/29/content_31851128.htm.

64. 沈而默等：《黑心公关"猎杀"上市公司》，载 http://business.sohu.com/20120530/n344411769.shtml.

65. 杨三喜：《自媒体黑公关盛行不会有真正的赢家》，载 https://guancha.gmw.cn/2018-11/06/content_31915751.htm.

66. 《江苏侦破冒充记者敲诈案 公司明知敲诈还是私了》，载 http://www.chinanews.com/fz/2013/09-08/5258795.shtml.

67. 段丹峰：《康师傅再遭诬陷：无良企业造谣损人利己》，载 http://finance.people.com.cn/BLG5/n/2012/1206/c70846-19810337.html.

68. 《易到遭竞争对手恶意造谣将诉诸司法机关》，载 http://it.people.com.cn/n1/2017/0302/c1009-29119002.html.

69. 《长城吉利宣布达成和解：双方将撤诉，团结一切可以团结的力量》，载 https://www.thepaper.cn/newsDetail_forward_2636707.

70. 《网络黑公关已成"网络雾霾" 加强治理刻不容缓》，载 https://tech. huanqiu. com/article/9CaKrnK6419.

71. 王建华：《"马化腾朋友圈怒讨黑公关案"告破："黑文"原作者为中学教师》，载 http://finance. ifeng. com/c/7rcxGn6MT62.

72. 《"中纪委主办网站"敲诈企业 借钓鱼岛事件敲诈日企 26 万》，载 http://media. people. com. cn/n/2013/0908/c40606-22844101. html.

73. 邓勇：《四川省南充市高坪某 4S 店传播虚假信息被查处》，载 https://www. cqn. com. cn/zj/content/2018-02/08/content_ 5427858. htm.

74. 《浙江三名财经记者涉嫌受贿 最高受贿 332 万元》，载 http://media. people. com. cn/n/2013/1113/c40606-23523975. html.

75. 张露：《"黑公关"泛滥，必须给自媒体立规矩》，载 https://www. thepaper. cn/newsDetail_ forward_ 2568333.

76. 《张志安："网络黑公关"如何应对？》，载 https://www. shobserver. com/news/detail？ id= 54229.

77. 《泄露不雅照？知名车企回应：已报警!》，载 https://cbgc. scol. com. cn/home/4898863.

78. 《网络暴力困扰社会 韩国在争议中推行网络实名制》，载 http://www. chinanews. com. cn/gj/kong/news/2008/06-18/1285806. shtml.

79. 《"人肉搜索"罪与罚均难界定 已成世界难题》，载 http://www. chinanews. com. cn/sh/news/2008/09-03/1369336. shtml.

80. 《铜须门事件四环节被证伪 男主角生活未恢复正常》，载 http://news. enorth. com. cn/system/2006/06/08/001326318. shtml.

81. 《上海地铁"咸猪手"男子被曝光 男子遭人肉后被行政拘留》，载 https://www. guancha. cn/society/2014_07_08_244776. shtml.

82. 樊文扬：《"收视密码"王冰冰被人肉 专家：用搜索结果诋毁他人属违法》，载 http://rsstoutiao. oeeee. com/mp/toutiao/BAAFRD000020220112643269. html.

83. 《幼童被咬父亲摔死泰迪遭网友"威胁"孩子妈妈割腕赔命》，载 https://society. huanqiu. com/article/9CaKrnK9KcV.

84. 解鑫玉：《女研究生污蔑大叔反遭网暴：非黑即白思维不可取…》，载 https://www. workercn. cn/c/2023-06-11/7872047. shtml.

85. 《女子在家哺乳遭直播，却毫不知情！平台辩称：我们小字提示了》，载 https://news. dahebao. cn/dahe/appcommunity/1241308.

86. 《美国男子开黄网发布万张艳照 被判处 18 年监禁》，载 http://www. xinhuanet. com/world/2015-04/05/c_ 127657814. htm.

87. 《德法院严打"复仇色情"：情侣分手后需删光裸照》载 https://news. cri. cn/20151

225/7d899945-dc2f-a05c-4c1b-41b8a200ae14. html.

88. 《Facebook 数据泄漏事件波及人数上升至 8700 万》，载 https://m. huanqiu. com/article/9CaKrnK7qgH.

89. 《公布前女友私照，美国男子因"色情报复"被判赔 87 亿》，载 https://news. yc-wb. com/2023-08/17/content_ 52144175. htm.

90. 《英刑法修正案生效 网络"色情报复"将被定罪》，载 http://www. chinanews. com/gj/2015/02-13/7061547. shtml.

91. 《日本众院通过打击"色情报复"法案》，载 http://japan. people. com. cn/n/2014/1119/c35467-26051493. html.

92. 王欢：《日男子因涉嫌色情报复被判刑 系日本国内首例》，载 https://world. huanqiu. com/article/9CaKrnJLo3U.

93. 《日本 1 年内发生千余起"不雅照"事件 受害者多为年轻女性》，载 https://news. cri. cn/2016-3-17/e67a9880-7377-b1f9-9e87-5086980f16f2. html.

94. 《男子不满女友提分手 散发艳照为"复仇"》，载 http://www. chinanews. com/fz/2012/02-21/3687112. shtml.

95. 《男子不满分手 在网上发前女友不雅照还妄想复合》，载 http://www. kankanews. com/detail/djQKDvV7bwO? appid=386198.

96. 《"色情报复"威胁大批女性 科技巨头们要如何解决?》，载 http://www. 163. com/tech/article/DEMKIM7B00097U7R. html.

97. 《脸书鼓励澳洲用户交出裸照 以免分手被放上网报复》，载 http://news. haiwainet. cn/n/2017/1109/c3541093-31173628. html.

98. 参见张亮：《严查造谣传谣 抵制低俗炒作——宁夏重拳治理"网红"失信》，载 ht-tps://www. cac. gov. cn/2019-06/17/c_ 1124634622. htm.

99. 《为请假雇 8 人殴打自己？主播造假必然"鸡飞蛋打"》，载 https://news. bjd. com. cn//2022/07/20/10120622. shtml.

100. 《直播 PK "斗狠"输了接受惩罚！湖南多名主播被拘留》，载 http://news. cnr. cn/n-ative/gd/20240403/t20240403_ 526652167. shtml.

101. 郑昊宁：《残酷施虐白人还直播 芝加哥 4 名黑人青年受审》，载 http://www. xinhua-net. com/world/2017-01/07/c_ 129435350. htm.

102. 《美国女孩目睹闺蜜被强奸用手机直播全程获刑》，载 http://m. people. cn/n4/2017/0326/c57-8638341. html.

103. 黄云迪、刘皓然：《90 后"直播轮奸"震惊瑞典 脸谱被批监管不力》，载 https://world. huanqiu. com/article/9CaKrnK01WK.

104. 田之路：《女孩朋友圈直播轻生 民警火速踹开房门将其救下》，载 https://www. the-

cover. cn/news/8240885.

105. 《自导自演直播跳河自杀?! 警方通报!》，载 https://wxb. xzdw. gov. cn/wlaq/zljg/2023 11/t20231129_ 419849. html.

106. 魏蒙:《广东江门查处一女子为"吸粉"直播自残案件》，载 https://news. hexun. com/ 2019-06-28/197671458. html.

107. 《网红何某等 6 人被抓! 警方通报细节》，载 https://jubao. xzdw. gov. cn/zxdt/202402/ t20240229_ 445521. html.

108. 忻文轲、潘高峰:《"网恋"剧本引向直播充值……上海警方一路捣毁两个诈骗团伙》，载 https://new. qq. com/rain/a/20210507A03TYZ00.

109. 《女网红在海底捞包间拍摄不雅视频，警方通报:刑拘 4 人!》，载 https://web. shob-server. com/news/detail? id=717383.

110. 韩雪枫:《斗鱼 TV 回应"直播造人":已将主播信息交给警方》，载 http://www. bjnews. com. cn/news/2016/01/10/390992. html.

111. 《监拍:情侣为拍"恶搞"视频 向路人泼粪》，载 http://www. bjnews. com. cn/wev-ideo/2019/07/07/600273. html.

112. 常诚、陈旭:《街头直播强吻大爷的女主播道歉，涉事短视频平台已将其封号》，载 https://www. thepaper. cn/newsDetail_ forward_ 4048042.

113. 赖世伟:《男子被裁瞒妻送外卖? 屡禁不止的摆拍需"一记重锤"》，载 https:// news. qq. com/rain/a/20240129AO98CSOO.

114. 《女子与前夫摆拍家暴并在直播时谎称报警，阜阳官方:正取证处置》，载 https:// news. cctv. com/2023/02/25/ARTI3oEuqzyYCir2uFGIMdE9230225. shtml.

115. 《成都警方:7 人编造感情纠纷摆拍被行政罚》，载 http://www. ce. cn/xwzx/gnsz/gdxw/ 202403/18/t20240318_38937329. shtml.

116. 《公安部建公民网络身份识别系统 网络身份证或将实现》，载 https://www. chinanews. com/gn/2014/11-08/6761972. shtml.

117. 范伟国、胡晓光:《记者调查:俄罗斯"净网"护儿童身心健康》，载 http://www. xinhuanet. com/world/2016-03/09/c_ 1118278615. htm.

118. 张宇:《世界各国社交媒体管控经验及对我国启示》，载 https://www. secrss. com/arti-cles/13529.

119. 肖潇:《再被意大利罚款一千万，TikTok 为何总被欧洲监管针对?》，载 https://www. 21jingji. com/article/20240318/herald/f875b7fafdb7c64dcce30c26839fc49a. html.

120. 王逸君:《脸书和推特加入反网络假新闻联盟"初稿联盟"》，载 http://www. xinhua-net. com//world/2016-09/16/c_ 129283021. htm.

121. 鲁阳:《人民网评:唯利是图的自媒体可以休矣》，载 http://opinion. people. com. cn/

n1/2018/1025/c1003-30362522. html.

122. 张旭:《"异性拼房"涉黄屡屡被封 换"马甲"后卷土重来》,载 http://www. chi-nanews. com/cj/2018/09-06/8619696. shtml.

五、英文文献类

1. Castells, M. , "Communication, Power, and Counter-Power in the Network Society", *International Journal of Communication*, Vol. 1, No. 1. , 2007.

2. Shoemaker, P. J. , et al. , "Individual and routine forces in gatekeeping", *Journalism and Mass Communication Quarterly*, Vol. 78, No. 2. , 2001.

后 记

　　在本书落笔的那一刻，既如释重负，又意犹未尽。在梳理网络自媒体的涉罪传播案例时，仍一如既往地感受到何为"自讨苦吃"。网络空间的犯罪现象终究是个极为复杂的问题，自媒体的传播乱象更是涉及方方面面，仅将社交网络账号与违法犯罪的嵌合勾连抽丝剥茧地呈现出来就已煞费苦心，至于解析自媒体的犯罪支点效应则更是感到力有不逮。

　　正如自媒体言论需要自我把关一样，本书论证同样需要自我把关。以自媒体与犯罪的互动关系为题，乃是对一直关注的"传媒与犯罪的相关性"问题之"深耕"。此意并非矫揉造作，而是真切地想为规制网络负面传播略尽绵薄之力。在网络自媒体时代，海量信息如潮水般涌来，面对萦绕心神的各种诱惑，连成年网民都难以自持，遑论价值观尚未形塑的未成年受众了。正因如此，加强网络治理、打造清朗空间，可谓"功在当代，利在千秋"。所以，在阐发自媒体与犯罪的"齿轮"式咬合机制时，殚精竭虑地试图"全息成像"，即使身心俱疲也"不放过自己"；但在不同的自媒体领域，涉罪传播的发案之多，着实难以穷举，所以在遴选典型案例时又尝试"与自己和解"。潜心笃学之路尽管跌跌跄跄，好歹总算是为自己交了一份答卷。

　　在本书即将付梓出版之际，真诚地感谢所有不吝赐教及热心施以援手的人。感谢我求学路上的张筱薇教授、徐永康教授、卢建平教授三位导师，他们严谨的治学态度犹如灯塔照亮我前行！感谢上海政法学院的闫立教授、彭文华教授、刘军教授以及穆丽丽老师，感谢上海社会科学院法学研究所的姚建龙教授，他们为本书写作提供了无私帮助和鼎力支持！感谢中国政法大学出版社魏星老师的辛苦付出，使本书得以顺利出版！最后，感谢家人的陪伴，所给予我的治愈心灵的爱与包容，让我有勇气砥砺前行！

恍然间，已过"不惑"的年纪。说是"不惑"，却仍时时困惑，每当迷茫时，总以"不忘初心，方得始终"自勉；说是"不惑"，有时竟真的自感"参透人生"，每每以"一切都是浮云"自解。自醒也好，自嘲也罢，生活总要继续；即使被岁月磨平了棱角，也依然坚守着心中那份执念。

谨以此书献给我的外婆！

张东平

2024 年 4 月于上海中宁园